李悦 / 著

学问艺术论

——治学思想与方法研究

（第二版）

东北财经大学出版社
Dongbei University of Finance & Economics Press
大连

图书在版编目（CIP）数据

学问艺术论 / 李悦著. —2版. —大连 ：东北财经大学出版社，2022.6
ISBN 978-7-5654-4493-7

Ⅰ. 学…　Ⅱ. 李…　Ⅲ. ①治学精神-文集 ②治学方法-文集　Ⅳ. G795-53

中国版本图书馆CIP数据核字（2022）第045721号

东北财经大学出版社出版
（大连市黑石礁尖山街217号　邮政编码　116025）
网　　址：http://www.dufep.cn
读者信箱：dufep@dufe.edu.cn
大连天骄彩色印刷有限公司印刷　　东北财经大学出版社发行
幅面尺寸：185mm×260mm　字数：419千字　印张：17.25　插页：2
2022年6月第2版　　2022年6月第1次印刷
责任编辑：蔡　丽　　责任校对：蓝　海
封面设计：冀贵收　　版式设计：原　皓
定价：66.00元

教学支持　售后服务　　联系电话：（0411）84710309

如有印装质量问题，请联系营销部：（0411）84710711

作者参军后 1946 年 7 月留影

夫人孙彤 1954 年留影

作者在军工厂工作时期与战友留影

作者夫妇于《亚洲新闻人物》“时政 · 亚洲名人”版的留影

作者（中）当选世界生产力科学院中国籍院士授予仪式

作者（前排右二）90 岁生日与部分学生留影

作者（前排右五）与部分学生留影

序言一

李悦教授所著的《学问艺术论》与读者见面了。这是一部向我国经济学界广大青年教师和研究生传授以及与同行专家和学者交流治学思想与方法的著作。它是作者从事长达60多年教学和科研工作经验的科学总结。

李悦教授的治学思想与方法有以下要点：第一，以满足人民和国家的需要为出发点和归宿；第二，以服务学生为中心；第三，以马克思主义为指导思想；第四，坚持理论联系实际；第五，博古今中外之所长，以我为主，融合提炼，自成一家。

本书是李悦教授从教60多年的基本经验总结，既高屋建瓴，又有很强的创造性，是帮助青年成才的重要参考书。

本书的主要图书简介和主要论文选是李悦教授治学思想与方法的有效论证，读者们若遵从这些治学思想与方法，就能取得丰硕的学习成果。

这部著作的要点是：心情、心态与基本原则；指导思想；“四观”与百折不挠精神；撰写精品论著之要。作者正是以这一套治学思想与方法为“桥”和“船”，才在完成教书育人、著书立说的“任务”中获得优秀的成绩。总之，本书是对中国产业经济发展规律的新概括。

综上所述，李悦教授这部《学问艺术论》是向往成才的朋友的良师益友，很值得一读。

郑新立

原中共中央政策研究室副主任

2022年2月

序言二

李悦先生九十岁，老而弥坚，笔耕不辍。近年他浓缩毕生治学的感悟，就治学思想与方法写了这本书，供后学同好借鉴。

我知道李悦先生长期从事产业经济学的研究，他曾著述过许多著作与教材，对中国工业部门结构颇有独到见解，所著的作品曾被朱镕基同志称为“一部开拓性的著作”，并专门作了批示。他很早便就“为生产而生产”的观点参与学术争鸣，提出的真知灼见在全国掀起了一场关于社会主义生产目的的讨论。据我所知，胡耀邦同志是支持李悦先生的观点的。更重要的是经过四十多年改革开放的探索，在人们对发展的认识更加成熟、科学之时，回头一看，李悦先生的观点真是十分高明且富有远见的。

这本书以学者为主体，以研究为客体，以态度为发端，以方法为途径，观察世界万象，思考问题与要求，深入实际生活，参与实践比较，有所发现，有所发明，有所创新，有所前进。这对于一位从事了六十多年学术活动的学者来讲无疑是反刍再三的体认，对于一位阅尽认识规律的学者来讲肯定是日积月累的升华。今天又有一辈辈新人追求真理，研究问题，登上认识的新高点，真的需要克服浮躁虚华，去除急于求成，从前辈学者身上学思想、学方法，使学问研究扎实有据，结论真切可靠，这就是实事求是的思想路线在学术研究中的体现。

我们生活在一个伟大的时代，我们攀上一座座学术高峰，认识的路还长，为了少走弯路、不折腾，为了真理光芒的照耀，此时此刻，学者同仁特别需要思考我们的治学思想与方法。李悦先生于此起到示范引领作用，因此欣然为序。

程天权
中国人民大学法学教授、原校党委书记
2022年2月

序言三

久已闻知李教授大名，也读过他的著作，但直接接触还是比较晚的。李教授给我的印象是精力充沛、思想敏锐。尽管李教授已经九十岁，但看起来不过六十来岁的样子，总是精神抖擞，似乎不知疲倦。李教授请我为他的新作写点什么。作为晚生，我责无旁贷，欣然应诺，那就写点感想吧。

一、勤奋与成功

大凡学术上有成就的人，除了天资聪颖外，都有一个共同点，那就是勤奋。事实上，绝大部分人的智力是差不多的，所以，是否勤奋对于一个人的成功往往起着决定作用。不少非常聪明的人由于懒惰，结果一事无成，而那些稍有些愚钝的人，由于勤奋，往往取得不小的成就。李教授是很聪明的人，但他自己常说“笨鸟先飞”。一个先天条件很好的人，自己却总想着“先飞”，结果就可想而知了。在进入中国人民大学之前，李教授只有高小文化程度，大学期间所受的教育用今天的标准来看是不够全面和完善的。但是李教授的研究始终走在学科前沿。读李教授有关产业经济学的几部著作，一点也不像是位老学者的作品，而更像是一位年轻学者的作品，因为无论观点、方法还是工具都很“现代”，这与李教授不断学习新知识和坚持不懈的学术追求分不开。李教授是一位著名学者，但他仍是那么谦虚，不仅虚心向前辈学习、向同辈学习，还能够从晚辈那里获得新的思想火花。所以李教授看起来总是那么年轻，总是那么朝气蓬勃。

二、两篇文章和6部图书

李教授可以说是著作等身，到现在已经出版了18部图书，发表了近300篇论文。但是他自己说，一生中最主要的是两篇文章、6部图书。

两篇文章是《斯大林对雅罗申柯为生产而生产观点的批评》《产业经济学学科定位与理论框架》。《斯大林对雅罗申柯为生产而生产观点的批评》发表于1979年。当时，改革开放刚刚开始，长期存在的问题是只顾生产，不问人民生活，只追求产品数量，不管产品质量和品种，只追求增长速度，不问质量和效益，从而导致增长率很高，但结果人民没有得到实惠，生活水平提高缓慢。李教授的这篇文章一发表，立即引起各方面关注，经胡耀邦同志指示后，在全国掀起了关于社会主义生产目的的讨论。这是李教授对经济学理论和中国经济改革与发展的重要贡献。事实上，这个问题在今天也是有意义的。这些年来，我们一度盲目追求GDP的增长速度，而忽视真正的民生问题。我国开展了学习与实践科学发展观活动，如何科学发展，搞清楚生产的目的是首要的。我们不能为生产而生产，不能为GDP而生产，生产的目的应该是最大限度地满足广大人民不断增长的物质和文化需要。由此可见李教授这篇文章的意义和影响，也可见李教授的理论功力。《产业经济学学科定位与理论框架》表达了李教授对中国特色产业经济学的学科定位和研究思路、理论框架的设计原则和基本特征等，是其对产业经济学繁荣发展作出的突出贡献。

李教授的6部最主要的图书分别是《中国工业部门结构》、《产业经济研究》、《产业经济学》（研究生教学用书）、《产业经济学》（本科教学用书）、《企业家成功之路——中国百名优秀企业家案例研究》和《学问艺术论》。《中国工业部门结构》于1983年出版。出版前，时任国家经委副主任的朱镕基同志曾看过书稿，指出“这将是一部开拓性的著作”。《产业经济研究》是李教授多年来积累和发表的论文集，是论文的精华所在。《产业经济学》（研究生教学用书）（第五版）于2019年由东北财经大学出版社出版，是中国学者给研究生编写的第一部宽口径、厚基础的产业经济学教材。《产业经济学》（本科教学用书）（第五版）阐述和论证了党的十八大所概括的发展现代产业体系，推动产业结构升级，促进工业化、信息化、城镇化、农业现代化同步发展和转变经济发展方式等重大问题，是一部有中国特色的产业经济学教材。《企业家成功之路——中国百名优秀企业家案例研究》科学地总结了成功企业家所具备的基本素质及成长所需的环境，提出培养中国企业家的建议，为经营管理者、企业家及国家领导层决策提供参考。

作为一个学者，一生中并不一定要著作等身，有一篇论文或一部图书能够影响当时的社会并在历史上能够“雁过留声”就足够了，李教授能有“两篇文章和6部图书”，怎能不令后辈汗颜？

三、做学问的艺术

这本书的主要内容是讲治学的。治学包括两个方面：一方面是治学的思想；另一方面是治学的方法。李教授在这两个方面都给了我们很大的启迪。

首先看治学思想。李教授为我们讲了“心情、心态与基本原则”“指导思想”“‘四观’与百折不挠精神”“撰写精品论著之要”。搞学术研究一定要有一个良好的心情与正确的心态。在我看来，心情既是由我们的目的决定的，也是由我们的兴趣决定的。作为目的，研究学术一定要有社会目标，就是说我们研究的问题是社会所需要的，能够针对社会某方面的问题来研究，最好的结果是能够对这些问题的解决有所帮助。李教授在改革开放初期，针对长期存在的经济增长观念发表《斯大林对雅罗申柯为生产而生产观点的批评》，就起到了这样的作用。另外，心情还包括自己的兴趣。有些研究在短期内并不一定会引起社会的巨大反响，但它的确是“问题”，尽管其他人不关注这个“问题”，但我们自己对其有浓厚的兴趣，这也可能决定我们研究的成功。短期内也许仅仅是“自得其乐”，但长期看对社会一定有所贡献。

正确的“名利观”也很重要。在我看来，对于一个学者来说，追求成功的欲望是不可缺的，但绝不可“名利熏心”。我常说，人不能太功利，但是，人没有一点功利之心是不可能的。功利之心也是人们成功的动力。但是，人不能太功利，过于功利必定会影响人的成长。所以，年轻学者一定要处理好这个问题。

再来看治学方法。李教授为我们讲了“一家之言”和“创新观”。作为一个学者或理论工作者，必须坚持真理，求真务实，不唯上、不唯书。这就是“一家之言”。不过，作为“一家之言”还有一个重要条件，那就是创新。一个真正的学者，除了坚持真理，还要坚持己见，始终保持一种创新意识。当然，真正的创新是不容易的。现在“创新”很流行，一篇博士论文要求有几处“创新”，没有“创新”就不能达到学位论文水平。事实上，这是“强人所难”的。我看，一个学者一生中能有一两处创新就可以了。像李教授这样能有“两篇文章和6部图书”，每一项都有创新，那是比较罕见的。这不仅需要很强的创新意识和能力，还需要“百折不挠”的精神和耐力。

四、感恩之心

一个人要取得事业成功，除了进取心和努力外，还要有一颗感恩之心。李教授是农民的儿子，少年参军，然后进入中国人民大学，本科毕业又接着读研究生，经过多年的努力，终于成为一位著名学者，获得了大量荣誉。但他从来没有把这些成功仅仅看作个人努力的结果，而是归结为党和人民培养的结果。所以，李教授总是抱有一颗感恩之心。他并不像现在的一些年轻学者，将自己取得的一些成就一概归为个人奋斗的结果，并且一定要使这些成果能够“变现”，或变成金钱，或变成地位。李教授有这样的成就，但我们可以看到，这些成果并没有哪一样“变现”成了金钱和地位。我们所见到的李教授，仍旧平平常常，“布衣蔬食”，心中常想的却是党的大事业以及自己的学术传承。

最后，如果我们要想知道更多的有关李教授其人、其事、其学问，那就认真地读他的《学问艺术论》吧！

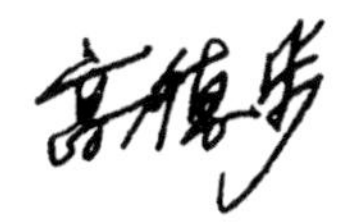

中国人民大学教授
2022年2月

前 言

作为一个农民的儿子，我14岁就参加了革命。在党和人民的哺育下，我走上了一条成才之路，即在小学文化的基础上，通过自学考进中国人民大学，成为工业经济系本科生，研究生毕业后走上了大学讲堂，在60多年的教学和科研的基础上成为一名经济学家。

我最大的愿望是以教书育人和著书立说的实际行动向党和人民以及我的老师们进行感恩和予以回报。

这本书是以我成长的经历为依据，向年轻的经济学和管理学导师、研究生们传授，以及与同行专家和学者交流我的治学思想与方法，具体地回答怎么样才能当好导师，指导好研究生；每位师生怎样才能撰写出精品论著。

本书是探索思想与方法的著作。它在我完成教书育人、著书立说这个“过河”任务中，起着“桥”或“船”的重要作用。

本书第一篇是治学思想与方法，分别设置了“心情、心态与基本原则”“指导思想”“‘四观’与百折不挠精神”“撰写精品论著之要”4章。

本书第二篇分别设置了“重大机遇”“成长路径”两章。

本书第三篇分别设置了“培养一批优秀人才”“主要图书简介”“主要论文选”3章，以此来说明第一篇“治学思想与方法”的有效性。

还要特别说明的是，本书与《产业经济学》（研究生教学用书）（第五版）是姊妹篇。本书的第九章“主要论文选”乃《产业经济学》（研究生教学用书）（第五版）的“骨骼”。因此，读者将两本书一起研读，会有更大的收获。

2022年2月

目　录

第一篇　治学思想与方法

第一章　心情、心态与基本原则

马克思主义哲学原理告诉我们：物质可以转化为精神，精神也可以转化为物质。人是有思想和信仰的，人的行动是由思想支配的。世上不存在没有思想支配的人的行动。本章主要讨论心情与心态、身心健康之道与基本原则三个问题。

第一节　心情与心态

感恩的心，抚慰所有的孤独，也穿透所有生命悲苦，拉着我们突破困境，不断超越。

以价值观和人生观论，对于今天在党和人民的哺育下已经成才的我来说，最有价值的和最为重要的就是以教书育人和著书立说的实际行动向党和人民以及我的老师们表达感恩和予以回报。每获得这样一次机会，都能给我带来极大的快乐和幸福感；每失掉这样一次机会，都会给我带来极大的痛苦和悲伤。一句话，我最大的追求就是进行感恩和予以回报，这就是我现在最基本的心情和心态。

这种心情与心态更具体地说主要有以下几种表现：

第一，我是个感情型的人。我爱笑，也爱哭。别人的快乐马上就可以变成我的快乐，别人的痛苦马上就可以变成我的痛苦。你敬我一分，我会敬你十分。党和人民以及我的老师们对我恩重如山，我当以涌泉相报。

第二，我对母校有特殊的感情。因为是母校培育我成才的，所以我对母校怀有深厚的感情。校外的人说母校好，我非常自豪；如果有人说母校的缺点，我就很郁闷和内疚。可见母校的一人一事，我都非常在乎。特别说到我的老师们，他们为了培育我，花费了大量的心血。举个例子说吧，我是小学文化水平，大学老师讲数理化知识要从小学讲到大学。到期末考试，多数情况下，我都能得5分，成为优等生和三好学生。我能取得这样的成绩是多么不容易，都是老师们用心血换来的。

第三，我对母校的学生也有特殊的感情。因为我自己就曾是母校第一批本科生和正规研究生，加上正式开学前半年，我总共当了6年半中国人民大学的学生。我面前的学生，就是过去的我，所以我特别爱母校的学生们。

第二节　身心健康之道

有人问，你都是90岁的人了，还能做到身心都很健康，每天都在为图书再版而看书、看报和剪报，有什么经验给读者分享吗？

我总结了一下，主要经验有五点：

一是党、国家、人民和老师们对我的热心教育和培养，以及我自己有对党、国家、人民和老师们万分感恩和予以回报之心。

我是个农民的儿子，开始只有小学的文化水平。八路军经常到我们村来宣传教育老百姓，我大姑父就是位老八路。他对我说："日本人虽然被打倒了，但独夫民贼蒋介石还没有被打倒。我们必须打倒蒋介石，才能解放全中国。"所以我14岁就参军了，经军队领导推荐18岁就到北京去考中国人民大学。我是人大第一届本科生、第一届研究生、第一批本校培育的老师，后来又是博导和院士。可以这样说，我是吃共产党"奶水"长大成人的，所以我感恩和予以回报的心非常强烈。

二是党、国家和人民对我成就的肯定。我被评为北京市劳模，《人民日报》又多次发表我的书评，以及两本教材在全国高校被应用于教学。

三是我经常锻炼身体。每天散步两次，不少于两个钟头。

四是儿女的孝心和学生的关心。

五是健康合理的饮食结构：一份肉蛋鱼、两份主食、3份水果、4份蔬菜。

第三节　基本原则

坚持两种精神，牢记两个使命，理论联系实际，在攀登知识高峰、实现伟大的中国梦的征途上永不止步。

（1）坚持以爱国主义为核心的民族精神。

（2）坚持以改革创新为核心的时代精神。

（3）坚持理论联系实际。

（4）牢记著书立说、教书育人的使命。

（5）牢记创造人民向往的幸福生活的历史使命。

（6）知识决定命运，所以要持之以恒地学习。

（7）博采众长，以我为主，融合提炼，自成一家。

第二章 指导思想

第一节　中国化的马克思主义[①]

“马克思主义中国化”是一个重要命题。但是，马克思主义中国化的实质究竟是什么？可以说，弄清这个问题，是我们进行马克思主义中国化的认识前提之一。

作为我们党指导思想的马克思主义，不能等同于马克思、恩格斯以及列宁的所有论述，而应当是指他们学说中那些经过实践证明是科学的并且具有普遍意义（即对当代中国有指导意义）的理论。这个概括包括两层意思：其一，它是“经过实践证明是科学的”理论。因为只有这样的理论才具有可靠的真理性，才会成为我们的指导思想。其二，它是“具有普遍意义的”理论。这是在前一层意思基础上的进一步限定。原因在于，马克思、恩格斯以及列宁的一些思想理论，在一定时间、一定条件下是正确的，但是并不具有普遍意义，对中国并不适用，所以也不能作为我们的指导思想。以上两层含义，第一层含义说它是“真理”，第二层含义又说它具有“普遍意义”。因此，简言之，作为我们指导思想的马克思主义的科学内涵，是指马克思、恩格斯以及列宁学说中的“普遍真理”。

需要强调的是，这里的“普遍真理”是广义的，它不仅包含事实性（认知性）真理，而且包含价值性真理。例如，马克思主义科学世界观和方法论的重要内容——“生产力标准”“人民利益标准”“人的自由和全面发展追求”等，都主要指向社会历史领域，都不只是事实性真理，同时是价值性真理，体现科学的、进步的价值立场和价值取向，并且具有普适性。

第二节　给青年导师和研究生们出几道考题

（1）学习研究和繁荣发展哲学社会科学的指导思想是什么？

（2）马克思主义横向涵盖哪几个学科？纵向涵盖什么主义、思想和理论？

（3）马克思主义中国化的成果有哪些？

第三节　哲学社会科学的指导思想和学科定位

繁荣发展哲学社会科学必须坚持马克思主义的指导地位。要用马克思列宁主义、毛泽东思想、邓小平理论、“三个代表”、科学发展观和习近平新时代中国特色社会主义思想统领哲学社会科学工作，在指导思想上绝不能搞多元化。

---

① 董德刚．应当中国化的是马列学说中的“普遍真理”［N］．北京日报，2009-03-16.

一、马克思主义中国化的成果

党的十八大报告指出：我们坚定不移高举中国特色社会主义伟大旗帜，既不走封闭僵化的老路，也不走改旗易帜的邪路。中国特色社会主义道路、中国特色社会主义理论体系、中国特色社会主义制度，是党和人民百年奋斗、创造、积累的根本成就，必须倍加珍惜、始终坚持、不断发展。中国特色社会主义道路，就是在中国共产党领导下，立足基本国情，以经济建设为中心，坚持四项基本原则，坚持改革开放，解放和发展社会生产力，建设社会主义市场经济、社会主义民主政治、社会主义先进文化、社会主义和谐社会、社会主义生态文明，促进人的全面发展，逐步实现全体人民共同富裕，建设富强、民主、文明、和谐、美丽的社会主义现代化国家，实现中华民族伟大复兴。中国特色社会主义道路之所以完全正确，之所以能够引领中国发展进步，关键在于我们既坚持了科学社会主义基本原则，又根据时代条件赋予其鲜明的中国特色。实践充分证明，中国特色社会主义是当代中国发展进步的根本方向，只有中国特色社会主义才能发展中国。

中国特色社会主义理论体系就是包括邓小平理论、“三个代表”重要思想、科学发展观和习近平新时代中国特色社会主义思想在内的科学理论体系，是对马克思列宁主义、毛泽东思想的坚持和发展。中国特色社会主义制度，包括人民代表大会制度的根本政治制度，中国共产党领导的多党合作和政治协商制度、民族区域自治制度以及基层群众自治制度等基本政治制度，中国特色社会主义法律体系，以公有制为主体、多种所有制经济共同发展，以按劳分配为主体，多种分配方式并存，社会主义市场经济体制的基本经济制度，以及建立在这些制度基础上的经济体制、政治体制、文化体制、社会体制等各项具体制度。中国特色社会主义道路是实现途径，中国特色社会主义理论体系是行动指南，中国特色社会主义制度是根本保障，三者统一于中国特色社会主义伟大实践，这是党领导人民在建设社会主义长期实践中形成的最鲜明特色。

二、哲学社会科学的研究内容

哲学社会科学主要研究三个方面：一是世界观、人生观、价值观问题；二是理论认识和科学思维问题；三是社会发展规律和社会管理规律的认识和运用问题。而产业经济学是从属于第三个问题的，是揭示和运用产业发展规律的学科。

三、两类经济学

马克思主义经济学有理论经济学和应用经济学两类。政治经济学是以社会生产关系的发展规律为研究对象的理论经济学。包括产业经济学在内的应用经济学的研究对象是社会生产力发展的规律。当然，众多的自然科学都是从不同角度来研究生产力发展规律的，但从整体上研究社会生产力发展规律的任务，只能落在应用经济学的头上。

邓小平同志历来十分重视发展社会生产力和生产目的问题。在这方面他有过很多精辟的论述，比如，“共产党就是为发展社会生产力的，否则就违背了马克思主义理论”；“社会主义的任务很多，但根本一条就是发展生产力”；“在社会主义国家，一个真正的马克思主义政党在执政以后，一定要致力于发展生产力，并在这个基础上逐步提高人民的生活水平”；“社会主义原则，第一是发展生产，第二是共同致富”；“社会主义的本质，是解放生产力，发展生产力，消灭剥削，消除两极分化，最终达到共同富裕”。

总结我国经济建设的实践经验和经济学科发展的实践经验，马克思主义经济学应当更加重视对社会生产力发展规律的研究。我国经济效益低的主要原因之一，就是重复生产、重复建设；经济学发展不够理想的原因之一，就是学科研究对象的重复。重复已经浪费了我们宝贵的时间和精力，时至今日，我们再也不能容忍这种人力资源浪费现象继续存在下去了，到了非解决不可的时候了。

四、两个关键

实现未来经济发展目标，关键要在加快转变经济发展方式、完善社会主义市场经济体制方面取得更大进展。经济体制是政治经济学和管理学的研究领域，而转变经济发展方式是生产力经济学和产业经济学的研究课题。

鉴于在生产力和生产关系的辩证关系中，首先是生产力决定生产关系，解决生产力和发展生产力又是社会主义本质的基础，所以我们在实现经济发展方式的根本转变和整个社会主义现代化建设过程中，应更加注重产业经济学的研究和应用，应当让产业经济学在社会主义现代化建设事业发展进程中发挥更大的作用。

中国特色产业经济学必须以马克思主义特别是马克思主义中国化最新理论成果为指导思想，以揭示和运用产业经济发展规律为研究对象。在整个教学和科研过程中，应不断地总结我国产业经济发展的实践经验，并及时吸取国外的有益经验；要运用定性分析与定量分析相结合的方法；要坚持“博采众长，以我为主，融合提炼，自成一家”的原则；要在继承的基础上勇于创新，重在创新。

我们在学科建设上必须在找准本学科的定位上狠下功夫，始终以此为重点，突出本学科的特色，这样才能把握住本学科的本质，才能真正与其他兄弟学科区别开来，在整个学科体系中找到自己应有的位置，才能充分发挥自己的长处。

研究生的培养应当坚持“宽口径、厚基础”的原则，特别是产业经济学的博士生，学习和研究产业经济学不应该只局限在产业经济学的核心内容，而要真正学深、学透这个核心内容，还必须搞清楚这些核心内容与经济发展理论和经济发展方式转变的相互关系、这些核心内容的规律如何运用，以及这些规律的运行体制条件等。但是，必须牢记的是重点不能偏离，重点只能是核心内容。

五、产业经济学和产业现代化

国务院学位办编制的学科目录规定：经济学分为理论经济学和应用经济学两类。产业经济学涵盖工业经济、农业经济、商业经济、运输经济、企业经济、消费经济和信息经济。我国还有独立的市场学。管理学独立于应用经济学之外，是与经济学并列的大学科。

产业现代化是整个社会主义现代化建设的重要环节，实现产业现代化是中华民族的一项伟大历史使命。所谓产业现代化，一般是指通过发展科学技术，采用先进的技术手段，把产业建立在当代世界最新科学技术的基础之上，使各产业的各项技术经济指标达到世界先进水平的过程。产业技术现代化是产业经济学的重要课题。

第三章 “四观”与百折不挠精神

本章主要讨论名利观、创新观、民主观与监督观以及百折不挠精神四个问题。

第一节 名利观

回忆过去，我们曾有过对知识界的所谓名利思想的批判。那种群众性大批判的确有其片面性。现如今对我们知识分子来说，与过去大不相同了。党和人民为了哺育我们已经花费了那么多的心血和金钱，付出了巨大的代价，使我们可以在高校学习和任教；学子们一心一意地搞学问，因此我们知识分子没有任何理由不努力成为名家。博士生的培养目标就是为高校培养师资和为科研机构输送高级科研人员。如果到头来还不能成为名家的话，那么我们自己怎么向党和人民交代呢？

我们教师要想成为一个高尚的人、一个纯粹的人、一个脱离了低级趣味的人，要想圆满地完成教书育人和著书立说的神圣职责，就必须拥有一颗全心全意为人民服务的忠心，有远大的理想和抱负，并全力去实现理想和抱负，鞠躬尽瘁，死而后已。为了党和人民的利益，为了更好地为人民服务，我们有一万个理由去奋发图强，以百倍的努力争取早日成才。

第二节 创新观

一、什么叫创新？为什么要创新？

一篇博士学位论文，如果没有什么创新见解，答辩时就不能取得博士学位。创新不仅对学子们很重要，对于组织、党和国家来说，也是非常重要的。特别是在国内外竞争如此激烈的形势下，创新就显得尤为重要。没有创新，就会在竞争中被淘汰出局。所以，创新是生存和发展的必然选择。

理论上的创新就是指要通过深入细致的调查研究，在继承前人科研成果的基础上，提出并论证新的理论观点和方法。这些新的理论观点和方法是前人还没有提出和论证过的。做学问如同接力赛跑，要接过前人的“接力棒”继续前行。

二、六点结论

（1）创新的起点和基础是继承。世界上不存在没有继承的创新，马克思主义也有三个来源。在我们搞学问之前，国内外同行专家已经进行了大量的科研工作，取得了很多成果，为我们今天的创新提供了攀登科学高峰的梯子。

（2）对于一个学子、一个学校、一个研究所甚至于一个国家来说，最重要的还是创新，即走前人没有走过的路，提出并论证前人没有提出和论证过的理论和方法。

（3）搞哲学社会科学研究首先是端正指导思想。必须坚持以马克思主义为指导思想，在指导思想上绝不能搞多元化。

（4）继承最根本的手段，是阅读国内外名家的代表作和具有学科前沿性水平的其他科研成果。

（5）创新的根基是社会实践，特别是新时代中国特色社会主义伟大实践。

（6）创新的根本标准是一个“特”字，即坚持“博采众长，以我为主，融合提炼，自成一家”的原则。要古为今用，洋为中用，为进一步繁荣发展中国特色社会主义经济理论添砖加瓦，为实现全面建成小康社会的目标而贡献力量。

三、我的创新所在

我在创建和繁荣发展中国特色产业经济学方面，最为重要的创新可概括为：

（一）两个突破

1.第一个突破

突破了国外产业经济学只包括产业结构、产业组织和产业政策这“三论”的理论框架，构建了包括发展理论、产业规律、产业结构和产业组织的中国特色产业经济学新体系。

2.第二个突破

突破了国内已有产业经济学的教材体系和内容不确定性较大以及与相关学科核心内容重复较多的局面。

（二）两个理论创新

1.第一个理论创新

在《中国工业部门结构》（第二版）中，我首次提出并论证了“关联分析论”，之后我又在《产业经济学》（研究生教学用书）第二十七章中完善了“关联分析论”：

关联分析论是在马克思主义再生产理论的基本原理指导下形成的我国产业部门结构的基本原理与方法，主要是关于产业部门结构发展规律与直接关联因素之间的相互依存、互为因果关系的原理与方法。这种原理与方法的基本框架如图3-1所示。

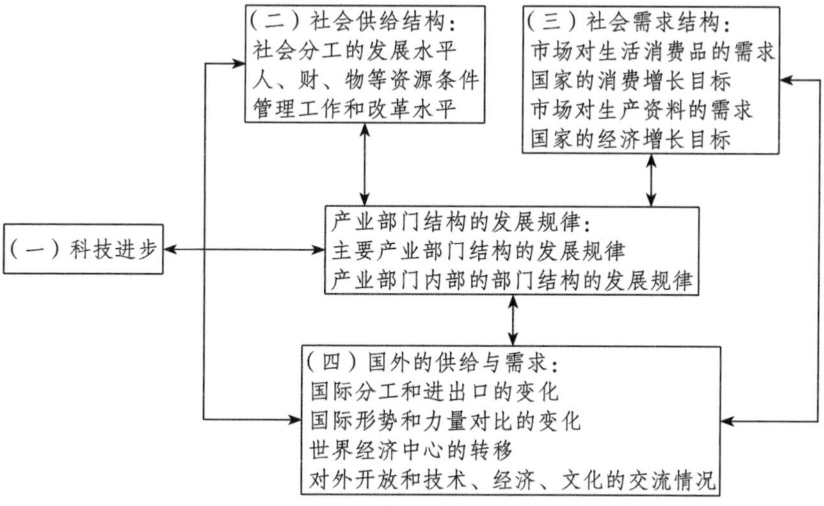

图3-1　关联分析论的基本框架示意图

图3-1表明，围绕产业部门结构发展规律这个中心，有科技进步、社会供给结构、社会需求结构和国外的供给与需求这四大类直接关联因素。这四大类直接关联因素影响并决定着产业部门结构的发展规律；反过来，产业部门结构的发展规律也影响和决定着这四大类直接关联因素。总之，产业部门结构的发展变化与四大类直接关联因素之间存在相互依存、互为因果的辩证统一关系。

对产业部门结构和整个产业结构的影响因素的分析，国内外主要有两种不同的看法：一是单因素论；二是多因素论。单因素论又分为两类：一类认为，产业结构是生产力范畴，科学技术和生产力是影响产业结构的基本因素；另一类认为，经济发展和社会发展的唯一动力就是科学技术，经济结构和整个社会结构的变化也完全是由技术的应用引起的，与所有制和生产方式无关。而这后一类看法正是西方未来主义的观点。

西方未来主义的观点从总体上看是片面的，也是错误的。因为无论是罗斯托、贝尔，还是托夫勒或其他未来主义者，他们都是把科学技术作为区别不同社会性质的唯一依据和标准。他们把人类社会发展规律描述为从前工业社会和工业社会发展到后工业社会（信息社会）。他们对未来社会的理论公式是：科学技术革命+资本主义=新社会=资本主义永存。他们以此来否定马克思所揭示的人类社会发展规律，否认马克思主义关于社会基本矛盾的理论，否认所有制、生产方式是区别不同社会经济结构的根本标准等马克思主义的基本原理和原则。

单因素论是片面的。因为马克思主义唯物辩证法的世界观告诉我们，事物是发展变化的，是有普遍联系的。我们应当从事物的内部矛盾运动中和与其他相关联事物的关系中去研究和把握其发展规律。事实也正是这样，影响产业部门结构的因素是多方面的，既有科学技术因素，又有自然条件、经济、政治、军事等因素；既有需求因素，又有供给因素；既有国内因素，又有国外因素；既有纵向因素，又有横向因素。

2.第二个理论创新

在《产业经济学》（本科教学用书）（第一版）第五章中，我首次提出并论证了“产业经济发展的十大趋势”，这就是：

第一，新中心取代老中心趋势；

第二，由“一、二、三”向“三、二、一”转变趋势；

第三，重点产业选择与转移趋势；

第四，高新技术产业比重不断提高趋势；

第五，由资源、劳动密集型向资本、技术密集型转变趋势；

第六，军民结合、平战结合趋势；

第七，由农业国、农业工业国、工业农业国向工业国转变趋势；

第八，由以轻工业为主向以重工业为主转变趋势；

第九，由原料不足向原料有余转变趋势；

第十，机电一体化趋势。

在此基础上，我又在《产业经济学》（本科教学用书）（第五版）的第二章中提出并论证了“产业经济发展规律”：

产业经济发展规律主要有十八条，用同类归纳法概括为“六化”“七并存”“五取代”。“六化”为产业经济全球化、产业经济现代化、产业经济融合化、产业经济知识化、产业经济数字化和产业经济智能化。

“七并存”为垂直分工与水平分工并存，产业结构调整与产业转移并存，国防产业与民用产业并存，轻重工业并存，资源、劳动密集型与资本、技术密集型产业并存，国内外合作与不平等和不平衡并存，高新技术产业发展与传统产业改造并存。

“五取代”为“三、二、一”取代“一、二、三”，新中心取代老中心，绿色生产力取代灰色生产力，工业国取代农业国，原材料相对有余取代原材料相对不足。

（三）两篇文章和6部图书

两篇文章是《斯大林对雅罗琴柯为生产而生产的批评》《产业经济学学科定位和理论框架》。第一篇文章是我国第一篇纠正为生产而生产错误的文章。它为全国范围内开展生产目的大讨论开了头，这场大讨论的实质就是在全国经济学界发起的真理标准的讨论。第二篇文章是我国第一篇阐明中国特色产业经济学的定性文章。

6部图书是《中国工业部门结构》、《产业经济学》（研究生教学用书）、《产业经济学》（本科生教学用书）、《产业经济研究》、《企业家成功之路——中国百名优秀企业家案例研究》和《学问艺术论》。《中国工业部门结构》是我国学者撰写的第一本中国工业部门结构方面的著作。朱镕基同志在给作者的信中指出：“深感这将是一部开拓性的著作，对研究中国工业经济问题很有裨益。”《产业经济研究》是我国学者按中国产业经济学学科体系撰写的论文集。《产业经济学》（本科生教学用书）是国家教育部授权为全国经济学类本科生编写的核心课程教材之一。《产业经济学》（研究生教学用书）涵盖工业经济、农业经济、商业经济、运输经济、企业经济、消费经济和信息经济七大学科领域的中国产业经济学，它是我国出版最早、内容最全面的产业经济学研究生教材。《学问艺术论》科学地总结了作者成才的经验，为广大期望成才的人士提供可资借鉴的实例和方案。

第三节　民主观与监督观

一、党政领导和管理工作的民主观与监督观

（一）主体与对象

这里的主体与对象有两个特点：一是领导与被领导者双方是平等的；二是同时存在不可违反的组织原则。该组织原则是：个人服从组织，少数服从多数，下级服从上级，全国服从中央人民政府，全国、全党服从党中央。正确处理民主与监督的原则是“先民主、后集中”，即首先让群众发表意见（也叫“从群众中来”），然后集中（也叫“再到群众中去”）。这是在集中指导下的民主，在民主基础上的集中。

（二）高等院校领导和管理工作的特殊性

学校里存在一个“三位一体”的体制和机制，所以这里有特殊性，即存在一个校领导、老师与学生关系的问题，这里是“谁为谁服务”和“谁养活谁”的问题。高校大部分学生都是要交学费的（当然少数交不起学费的学生，国家用各种方法给予减免或补助）。当然，校领导和教师的收入，特别是国家办的高校，学生所交学费只占不大的比重，大量的花费都是国家投入的。所以从总体上讲，全校在职员工都是国家和人民养活的。但是也不能忘记，单就院校的老师和学生之间关系而论，不得不承认校领导和老师是为学生服务

的，学生养活校领导和老师，不能倒置。

（三）高校领导和管理工作必须严字当头

党有党纪，国有国法，家有家规，历来如此。高校也必须有许多校规，全校教职员工都必须遵守，尤其是校领导和老师还得带头遵守。严师才能出高徒。

就领导和管理的模型来讲，有三种可供选择：放任型、专制型、民主型。前两种都不可取。第三种博采了前两种之长，把前两种的优点组合起来了。

我赞成曾经当过吉林大学校长的一位高校领导严字当头的领导风格。他到吉大任职后，发现有部分博士生导师不称职，于是他就解聘了那些博导，收到了很好的效果，大大地推进了吉林大学教师教学水平的提高。①

二、科研工作中的民主观与监督观

（一）主体与对象

从事科研的全体成员之间的关系一般是平等的（当然在完成国家级的科研项目时，那些院士和总指挥级的人还是有权作出最后决定的）。在科研工作的全过程中，我们应全方位地落实党的“百花齐放，百家争鸣”的方针。因为科研就是追求真理的过程，也就是创新的过程，要走前人没有走过的路，提出前人没有提出过的新理论观点和方法。在这个过程中，特别是在开始阶段，如果过早地集中，就会封杀创新，因为真理有时还不会被大多数人所认识。

（二）搞科研和教学工作应更强调民主

从事研究工作的成员，一般都具有各自的专业方向，其研究方向又是其专业中更专门化的领域。可是老师所教的学生对知识的要求又是宽泛的，比如产业经济学就涵盖工业经济、农业经济、运输经济、商业经济、企业经济、信息经济和消费经济七个学科，但在教这些学生的导师中，有许多仅仅是研究工业经济或农业经济的，对其他专业并不是很在行。上述这一宽和一窄的矛盾如何解决呢？解决的办法有两种：一是领导者应具备专业知识，不宜用外行，所以一般领导者都是“双肩挑”；二是应充分发挥导师组的集体作用。正因如此，在这里讲究学术民主，就显得尤其重要了。

（三）搞科研和教学工作也必须有监督

这里的监督主要是指领导、同行和学生们对科研和教学人员进行监督。监督的重点是看科研人员有无弄虚作假或学术欺诈。

我国前教育部部长周济曾指出，着力构建教育、制度、监督相结合的惩防学术不端行为的工作体系，惩防并举、标本兼治、综合治理、多管齐下，自律与他律相统一，内部治理与社会监督相结合，以最坚定的决心、最快速的行动、最果断的措施，将惩防学术不端行为的工作体系建立起来、有效运转起来。

关于改进科研评价制度，建立以质量为导向、科学合理的评价体系，周济曾强调，高校出版社、学术期刊要加强对学术出版物的规范化管理，建立起严格的审读制度，在出版与发表的环节上筑起防火墙、把好出口关，防范学术不端行为的发生。同时，他要求高校对学术不端行为像对体育界反兴奋剂一样，像对假冒伪劣产品一样“零容忍”，实行“一

---

① 王晓明. 这样的人多了，社会坏不到哪里去［N］. 中华读书报，2009-01-21.

票否决”，并把学风表现作为老师考评的重要内容，把学风建设绩效作为高校各级领导干部考核的重要方面。

对我国学术界来说，学术资助基金的管理目前存在两大问题：

其一，资金管理不透明。虽然在申请基金项目、下达课题任务时，项目资助方十分明确地规定了资金该怎样具体使用，但是当经费到达研究者手中之后，缺乏对资金使用的过程监控。

其二，没有严格的问责机制。对于一些学术造假事件，社会舆论一直呼吁通过法律手段追究造假者的欺诈行为，但迄今为止司法还未进入学术不端行为的治理领域。①

（四）高校内学术不端现象三例

第一，有少数青年教授，主要精力不在教书育人和著书立说上，而是眼睛向“钱”看，哪里给钱多，就往哪里跑，上课也只是照本宣科。

第二，有极少数人不肯下大功夫深入社会实践搞调研，总结自己的经验，而是坐在家里翻译外国名著的片断，再改头换面一番，出一本个人署名的书。这类书的作者是译者，而不是著者。

以上这两种极少数人，最好的办法是请他辞职，像这样不务正业，“荒自己的地，却去肥别人的田”的人，真不如让他就去“种别人的地，肥别人的田”更好些。

第三，在评奖和科研项目中搞官本位。只要先当上什么官，不问学问大小，就可以“近水楼台先得月”。达标的图书和论文不送评，不达标的图书和论文却送评，结果是两头落空。

总之，学术不端（即学术腐败）比经济腐败危害性大十倍、百倍。不除掉它，就是对党的教育大业的最大不忠。

（五）哲学社会科学的特殊性

哲学社会科学的特殊性在于，在指导思想上，不存在民主问题，只有集中。因为哲学社会科学是治党治国的大学问，是党性和阶级性非常强的科学。党中央三番五次地申明，繁荣发展哲学社会科学的指导思想只能是马克思主义，在指导思想上绝不能搞多元化。这是领导权问题，是服从不服从共产党领导的大问题，即是政治问题，不是学术问题。

三、重视对干部民主作风的监督②

当前，腐败行为高发，特别是对“一把手”监督难是不争的事实。例如，有的地方查办的领导干部案件中，60%以上是“一把手”；辽宁沈阳慕马案被追究刑事责任的就有17人是党政部门“一把手”；前湖北襄樊市委书记孙楚寅腐败案，牵涉“一把手”30余人。在“一把手”腐败案中，有一个突出特征，就是不知民主为何物，没有民主作风。

一位领导干部的民主作风与廉政水平虽不能直接画等号，但二者具有逻辑和实际的相关性。民主作风强，内心就会谦虚谨慎，尊重组织，以人民群众的意志和权利为重；有这种精神境界的人，自然能主动约束自己，具有较高的廉洁自律素质。相反，藐视民主，视

---

① 社论．学术欺诈行为应纳入司法追究［N］．新京报，2009-03-18．
② 方工．民主作风是廉政的保障［N］．学习时报，2009-03-23（3）．

民主为赘物，心目中肯定没有群众和组织的位置，他们唯我独尊，崇尚特权，热衷一言堂，习惯家长作风，喜欢随心所欲、自行其是。思想处于这种水平的人，必然会消极对待或积极反对约束和监督权力的制度、措施。带有这种特点的行为虽不一定是腐败行为，却与腐败行为的特征具有形式上的相似性和拒绝监督的同质性。因为腐败分子以权谋私、权钱交易的行为见不得阳光，只得规避正常程序，回避集体决策，躲避他人视线，必然反对民主。排斥民主的权力不可能得到有效监督，会导致腐败的行为。作风霸道的领导干部，虽不一定就是腐败分子，但很难做到严格自律、拒腐防变，有沦为腐败分子的巨大风险，很容易走上与腐败同流合污的歧途。

在反腐败斗争中，一定不能舍弃对民主作风监督这一有力措施。由于腐败分子往往善于作秀，很多腐败行为又具有隐蔽性，所以发现腐败问题存在难度。但是，一名领导干部有没有民主作风，能不能执行民主集中制，时刻会有所表现，无法掩盖，不难了解并作出判断。故拓宽从民主作风着眼、警惕和防止腐败行为的途径，对消解监督腐败行为困难的问题具有实际作用，应该充分发挥其作用。

四、选举民主与协商民主可以相互替代吗？①

当前，关于选举民主与协商民主的关系有两种流行的说法：

一种说法是从西方民主理论发展史的角度入手，把二者关系看作替代关系，认为20世纪80年代出现的协商民主是对近代以来逐渐形成的选举民主的替代或超越。这一说法虽然强调了协商民主是在对选举民主的批判过程中形成的，却简单地把两种民主理论范式的关系等同于两种民主制度的关系。事实上，作为理论，协商民主在一定意义上实现了对选举民主的超越；但作为制度，协商民主依然是在选举民主这个宏观制度框架下运行的。

另一种说法是共存说，即认为选举民主和协商民主同时存在于现代民主制度之中，并贯穿于民主制度的各个环节。比较而言，这一折中的说法更为客观，但模糊了选举民主与协商民主在制度地位上的不对等关系。显然，选举是民主体制中的核心制度，协商则在更多的情况下体现为一种机制。更具体地说，衡量民主体制的首要标准是选举民主，而不是协商民主。

选举民主和协商民主不是替代关系，更不是简单的共存关系，而是民主制度框架下的相互支持、补充和增强的关系。这种关系决定了在民主政治建设过程中，二者缺一不可，需要共同推进。

第四节　百折不挠精神

世界是复杂的，矛盾是普遍存在的，没有矛盾就没有世界。我们所处的大小环境又都在发展变化之中，所以我们对人、对事，都要以时间、地点和条件为转移。我们每个人都是改造主客观世界的一分子，但同时每个人必须去适应现有的客观世界，因为整个客观世界的改造绝不可能靠少数人来完成。即使全体人民都参与改造，也要有一个过程，不可能一蹴而就。

---

① 杨雪冬．选举民主与协商民主可以相互替代吗？[N]．解放日报，2009-03-23．

应特别注意，在改造主客观世界的过程中，一般都会遇到各种挫折，特别是过去那种搞群众运动方式的改造或改革，常常会出现部分人受到不应有的打击。比如，过去“反右派”和“反右倾”的运动中，就有相当一部分同志，甚至是老革命、老干部，都曾受过很大的打击。邓小平就曾“三上三下”，这样的老革命，竟让他到江西工厂下放改造。但他挺过来了，又成了领导中国人民富起来的卓越领导人。朱镕基同志也曾被打成“右”派，他也挺过来了，后来又当上了总理。这些同志为什么能挺过来呢？因为他们相信党和人民总有一天会给他们平反，还他们本来的真实面貌。

但是，也有些人一受到挫折，就失掉信心，有的甚至走上了绝路，从而给家庭以及党和人民造成了无可挽回的重大损失。所以，正确的结论是：每个人都应该相信党和人民，随着时间的推移早晚都会给你一个公正的结论。我们做什么事情，只要是正义的、对党和人民有益的，一定要持之以恒、百折不挠，不达目的永不罢休。

第四章 撰写精品论著之要

与做其他事情一样，搞学问也要讲究方法，只有掌握了科学的方法，学问才能搞深，才能出精品之作。这是国内外市场竞争，特别是人才市场竞争日益激烈的客观要求。人才主要靠代表作支撑着。那么怎样才能撰写出代表作呢？本章将在全面总结我个人教学和科研经验的基础上谈点体会，仅供大家参考。

我1956年研究生毕业后开始在中国人民大学工业经济系任教，至今已60多个年头。我以主要作者身份共出版图书18部，参编图书16部，发表论文200多篇，其中在《人民日报》《光明日报》《经济日报》发表30多篇。我先后培养了25位硕士、42位博士。总结我的体会，要搞好学问，就应当抓住下列几个艺术点：抓住一个专业；打好两项基本功；选读大量中外名作和优秀论文；选准研究题目；遵循三条基本原则；突出重点；坚持“四勤”“五忌”“六结合”。

第一节　撰写名作的必要性

在我国现有的经济制度和领导体制的大环境下，我们的教育事业要创一流，只能靠“四名”：名校、名师、名生（学生）和名作。而名校主要靠名师、名生和名作；名师和名生的支撑点是名作。名作就是名牌，即打出品牌，品牌就是你特有的，别人不具备的。在我国人才买方市场基本形成的今天，学者能写名作显得尤为紧迫。具体讲有以下几点原因：

（1）国内外市场竞争日益激烈。一位学者、一所学校、一个研究所，甚至一个政党、一个国家和一个民族，要想求得生存和发展，就必须在竞争中站在世界前列，就必须拥有自己独有的品牌，即有领先的精品之作。

（2）在国内外诸多竞争领域中，人才竞争最为激烈，可以说到了白热化程度。在众多人才中被选中的，常常是拥有自己精品之作的人。所以在学术界每个人的学术地位主要由他的精品之作所支撑。

（3）对学校和研究机构而言，众多精品之作是最重要的资本。一位博士生没有具有创新见解的论文，就得不到博士学位；一位名师没有精品之作，早晚会被淘汰；一所名校或名所没有很多精品之作问世，早晚也只能被淘汰。这就是紧迫性所在。

我们的领袖们都是大学问家，他们的领袖地位和学者地位都有众多名作支撑。

马克思和恩格斯的最重要的作品是《共产党宣言》，文字虽不算多，可是很具有代表性。马克思还有一部大名作——《资本论》。在面对金融危机时，很多西方国家的领导人和学者都学习《资本论》，有的国家还组建了“反资本主义党”。有的资本主义国家把大银行收归国有了，有的国家在大银行中已控股了。

列宁著有《帝国主义论》，此著作仍然没有完全过时，帝国主义本质没有全部改变，只是统治和剥削的程度、方式和方法有所改变。斯大林著有《苏联社会主义经济问题》等一系列名作。

毛泽东同志领导中国人民站起来了，他是革命领袖。他不仅是军事家、政治家，也是大学问家，著有《农村阶级分析》《论联合政府》等。邓小平同志领导中国富起来了，他在改革开放方面有大量具有开创性的思想总结，体现在南方谈话、对社会主义本质的高度概括、"一国两制"和办特区等一整套理论中。

美国著名的经济学家保罗·萨缪尔森和威廉·诺德豪斯合著的《经济学》已出版到第19版了。日本著名经济学家篠原三代平和马场正雄合著的《现代产业论》分三册："产业构造""产业组织""产业政策"。

我国著名经济学家宋涛是延安时期的老教授，所著《政治经济学教程》已出版到第13版了。中国人民大学老校长黄达教授编著的《金融学》，是普通高等教育"十五""十一五"国家级规划教材，以及"十二五"普通高等教育本科国家级规划教材。卫兴华教授光是论文集就有两大部。

总而言之，我们的领袖们均有论著选集或全集，国内外学者也都有名作支撑。

我不是名家，只能说是在产业经济学方面有一家之言，可这一家之言也得有论著支撑才行。

第二节 主要治学思想与方法

一、抓住一个专业

一个人的精力总是有限的，一个人在无限的知识海洋里求学，要想使自己成为专家，并作出突出贡献，就必须集中精力主攻一个专业方向；在本专业方向内还必须把主要精力用于专业方向的核心部分。

我的专业是产业经济学，产业经济学的核心理论框架是产业结构、产业组织和产业发展这三部分。我把80%~90%的精力用在专业研究上，特别是用在专业的核心理论框架上。

我们要想成名家就得专一点，一个人不可能什么都干；如果那样就会什么都干不精，只能生产一些"大路货"，那就不可能成才。

二、打好两项基本功

这两项基本功包括理论与方法功底和实践功底两大部分。理论与方法功底包括：（1）政治理论，要划清马克思主义和非马克思主义的界限；（2）外语基本功，用于了解外国目前的科研成果、研究情况；（3）经济数学，用于进行定量分析；（4）学科前沿，用于为选准研究课题提供参考。这些基本功底都是撰写出精品之作的最根本的理论功底，缺一不可。打好社会实践功底更为重要，因为理论的来源是社会实践，这个实践又是检验理论是否正确的标准。新的理论能指导新的实践，实践经验的条理化、系统化能产生新的理论观点。没有实践经验的人，要创造新的理论观点是很困难的，应该积极参加社会调查，尽量参加部分实际工作。

我在主攻产业经济学专业的同时，还在高校教了8年哲学和政治经济学，这样就为我打下了坚实的理论基础。我研究产业经济学，如果不了解中国的产业经济实践，就会犯脱离中国实际的毛病。我在高校任教期间，曾于1962年参加了国家计委总结“一五”“二五”计划经验，编制“三五”吃、穿、用计划工作；1979年和1980年还参加了由国务院财政经济委员会领导和组织的全国经济问题调查组的经济结构组的调查研究工作；经常参加一些北京市和各部委的经济调研工作。这样就为我把实际工作经验条理化、系统化进而上升为理论观点提供了丰富的素材。

三、选读大量中外名作和优秀论文

这样做的目的是从中学习作者在著作和论文中是怎样提出问题、分析问题和解决问题的。学习作者是怎样掌握国内外目前所取得的科研成果的，在此问题研究中，还存在哪些必须解决的问题。

四、选准研究题目

选题原则有三条：一是理论意义；二是实践价值；三是你自己的特长（优势）。如果自己没有所长，再有意义的选题也是没有用的。总结历史经验可以看出，凡是过去工作中已经干过什么，你就应当学什么、写什么。在自己长期从事的事业中，再加上新学到的知识，你就能保证自己的实践经验条理化、系统化，进而提出新的理论观点来。

五、遵循三条基本原则

遵循三条基本原则：始终坚持马克思主义的指导地位；始终坚持理论联系实际；始终坚持“博古今中外之所长，以我为主，融合提炼，自成一家”。我们在教研工作中始终要坚持马克思主义的指导地位。我在从事教学与科研工作过程中，对马克思主义哲学和政治经济学体会最深刻和使用最多的观点有以下几种：

（一）经济学方面

（1）党的基本路线：“一个中心，两个基本点。”

（2）社会主义社会的基本矛盾和主要矛盾。社会主义社会的基本矛盾仍然是“两对四方”，即生产力与生产关系、经济基础与上层建筑。“两对”的前后两方是作用和反作用的关系。前者起决定作用，后者起反作用，但在不同时期这“两对四方”的决定作用方式不同。

我们社会主义的基本矛盾“两对四方”是基本适应的。一般情况下，生产力决定生产关系，经济基础决定上层建筑。但若生产关系不改善，生产力就不能再前进，改革生产关系就是决定性的。若上层建筑不改善，经济基础就不能巩固和完善，改善上层建筑就是决定性的。我们改革就是改革生产关系和上层建筑这两方面的不适应生产力和经济基础的环节和方面。因此，社会主义基本矛盾的运动规律才是改革的真正的理论依据。但非常可惜的是，有少数同志只记住“一对半三方”或“一对两方”。他们忘记了生产关系一方，或忘记了生产关系和上层建筑这两方。

结论是：社会主义的发展是由社会主义基本矛盾的运动规律推动的，这个规律是不以人的主观意志为转移的，具有客观规律性。我们党有学习规律、认识规律和运用规律的经验，但是切记的是：我们没有代表和替代客观规律的“权力和本事”。社会主义社会的主要矛盾是人民日益增长的美好生活需要和不平衡不充分的发展之间的矛盾。

（3）社会主义本质：解放生产力和发展生产力，消灭剥削，消除两极分化，最终实现共同富裕。

（4）发展、改革和稳定的关系。发展是硬道理、是目的，改革是动力，稳定是前提和根本保证。

（5）科学技术是第一生产力；哲学社会科学是治党治国的大学问。

（6）党中央关于“四位一体”的重大理论创新，也就是社会主义市场经济、民主政治、先进文化与和谐社会。

（二）哲学方面

（1）事物是发展变化的、普遍联系的，不能孤立地看问题。

（2）矛盾论与实践论，特别是主要矛盾和矛盾的主要方面理论。

（3）理论联系实际，实践是理论的来源，新的理论指导新的实践，实践经验的条理化、系统化就是理论。

六、突出重点

与其他课程相比，专业课是重点；在专业中的重点是研究方向；在研究方向中，论文题目是重点；论文中的重点是创新部分。

七、坚持“四勤”“五忌”“六结合”

（一）坚持“四勤”

坚持“四勤”，即坚持脑勤、眼勤、口勤和笔勤。

所谓脑勤主要是多思，多思才能出智慧。遇到问题多问几个为什么，不能搞奴隶主义，不能人云亦云，“不唯书，不唯上，只唯实”。

所谓眼勤就是博览群书。要发表专业性文章，就必须先博览群书，把前人成果（国内外名作）读遍，并在名作中选出需要精读的书和文章，这部分应当理解作品的精髓。只有这样，这些前人成果才能为自己所用。

口勤主要是要把自己的观点和论著讲给学生听，并与学生一起讨论，这样才能实现教学相长。一位教授只写论著不讲课，只能算研究员，而不能称为教授。

笔勤主要讲的是要多写论著，没创作出具有学术前沿水平的著作和论文的教授，就不能称为名教授。一位教授的学术水平应主要体现在著作和论文上。

（二）坚持“五忌”

坚持“五忌”，即忌不读马克思主义论著，特别是不重视学习马克思主义中国化的最新成果的论著；忌只照搬照抄外国经验；忌只译不著；忌只讲不写；忌只说不干。

第一大忌是不读马克思主义论著。党中央《关于进一步繁荣发展哲学社会科学的意见》明确指出，必须坚持马克思主义的指导地位，在指导思想上绝对不能搞多元化。

第二大忌是只照搬照抄外国经验。现在社会上有一种倾向，常常以“国际接轨”的名义，照抄别国的东西，把不符国情的外来品当成至宝，百般吹捧，这是非常有害的。因为任何“良方妙药”，都必须以国情为基础和前提，否则只能是空谈。

第三大忌是只译不著。有少数专家和学者，不是在深入中国的社会实践进行调研的基础上著书立说，只是翻译外国的东西。严格地讲，其只是译者，而不是作者。

第四大忌是只讲不写。意思是只讲课，不著书立说。对教授来说，不给学生讲课就不能称为教授；但是讲课还属于普及知识，而著书立说才是真正地提高知识水平。要想提高讲课的水平，也必须有自己的论著；否则，只能传授别人的成果。

第五大忌是只说不干。世上任何成功的事业都不是“高谈阔论”的产物，而是脚踏实地、苦干加巧干的劳动结晶。所以那种只说不干的行为是不可取的。

（三）坚持“六结合”

一是师生结合，可以做到教学相长。“青出于蓝而胜于蓝。”我们师生在学术上要搞接力赛，要一代一代接力下去。这样才是最有希望的。

二是学习与工作结合。学习与工作是互补的，坚持在工作中学习，可以提高求知欲和工作水平；学习时坚持工作，可以使学到的知识得到检验。我们坚持在职攻读就是要大大地发挥学习与工作相结合的好处。因为实践是理论的源泉，新的实践要以新的理论来指导。完全没有自己的实践经验，全部都靠在别人实践的基础上来创造自己的新见解，那是非常困难的，甚至是不可能的，因为哲学社会科学与自然科学的不同之处就在于其是党性和实践性很强的门类。

三是教学与科研结合。这是个普及与提高的关系问题，教学是普及知识，科研是提高知识水平。要想提高教学质量，就必须以科研成果为基础。现有教材是对已有的科研成果的继承。但要提高现有教材水平，就必须及时吸收新的科研成果，没有新的科研成果，现有教材的水平就不能不断提高。所以在国家重点大学都有教学与科研这两个重点。对教授来讲，教学与科研并重，应以科研为先导和重点。

四是继承与创新结合。这个问题对学者来说尤为重要。世界上不存在没有继承的创新，马克思主义况且还有三个来源。所以，我们有责任和义务继承马克思主义，并在继承的基础上发展马克思主义。从发展的角度看，创新比继承更为重要。因为人类社会实践总在不断发展之中，以此为来源的理论也必然是不断向前发展的，不可能停留在原地不变。一篇博士论文有没有作者的创新见解，这才是能否授予博士学位的最根本标准和要求。

五是事业与家庭结合。一位学者的成就有一半靠家庭成员特别是爱人的全力支持。家庭生活的和谐、幸福、美满，是事业成功的基础和后盾。如果没有家庭的支持，则任何事业的成功都要受到极大的制约。就夫妻而言，这是个“互助组”，它比“单干户”优越得多。所以，我从来就提倡“互助组”，而不主张“单干户”。

六是劳逸结合。列宁讲过：“不会休息的人，就不会工作。”意思是说，要想会工作并使工作取得好成效，就得会休息。一个脑力劳动者没有适当的体育活动和家务劳动，他的脑子就得不到应有的放松，钻研问题就会钻“牛角尖”，换句话说，脑子就不灵活。适当的体育活动和家务劳动还能增加食欲、增强体力。吃的食物品种多了，各种营养就丰富；有营养丰富的食物支持，脑子就会越来越好用，就会越来越活，从而为写出好篇章打下身体基础。

第二篇　机遇与路径

第五章　重大机遇

第一节　在军工厂工作

1946年7月，我从家乡河北省宝坻县[①]方家庄镇褚亮庄走到河北省迁安县东荒峪乡大寨村[②]，到冀察热辽军区军工部参军报到，然后被分配到某军工厂工作。最初我的工作是做硫酸、盐酸和硝酸，然后经过硝化雷银、雷汞和硝化棉的过程，最后制成炮弹、手榴弹，为解放军提供武器来打国民党的军队。在红五月战斗中我立了一小功，立功后我就升为副班长了。1949年12月，我成为一名光荣的预备共产党员。

我在这个军工厂工作的过程中，曾发生过三次事故。

第一次事故是我军打下来一个国民党的飞行员，他会操作柴油机器。但是有一天这个人跑掉了，第二天开飞机来炸我们军工厂，但没有炸死人，因为军工厂是在山沟里。

第二次事故是在硝化雷汞时，一个副班长的一只眼睛被炸瞎了。

第三次事故是蒸酸班一个战士，大腿被烧开的硫酸烧坏了，皮都死了，死皮有手掌那么厚，走路都很困难。

我们冬天的衣服都是用绳子绑的，后来穿狗熊皮，每天都不洗脸，因为洗干净了，硫酸烟气刺激会很疼。

第二节　上大学和教大学生

1948年年底，我国东北全部解放后，我们华北军区军工部被调到东北军区军工部了，要我们去接收辽阳唐户屯军工厂。到该军工厂一看，所有设备都被破坏了。我们的任务就是收集废品和处理废弹。1949年的一天，厂长的通信兵通知我："苏厂长叫我通知你：领导决定推荐你去北京考大学，明天就送你去沈阳的中国人民大学招生组报到去。"我报到后第三天就跟招生组人员去了北京，住在张自忠路3号[③]。1950年1月，我通过了大学考

---

① 现为天津市宝坻区。
② 现为河北省唐山市迁西县东荒峪镇大寨村。
③ 当时俗称"铁1号"。

试，被分配到工厂管理系进行本科学习。

1950年2月，和我同时考进中国人民大学本科的学生中，只有少数人是原敌战区的地下党员，绝大多数是从解放区来的人，包括原八路军和新四军的优秀战士、吴运铎等军工厂工人，还有李凤莲、郝建秀、高玉宝等劳动模范等。直到1957年，学校才开始招应届生。

第三节　鞍钢实习

大学本科毕业前，学校组织我们到鞍钢进行生产实习。实习主要是看工人师傅们如何开炉、配料、装料、冶炼，以及如何出铁、出钢和轧钢的操作。鞍钢实习完成之后，我又到首钢和宝钢参观了几天。在读完研究生后，我就留校当了老师。在当老师的过程中，我还兼任了校工厂党支部书记两年。

第四节　到国家计委实习

当时由黄达校长和宋涛教授带队，由30多人组成的队伍到国家计委参加总结“一五”“二五”经验，编制由邓小平提出的以吃、穿、用为序的第三个五年计划工作，用了整整一年时间。我被分配到国家计委综合局工业处实习。我的工作是在张明和农合两位处长的领导下，到各部委收集资料，总体上说只是抄抄写写、忙前忙后。作为教工业经济的老师，看到这些资料中有很多是可以供教学和研究的，真是如获至宝，一一地抄下来。

第五节　参加全国经济调查组

由国务院、中央财政经济委员会领导和组织调查组，我被分配到产业结构组工作。我跟着领导去上海、东北等地调查；到上海时，由上海市委领导作介绍。我回到北京又参与编写了调查报告（该报告参见本书第九章“主要论文选”中的《更科学合理地发挥上海老工业基地的作用——上海经济结构调查报告》）。

第六节　参加产业结构调研

在产业结构组工作两三年后，我被分配到以马洪为组长的办公室工作。在这里我写了题为《试论工业企业的规模结构》的论文，发表在《中国社会科学》1981年第1期上。论文全文参见本书第九章“主要论文选”中的《试论工业企业的规模结构》。

本章前六节讲我成才的基础底蕴，是最大的机遇，是我后来编写本科和研究生教学用书的最主要的素材。

第六章 成长路径

第一节　讲授原著

在中国人民大学停办期间，我去北京大学和北京市卫生局讲哲学和政治经济学原著，包括资本论、辩证唯物主义与历史唯物主义以及哲学原理等论著，前后共七八年之久。我的专业虽然是产业经济学，但在这七八年里，我在哲学和政治经济学方面的学术水平大大提高了。这一段工作经历为我后来编写产业经济学教材打下了理论功底。

第二节　发表论文和著书

我发表的论文参见本书第九章“主要论文选”，出版的图书参见本书第八章“主要图书简介”。

第三节　写作团队结构和后盾

我们有很好、很强大的写作团队和后盾，作者队伍包含院士、博导、副部长、局长、院长、所长、全国政协委员等30位专家。这么大又这么专业化的高智商的写作团队是很少见的。这个写作团队合作编写的研究生和本科生的教学用书不断再版，都已是第五版。

在我们这个团队中，师生之间、同学之间的关系非常好，像一家人，有兄弟姐妹情。我们很团结，一方有难，八方支援。

在我们这个大集体的背后，有原中共中央政策研究室副主任郑新立以及《人民日报》、东北财经大学出版社、全国读者的大力支持和厚爱。

正因为有如此强大的后盾，所以我们都非常自信和有力量；也正因如此，我们要不忘感恩和回报社会。

我主编的《产业经济学》（本科教学用书）、《产业经济学》（研究生教学用书）都已出版到第五版，后者即将出版第六版。两本教材的具体编写分工如下：

《产业经济学》（本科教学用书）（第五版）：全书共30章、13位作者，我除了负责前言和主要参考文献外，还编写了9章。

《产业经济学》（研究生教学用书）（第五版）：全书共57章、22位作者，我除了负责前言、导论和附录外，还编写了24章。

第四节　参加社会活动

一、参加北京经济学总会的活动

我是以知名教授宋涛为会长的北京经济学总会的副秘书长，总跟着他到各地去参会。为了写文章，我可以不看节目、少睡觉；有时可以从晚到早上一直工作，写好发言稿到会上发言。我去杭州开会，为了写文章，没去看风景。

二、参加中国生产力学会和中国工业经济学会的活动

一般去参会我都有发言，发言我都收录到文集内了，而且是重点文章。中国工业经济学会把我作为资深教授加以鼓励，并简介给大家。

第三篇　教书育人　著书立说

第七章　培养一批优秀人才

60多年来，我主要在中国人民大学讲授“中国工业经济”“中国工业部门结构”“生产力经济学”“产业经济学”课程。在中国人民大学停办期间，我到北京大学和北京市卫生局讲过七八年“马克思恩格斯原著选读”“哲学”“政治经济学”课程。

在60多年间，我培养出经济学硕士25位、经济学博士42位，他们在全国各条战线上努力工作。我的学生在党政机关工作的有一位中共中央政治局委员、习近平总书记的特使和国务院副总理，有一位副部长、几位局长和巡视员，还有全国政协委员和上海市政协委员；在金融部门工作的有中国银联部门负责人和中国光大银行证券公司副总经理；在科技部工作的有院长和所长；在工信部工作的有所党委书记；在建筑方面工作的有院长；在高校方面工作的有博导和教授；有北京市社会科学院经济研究所所长；在企业方面工作的有董事长和总经理；在出版界工作的有社长、主编；在央视媒体工作的有主持人；还有3位博士后。

我们师生之间是双向选择而成的。首先是每位学生从众多导师中选了我，而我在分数达标的考生中选了他们。在读博3到6年的过程中，师生一起研读。最重要是论文选题，定题后撰写论文是反复修改后才能定稿，经过导师推荐才能通过答辩而被授予学位。

在我的学生中，读书最多的学生是钟云华同学。可以这样形容他：“读万卷书，听百家课。”鲍克同学在学校读了6年之久。他对我说：“李老师，我6年少一年少一天也不出校。”他是我的40多位博士中第一个第六年才答辩获得博士学位的，读了很多书。说到此处，还必须说到有3位同学是第三次考试才被录取的，其中一位就是王涛。他在第三次考试时单位领导不答应，就说：“我辞职也要考。”结果真的考上了。

以上所列各领域专家和学者，还兼职当“作家”，为全国本科生和研究生编写教材，并隔几年进行修订工作。同时，他们中很多人都出版了其他图书（见表7-1）。

表7-1　**优秀学生出版的主要图书目录**

学生姓名	书　名	出版单位	出版时间
刘鹤	《中国的产业政策——理念与实践》（与杨伟民合著）	中国经济出版社	1999
	《结构转换研究》	中国财政经济出版社	2002

续表

学生姓名	书　名	出版单位	出版时间
赵勇	《城乡购买力动态平衡论》	中国经济出版社	2002
	《城乡良性互动战略》	商务印书馆	2004
	《产业经济学》（本科教学用书）（第五版）（参编）	东北财经大学出版社	2022
朱明春	《产业结构·机制·政策》	中国人民大学出版社	1990
陈淮	《工业部门结构学导论》	中国人民大学出版社	1990
卢东斌	《中国产业组织分析》	延边大学出版社	1991
鲍克	《中国开发区研究》	人民出版社	2002
孙福全	《中国社会公益科技研究——理论、现状、发展思路和政策建议》	中国经济出版社	2006
	《我国产业自主创新能力调研报告》	科学出版社	2006
	《产业结构调整微观论》	中国经济出版社	2006
	《主要发达国家的产学研合作创新——基本经验及启示》	经济管理出版社	2008
	《产业共性技术研发组织与基地建设研究》（与彭春燕、刘冬梅、张华胜等合著）	中国农业科学技术出版社	2008
	《创新型企业发展模式研究》（与陈宝明、张华胜等合著）	中国农业科学技术出版社	2008
李平	《争天下先——日本索尼公司》	辽宁人民出版社	1997
	《知识经济与产业变革》	经济管理出版社	1999
	《产业经济学》（本科教学用书）（第五版）（参编）	东北财经大学出版社	2022
李雪峰	《太极智慧——〈孙子兵法〉与现代企业战略管理》	中国国际广播出版社	2002
	《卓越之路——企业全面战略管理实务》	北京大学出版社	2004
	《中国管理学——融通古今的管理智慧》	中国人民大学出版社	2005
	《产业经济学》（本科教学用书）（第五版）（参编）	东北财经大学出版社	2022
潘焕学	《风险投资业》（译著）	中国人民大学出版社	2004
	《风险投资运行机理与操作实务》（与钱军、秦涛合作编著）	经济科学出版社	2006
刘建平	《中国电力产业政策与产业发展》	中国电力出版社	2006
	《通向更高的文明——水电资源开发多维透视》	人民出版社	2008
	《县域发展与中国现代化》（与徐璐玲等合著）	人民出版社	2008
	《智慧能源——我们这一万年》（与陈少强和刘涛合著）	中国电力出版社	2013

续表

学生姓名	书　名	出版单位	出版时间
张广慧	《国有股减持与全流通》	中央编译出版社	2004
谭焱心	《区域发展新论——四川城镇化发展与资源要素优化配置战略及途径》（与杨洪波等合著，第二作者）	中国经济出版社	2003
	《中国责商教育模式——培养孩子9大关键》	四川大学出版社	2014
钟勇	《产业结构演进机理》	北京出版社	2007
王文岩	《我国政府科研经费运作机制初探》	中国经济出版社	2005
虞月君	《国外商业银行零售业务经营战略》（与李文、黄兴海合作编著）	中国金融出版社	2003
	《中国信用卡产业发展模式研究》	中国金融出版社	2004
	《跨世纪热点经济问题思考》	南方出版社	2013
	《产业经济学》（本科教学用书）（第五版）（参编）	东北财经大学出版社	2022
孔令丞	《论中国产业结构优化升级》	企业管理出版社	2006
	《企业群落生态化——理论与实践》（与谢家平合著，第二作者）	上海财经大学出版社	2008
	《循环经济推进战略研究》（与谢家平合著）	中国时代经济出版社	2008
	《产业经济学》（本科教学用书）（第五版）（参编）	东北财经大学出版社	2022
李健	《知识化进程中的产业变革》（与李波、汪本聪合著，第二作者）	广东经济出版社	2000
	《新经济·新富源》（与姜少敏合著）	中国国际广播出版社	2001
	《微观经济学》（与唐五湘合编）	机械工业出版社	2003
	《企业员工工作动机实证分析》（与王璇合著）	中国经济出版社	2008
	《微观经济学——中级应用教程》	北京理工大学出版社	2009
陈宝明	《资本市场与产业结构调整》	中国市场出版社	2008
	《创新型企业发展模式研究》（与孙福全、张华胜等合著，第二作者）	中国农业科学技术出版社	2008
邓丽姝	《北京产业发展研究》	北京燕山出版社	2009
	《生产性服务业与北京产业升级》	中国经济出版社	2014
施宇箭	《中国保险业竞争力结构研究》	南京大学出版社	2006
	《产业经济学》（本科教学用书）（第五版）（参编）	东北财经大学出版社	2022
王涛	《大型企业多元化产业组合与评价体系研究——基于武汉钢铁（集团）公司的分析》	经济科学出版社	2015

《环球人物》撰文称我的学生刘鹤是习近平总书记的经济智囊，习近平总书记曾向外宾称“他对我非常重要”。[①]他为人低调、思想开放、脚踏实地；曾准确判断全球金融危机后形势，获得孙冶方经济科学奖论文奖；为3任总书记起草经济讲稿；20多年前就研究了城市化问题，2014年的《国家新型城镇化规划（2014—2020年）》中的建立城市群发展协调机制、增强中小城市辐射带动功能、加快发展中小城市、有重点地发展小城镇等内容与他当年的观点是一致的。

我是中华人民共和国培养的第一批经济学博士生导师，被授予世界生产力科学院中国籍院士。我的学生和我的所有一切知识和能力都是党、国家、人民和老师们精心教育和培养的结果。事实证明，马克思主义真灵，共产党真行，社会主义真好！

① 田亮. 刘鹤，总书记的经济智囊［J］. 环球人物，2015（18）：18-22.

第八章

主要图书简介

我60多年来以主要作者身份共出版了图书18部，参编图书16部（见表8-1）。其中最主要的6部图书是《中国工业部门结构》、《产业经济研究》、《产业经济学》（研究生教学用书）、《产业经济学》（本科教学用书）、《企业家成功之路——中国百名优秀企业家案例研究》和《学问艺术论》。

表8-1 李悦教授出版的主要图书目录

项目	书名	作者	出版单位	最新版时间	备注
1	《工业生产的专业化协作》	李悦 董守才 著	河北人民出版社	1981	
2	《工业经济》	李悦 编著	经济科学出版社	1987	
3	《中国工业部门结构》	李悦 编著	中国人民大学出版社	1988	此书稿朱镕基同志看过，并给作者写信道："深感这将是一部开拓性的著作，对研究中国工业经济问题很有裨益。" 第一版和第二版由中国人民大学出版社分别于1983年、1988年出版
4	《生产力经济学教程》	刘方棫 主编 李悦 聂德林 副主编	北京大学出版社	1988	获1991年全国"光明"杯优秀哲学社会科学学术著作二等奖
5	《现代组织学》	孙彤 李悦 编著	中国物资出版社	1989	
6	《管理心理学》	孙彤 李悦 主编	中国人事出版社	1993	
7	《职业设计与优选人才》	孙彤 李悦 主编	山东人民出版社	1995	
8	《企业家成功之路——中国百名优秀企业家案例研究》	孙彤 李悦 主编	企业管理出版社	1998	
9	《产业经济研究》	李悦 著	中国社会出版社	2004	
10	《产业经济学》（研究生教学用书）	李悦 主编	东北财经大学出版社	2019	第一至三版由中国人民大学出版社分别于1998年、2004年、2008年出版，第四和五版由东北财经大学出版社分别于2015年和2019年出版
11	《产业经济学》（本科教学用书）	李悦 主编	东北财经大学出版社	2022	第一至五版由东北财经大学出版社分别于2002年、2008年、2013年、2018年、2022年出版
12	《学问艺术论》	李悦 著	东北财经大学出版社	2022	第一和二版由东北财经大学出版社分别于2015年、2022年出版

第一节 《中国工业部门结构》

在工业经济的教学和科研工作中，我深刻地认识到：工业结构是工业经济质的规定性，它对工业经济和整个国民经济发展起主导作用。为了揭示工业部门结构的发展规律，为调整和优化工业部门结构提供理论依据，我立志撰写一部《中国工业部门结构》。此书稿于1983年年初完成。我把书稿和大纲寄给时任国家经委副主任的朱镕基同志，请他提出修正意见。朱镕基同志于1983年6月16日给我回了信，他在信中指出："深感这将是一部开拓性的著作，对研究中国工业经济问题很有裨益。"此书第一版有30万字，于1983年由中国人民大学出版社出版；第二版有40万字，于1988年出版。《中国工业部门结构》是我国学者撰写的第一部中国工业部门结构方面的图书。

一、主要内容

本书是研究中国工业部门结构即工业产业结构的一部教材。它以马克思主义再生产理论为指导，在总结历史经验的基础上，阐明了工业部门结构的组成和意义，工业部门的形成与分类，工业部门结构的演变与调整、影响因素、合理化标准、评价方法和指标体系等基本原理与方法；探讨了战略重点与非重点、三次产业、消费品工业与生产资料工业、新兴工业与传统工业、民用工业与国防工业、采掘与加工和原料与制造工业、能源工业、机械工业等部门结构的发展规律；探讨了机械、钢铁、有色金属、化学、煤炭、电力、石油、轻工和纺织等工业部门内部的部门结构的发展规律；阐述了如何实现工业部门结构的计划与组织实施。本书内容丰富，理论联系实际，对于实际经济工作者和经济理论研究者都有一定参考价值。

二、第二版序言

工业部门结构学是工业经济学和产业结构学的重要组成部分。它是以工业内部各部门、各行业之间的生产联系及比例关系的运动规律为研究对象的一门部门经济学。

在我国社会主义现代化建设的实践中，特别是党的十一届三中全会以来，在实行改革开放总方针的实践中，产业结构学的研究和应用的重要性和紧迫性被越来越多的实际工作者和理论研究者所重视。党中央、国务院一直十分关注、重视产业结构与产业政策。党的十二届四中全会通过的《中共中央关于制定国民经济和社会发展第七个五年计划的建议》，把"进一步合理调整产业结构"作为经济建设战略的重要问题。六届人大四次会议批准的第七个五年计划，用了十章的篇幅专门论述了产业结构与产业政策，并把它列在"主要任务和经济发展目标"之后的第一个专题，说明了它对经济发展的重要性。

党的十三大的文件又进一步指出："经济总量平衡同经济结构有着密切关系，只有在结构合理的基础上实现总量平衡，才能取得良好的宏观经济效益。""因此，能否逐步实现产业结构合理化，将在很大程度上决定着今后经济的发展和效益的提高。"这使我们对研究产业结构和产业政策的重要性和紧迫性的认识，提到了一个新的高度。

《中国工业部门结构》一书，第一版于1983年问世，受到了广大读者的欢迎。四年来，在我国工业建设的实践中，广大科研工作者在这方面又取得了丰硕的研究成果，作者在教学和科研实践中，又作了许多调查研究，并进一步积累了许多宝贵的资料。为了进一步适应广大读者的需要，现对第一版作了许多充实、调整与修改，在理论概括方面有了进一步提高，精选和补充了许多重要的内容与宝贵的实际资料，并增加了图解，易于读者学习和掌握。所以，《中国工业部门结构》第二版的出版，对于高等院校经济学专业的师生和经济工作者研究我国的产业结构和产业政策，是一本很好的参考书和教科书。这是我国工业部门结构方面的第一本图书，对研究我国工业经济问题很有裨益，它将对我国产业结构和产业政策的合理化起推动和促进作用。

张 寿

1987年11月22日

三、第二版前言

工业部门结构学即工业产业结构学，是以工业内部各部门、各行业、各种生产的组成和经济联系及比例关系的运动规律为研究对象的一门部门经济学。它是工业经济学和产业结构学的重要组成部分，也是从中分离出来的专门化学科。

在世界新技术革命和新产业革命潮流的推动下，各国都在加快产业结构的调整，产业结构学正是产业结构形成与发展的实践经验的总结和理论的概括。它首先产生于发达国家，在日本尤为发展。在20世纪70年代末和80年代初，佐贯利雄、稻毛满春、宫泽健一和篠原三代平等日本学者，就著有产业结构学方面的专著。西蒙·库兹涅茨等西方学者在研究经济增长理论的过程中也写了不少产业发展和产业结构方面的论著。工业部门结构学正是产业结构学的一个重要的分支学科。

中国工业部门结构学是在我国社会主义经济建设过程中，在新的工业部门不断产生和原有工业部门分离的基础上，在工业部门结构的发展变化和调整的实践过程中逐渐形成起来的，它的理论基础是马克思主义的再生产理论。

自党的十一届三中全会以来，党中央和国务院十分重视产业结构和产业政策问题，对产业结构理论的研究和应用正在不断深入。

中国工业部门结构学的建立和发展，对于进一步加强经济科学和管理科学的研究和应用，促进中国工业经济学和产业结构学向纵深发展，尽快实现工业部门结构和整个经济结构的合理化，更好地为经济建设服务，实现党的社会主义现代化的战略目标、战略重点和战略部署，提高和评价宏观经济效益，都有十分重要的意义。

本书是作者在参加我国经济结构调查研究工作的基础上，在长期的中国工业经济和中国工业部门结构的教学过程中，逐步积累资料，形成观点，编著而成的。它初步地总结了中华人民共和国成立30多年来我们在建立和调整工业部门结构方面的经验与教训，吸取了国外在这方面的部分有益成果，在每章的写作过程中力图做到理论性、知识性、建议性相结合。

自本书第一版于1983年出版以来，中共十二届三中全会和四中全会、六届全国人大四次会议和党的十三大相继召开。中共十二届三中全会通过的《中共中央关于经济体制改革的决定》明确指出："就总体说，我国实行的是计划经济，即有计划的商品经济"，"我们一定要充分利用国内和国外两种资源，开拓国内和国外两个市场，学会组织国内建设和发展对外经济关系两套本领"。中共十二届四中全会通过的《中共中央关于制定国民经济和社会发展第七个五年计划的建议》又把"进一步合理调整产业结构"问题，列在三个经济建设战略布局问题的首位。六届全国人大四次会议批准的“七五”计划用十章篇幅专论了产业结构和产业政策，并把它列在“主要任务和经济发展目标”之后的第一个专题。特别是自1986年3月以来，国务院领导又对产业结构和产业政策问题作了一系列重要批示。为了落实这些批示，国家计划委员会和国务院经济技术社会发展研究中心于1987年召开了全国产业结构研讨会，对今后的产业结构和产业政策的研究工作作了具体部署。

最近四年来，我们在工业部门结构和整个产业结构的研究方面取得了许多新的科研成果。为了使《中国工业部门结构》这本书的内容更好地适应教学的需要，作者对第一版中原有的内容作了修改、调整和补充，还增加了三次产业结构、新兴产业与传统产业结构、充分发挥三线企业的作用、国外的供给与需求结构等新的内容。第二版与第一版相比的主要特点是：加强了理论上的概括，突出了基本原理和方法篇，在主要总结我国经验的基础上，更系统地吸取了发达国家产业结构学中的有益成果，精选和补充了实际资料，增加了图解。

本书由下列四个部分组成：第一部分是工业部门结构的基本原理与方法，第二部分是主要工业部门结构，第三部分是工业部门内部结构，第四部分是计划与组织实施，全书共25章。

作者在本书的编著过程中得到了国家计划委员会张寿和柳随年、国家经济委员会朱镕基、国家体制改革委员会杨启先、国家机械委员会王都等负责同志的热情指导和帮助。张寿同志还特为本书写了序言。本书责任编辑徐安琳同志为成书付出了大量的辛勤劳动。同时，作者在编写过程中参阅了各部门、各地编写的有关产业结构的著作、论文，从中吸取了许多有价值的观点和资料，在此特向所有这些同志表示衷心感谢。

由于作者水平有限，加之编著时间仓促，书中的缺点和错误在所难免，恳望批评指正。

李悦

1987年10月25日

第二节　《产业经济研究》

在党的十一届三中全会精神的鼓舞下，我在《人民日报》《光明日报》等各类经济报刊上陆续发表了大批文章。在此基础上，我又写了《产业经济研究》一书，于2004年4月由中国社会出版社出版。这本著作最为珍贵之处在于：经过中央有关部门同意，在书中首次公开了1979年9月10日胡耀邦同志对我与蒋映光合作的文章《斯大林对雅罗申柯为生产而生产观点的批评》所作的重要批注和批示；首次公开了朱镕基同志阅读我编著的《中国工业部门结构》书稿后回复的亲笔信。

这部87万字的著作，精选了我于2003年前（含2003年）发表的文章，其中发表在《人民日报》和《光明日报》理论版的文章有26篇，发表在《中国社会科学》杂志的文章有1篇，书中文章的排列是以产业经济学的学科体系为框架的（见表8-2)。《产业经济研究》以产业规律、产业结构和产业组织这三部分为核心和重点，上有生产目的（国家和人民的需要）和宏观理论两部分为指导，下立足于微观基础和学科建设。

表 8-2　《产业经济研究》收录的论文

第一部分	根本出发点
	社会主义生产目的讨论
	关于生产目的讨论的性质和意义
	斯大林对雅罗申柯为生产而生产观点的批评
	实质是社会主义生产应当服从于它的主要目的 ——再读《斯大林对雅罗申柯为生产而生产观点的批评》
	什么是为生产而生产
	社会主义基本经济规律和国民经济的调整
	坚持实践标准　加强理论学习
第二部分	宏观理论
	对经济增长方式转变的思考
	经济增长方式转变缓慢的原因分析与对策
	论实现速度和结构、质量、效益相统一 ——学习党的十六大报告的一点体会
	坚持速度与效益的统一
	速度·比例·效果
	质量与速度
	速度与效果
	速度与效益
	在调整中搞好生产和建设的平衡
	应确保维持简单再生产的投资不被挪用
	总结历史经验　搞好基建调整 ——兼评在经济建设中的“左”倾思想
	工业基本建设研究
	总结历史经验　搞好长远规划
	加强和完善宏观调控 ——学习中共中央工作会议精神的体会
	工业经济可持续发展
第三部分	发展规律
	产业经济发展规律研究 ——在第二十四届亚洲经济研讨会上的发言
	论产业经济发展新趋势
	加快实现我国产业结构合理化
	对第一、二、三产业关系的思考
	正确处理民用工业和国防工业的关系
	正确处理沿海工业和内地工业的关系

续表

	更科学合理地发挥上海老工业基地的作用 ——上海经济结构调查报告
	论充分发挥三线企业作用的科学依据
	如何面对知识经济的挑战 ——对高新技术产业发展战略的思考
	对“十五”改造传统产业的思考 ——在“十五”中国产业发展和产业政策研讨会上的发言
	中国工业化道路抉择 ——2003年2月21日在国家经贸委召开的“走新型工业化道路”研讨会上的发言
	生产力系统的优化原则分析
第四部分	结构升级
	论中国产业结构优化升级方向与合理化标准
	我国产业结构升级方向研究 ——正确处理高级化和协调化的关系
	对调整产业结构的两点看法
	调整改善产业结构
	调整与改造产业结构的战略
	调整结构　消除通货膨胀 ——论产业结构和消费结构的调整
	调整产业结构保持按比例稳步发展
	战略重点工业部门的调整与选择
	战略重点行业的选择与转移
	调整和优化产业结构是经济发展的重大战略 ——对首都产业结构调整和优化的思考
	正确选择首都的战略重点产业 ——以电子为核心的机械、信息、交通和服务业是北京“四大支柱”产业
	对外经济开放与产业结构调整
	调整工业结构的几个认识问题
	工业部门结构合理化初探
	谈谈钢铁工业的部门结构
	工业结构学术讨论会
第五部分	组织优化
	谈谈横向经济联合
	京津唐横向经济联合是发展社会主义商品经济的客观要求
	试论工业企业的规模结构（摘要）

续表

	试论工业企业的规模结构
	工业生产集中化与企业规模
	规模经济的理论和实践
	论企业规模与企业规模结构的调整
	规模经济与现代化
	企业规模结构研究
	向企业规模结构要经济效果 ——关于调整大中小企业结构的建议
	关于工业企业规模结构合理化的几个问题
	苏联工业的生产集中和企业规模结构
	建立条块结合的大生产组织结构 ——关于改变工业管理条块分割的建议
	专业化和协作是现代化工业发展的必然趋势
	论资源综合利用的战略地位
	多种经营与综合利用
	工业布局合理化初探
	技术改造与企业的改组和联合
	产业组织优化
第六部分	微观基础
	对于建立社会主义市场经济体制的思考 ——学习党的十四大报告的一点体会
	市场经济与国有企业改革
	增强企业的应变能力
	向企业管理要效益 ——青岛双星鞋业集团公司经营管理考察报告
	对产权理论的思考
	公有经济产权理论的新突破
	对公有制实现形式可以而且应当多样化的三点思考
	建国以来国家和全民所有制企业关系的改革
	实行政企职责分开是社会生产力发展的客观要求
	对管理科学化的几点思考
	加强以人为中心的现代管理
	全球化与企业家 ——企业家成长机制研究
	企业家素质研究
	中国企业家三字经

续表

	企业家的探索与准备
	企业家的创业与发展
	现代企业家成长环境研究
	重点在于转变企业经营机制 ——访著名经济学家李悦教授
	企业经营机制转换的前提和关键
	管理须有七大转变
	实现由传统向现代管理的转变 ——访著名经济学家李悦教授
	企业管理机制的转变与提高经济效益
	完善和发展企业经营机制 ——按照“两权分离”原则搞活全民所有制企业
	对天津市四个企业转换经营机制的调查
	对名牌战略的三点思考
	企业文化研究
	企业文化核心研究 ——应着重培育哪些企业精神
	改善外部环境　健全内部机制
第七部分	学科建设
	提高的根本出路何在
	加强产业结构学研究和应用
	产业经济学核心理论框架研究
	对国有企业“抓大放小”的经济学思考
	工业经济管理学对象与体系研究
	建立有中国特色的工业经济学和工业管理学 ——再谈工业经济和工业管理的学科建设问题
	20世纪中国工业经济学研究
	《产业经济学》出版
	方生：简评《产业经济学》
	卫兴华：《产业经济学》评介
	经济学家 ——李悦
	管理科学教育必须改革 ——关于加快工业经济与管理学研究步伐的建设
	成功之路 ——中国百名优秀企业家案例研究
	学习江泽民同志的“4·28”讲话的四点体会

第三节　《产业经济学》（研究生教学用书）（第五版）

一、主要内容

本书反映了作者在我国产业经济发展繁荣的基础上对产业经济发展客观规律的概括和总结，集作者从事经济学教学与研究几十年的成果之大成，借鉴并吸收了国内外同行专家、学者发表的具有学术前沿性水平的科研成果。书中还特别收录了部分有关国家产业发展的方针和战略部署等。

（一）产业经济学面临的新形势和新任务

产业经济学必须准确全面地学习贯彻党的十九大精神。受产业经济学的研究对象所限，我们修订本书的重点应该是坚持“八新、一改、一健、一美”，即新时代、新矛盾、新思想、新征程、新发展理念、新经济体系、新产业体系、创新型国家，供给侧结构性改革，健康中国，美丽中国。

（二）产业经济学的学科性质

这种涵盖工、农、商、运等七个学科的产业经济学，是我国首创的一门主要的实体经济学，部分高校的产业经济学学科是国家重点学科，是培养复合型人才的必修课，因为实体经济是一国经济的立身之本，是财富创造的根本源泉，是人民生活、国家政治、国防实力的坚实根基。国家的文化产业和创意产业等为人民提供了不少精神食粮。

当今世界，任何国家和人民，如果没有必要的物质，都没法生存，更无法富强。物质太多了自己用不完，可以与需求者交换自己所需要的东西。如果市场上物质短缺，你又急需去市场购买，就只能用更多的货币去购买。历史事实还告诫人们，一个国家如果物质短缺，又贫穷落后，就可能被侵略者侵略和屠杀。由此可见，着力发展实体经济是一条放之四海皆准的真理。

（三）本书的特色

本书的特色可以概括为四个突出、两种精神、两个突破和共性综合。

1.四个突出

一是突出马克思主义的指导地位。本书比较系统地阐明了马克思主义“三论”，即马克思主义经济发展理论、产业结构理论和产业组织理论。

二是突出“宽口径、厚基础”的研究生培养原则。除了核心内容外，本书还特设了“发展理论”篇，为产业经济学提供理论依据。

三是突出产业经济学核心内容，用绝大部分篇幅论述产业发展规律、产业结构和产业组织核心理论。这正是产业经济学区别于其他相关学科的根本所在。

四是突出新时代、新矛盾、新思想、新征程、新发展理念、新产业体系、新经济体系、创新型国家、乡村振兴战略、供给侧结构性改革、文化自信、生态文明、健康中国和美丽中国等马克思主义中国化的最新成果。

2.两种精神

一是坚持以爱国主义为核心的民族精神；二是坚持以创新为核心的时代精神。本书科学地总结和及时反映了国内外产业经济学发展的新成果。第五版新增加了第四次工业革命、机器人暨人工智能产业、供给侧结构性改革、应急产业、健康产业等内容。

3.两个突破

一是突破了国外产业经济学只包括产业结构、产业组织和产业政策“三论”的理论框架，构建了包括发展理论、产业规律、产业结构、产业组织的中国特色产业经济学体系。

二是突破了国内已有的产业经济学教材体系和内容不确定性较大以及与相关学科核心内容重复较多的局面。

4.共性综合

产业经济学作为培养硕士和博士研究生的重点专业理论课，不可能也不应当把七个领域的内容全部列入，只能把七个领域共有的理论内容抽象出来，加以综合论证。

（四）本书出版情况

1.第一版

1998年2月，中国人民大学出版社出版了李悦给研究生编写的《产业经济学》（第一版）教材，全书除导论外，设增长理论、产业结构、产业组织、增长方式和运行机制5篇29章，近60万字。

2.第二版

2004年4月，中国人民大学出版社出版了《产业经济学》（第二版），全书除序言、导论外，共5篇36章，近75万字。第二版比第一版新增加了产业发展主要规律、产业结构新趋势与升级方向、产业结构合理化标准与方法论、工业可持续发展、新型工业化道路、流通产业、商业零售业、旅游产业和老龄产业等9章。

3.第三版

2009年9月，在修订本书的第三版时，我们翻阅或粗读了部分产业经济学专家和教授所编写的30多部产业经济学教材。全书除序言、导论外，共5篇55章。与第二版相比，第二版又新增加以下章：产业形成与分类、消费与投资、循环经济、生态文明与可持续发展、文化与经济、工与农和城与乡、城乡良性互动战略、农业结构与趋势、文化产业、轻工业产业、食品产业、饲料产业、纺织产业、信息产业、制造业、汽车制造业、轨道交通装备制造业、船舶制造业、航空运输装备制造业、数控机床产业、能源产业和建筑业。

4.第四版

2014年12月，本书第四版修订重点有5个方面：一是新增6章内容，即交通运输业、战略性新兴产业、第三次工业革命、互联网产业、海洋产业和创意产业。二是删去6章，即删去本不属于本学科研究对象的第三版中的第五十四章“市场机制与宏观调控”和第五十五章“企业转机与建制”，内容老化的第十七章“重点产业”、第十九章“乡镇企业”、第三十章“老工业基地”以及第四十五章“基础产业与支柱产业”。三是改错、补遗漏多处。四是调整篇章结构，更新资料和数据。五是压缩各章篇幅，以减轻学生负担。

本书第四版由导论和4篇55章构成。

导论包括指导思想、两类经济学与“一化两关键”、学科定位与理论框架、产业发展与最终目的。

第一篇，理论篇。这部分主要讨论和阐明经济发展理论与发展方式，速度与结构、质量、效益，新型工业化道路，第三次工业革命，互联网产业，战略性新兴产业，创意产业，科技进步与创新驱动，高新技术产业，传统产业，信息产业，要素配置与素质提高，生态文明与可持续发展，循环经济，环保与环保产业，文化与经济16个理论专题。

第二篇，规律篇。这部分主要讨论和阐明产业形成与分类、产业经济发展主要规律、民用产业与国防产业、工与农和城与乡、城乡良性互动战略、农业结构与趋势、交通运输业、能源产业、海洋产业、老龄产业10个专题。

第三篇，结构篇。这部分主要讨论和阐明结构理论与趋势，结构分析方法，产业结构新趋势与优化升级，产业结构优化升级标准与方法论，消费与投资，第一、二、三产业，采掘与加工和原料与制造，文化产业，旅游产业，流通产业，商业零售业，建筑业，制造业，汽车制造业，轨道交通装备制造业，船舶制造业，航空运输装备制造业，数控机床产业，第三产业，食品产业，饲料产业，轻工业和纺织产业等23个专题。

第四篇，组织篇。这部分主要讨论和阐明产业组织理论与趋势、集中与集中度、专业化与协作、企业规模与企业规模结构、经济联合与企业集团、企业国际化与跨国公司等6个专题。

5.第五版

本书第五版修订内容如下：

（1）新增加4章内容，即“供给侧结构性改革”“健康产业”“机器人暨人工智能产业”“应急产业”。

（2）部分章内增加了新节，即“迎接第四次工业革命”“环保产业”等。

（3）调整了篇章顺序。

（4）更新了资料和数据。

第五版除导论外，还有4篇56章。作者分工以本书篇章顺序为序，如下：李悦负责全书篇、章、节设计和全部书稿修改及定稿，并执笔编著本书的前言和导论，第二、三、四、十、十一、十六、十七、十八、十九、二十、二十三、二十四、二十六、三十四、三十五、三十六、四十、四十一、四十三、四十四、四十九、五十、五十三章和参考书目；同济大学米黎钟负责第一章；中国银联虞月君负责第六和三十二章；中共中央台湾工作办公室李立负责第五和二十七章；工信部胡红梅负责第七章；上海社科院施宇箭负责第九章；清华大学郎立君负责第十二和十三章；工信部林宁、陈书义负责第八章；科技部陈宝明负责第十四和十五章；国家民委赵勇负责第二十一和二十二章；中国科学院刘建平负责第二十五章；中央党校（国家行政学院）李雪峰负责第二十八和五十一章；科技部孙福全负责第二十九和三十章；华东理工大学孔令丞负责第三十一、三十三章；北京社会科学院邓丽姝负责第三十七章；经济日报社钟云华负责第三十八章；北京第二外国语学院励新建负责第三十九章；中国建筑工程总公司胡勤负责第四十二章；国家发展改革委员会陈建国负责第四十五至四十八章；北京理工大学李健负责第五十五章；中国人民大学李平负责第五十二、五十四和五十六章。

（五）本教材与《产业经济研究》一书的关系

李悦所著的《产业经济研究》（以下简称《研究》）一书，于2004年4月由中国社会出版社出版。这本著作最为珍贵之处在于：经过中央有关部门同意，在书中首次公开了1979年9月10日胡耀邦同志对李悦与蒋映光合作《斯大林对雅罗申柯为生产而生产观点的批评》一文所作的重要批注和批示；首次公开了朱镕基同志阅读李悦编著《中国工业部门结构》书稿后回复李悦的亲笔信。这本著作精选了李悦于2003年前（含2003年）发表的文章100篇，其中，发表在《人民日报》和《光明日报》理论版的文章有26篇，发表在《中国社会科学》杂志的文章有1篇；书中文章的排列是以产业经济学的学科体系为框架的。《研究》以产业规律、产业结构和产业组织三部分为核心和重点，上有生产目的（国家和人民的需要）和宏观理论两部分为指导，下立足于微观基础和学科建设。

总之，本教材和《研究》是姊妹篇。两者不同的是，本教材是在《研究》的基础上形成的，没有《研究》，也就没有本教材。《研究》是以文章为单元，本教材是以章节为单元。因此，如果读者能把两部图书对照着读，那么效果会更佳。

由于作者水平有限，加之修订时间仓促，书中还可能有不尽如人意之处，恳请同行专家、学者和广大读者指正，感谢！

二、目录

第四篇　产业组织

第四节　《产业经济学》（本科教学用书）（第五版）

一、总序

编写一套适合全国高等院校财经类专业教学需要、反映当前理论研究成果的经济学类课程教材，是一项意义深远、任务艰巨的工程。

教育部高等教育司曾组织全国专家学者，对高等教育的教学内容和课程体系改革计划“经济学类专业课程结构、共同核心课程及主要教学内容改革研究与实践”进行了调研，在此基础上经经济学教学指导委员会讨论通过、教育部批准，制定出了高等学校经济类核心课程各门课的教学基本要求。

为适应高等院校经济学类专业教学需要，我们与长期从事经济学课程教学的同仁组成“21世纪高等院校经济学系列教材”编审委员会，经过反复讨论和研究以及多次修改与完善，陆续完成了系列教材的编写，并交付出版社出版。这套教材的编者分别来自北京大学、清华大学、中国人民大学、北京交通大学、复旦大学、南开大学、华中科技大学、上海财经大学等高校。

在编写过程中，我们强调了五点要求：第一，要按照教育部规定的经济学类核心课程教学基本要求编写教材；第二，要注意吸收经济学领域已公认的最新研究成果；第三，要将经济理论与我国社会主义市场经济建设的实践紧密结合，努力解释和解决现实问题；第四，理论讲解要深入浅出，避免晦涩冗长和平淡无味；第五，篇章结构要科学合理，内容形式生动活泼。

这套经济学教材考虑了不同层次读者的情况，读者可根据需要学习其中的内容。其既适合全国高等院校财经类专业教学使用，也适合各类管理人员及其他读者学习或研究使用。

我们希望这套教材能够给使用者带来方便，并成为广大读者的良师益友。书中难免有不妥及疏漏之处，欢迎读者批评指正和提出宝贵意见。

胡代光

北京大学

高鸿业

中国人民大学

二、第五版前言

（一）产业经济学面临的新形势和新任务

产业经济学必须准确全面地学习贯彻党的十九大精神。受产业经济学的研究对象所限，我们修订本书的重点应该是坚持“八新、一改、一健、一美”，即新时代、新矛盾、新思想、新征程、新发展理念、新经济体系、新产业体系、创新型国家，供给侧结构性改革，健康中国，美丽中国。

（二）产业经济学的学科性质

这种涵盖工、农、商、运等七个学科的产业经济学，是具有鲜明中国特色的一门主要的实体经济学，是国家级重点学科，是培养复合型人才的必修课。

实体经济是一国经济的立身之本，是财富创造的根本源泉，是国家强盛的重要支柱。一个国家一定要有正确的战略选择。我国是个大国，必须发展实体经济，不断推进工业现代化、提高制造业水平，不能脱实向虚。建设现代化经济体系，必须把发展经济的着力点放在实体经济上，把提高供给体系质量作为主攻方向，显著增强我国经济质量优势。其中，制造业是实体经济的基础，装备制造业是国之重器，是实体经济的重要组成部分。总之，实体兴，国家强。国家增强竞争力，要靠实体经济。如果说改革开放的实践背景是我国产业经济学学科孕育和成长的重要土壤，发展实体经济的国家战略选择就是促进我国产业经济学理论研究和实践探索的强大推力。

（三）产业经济学的研究对象

产业经济学的研究对象是产业生产力发展的客观规律。其研究课题有很多，包括产业技术现代化、转变产业发展方式、推动产业结构优化升级和产业组织合理化。进入新时代，我国经济已走上高质量发展阶段，产业经济学在贯彻新发展理念、建设新产业体系和新经济体系、建设健康中国和美丽中国方面，也必须作出应有的贡献。

（四）产业经济学的指导思想

中国特色产业经济学必须以马克思主义为指导思想，特别要以习近平新时代中国特色社会主义思想，即马克思主义中国化的最新成果为指导思想。我们应以揭示矛盾、分析矛盾和探索解决矛盾的对策为基本思路，在科学地总结中国产业经济增长经验并吸取外国有益经验的基础上，运用定性与定量相结合的方法，全面、系统地分析和阐述与产业经济发展有关的众多重要课题，以揭示产业生产力发展的客观规律。

（五）本书的编写特点

按照本书编写的指导思想，编者在编写本书第五版时注意以下几个方面：

1.思想引领

这是指进一步突出习近平新时代中国特色社会主义经济思想的思想引领。大国经济发展需要思想引领。习近平新时代中国特色社会主义经济思想，是推动我国经济发展实践的理论结晶，是中国特色社会主义政治经济学的最新成果，是党和国家十分宝贵的精神财富。在习近平新时代中国特色社会主义经济思想的引领下，中国经济发展进入了新时代，由高速增长阶段转向高质量发展阶段。

2.国家规划

这是指进一步紧扣国家发展规划的战略意图和中长期发展目标。《中华人民共和国国民经济和社会发展第十四个五年规划和2035年远景目标纲要》及相关专项规划、区域规划，阐明国家战略意图，明确政府工作重点，引导规范市场主体行为，是我国开启全面建设社会主义现代化国家新征程的宏伟蓝图，是我们加快发展现代产业体系、巩固壮大实体经济根基的行动指南。

3.问题导向

这是指进一步强化坚持问题导向的科学研究的方法论。坚持问题导向是习近平新时代中国特色社会主义思想极为鲜明的特征。要把问题作为产业经济学科学研究的起点，把研究的着力点放在解决最突出的矛盾和问题上。重要观点、判断、举措，都要着眼于破解难题、攻克难关、解决产业经济发展深层次矛盾和问题来展开。

4.创新思维

这是指进一步凸显产业经济学科研实践，坚持创新思维。关键要处理好继承和创新之间的辩证关系。我国产业经济学的学科内涵与西方产业经济学不同。西方产业经济学学者的核心观点集中在产业组织领域。其中，日本产业经济学方面的学者的研究范围比较宽泛，产业结构、产业政策等也作为重点研究领域。我国产业经济学的学科体系则更为广泛，还包括产业结构、产业关联、产业政策、产业规制等重点内容。本书按照"用中国理论阐释中国实践，用中国实践升华中国理论"的要求，致力于探索构建中国特色产业经济学，以"博采众长，以我为主，融合提炼，自成一家"为编写的基本原则，融合作者多年教学与科研成果，坚持实践第一的观点，突出对策研究，突出产业结构问题研究，同时借鉴并吸收了国内外同行学者的具有学科前沿水平的科研成果。

（六）本教材的编写过程

2001年年末，为了全面系统地阐明产业经济发展规律，我们编写了《产业经济学》本科生适用教材。

本书的第一版除前言外，共分4篇17章。第1篇是产业发展，包括产业形成与分类、产业发展趋势、三次产业发展趋势、高新技术产业发展与传统产业改造4章；第2篇是产业结构，包括产业结构理论、产业结构演变、投入产出、产业关联和产业结构政策5章；第3篇是产业组织，包括产业组织理论、市场结构、产品差别化与进入障碍、规模经济与范围经济和产业组织政策5章；第4篇是产业布局，包括产业分布、产业布局理论和产业布局政策3章。本书第一版的框架、结构与篇章由李悦、李平两位教授设计，并由两位主编对全书进行总纂与定稿。孔令丞和钟勇也参与了该书的编写工作。

2008年6月，为了贯彻党的十七大精神，本书进行了第一次修订工作，具体内容如下：

（1）增加了4章：第5、6、7、10章，删减了原书第4篇"产业布局"的3章内容。

（2）增添了"学人观点""经济视窗"栏目。

（3）全面更正了错漏之处。

（4）更新了部分资料和数据。

本书第二版的框架、结构与篇章由李悦教授设计，并由李悦、李平与孔令丞3位教授共同编著。第二版各章的作者分工如下：李悦（前言，第1～7章，参考文献，中英文名词对照），孔令丞（第8～13章），李平（第14～18章）。最后，全书文稿由李悦审定统编成书。在本书的第二版修订过程中，责任编辑在设计和编辑"学人观点""经济视窗"两个栏目，更正错漏之处，更新资料、数据中均付出了大量辛勤劳动，我们在此表示衷心感谢。

2013年6月，为了贯彻党的十八大精神，落实国家"十二五"规划，及时反映国内外产业经济发展的新成果，跟上时代步伐，满足广大读者的要求，我们对本书进行了第二次修订工作，具体内容如下：

（1）新增加12章内容，即交通运输业、战略性新兴产业、创意产业、第三次工业革命、互联网产业、文化产业、旅游产业、海洋产业、老龄产业、企业国际化与跨国公司、企业文化以及城乡良性互动战略。

（2）删掉“产业结构政策”“市场结构”“产品差别化与进入障碍”“产业组织政策”等内容。

（3）调整篇章结构，更新资料和数据。

（4）压缩部分章的篇幅，以减轻读者学习负担。

本书第三版分3篇共27章，作者分工以本书篇章顺序为序，如下：李悦负责全书篇章结构设计和书稿修改及定稿，并执笔编著第1至7章，第10至12章，第17、18、21和27章；李立编著第8和13章；胡红梅编著第9章；孔令丞编著第14、15、16、22和23章；赵勇编著第19和20章；李平编著第24、25和26章。

2018年4月，为了贯彻党的十九大精神，本书第四版的修订内容有如下四个方面：

（1）新增了5章内容：第4章“机器人暨人工智能产业”、第5章“生态文明与可持续发展”、第12章“健康产业”、第17章“应急产业”和第20章“供给侧结构性改革”。

（2）新增了部分节的内容：第3章新增了“迎接第四次工业革命”的内容，第21章增加了“绿色产业”“环保产业”“生物产业”的内容。

（3）补充和更新了第11章“互联网产业”的内容。

（4）更新了资料和数据。

（5）“经济视窗”“学人观点”小栏目以二维码的互联网阅读方式提供给读者。

本书第四版分3篇29章，作者分工如下：李悦负责全书篇章结构设计和书稿修改及定稿，并执笔编著第1和2章，第5至7章，第9和10章，第13至15章，第22和23章；李立编著第3和16章；虞月君编著第4和20章；赵勇编著第8和24章；胡红梅编著第11章；施宇箭编著第12章；李雪峰编著第17章；孔令丞编著第18、19、21、25和26章；李平编著第27至29章。

2021年6月，根据党的十九大和十九届二中、三中、四中、五中全会精神，本书第五版的修订内容主要有如下五个方面：

（1）新增了1章内容：第4章“数字经济”。

（2）新增了部分节的内容：第2章“产业经济发展规律”新增了“六化”的内容，第17章“老龄产业”增加了“老龄产业发展现状与问题”“老龄产业的发展对策”的内容。

（3）补充和更新了第5章“机器人暨人工智能产业”、第7章“新型工业化道路”、第11章“文化产业与文化创意产业”、第13章“健康产业”、第19章“产业结构理论”、第21章“供给侧结构性改革”部分的内容。

（4）更新了相关资料。

（5）在大多数篇章末尾增加“思政园地”板块。产业经济学专业课程具有鲜明的理论性、实践性和应用性。为帮助读者了解加快发展现代产业体系的国家战略、法律法规和相关政策，本书在大多数篇章安排了“思政园地”板块。本书通过“思政园地”中的国家发展规划、重要会议精神、领导重要讲话和指示等，向读者宣介推进中国产业经济高质量发展的“中国主张、中国智慧、中国方案”，传播“中国精神、中国价值、中国力量”。

本书第五版分3篇30章，作者分工如下：李悦负责全书篇章结构设计和书稿修改及定稿，并执笔编写第1、2、6、7、11、15、16、23和24章；钟云华协助李悦负责全书修订，并编写第4章；李立编写第3和17章；虞月君编写第5和21章；路迹编写第8章；赵勇编写第9和25章；王大海编写第10章；胡红梅编写第12章；施宇箭编写第13章；徐丽艳编写第14章；李雪峰编写第18章；孔令丞编写第19、20、22、26和27章；李平编写第28至30章。

在写作过程中，我们充分考虑了我国高等院校的教学需要，本书可以作为高等院校相关专业的教学用书。

本书在写作过程中参考了诸多国内外教材，谨在此对有关作者表示真诚的谢意。对于本书的不足之处，我们真诚地欢迎读者提出宝贵意见。

2021年10月

第五节 《企业家成功之路——中国百名优秀企业家案例研究》

一、主要内容

企业家在社会主义现代化建设和社会主义市场经济发展中的重要地位和作用，日益引起社会各界的广泛关注。实践反复证明，企业家是企业的舵手，每个成功企业的背后都有其成功的企业家。企业家队伍的素质在很大程度上决定着企业的兴衰和国家综合国力的强弱。由孙彤教授和我共同主编，于1998年1月由企业管理出版社出版的《企业家成功之路——中国百名优秀企业家案例研究》一书，是获得“九五”国家自然科学基金委员会批准资助的国家级科研项目——“中国百名成功企业家素质与成长环境案例研究”（批准号：79570083）的最终科研成果。

本书特点有四点：第一，本书科学地总结了成功企业家所具备的基本素质及成长所需的环境，提出培养中国企业家的建议，为经营管理者、企业家及国家领导层决策提供参考。第二，本书推广优秀企业家的经验，提高入选企业家及其企业在国内外的知名度，为其今后有更大的发展创造条件，进而推进中国职业化企业家队伍的成长和壮大。第三，本书汇集了在中国企业家协会荣获“金球”奖和“金马”奖、在中国青年企业家协会荣获“十杰百优”称号，以及在全国其他领域荣获“优秀企业家”称号的最优秀企业家共100多位的成功经验。第四，本书设总论以及京沪津渝、东部、中部、西部和港台5篇，共110万字。

本书介绍了百名优秀企业家的成功经验。每位优秀企业家的成功经验各有特色，在同类企业家中又具有典型性，为各行各业的经营管理者和企业家提供了学习的样板，为国家领导层培养和造就中国宏大的职业化的企业家队伍提供了参考模式。

本书的问世适应了我国经济发展方式和经济体制这两个根本转变的客观要求，满足了实现社会主义现代化和跨世纪宏伟目标的宣传需要。它为经营管理者和企业家提供了一本必读的好教材，为经济理论工作者和广大实际工作者提供了一本颇有价值的参考书。

本书由孙彤和我任主编，其他编委成员（以姓氏笔画为序）包括王丽、王彤、刘建平、李立、肖鸣政、钱晓燕、彭剑如。王丽还在组稿方面做了大量工作。

本书在编写和出版过程中，得到时任共青团中央青工部部长、中国青年企业家协会副会长赵勇同志，时任中国企业管理协会常务副理事长陈重同志，以及时任企业管理出版社副社长尹援平同志的大力支持和热情帮助。本书责任编辑张平、杜敏同志为成书付出了辛勤劳动。

9位作者用了两年多的时间才使此书问世。工作上的最大困难是，这100多位被选上的优秀企业家每天的工作非常忙，想约他们就得约好几次才能成功。一般说来，每篇文章都要经过六步：第一步，征得每位企业家的同意方能入选；第二步，找到每位企业家认可的执笔人；第三步，由企业家自己提供原始资料与档案；第四步，由执笔人起草初稿；第五步，由每位企业家亲自审定和修改初稿；第六步，初稿经过主编统稿后定稿。所以这部著作的问世与个人所撰写出版的其他图书相比难度要大许多。

二、目录

总　论

客观要求与基本总结 ………………………………………………………… 孙彤　李悦

　　一、市场经济的客观要求

　　二、企业家的综合素质

　　三、经营之道与做人之道的辩证统一

　　四、切实加强企业文化建设

　　五、实现由传统管理向现代管理的转变

　　六、现代企业家成长历程

　　七、现代企业家成长机制

　　八、现代企业家成长环境

　　附：百名企业家构成分析

京沪津渝篇

北　京[①]

仰高山者有飞天之志

　　——再访联想总裁柳传志 ……………………………………………………… 文荃

挑起重担　振兴计算机工业

　　——访中国长城计算机集团董事长王之和总经理卢明 …………… 刘丽　孙晓旭

王冠上的闪电

　　——记北京燕山石油化工集团公司董事长、党委书记刘海燕 … 徐德新　张文玺

新中国第一店

　　——记北京王府井百货（集团）股份有限公司总经理郑万河 …………… 孙南南

① 指北京地区，既包括中央部门在京企业，又包括北京市属企业。

上　海

天　津

重　庆

东部篇[1]

[1] 除京、沪、津三个直辖市以外全部东部沿海地带，即包括辽宁省、河北省、山东省、江苏省、浙江省、福建省、海南省、广东省和广西壮族自治区。

为国家分忧　为人民造福
　　——记中国大地集团总经理李德永 …………………………………………… 赵昕
诸暨“傻子”
　　——记浙江大东亚塑料公司总经理黄水寿 ……………………… 周荣新　任瑞珍
苦练内功的好典型
　　——记青岛港务局局长常德传 ……………………………………………… 常青
山东大老板
　　——记华辰集团董事长兼总裁盛孝基 …………………………… 张长勇　董广驰
念“市场经”的企业家
　　——记山东东阿阿胶（集团）股份有限公司董事长兼总经理刘维志 …… 吴延华
激扬长鞭　竞逐风流
　　——记三英集团总经理周长杰 ……………………………………………… 刘建平
富有创见的企业家
　　——记青岛海信集团总裁周厚健 …………………………………………… 青企协
风雨兼程创业路
　　——记山东比特电子集团总裁张传法 ……………………………………… 徐秀珍
迈向现代工商企业
　　——记山东三株药业总公司总经理吴炳新 ……………………………… 晏晓兵
豪门寒士
　　——记唐山豪门集团总裁贺业军 …………………………………………… 曾平
椰树集团能与洋饮料抗衡吗？
　　——记椰树集团总裁王光兴 ………………………………………………… 尹名
实施名牌战略　创造企业辉煌
　　——记虹雨集团总裁尤俊明 ………………………………………………… 尹名
科技·市场·商誉
　　——记顺德桂州万和公司总裁卢楚其 ……………………… 万民　少敏　晓犹
铺就闪光的轨迹
　　——记汕头富豪（集团）公司董事长兼总经理梁有濠 …………………… 粤青文
执着追求的经营者
　　——记颐中烟草（集团）有限公司董事长兼总经理蒲强 ………… 宋书江　秦宁
以改革求发展　向管理要效益
　　——记山东威海橡胶工业集团公司总经理兼山东轮胎厂厂长丁玉华 ……… 吴名
中原的实业家
　　——记中原集团总经理张胜军 ……………………………………………… 曾平
沈阳的女经理
　　——记沈阳新颖商贸公司总经理纪颖 ……………………………………… 张福新

中部篇[①]

① 中部地带，包括黑龙江省、吉林省、内蒙古自治区、山西省、河南省、安徽省、江西省、湖北省和湖南省。

西部篇[①]

① 除重庆市之外的全部西部地带，包括四川省、贵州省、云南省、西藏自治区、陕西省、甘肃省、青海省、宁夏回族自治区和新疆维吾尔自治区。

港台篇

第九章 主要论文选

我60多年来共发表论文200多篇，其中重点论文如表9-1所示。最具有代表性的论文是《斯大林对雅罗申柯为生产而生产观点的批评》《产业经济学学科定位与理论框架》。

表9-1　**李悦教授重点论文目录**

续表

续表

序号	论文题目	在本书中的页码
33	产业结构调整应确保战略重点产业	176
34	对外经济开放与产业结构调整	177
35	工业部门结构合理化初探	191
36	谈谈钢铁工业的部门结构	195
第五部分	**组织优化**	
37	怎样发展好我国的大企业集团	202
38	谈谈横向经济联合	203
39	试论工业企业的规模结构	204
40	论企业规模与企业规模结构的调整	214
41	向企业规模结构要经济效果 ——关于调整大中小企业结构的建议	216
42	苏联工业的生产集中和企业规模结构	228
43	建立条块结合的大生产组织结构 ——关于改变工业管理条块分割的建议	235
44	专业化和协作是现代化工业发展的必然趋势	240
45	论资源综合利用的战略地位	246
46	技术改造与企业的改组和联合	248
47	创新发展中国特色产业经济学	249

产业经济学学科定位与理论框架①

我国产业经济学研究起步较晚，有关论著的学科定位与理论框架差异较大。那么，中国特色产业经济学学科定位和理论框架应该是怎样的呢？

一、学科定位和研究思路

产业经济学是哲学社会科学的一个小分支，它必然要受整个哲学社会科学定位和研究

① 李悦．产业经济学学科定位与理论框架［N］．人民日报，2007-02-09（15）．

对象的制约。哲学社会科学主要研究三个方面的问题：一是世界观、人生观、价值观问题；二是理论认识和科学思维问题；三是社会发展规律和社会管理规律的认识和运用问题。而产业经济学是从属于第三个问题的，是揭示和运用产业发展规律的学科。

产业经济学研究不应与其他学科重复。国务院学位办编制的国家学科目录规定：经济学分为理论经济学和应用经济学两类。产业经济学涵盖七个领域：工业经济、农业经济、商业经济、运输经济、企业经济、消费经济和信息经济。我国还有独立的市场学。管理学独立于应用经济学之外，是与经济学并列的大学科。

据此，我国产业经济学研究主要有以下思路可供选择：

一是分别对产业经济学上述七个领域展开研究；

二是把七个领域的共性内容抽象出来，分别展开研究；

三是以共性为主、以个性为辅展开研究；四是以个性为主、以共性为辅展开研究。

相比较而言，第二种研究思路更为恰当。

二、理论框架的设计原则

坚持马克思主义的指导地位。《中共中央关于进一步繁荣发展哲学社会科学的意见》强调指出，哲学社会科学必须坚持马克思主义的指导地位。要用马克思列宁主义、毛泽东思想、邓小平理论和“三个代表”重要思想统领哲学社会科学工作，在指导思想上绝不能搞多元化。产业经济学应该系统地阐述马克思主义经济增长理论、结构理论和产业组织理论；切忌不读马列原著。

坚持理论联系实际。实践是理论的来源，也是检验理论的标准。因此，产业经济学必须以我国产业发展的实践为基础，以国情为依据，总结我国产业经济发展的经验，并把这些经验条理化、系统化；切忌理论脱离实际。

坚持博采众长、以我为主、融合提炼、自成一家。只有这样，才能构建起自主创新的中国特色产业经济学；切忌照抄照搬外国的东西。

三、中国特色产业经济学的基本特征

中国特色产业经济学的基本特征可以概括为六个“突出”：

一是突出重点。产业经济学的核心理论框架是“三论”，即规律论、结构论、组织论。事物的性质是由其主要矛盾的主要方面决定的，所以这一学科的研究重点应放在“三论”上，不与其他学科重复。比如，区域经济和产业分布是区域经济学的内容；产业管理是管理学的内容；产业政策是政治学的内容，其制定和实施是政府的职责；市场结构和市场分析是市场学的内容，等等。

二是突出宽口径、厚基础原则。这是培养研究生特别是培养博士生的重要原则。为了把“三论”这个核心内容研究好，还必须以宏观理论为指导。没有宏观理论指导，就会失去宏观上的检验标准。

三是突出以社会主义市场经济体制为立足点。没有这个立足点，就会无的放矢。

四是突出科学发展观。

五是突出构建社会主义和谐社会。

六是突出实现全面建设小康社会的目标。

提出后三个“突出”的出发点在于，我们在设计产业经济学的内容时，应着眼于本学科为落实科学发展观、全面建设小康社会、构建社会主义和谐社会作出应有贡献。

【论文评价】

此文的重要意义在于：

第一，该文重申了党中央关于繁荣发展哲学社会科学的指导思想只能是马克思主义，在指导思想上绝不能搞多元化。

第二，重申了国务院关于产业经济学涵盖七个学科领域的规定，即产业经济学涵盖工业经济、农业经济、交通运输经济、商业经济、企业经济、消费经济和信息经济。

第三，该文表达了我对中国特色产业经济学的学科定位和研究思路、理论框架的设计原则与基本特征等的基本看法。这是我对产业经济学繁荣发展作出的突出贡献。

斯大林对雅罗申柯为生产而生产观点的批评①

在斯大林写的《苏联社会主义经济问题》中，有一节题为《关于尔·德·雅罗申柯同志的错误》，批评了雅罗申柯为生产而生产的观点。

雅罗申柯在给苏共中央政治局委员们的信中，不同意斯大林提出的社会主义基本经济规律的定义。雅罗申柯说："在这个定义中主要的是'保证最大限度地满足整个社会……的需要'。这里表明，生产是达到满足需要这个主要目的的手段，这个定义使人有根据认为，你所表述的社会主义的基本经济规律不是从生产占首要地位出发，而是从消费占首要地位出发的。"雅罗申柯提出："社会主义基本经济规律的特点和要求，在我看来，可以大致表述如下：社会的物质和文化生活条件的生产不断增长和日益完善。"

斯大林认为，雅罗申柯的上述意见是完全不对的。斯大林指出：雅罗申柯同志忘记了，人们不是为生产而生产，而是为满足自己的需要而生产。他忘记了，跟满足社会需要脱节的生产是会衰退和灭亡的。斯大林根据马克思分析资本主义生产目的的观点和方法，指出应当提出社会主义生产的目的。斯大林明确回答："保证最大限度地满足整个社会经济增长的物质和文化的需要，就是社会主义生产的目的；在高度技术基础上使社会主义生产不断增长和不断完善，就是达到这一目的的手段。"斯大林不同意雅罗申柯对于社会主义基本经济规律的表述，提出：在雅罗申柯同志那里，却把生产从手段变成了目的，而保证最大限度地满足整个社会经常增长的物质和文化的需要，却被取消了。结果弄成生产增长是为了生产增长，生产是目的本身，而人及其需要就从雅罗申柯同志的视野里消失了。

斯大林关于社会主义生产的目的是满足全社会成员的物质和文化的需要的观点，实践证明是完全正确的。这也是马克思主义一贯的观点。马克思、恩格斯在《共产党宣言》中说："在共产主义社会里，已经积累的劳动只不过是扩大、丰富和促进工人的生活过程的一种手段。"恩格斯又说："当人们按照今天的生产力终于被认识了的本性来对待这种生产

① 蒋映光，李悦．斯大林对雅罗申柯为生产而生产观点的批评［N］．工人日报，财贸战线，1979-10-19.

力的时候，社会的生产无政府状态就让位于按照全社会和每个成员的需要对生产进行的社会的有计划的调节。”列宁也说：“只有社会主义才可能根据科学的见解来广泛推行和真正支配产品的社会生产和分配，也就是如何使全体劳动者过最美好、最幸福的生活。只有社会主义才能实现这一点。我们知道社会主义应该实现这一点，而马克思主义的全部困难和全部力量，也就在于了解这个真理。”

从社会主义经济工作的实践上说，生产与消费脱节，社会生产与满足人及其需要脱节，生产本身也会遭受挫折，这已是社会主义国家历史上屡见不鲜的事实。国民经济工作如果不在各方面适应社会主义基本经济规律的要求，也就不能产生应有的效果。

斯大林对雅罗申柯为生产而生产观点的批评，以及马克思、恩格斯、列宁的有关论述，对我们有很大的启发和教育意义。

在社会主义现代化建设中，一定要十分重视社会主义的基本经济规律。尊重客观经济规律，首先要尊重社会主义的基本经济规律；按社会主义经济规律办事，首先要按照社会主义的基本经济规律办事。违背社会主义的基本经济规律，是最大地违背社会主义的客观经济规律。

在社会主义现代化建设中，一定要充分注意消费和改善人民生活的问题。提高人民的生活水平，是历史唯物主义根本原理的要求，是社会主义制度优越性的主要表现，是安定团结的重要因素，是从根本上解决特殊化、走后门、买卖婚姻、多子多孙等社会问题的经济基础。

要研究生产和消费的关系。生产与满足社会需要脱节，就要衰退和灭亡。把生产从手段变成目的，生产增长是为了生产增长，必然会造成巨大的浪费，出现生产高速度发展而人民生活长期不能提高的反常现象。

要抓消费，满足人及其需要，也就是要给全体劳动者过最美好、最幸福的生活这件事恢复名誉，过去对此的一切歪曲和无端的帽子，如单纯消费观点、福利主义、经济主义、修正主义、资本主义等，统统都应推倒。

现在，像雅罗申柯那样公开不赞成斯大林关于社会主义基本经济规律的基本观点，已经很少了，像雅罗申柯那样公开主张生产增长是为了生产增长，而把满足社会经常增长的物质和文化的需要取消的观点，也已经不大听见了。但是，类似雅罗申柯那样的观点，是否还在某些经济学家，甚至在少数同志的头脑中回荡呢？是否还在我们经济工作中产生重要影响呢？社会主义生产的目的就是使全体劳动者过最美好、最幸福的生活，列宁认为马克思主义者要用全部力量去了解的这个真理，我们一些做经济工作的领导同志是否了解和承认呢？从目前经济工作许多方面产生的问题来看，比如，重视积累，轻视消费；重视重工业，轻视轻工业；在重工业内部，重视为重工业服务的项目，轻视为农业、轻工业服务的项目；重视生产建设，轻视人民生活。特别是在中央提出调整、改革、整顿、提高的方针之后，虽然各方面做了不少工作，但是建设规模仍然过大，战线未能有效缩短，甚至有扩大之势。而在基本建设投资中，虽然提高了轻工业的投资比重，但是轻重工业的投资比例仍然不是比过去协调，而是扩大不协调。目前，消费品供不应求，有支付能力的购买力超过商品可供量的状况并未有效改变。产生这些问题的原因固然是多方面的，但是其中一个重要原因就是在理论上没有搞清楚社会主义基本经济规律，长期不重视消费，不注重改善人民生活，不重视消费品生产。因此，重温斯大林对雅罗申柯的这个批评，可能是会有益处的。

【论文评价】

新华社记者李玉玲在2007年1月8日出版的《亚洲新闻人物》上发表了《李悦：吹响真理号角的经济学家》一文，指出：

发表于1979年改革开放之初的论文《斯大林对雅罗申柯为生产而生产观点的批评》，吹响了真理的号角，受到了胡耀邦同志的重要批注和批示，掀起了浩浩荡荡的全国性生产目的大讨论。

《斯大林对雅罗申柯为生产而生产观点的批评》一文发表在全国冲破思想理论束缚举步维艰的1979年。李悦当时只是中国人民大学的一名经济学讲师，但他在长期的教学和科研工作中，深刻地认识到：长期以来在我国经济工作中存在只顾生产、不问人民生活，只追求产品数量、不管产品质量和品种，只追求发展的高速度、不讲究经济效益等一系列为生产而生产的错误倾向。这种倾向严重地阻碍了我国经济持续、快速、健康发展和人民生活的改善与提高。为借斯大林的权威，引起党和国家领导人及广大经济工作者的关注，尽早地纠正中国当时的为生产而生产的错误倾向，他与当时任《人民日报》理论部副主任的蒋映光同志合作写出了《斯大林对雅罗申柯为生产而生产观点的批评》一文，发表在1979年9月8日《人民日报》编印的内部刊物《理论宣传动态》（第113期）上。时任中央政治局委员、中央宣传部部长的胡耀邦同志对此文非常重视，于第3天即9月10日就对该文作出重要批示，他指出："这两位同志提出了一个很重要的问题。"批示要求中共中央党校《理论动态》杂志，根据蒋映光、李悦二位同志文章提出的思想，精心讨论几次，写出一篇文章，希望在党的四中全会前完成。蒋映光、李悦的文章于1979年10月19日在《工人日报》《财贸战线》上同天公开发表，后经多种刊物转载。《理论动态》发表了《要真正弄清楚社会主义生产的目的》，该文又于1979年10月20日在《人民日报》上以"特约评论员"名义公开发表。蒋映光和李悦又相继在全国社会主义生产目的讨论会上和《光明日报》理论版上发表《什么是为生产而生产》（蒋映光、李悦）、《关于生产目的讨论的性质和意义》（李悦）、《社会主义基本经济规律和国民经济的调整》（蒋映光、李悦）等文章。

胡耀邦同志的女儿满妹在其《思念依然无尽——回忆父亲胡耀邦》一书中这样写道："很快，这个问题得到了经济战线上的同志和广大读者的普遍注意，纷纷来信来稿，参加讨论。北京、上海、天津、辽宁、陕西、山西、四川、河南、河北、广东、黑龙江、内蒙古、甘肃、青海、新疆、吉林、山东、湖南、湖北、江苏等20多个省（自治区、直辖市）同时展开了讨论……认为对生产目的的讨论不但是现实经济工作的客观需要，也是人们普遍关心的问题。"这场全国社会主义生产目的大讨论，对于纠正当时为生产而生产的错误倾向、贯彻党的十一届三中全会精神、促进国民经济持续、快速、健康发展起到了历史性的巨大推动作用。

发表这篇醒世时文的李悦，时年47岁。

以《斯大林对雅罗申柯为生产而生产观点的批评》的发表为转折点，李悦迎来了"板凳坐得十年冷"之后科研成果的密集发表期。

关于生产目的讨论的性质和意义①

关于社会主义生产目的讨论的性质和意义，我有下列四点认识：

第一，这场讨论，是关于真理标准问题的讨论在经济领域中的继续和发展。我认为，在经济理论和经济工作的指导思想上，过去也同样存在两个“凡是”的问题。比如，李富春同志在主持国家计委工作期间，按照陈云同志和邓小平同志的意见，曾于1964年编制了一个以满足人民的“吃、穿、用”为出发点和归宿的第三个五年计划。可惜的是，不仅该计划被否定了，而且有关的同志受到了批评。相反，按照“以钢为纲”和大搞“大三线”“小三线”建设的计划，倒是被批准了，并且受到了表扬。从此，凡是按此办理者，都被奉为正确的；凡是按满足人民需要编制经济计划和指导经济工作者，均被斥为错误的。

第二，这场讨论，是纠正“左”倾路线和“左”倾思路，搞好国民经济调整的需要。长期以来，主要是在“大跃进”“文化大革命”时期，经济战线上“左”倾错误最突出的表现是只要生产上的高指标和高速度，不顾人民群众生活的改善和提高，而且给这种错误倾向戴上了革命之冠，造成国民经济基本比例的严重失调。粉碎“四人帮”后本应该休养生息，全力进行调整，可惜没能够这样做。1978年又来了一个“跃进”。这一年仅钢产量就增加了700多万吨，积累率从“一五”计划时期的24.2%提高到36.5%。这种为生产而生产的错误思想不从根本上纠正，我们怎么可能把国民经济调整好呢？

第三，这场讨论，是广大人民群众的心愿和迫切要求。30年来，我们搞经济建设花费了数千亿元的投资，人民为此节衣缩食，省吃俭用，付出了极大的代价，结果是生产的发展速度虽然很快，基本建设的项目虽然上得很多，但广大人民群众的生活水平仍然很低。从1958年到1978年，人民生活水平非但没有提高，相反还有所降低。造成这种不良后果的原因虽然是多方面的，但在经济工作的指导思想上，存在为生产而生产的错误倾向，是一个重要原因。

第四，这场讨论，从去年开始已经形成了一场范围比较广泛的全国性的大讨论。参加讨论的，有经济学家和教授，也有普通的经济理论工作者和经济工作者；有各级领导同志，还有广大的群众。通过这场讨论，越来越多的同志更加深刻地认识到，要搞好经济建设，加快实现四个现代化的步伐，非以满足人民需要为出发点和归宿不可。可惜的是，后来对这场讨论产生分歧而中断，给我们的经济研究和经济工作带来了损失，这是一个值得汲取的教训。

总之，明确认识社会主义生产目的，是社会主义经济建设中的一个带有方向性的根本问题。把这个问题讨论清楚，对于肃清“左”的流毒，发展经济科学，推进现代化建设，具有很大的理论意义和实践意义。可喜的是，到1980年年底，全国社会主义生产目的讨

① 李悦. 关于生产目的讨论的性质和意义［N］. 光明日报，1980-11-29.

论会又在北京胜利召开了，而且取得了丰硕成果，取得了广泛的共识。

实质是社会主义生产应当服从于它的主要目的

——再读《斯大林对雅罗申柯为生产而生产观点的批评》[①]

最近，经济战线开展了社会主义生产目的问题的讨论，大家很注意斯大林对雅罗申柯为生产而生产观点的批评，并且就有关的问题发表了各种意见。什么是为生产而生产呢？斯大林与雅罗申柯的分歧何在呢？再读斯大林对雅罗申柯的批评，我们体会到，这个问题的实质是社会主义生产应当服从于它的主要目的。

争论是这样展开的。1951年11月，苏联召开了政治经济学教科书未定稿讨论会。针对这场讨论中提出的问题，斯大林在1952年2月1日发出了《对于1951年11月讨论会有关的经济问题的意见》(以下简称《意见》)。在这份《意见》中，斯大林提出了社会主义基本经济规律。他说："社会主义基本经济规律的主要特点和要求，可以大致表述如下：用在高度技术基础上使社会主义生产不断增长和不断完善的办法，来保证最大限度地满足整个社会经常增长的物质和文化的需要。"1952年3月20日，雅罗申柯给苏共中央政治局全体委员写了一封信，提出1951年11月讨论会的一些总结性的主要文件以及斯大林的《意见》，对他的观点没有任何反映。在这封信中，雅罗申柯提出："生产是社会主义社会的生活基础，犹如是其他任何社会的生活基础一样。"因此，他不同意斯大林提出的社会主义经济规律的定义。他说："在这个定义中主要的是'保证最大限度满足整个社会……的需要'。这里表明，生产是达到满足需要这个主要目的的手段。这个定义使人有根据认为，你所表述的社会主义的基本经济规律不是从生产占首要地位出发，而是从消费占首要地位出发的。"雅罗申柯认为，社会主义基本经济规律的特点和要求，可以大致表述如下："社会的物质和文化生活条件的生产不断增长和日益完善。"

焦点何在呢？雅罗申柯说，斯大林的主张是消费对生产占首要地位，没有把生产放在首位，而生产是任何社会的生活基础。斯大林批评了雅罗申柯，指出雅罗申柯的说法是"糊涂想法"，雅罗申柯"完全没有了解问题的本质"，雅罗申柯提出的问题与所要讨论的问题"毫不相干"。斯大林明确指出："这里所说的不是消费或生产占首要地位，而是社会给社会生产定出什么目的，它使社会生产——比方说——在社会主义制度下服从于什么任务。"又指出："我们这里的问题，不是消费占首要地位，而是社会生产服从于它的主要目的——保证最大限度地满足整个社会经常增长的物质和文化的需要。"根据斯大林的表述，保证最大限度地满足整个社会经常增长的物质和文化的需要，就是社会主义生产的目的；在高度技术基础上使社会主义生产不断增长和不断完善，就是达到这一目的的手段。

---

① 蒋映光，李悦．实质是社会主义生产应当服从于它的主要目的——再读《斯大林对雅罗申柯为生产而生产观点的批评》[J]．理论宣传动态，1979（138）．

这就是社会主义的基本经济规律。

斯大林还批评了雅罗申柯的社会主义基本经济规律的观点，说它是一种为生产而生产的观点。因为：第一，在雅罗申柯那里，社会主义生产的目的——保证最大限度地满足社会经常增长的物质和文化的需要，被取消了，人及其需要在雅罗申柯的视野里消失了；第二，雅罗申柯把生产从手段变成了目的，弄成生产增长是为了生产增长，生产是目的本身。什么是为生产而生产？简言之，就是忘记了社会主义生产的目的，不承认社会主义生产要服从于它的主要目的。

斯大林对雅罗申柯为生产而生产观点的批评，已经过去20多年了，但是今天读起来仍然感到十分亲切，至关重要。

第一，我们今天讨论社会主义生产目的所要解决的问题，仍然不是要把生活放在首位，而是要使我们的社会主义生产有明确的目的。抓住了这一点，才算抓住了问题的实质。提出生产占首位还是生活占首位这样的问题，与现在所要讨论的问题“毫不相干”。

第二，要解决社会主义生产服从它的目的问题。我国国民经济比例严重失调的事实证明，社会主义生产与满足社会需要之间不是不会脱节的。这里所说的脱节，不是经常发生的供求不平衡，而是社会主义生产偏离其目的的问题。30年来，我国经济发展的速度总的说是比较快的，但是人民生活水平提高速度很慢，原因当然是多方面的，有人口增长的因素，有不讲经济效果造成惊人浪费的因素，但是，不讲社会主义生产的目的，无疑是一个很重要的因素。因为偏离了社会主义生产的目的，经济结构畸形发展，重工业自我服务比重过大，农业、轻工业很难有较快发展，人民生活水平就自然难以提高。这次讨论社会主义生产目的，就是要解决这个问题。

第三，要处理好发展生产与改善人民生活的关系。我国这些年来的事实同样也证明，发展生产与提高人民生活水平，并不是天然一致的。在发展生产的基础上提高人民生活水平这条原则，无疑是对的。但是，这个原则本身就要求：我们所讲的生产不仅要使生产资料有较快的增长，同时要使生活资料有较快的增长，从而有较多的消费品用来满足人民的生活需要。

第四，要重视人民生活水平的提高对发展社会主义生产的推动作用。斯大林说“跟满足社会需要脱节的生产是会衰退和灭亡的”，讲的就是不能脱离生活孤立地搞生产。这里最根本的问题，就是如马克思、恩格斯所说的，生活是一切人类生存的第一个前提，也就是一切历史的第一个前提。正是为了生活，人类第一个历史活动才是生产，而这个生产首先是满足吃、喝、住、穿这些需要的生产，即直接的物质生活资料的生产。生产资料的生产是由生活资料的生产需要所引起并为生活资料的生产服务的。离开满足生活需要孤立地搞生产，生产是搞不起来的，甚至是会“衰退和灭亡的”。所以，一定要把满足人民生活消费作为我们经济工作的出发点。

总之，重视社会主义生产目的，不是鼓励人们去追求物质享受，而是要使我们的经济工作有一个正确的完整的指导思想。我们党是有这样的指导思想的。八大通过的党章的总纲写道：“党的一切工作的根本目的，是最大限度地满足人民的物质生活和文化生活的需要。因此，必须在生产发展的基础上，逐步地和不断地改善人民的生活状况，而这也是提高人民生产积极性的必要条件。”我们要坚持这个完整的指导思想，正确总结历史经验，坚定不移地、扎扎实实地把调整、改革、整顿、提高工作做好。

这些就是我们为什么要重视社会主义生产目的问题讨论之所在。

什么是为生产而生产①

在社会主义生产目的讨论中，对我国是否存在为生产而生产的倾向，认识并不完全一致。有些同志认为：在我国经济工作中不存在为生产而生产的问题；提出为生产而生产的问题，只是看到了现象，而没有讲到本质。其实，问题并不像这些同志所说的那样简单。很早以前，马克思、列宁、斯大林都讲过为生产而生产的问题。只是在我国，相当长的一段时间内，很少有人注意到这个问题。党的十一届三中全会以后，随着调整国民经济方针的提出，人们才日益认识到，真正弄清这个问题，对于我国的社会主义建设，加快实现四个现代化的步伐，具有极为深刻的理论意义和实践意义。

一、马克思和列宁怎样讲为生产而生产

马克思在四卷《资本论》中，多次讲到资本主义制度下的为生产而生产的问题。其比较重要的有三段话。一段是：资本家作为人格化的资本，“他狂热地追求价值的增殖，肆无忌惮地迫使人类去为生产而生产，从而去发展社会生产力，去创造生产的物质条件；而只有这样的条件，才能为一个更高级的、以每个人的全面而自由的发展为基本原则的社会形式创造现实基础”。一段是：“资本主义生产的真正限制是资本自身，这就是说：资本及其自行增殖，表现为生产的起点和终点，表现为生产的动机和目的；生产只是为资本而生产，而不相反；生产资料只是不断扩大生产者社会的生活过程的手段。以广大生产者群众的被剥夺和贫困化为基础的资本价值的保存和增殖，只能在一定的限制以内运动，这些限制不断与资本为它自身的目的而必须使用的并旨在无限制地增加生产，为生产而生产，无条件地发展劳动社会生产力的生产方法相矛盾。”一段是：“为生产而生产无非就是发展人类的生产力，也就是发展人类天性的财富这种目的本身。”马克思的这些话归结起来，主要有四个意思：(1) 为生产而生产就是发展人类的生产力；(2) 为生产而生产表现为追求价值，而使生产有无条件发展的趋势；(3) 从生产剩余价值的角度看，生产不是扩大生产者社会的生活过程的手段，而只是不断增殖资本的手段；(4) 从实现剩余价值的角度看，生产的不断扩大，不是伴随着消费的不断扩大，而是社会有支付能力的消费需求的缩小。

列宁是在《俄国资本主义的发展》一书中讲为生产而生产的。他说：“看来，生产的发展（因而也是国内市场的发展）主要靠生产资料是令人难以置信的，并且显然是有矛盾的。这真正是‘为生产而生产’，生产扩大了，而没有相应地扩大消费……正是生产扩大了而没有相应地扩大消费，才符合于资本主义的历史使命及其特有的社会结构，因为资本主义的历史使命是发展社会生产力，而资本主义特有的社会结构却不让人民群众利用这些

① 蒋映光，李悦．什么是为生产而生产［C］//中国政治经济学社会主义部分研究会．论社会主义生产目的——全国社会主义生产目的讨论会论文集．长春：吉林人民出版社，1981：392-398.

技术成就。在资本主义固有的无限制扩大生产的趋向和人民群众有限的消费……之间，存在着明显的矛盾。”生产扩大了，而没有相应地扩大消费，这就是列宁所讲的为生产而生产的意思。从社会再生产的角度看，列宁的这个观点同马克思的思想是一致的。我们今天所讲的为生产而生产，也主要是从生产扩大了而没有相应地扩大消费这个意义上说的。如果要对马克思讲的为生产而生产作全面理解的话，当然要承认它有发展人类生产力的意思，这一点是不能否定的。

二、我国存在为生产而生产的情况

实践证明，在我国经济工作中确实是存在为生产而生产的倾向，主要表现在如下七个方面：

第一，片面追求生产增长的速度，忽视人民的物质和文化生活的提高。

第二，片面扩大基本建设规模，积累率过高，大大超过了国力的可能，投资效果很差，并挤了简单再生产，挤了消费。

第三，片面发展重工业，特别是钢铁工业，忽视农业和轻工业的发展，形成了重工轻农的经济结构。

第四，重工业内部结构不合理，自我服务比重过大，为农业和轻工业服务的比重过小，形成了自我服务类型的重工业结构。

第五，片面发展国防工业和大搞大小三线建设，形成了民用工业和国防工业各成体系的分割局面。

第六，片面强调建立经济体系，甚至提出过省、县都要建立工业体系，并过早地提出要在1985年基本建成六个大区的经济体系。

第七，片面追求产品的产值和产量，忽视产品的质量和品种，只管生产，不问需要，生产效果不好。

以上七个方面，是我们经济工作中的“左”倾路线和“左”倾思想的表现，也是国民经济比例严重失调的表现。产生这些表现的原因虽然是多方面的，但是从经济工作的指导思想上说，为生产而生产倾向的存在，不能不是一个重要的原因。为了能够从过去的经济工作中吸取有益的教训，我们就应该承认为生产而生产倾向的存在，并积极地去克服这种错误的倾向。

三、为生产而生产观点在理论上的错误

在哲学上，为生产而生产的观点，是违背历史唯物主义根本原理的。根据历史唯物论的观点，人们首先要有吃、喝、穿、住，然后才能从事政治、科学、艺术和宗教等活动。所以，直接的物质生活资料的生产是一切历史活动的基础和基本条件。因此，我们讲生产，不能只讲生产资料的生产，而不讲生活资料的生产。本来生产资料的生产是由生活资料的生产引起的，是为生活资料生产服务的，而且这二者在最初也是相结合的。如果人们连从事一切社会活动的吃、喝、穿、住的起码条件都没有，怎么能够谈得上搞什么社会活动呢？

在政治经济学上，为生产而生产的观点，是违背马克思主义关于生产与消费关系的基本原理的。这个原理告诉我们，生产和消费存在同一性。这个同一性有三个主要表现：

(1) 生产和消费存在直接的同一性，生产直接是消费，消费直接是生产；

（2）生产同消费互相依存、互为媒介，生产是消费的手段，消费是生产的目的；

（3）生产和消费互相创造对方，生产创造消费的对象、方法和动力，创造出新的消费者，消费使生产最终完成。

根据上述生产和消费的同一性的分析，我们可以得出如下四点认识：

（1）生产和消费是密不可分的，我们不能离开消费去搞生产；

（2）生产和消费是互相依存、互为媒介的，脱离消费的生产是无法顺利进行的；

（3）消费创造出生产的动力，创造出新的生产者，脱离消费的生产，是不能很好发展的；

（4）消费是生产的最后完成，因而也是对生产的最终检验，脱离消费的生产，是很难取得良好经济效果的。

很显然，为生产而生产的观点，是与上述这些马克思主义的基本原理格格不入的。

在科学社会主义方面，为生产而生产的观点，也是离开了马克思主义的基本原理的。列宁曾经明确而尖锐地指出："只有社会主义才可能根据科学的见解来广泛推行和真正支配产品的社会生产和分配，也就是如何使全体劳动者过最美好、最幸福的生活。只有社会主义才能实现这一点。我们知道社会主义应该实现这一点，而马克思主义的全部困难和全部力量，也就在于了解这个真理。"列宁这段话说得多好啊！我们的工业部门过去有多少科学的见解？如果没有，那么怎么能"广泛推行"和"真正支配"？为生产而生产的倾向，恰恰不是根据科学的见解来广泛推行和真正支配产品的社会生产和分配，恰恰忘记了如何使全体劳动者过最美好、最幸福的生活，恰恰是没有了解这个真理，恰恰说明了解这个真理是很不容易的，是非常困难的。

总的来说，为生产而生产的观点和倾向，错就错在它使生产的发展没有能够很好地服从于满足人民需要这样的社会主义生产目的。产生为生产而生产观点的原因是多方面的，其中有一个很值得我们注意的问题，那就是斯大林同志关于社会主义工业化思想体系中的那些不科学的成分。苏联曾经出现过的那种为生产而生产倾向的存在，对我国经济工作的影响，也是不应忽视的。这种影响也是在我国出现为生产而生产的观点和倾向的原因之一。

斯大林同志有一套比较完整的社会主义工业化思想体系，归结起来有下列七个要点：（1）变农业国为工业国；（2）优先发展重工业；（3）建立和发展大工业、大城市和新工业区；（4）工业国有化；（5）技术决定一切；（6）干部决定一切；（7）最高的发展速度。这七个要点，从总体上看，和列宁的电气化思想基本上是一致的。这个思想体系对当时苏联的社会主义建设事业的发展，起到了积极的作用，因而是有重大贡献的。

但是，在斯大林同志的工业化思想体系中，也存在不科学的成分。比如，过分强调发展重工业，忽视农业和轻工业；不够重视人民物质和文化生活的提高；片面追求大而洋、大而全；片面追求高速度等。1928年，斯大林曾经提出："迅速发展整个工业特别是生产资料的生产，是国家工业化的主要基础和关键"，"迅速发展工业是什么意思呢？这就是说，尽量增加工业的基本投资"。同时，提出10年内在经济上赶上并超过各先进资本主义国家的任务，用10年时间跑完先进资本主义国家100~150年跑完的距离。这些提法，虽有积极的作用，但是也确实给当时的苏联经济建设带来了一系列问题，如经济结构的畸形发展和比例的失调，为生产而生产倾向的存在等。这些斯大林本人是深有体会的。所以他才在1952年给社会主义基本经济规律以明确的表述，并且批评了雅罗申柯为生产而生产的观点，指出社会主义生产要服从于它的主要目的。

我国的社会主义建设受斯大林的工业化思想影响是很深的。我们的社会主义建设基本上是斯大林时期苏联的模式。1958年的高指标、高速度、高积累、以钢为纲，1978年的又一次“跃进”，都是受了斯大林工业化思想体系中那些不科学成分的影响并且有所发展，因而爆发或加剧了国民经济的比例严重失调。

综上所述，我们认为，为生产而生产的问题，不是现象问题，而是要不要坚持为满足人民需要而生产的这个社会主义生产目的的问题，是一个带方向性的根本性的大问题。我们在生产目的的讨论中，不能回避这个问题，也不应该轻视这个问题，而应当认真地进行讨论，力求把它真正搞清楚。

社会主义基本经济规律和国民经济的调整①

实现四个现代化，要按照客观经济规律办事。调整国民经济，也要按照客观经济规律办事。按照客观经济规律办事，首先要按照社会主义的基本经济规律办事。

为什么这样说呢？

大家知道，我们的国家是社会主义国家。建设四个现代化，与发达的资本主义国家相比，共同点是都要用最先进的技术设备武装各行各业，都要采用现代化的科学管理方法。但是，两者又有很大的区别，最根本的区别是目的不同。资本主义现代化的目的，是取得最大限度的利润。马克思说过，资本主义生产的目的，始终是用最小限度的预付资本来创造最大限度的剩余价值，工人本身只是生产资料，不是目的本身，也不是生产的目的。斯大林也说：“资本主义生产的目的是取得利润，至于消费，只有在保证取得利润这一任务的限度内，才是资本主义所需要的。在这以外，消费问题对于资本主义就失去意义。人及其需要就从视野中消失了。”第二次世界大战后，在一些发达的资本主义国家流行起来的所谓“高消费”情况，也只是通过扩大消费，来实现其获取最大利润的目的。这是由资本主义基本经济规律，即剩余价值规律决定的。和资本主义现代化的目的不同，社会主义现代化的目的不是利润，而是人及其需要，也就是满足人们的物质和文化生活的需要。在《共产党宣言》中，马克思、恩格斯就明确指出：“在共产主义社会里，已经积累起来的劳动只是扩大、丰富和提高工人的生活的一种手段。”这是由社会主义的基本经济规律决定的。社会主义基本经济规律要求在高度技术基础上发展社会主义生产，保证最大限度地满足人民的物质和文化的需要。我们常说要坚持社会主义道路，这是什么意思呢？除了坚持生产资料公有制，反对剥削、压迫以外，在经济工作中就是要按照社会主义的客观经济规律办事，首先是按照社会主义的基本经济规律办事。这样做了，就是坚持了社会主义道路。社会主义基本经济规律是决定社会主义生产的本质和基本特点的东西，是不是按照社

① 蒋映光，李悦．社会主义基本经济规律和国民经济的调整［N］．光明日报，1979-10-06.

会主义基本经济规律办事，是关系到是不是搞社会主义现代化的原则问题。现在，我们按照社会主义基本经济规律的要求，调整国民经济，正是为了把我国的国民经济纳入社会主义的健康发展的轨道。

按照社会主义基本经济规律办事，才能更好地按照社会主义的其他经济规律办事。这是因为，社会主义基本经济规律在诸社会主义经济规律中，是起主导和决定作用的规律，社会主义基本经济规律决定其他经济规律的方向和性质。

社会主义经济是计划经济，要求对国民经济实行有计划的调节。但是，并不是任何的有计划调节的经济都是社会主义经济，都能正确地计划社会生产。在发达的资本主义国家，许多大的垄断组织，计划的程度是非常高的，国家对整个经济发展的有计划的干预使国家垄断越来越多，然而那不是社会主义经济，也不能从根本上正确地计划社会生产。只有在生产资料公有制的基础上，按照社会的利益、逐步满足人民群众不断增长的物质和文化生活的需要而有计划地调节经济，才能沿着社会主义的道路前进。比如，在调节社会主义生产时，要以生产资料的生产和消费资料的生产这两大部类的生产有合理的比例为依据，不仅要使生产资料的增长能够保证扩大再生产的需要，而且要使消费资料的增长能够保证改善人民生活的需要。

在探讨“四化”建设和国民经济的调整问题中，许多同志提出要重视价值规律的作用，这是完全正确的。但是，怎样才能更好地发挥价值规律在社会主义经济中的作用，必须弄清它和社会主义基本经济规律的关系。我们知道，价值规律并不是社会主义社会特有的规律。在奴隶社会、封建社会，它是为小商品经济服务的，满足商品生产者生产和生活的需要。在资本主义社会，它是为资本主义经济服务的，使得资本家能够生产和实现从工人身上榨取的剩余价值。在社会主义社会，它是为社会主义经济服务的，满足人民物质和文化生活的需要。由此可见，价值规律在不同社会的作用是不同的，它是不能离开其他规律而独立发挥作用的，尤其不能离开各个社会的基本经济规律而发挥作用。在社会主义社会，如果脱离了社会主义基本经济规律的要求，价值规律就不能为社会主义建设发挥作用了。所以，在建设“四化”和调整国民经济中发展价值规律的作用，同样要以社会主义的基本经济规律为依据。比如在按照价值规律的原则去调整各种商品的价格时，要以既有利于生产发展，又有利于生活水平提高，使生产的发展能够保证生活水平的提高为依据。

其他如物质利益规律、劳动生产率不断提高规律等社会主义经济规律作用的发挥，都不能脱离社会主义基本经济规律这个前提。当然，社会主义基本经济规律也不能离开其他经济规律而单独发挥自己的作用，相反它也要通过其他经济规律的作用，才能把自己的作用发挥出来，只不过它在社会主义诸经济规律中居于主导的、决定的地位罢了。

列宁说：“只有社会主义才可能根据科学的见解来广泛推行和真正支配产品的社会生产和分配，也就是如何使全体劳动者过最美好、最幸福的生活。只有社会主义才能实现这一点。我们知道社会主义应该实现这一点，而马克思主义的全部困难和全部力量也就在于了解这个真理。”我们为什么要聚精会神、千方百计搞四个现代化呢？我们为什么要下定决心、全力以赴调整国民经济呢？归根到底是要按照社会主义基本经济规律的要求，使社会主义生产大大发展起来，使全体劳动者过最美好、最幸福的生活。这并不是一个微不足道的问题，也不是一个可以任人轻视的小问题，而是关系到一个用科学的见解来指导和组织社会主义的生产和分配的大问题，是似乎容易而实际不易真正懂得的困难问题，是马克思主义者要用全部力量去了解的一个伟大真理。

我们搞社会主义革命，推翻资本主义的包括封建主义的旧制度，是因为这些旧制度使得工人阶级和其他劳动人民遭受剥削和压迫，过着饥寒交迫的痛苦生活，其严重限制了全人类的第一个生产力——劳动者的生产积极性的发挥。从这个意义上说，推翻旧制度，使劳动者从水深火热之中解放出来，就是解放生产力。我们搞社会主义，不仅要解放生产力，而且要保护生产力，发展生产力。怎样保护生产力，怎样发展生产力，非常重要的一条，就是逐步使全体劳动者过美好的物质生活和精神生活，改善劳动条件，用新技术装备劳动者，使他们逐步摆脱奴役般的笨重劳动，充分发挥他们的社会主义生产积极性和创造性。工人阶级接受社会主义不是单纯通过理论，而是通过他们亲身体会和理论相结合来认识社会主义的。工人阶级的苦难，使他们深刻认识到旧社会的反动和腐朽。全体劳动者过美好、幸福的生活，使他们深深认识到社会主义制度的优越性。社会主义制度正是依靠这种优越性，取得了战胜资本主义的伟大力量。如果不能使广大劳动者逐步地、愈来愈明显地享受到这种优越性，怎么能解除他们对社会主义的疑虑呢？

按照社会主义基本经济规律办事，既是一个重大的理论问题，又是一个重大的实践问题。20世纪50年代初，在苏联，斯大林同雅罗申柯在社会主义基本经济规律问题上的争论，不是偶然的，而是苏联社会主义建设的实践在理论上的反映。这个争论的焦点，是为生产而生产，还是为满足人及其需要而生产。雅罗申柯不同意斯大林对于社会主义基本经济规律的表述，说斯大林的表述不是把生产放在首位，而是把消费放在首位，主张社会主义基本经济规律就是“社会的物质和文化条件的生产不断增长和日益完善”。斯大林批评了雅罗申柯的观点，指出：“雅罗申柯同志忘记了，人们不是为生产而生产，而是为满足自己的需要而生产。他忘记了，跟满足社会需要脱节的生产是会衰退和灭亡的。”斯大林明确回答，这里的问题不是消费占首要地位，而是社会主义生产服从于它的主要目的，保证最大限度地满足整个社会经常增长的物质和文化的需要，就是社会主义生产的目的；在高度技术基础上使社会主义生产不断增长和不断完善，就是达到这一目的的手段。斯大林不同意雅罗申柯对于社会主义基本经济规律的表述，指出，在雅罗申柯同志那里，却把生产从手段变成了目的，而保证最大限度地满足社会经常增长的物质和文化的需要，却被取消了。结果弄成生产增长是为了生产增长，生产是目的本身，而人及其需要就从雅罗申柯同志的视野里消失了。

20世纪50年代初的这场争论，由斯大林作了总结，他在这个问题上发展了马克思主义。但是，这个问题并没有随着这场争论的结束而真正解决。由于社会主义基本经济规律还是一个有待进一步认识的必然王国，由于理论上的片面，在我国特别是由于“四人帮”极“左”路线的干扰和歪曲，类似雅罗申柯那样生产增长是为了生产增长、人及其需要被取消的观点，仍然在社会主义的经济生活中不时发生影响，甚至产生重要的影响。粉碎“四人帮”以来，我国的国民经济有了很大的恢复和发展，但是还面临着比例失调的严重问题，在理论上也存在搞清楚社会主义社会生产的目的究竟是什么的问题。这就使得我们在重读斯大林在《苏联社会主义经济问题》中对雅罗申柯为生产而生产观点的批评时，感到特别亲切。我们必须按照社会主义基本经济规律办事。要把国民经济调整工作搞好，必须充分考虑社会主义基本经济规律的要求。按照社会主义基本经济规律的要求调整国民经济，要坚持贯彻以农业为基础的指导思想，集中力量把农业搞上去；要采取坚决有力的措施，加快轻纺工业的发展；要坚决缩短基本建设战线，努力改善投资效果；要正确处理积累和消费的比例关系，在发展生产的基础上，逐步提高人民的生活水平。只有这样，才能把我国的国民经济纳入持久的按比例的高速度发展的轨道，才能使我国的社会主义现代化事业扎扎实实地前进。

坚持实践标准　加强理论学习①

我非常高兴与青年交朋友，特别是与企业青年。青年是实现跨世纪宏伟目标的跨世纪人才，是国家的希望、中华民族的希望，也是世界的希望。企业青年职工占企业职工总数的60%以上，占第一线职工总数的80%以上。他们是工业生产、经济建设和商品流通的直接承担者的基本力量，是社会生产力发展和经济技术进步的基本力量，是全国财政收入提供者的基本力量（仅城市工业企业提供的税收和利润，就占全国财政收入的80%以上）。

开展青年岗位能手活动的目的，就是进一步动员广大青年职工立足岗位、学技成才，争创岗位效益，促进企业经济效益的提高，为实现我国跨世纪宏伟目标而奋斗。它通过培训，提高青年职工的职业理想、职业道德和职业技能；把岗位文明、岗位技能和岗位效益作为衡量标准，促进企业产品成本的降低、产品质量和企业经济效益的提高；建立起与现代企业制度相适应的运行机制。

两年多来的实践证明，青年岗位能手活动的开展，进一步激发了广大青年职工建设社会主义现代化的积极性、主动性和创造性。这无论对提高青年的综合素质来说，还是对加强企业的基础性管理、提高管理水平、提高企业的产品质量和经济效益、促进经济增长方式的转变来说，都具有重要的理论意义和实践意义。

青年岗位能手活动之所以能够取得显著的成效，除了客观实际的需要外，也有其经济学、管理学和教育学的理论依据。青年岗位能手活动实践的进一步开展，必将丰富经济学、管理学和教育学的内容，同时也需要加强对它的理论指导。

从经济学的角度来说，马克思主义的理论经济学有两门：一门是以生产关系发展规律为研究对象的政治经济学；一门是以生产力发展规律为研究对象的生产力经济学。从计划经济体制向社会主义市场经济体制转变的体制问题，是政治经济学研究的内容；由粗放型向集约型转变的经济增长方式问题，是生产力经济学研究的内容。后者强调要把经济工作的重点真正转移到以提高经济效益为中心的轨道上来，主要依靠科技进步和提高劳动者素质来发展经济。由此可以看到，生产力经济学与青年岗位能手活动关系最密切的有三条：

---

① 李悦. 坚持实践标准　加强理论学习［N］. 青商信息报，1996-11-04.

第一条是讲生产力标准，强调能否解放和发展社会主义社会的生产力，是衡量和检验生产关系及其总和（经济基础）与上层建筑的最终标准。第二条是讲人是生产力中最活跃的和决定性的因素，强调科学技术在内的一切都是由人所创造、所使用、所改进的。第三条是讲科学技术是第一生产力。

从管理学的角度来看，管理学中所讲的管理体制、管理原则、管理制度和管理方法等内容中，与青年岗位能手活动密切相关的也有三条：第一条是讲既要管好物，更要管好人，强调以人为中心的现代管理，要想管好物，首先必须要把管物的人管好。第二条是讲产品的质和量的统一，强调质量第一。第三条是讲速度和效益的统一，强调以提高经济效益为中心，把能否提高经济效益和社会效益作为衡量管理水平的最终尺度。

从教育学的角度来看，教育学中所讲的在职教育与青年岗位能手的在岗培训也是密切相联的。

综上所述，青年岗位能手活动的内容与生产力经济学、管理学和教育学的联系是何等紧密。青年岗位能手活动进一步深入开展的实践，定将进一步丰富上述三个学科的内容，促进它们的发展。同时，我们也要看到，为了更加自觉地和有效地进一步开展青年岗位能手活动，获得更出色的成效，我们必须重视理论的指导作用，认真学习和运用经济学、管理学和教育学，沿着实践—认识—再实践—再认识的认识道路，不断前进。

我们要引导广大企业青年通过开展岗位能手活动的实践和深入的理论学习，树立起正确的世界观和革命的人生观，不断增强以企业为家的主人翁责任感和使命感，为建设有中国特色社会主义的崭新事业建功立业。

为了吸引更多的企业青年深入持久地投身于青年岗位能手活动，并取得更大的成效，我们还应该进一步做好以下的工作：

一是要研究企业青年的需要。只有了解和满足他们的正当的和基本的需要，才能更好地调动和发挥他们的积极性、主动性和创造性。

二是要引导企业青年搞好职业设计。每个青年职工都希望选择一个最能发挥自己才干的工作岗位，而企业的每个岗位也需要有最佳的人才来加以操作。因此，我们应当研究每个青年职工的个性、特点和工作的需要。只有把工作安排与青年的个人才干相匹配，才能收到人尽其才、物尽其用、事半功倍的效果。

三是要努力提高企业青年的综合素质，特别是下大力气首先提高各级青年领导干部的素质。

四是要构建一整套行之有效的人才管理机制。只有建立起一整套正确的人才选拔机制、培育机制、激励机制、约束和监督机制与淘汰机制，充分发挥优秀青年聪明才干，才有组织保证，才能使一代青年人才脱颖而出。

迎接创意经济新时代①

当今时代，创意产业和创意经济的发展水平已成为衡量一个国家或地区经济竞争力高低的重要标志之一。创意经济将挑战传统工商业模式，创意经济时代正在到来。

创意产业是具有高科技含量、高文化附加值和高创新性的产业，是以网络信息技术为支撑、文化为基础、创新为动力、经济全球化为平台的新知识经济形态。创意产业推崇创新和人的创造力，强调文化和创造对经济的支持与推动力，具有以下主要特征：它是高附加值产业、技术密集型产业；从业人员主要是知识工作者，是具有创造能力的专才；产品或服务是技术与文化相互交融、集成创新的产物，具有特定的文化内涵；产业技术向数字化、知识化、可视化、柔性化方向发展；产业组织结构呈现集群化、网络化的特点，企业组织结构呈现小型化、扁平化、个体化、灵活化的特点。

目前，世界各国已普遍意识到，创意产业和创意经济是世界经济发展的重要趋势之一，因为人的创造力正日益成为经济发展最强大的原动力。从我国实际来看，发展创意产业对发展经济的作用主要体现在：

第一，有助于转变经济发展方式。创意产业具有科技含量高、资源消耗低、环境污染少、发展潜力大的优势，是新的经济增长点，也是转变经济发展方式的重要载体。

第二，有助于调整优化产业结构。创意产业是一种新型产业和新知识经济形态，它的发展将大大提高第三产业对经济增长的拉动作用，加快实现经济增长由主要依靠第二产业带动向依靠第一、第二、第三产业协同带动转变。

第三，有助于拉动经济增长。创意带来的不仅仅是一部电影、一部图书等单一产品的收益。围绕一种创意文化现象，整合文化资源，开发衍生产品，会在创作、制作、播映、出版、旅游、娱乐等方面创造一系列商机。

第四，有助于扩大内需。我国居民消费正在向发展型和享受型阶段转变，对文化艺术、精神娱乐等方面的需求越来越旺盛，潜在的消费热点很多。

第五，有助于扩大就业。创意产业中大多数是中小企业，吸纳就业能力强，特别是有助于解决高校毕业生就业问题。

近10年来，我国创意产业有了可喜发展，尤其是北京、上海、深圳等地的创意产业发展形成了良好势头。但从总体上看，我国创意产业发展还很不够。有人提出，我国实际上不是世界工厂，还只是一个特别巨大的世界车间，因为我们缺乏自主品牌和核心技术，缺乏有影响的创意设计。而没有新创意、没有新技术，就只能居于全球价值链低端，赚些加工装配的辛苦钱。

迎接创意经济时代，大力发展创意产业，需要学习和借鉴发达国家的经验。纵观发达国家创意产业发展的历程可以看出，国家的经济技术实力特别是电脑数字通信技术是创意产业

① 李悦，方天石．迎接创意经济新时代［N］．人民日报，2010-02-02．

发展的支撑，创意产业聚集和融合产生的规模经济效应是增强企业竞争力的途径，健全的知识产权保护制度是创意产业发展的保障，居民对文化产品的消费需求是创意产业发展的动力。我们应当结合实际，制定促进我国创意产业发展的战略规划和行动计划，引导创意产业持续、快速、协调、健康发展。其中，首要的问题是树立新理念，增强全社会特别是各级决策层对发展创意产业重要性、必要性、紧迫性的认识。还应当认识到，创意产业是新兴产业，有着与传统制造业很不相同的发展理念和管理方法。这就需要我们进一步解放思想、转变观念、加强学习，增强引导创意产业发展的本领，增强服务创意产业发展的能力。

扩大内需应处理好投资与消费的关系①

在国际金融危机导致外需大幅下滑的严峻形势下，扩大内需成为保增长的必然选择。内需包括国内消费与投资。从各地已出台的扩大内需措施看，不少地方仍然偏重于扩大投资、上新项目，而对调整结构、扩大消费着力不多。这种倾向蕴藏着较大风险。改变这种倾向，迫切需要进一步深化对投资与消费关系的认识。

马克思指出，没有生产，就没有消费；但是，没有消费，也就没有生产，因为如果没有消费，生产就没有目的。这是我们正确认识投资与消费关系的理论基石。具体来说，可以从以下几个方面来认识投资与消费的关系：

第一，二者互相依存、互为条件。投资与消费是密不可分的。消费创造出投资的动力和新的投资者，是投资的最终完成和最后检验，是投资的目的；投资则创造出消费的内容、方式和手段。所以，投资与消费必须互相协调，不能彼此脱节。一旦脱节，消费就难以实现，投资就会缺少目的性和最终检验，成为无效投资。

第二，在经济发展的不同阶段，二者的地位和作用不同。在短缺经济阶段，生产能力不足，商品供不应求，投资是经济增长的主要决定因素，是经济增长的主导方面。而在买方市场基本形成的情况下，生产能力过剩，商品供大于求，消费是经济增长的主要决定因素，是经济增长的主导方面。

第三，二者互为增减关系。在出口已定的条件下，在国内需求结构中，消费的比重扩大了，投资的比重就要缩小；反之，投资的比重扩大了，消费的比重就要缩小。

第四，在经济发展的基础上不断提高人民生活水平，努力满足人民日益增长的物质和文化生活需要，是社会主义扩大投资、发展生产的根本出发点和归宿。当前，经过改革开放30年的快速发展，我国经济实力和综合国力大为增强，我们完全有条件、有必要更加关注民生问题。

总结历史经验，联系当前实际，处理好投资与消费的关系，关键在于严格控制投资规模和结构，着力扩大居民消费。

我国投资率长期偏高，在2003年以来的新一轮经济上升期中，投资率仍不断攀升。

---

① 李悦. 扩大内需应处理好投资与消费的关系［N］. 人民日报，2009-05-06（7）.

世界各国投资率平均是20%多一点，而我国2007年投资率达到42.1%，消费率降到49%。即使考虑到在工业化过程中投资率一般较高的因素，与国外同样发展阶段相比，我国投资率也明显偏高。如1960—1997年，韩国资本形成率平均为28.4%，泰国为30.6%，马来西亚为28.3%。与投资率过高相对应，我国消费率特别是居民消费率长期偏低，近年来一直在50%左右徘徊，而世界平均水平在78%上下，其中美国为86%左右，日本为73%左右。

投资与消费不协调，投资率长期偏高，而居民消费被压抑，必然导致产能过剩。生产出来的大量产品国内消费不了，就要到国际市场寻找出路，从而导致我国经济增长对外需的依赖度不断攀升。一旦国际市场需求萎缩，就会对国内经济造成严重冲击，并引起一系列连锁反应。这就是目前全球金融危机对我国实体经济产生严重影响的重要原因。

由此可见，增强经济增长的内生动力和可持续性，必须努力扩大国内消费需求，改变消费与投资结构不合理的局面。当前，为了应对全球金融危机，遏制经济下滑，进一步加大投资力度是必要的，但必须防止各地区、各部门层层加码，再走过去片面依赖投资拉动经济增长的老路，加剧经济结构失衡，为经济长远发展埋下隐患。应注重调整投资结构，首先确保民生项目，为扩大消费创造条件，不能再上一般加工项目，特别是严防一些高消耗、高排放的项目改头换面卷土重来；把保增长、扩内需、调结构作为一个有机联系的整体，引导各方面把主要精力和工作重点放到转变发展方式、调整结构、启动消费上，防止片面追求和盲目攀比经济增长速度。

对经济增长方式转变的思考①

一、转变的必然性和迫切性

实现经济增长方式从粗放型向集约型的转变，是世界各国经济发展的普遍趋势，我国也不例外。经济增长方式同其他事物一样，也有一个从低级到高级的发展过程。这个发展过程是与经济发展的各历史阶段的科学技术和整个社会生产力水平相适应的。从整体上讲，发展中国家的经济建设的初级阶段，多数是以粗放型为主、以集约型为辅的；发达国家则多数是以集约型为主、以粗放型为辅的。因为事物的性质是由其主导方面和主要方面决定的，所以一般地说，发展中国家的经济建设初级阶段的经济增长方式是粗放型的，发达国家的经济增长方式是集约型的。又鉴于各国家的诸地区、诸产业和各种经济成分的发展不平衡性和差异性，所以，世界各国都普遍存在粗放型和集约型这两种经济增长方式，所不同的是其主导方面和主要方面。

党的十四届五中全会把经济增长方式从粗放型向集约型转变称之为两个具有全局意义的根本性转变之一，我认为，具有十分重要的现实意义和紧迫性。这是因为，我国已经进行了九个五年计划时期的现代化建设和近20年的改革开放，党的十四届五中全会又指出，“九五”计划时期我们要全面完成现代化建设的第二步战略部署。今后15年，是我国改革

① 李悦. 对经济增长方式转变的思考［J］. 北京冶金管理干部学院学报，1996（1）.

开放和社会主义现代化建设事业承前启后、继往开来的重要时期。处在激烈的国内外市场竞争的当今，我们的经济发展思路和经济增长方式已严重滞后。这种滞后主要有下列四种表现：一是经济增长主要靠增加投入，靠科技进步和劳动生产率提高的只占30%以下，而发达国家的经济增长的80%以上是靠科技进步和劳动生产率的提高。二是经济增长主要靠铺新摊子、上新项目，而现有企事业单位的技术装备严重老化，结构失调，能力不能充分发挥。三是经济增长主要靠增加产品的产量，而产品质量差、品种少，多数属于初中级产品、大路货，而且生产了不少社会不需要的产品，压在仓库里。四是经济增长靠片面追求发展速度，发展速度可谓世界第一，但是经济效益不高，甚至低下，长期又得不到根本扭转。以上这四种滞后的表现，严重地制约着我国经济的持续、快速、健康发展，必须尽快地解决。

二、转变缓慢的原因分析与对策

党的十一届三中全会以来，我们一直都在强调要把全部经济工作的重点转到以提高经济效益为中心的轨道上来，转到主要依靠科技进步和提高劳动者素质上来。但是，为什么至今还迟迟不能实现这个转变呢？其原因是什么？我认为主要可以归纳为下列六个方面：

一是经济发展的思路老化，应当更新发展思路。特别应着重抓好各级有决策权的领导层的发展思路的更新。经济发展思路不端正，经济增长的行为就无法走上正轨。

二是改革滞后，应加大政治体制改革和经济体制改革的步伐。在政治体制改革中，应着重消除“诸侯经济割据”的局面，加快进行领导干部任免制度和政绩考核标准的改革步伐，根除“数字出官，官出数字”的不正之风。在经济体制改革中，要调整经济利益格局，增加中央财政收入的比重；实现国家领导者和国有经济的管理者与经营者的责、权、利挂钩，有多大权力就应有相适应的责任，根除有权力的人不负责任的怪现象，要强化约束机制和风险机制。

三是结构失调，应大力强化结构的不断优化升级。

四是规模效益差，甚至有的根本没有规模效益，我们必须讲究规模效益。

五是技术落后，劳动者素质不高，应切实加快科技进步和发展教育，走科教兴国之路。

六是管理滞后，要切实加强国家的宏观调控能力和力度，加强行为管理，以及企事业单位内部的微观管理，对国有企事业单位要建立现代企业制度。总之，一句话，要加快实现由传统管理向现代化管理的转变。

三、正确处理第一、二、三产业的关系

在社会主义现代化建设中，正确处理第一、二、三产业的关系具有重大的理论意义和实践意义。要正确处理第一、二、三产业的关系，就要像江泽民同志在十四届五中全会闭幕时的讲话中所指出的那样：“大力加强第一产业，调整提高第二产业，积极发展第三产业。”这就要求我们按产业结构发展的客观规律办事，保持产业结构与社会生产力水平相适应。

那么，第一、二、三产业结构发展规律是什么呢？纵观世界各国的经济发展史，我们清楚地看到，从产值和劳动力的比重位次上看，存在由“一、二、三”向“三、二、一”转变的客观趋势，这种趋势是普遍存在的，我国也不例外。这种趋势是由第一、二、三产

业间的内在的双向关联性质所决定的。

社会生产的发展首先开始于第一产业，在第一产业发展的基础上才有第二产业的产生和发展。同样，也只有在第一、二产业发展的基础上才会有第三产业的产生和发展。因此，第二、三产业发展的规模和速度必须以第一产业的发展状况为出发点和界限，第三产业的发展必须以第一、二产业的发展状况为出发点和界限。所以，江泽民同志指出，加强农业是国民经济发展的首要问题。加强农业也就是支持工业和第三产业；为农业作贡献，也就是为经济的持续、快速、健康发展作贡献。第一产业的基础地位主要表现在为全社会提供粮食和其他农产品，为第二、三产业提供原材料。工业的主导地位和作用主要表现在为第一、三产业提供现代化的劳动手段。总之，产业间的关联性是双向的，但双向的关联性质又是相同的。这种差异具体地表现在三个产业的科技进步、劳动生产率、社会需求、分工发展和市场规模这四个方面。

第一，科技进步方面的差异。科学技术是第一生产力。科技进步对三个产业的发展都有巨大的推动力，但对各产业的推动作用是有差别的。由于第一产业的生产周期长，受自然环境限制较大，其科技进步比第二、三产业要困难得多，所以必须多方增加农业投入，发挥科技兴农的作用。科技进步会促进第一产业的劳动力逐步减少。而第二产业生产规模的扩大又会不断从第一产业中吸收劳动力。这种减少和吸收相抵就导致了第二产业劳动力相对比重趋于稳定，这也是形成第二产业的产值在国民生产总值中和劳动力在社会劳动力总数中的比重位次长期处于第一产业和第三产业之间的重要原因。

第二，劳动生产率方面的差异。劳动生产率的高低，对三个产业的发展有制约作用。这种作用主要表现在：一方面是第一产业劳动生产率的提高，使其自身的劳动力相对比重降低和绝对量减少，这就为第二、三产业的发展提供了劳动力，即劳动力必然要从第一产业向第二、三产业转移；另一方面，三个产业的劳动生产率相比较，第二、三产业的劳动生产率要高于第一产业，这也是劳动力由第一产业加速向第二、三产业转移的动力之一。

第三，在社会需求方面的差异。社会主义生产的根本目的是满足人民的需要，而三个产业从不同的方面满足着人民的需求。人民收入水平和生活水平是相适应的。收入水平越高，对第一产业的产品需求比重越会相对下降，而对第二、三产业的产品需求会相对上升。因为第一产业的产品主要是人民的生活必需品，主要是解决吃饱和穿暖的问题，这属于较低层次的基本生活需求，其弹性不大。此外，随着收入和生活水平的提高，这种需求在整个消费需求总量中会趋于下降。但另一方面，人们收入和生活水平提高，会对第二、三产业的产品提出更高和更多的需求。这就要求在大力加强第一产业的同时调整工业结构。当前，应继续加强基础工业，振兴支柱产业，提高素质和水平。此外，应逐步提高我国第三产业的比重，加强对第三产业的规范管理，重点应发展为社会生产和广大群众基本生活服务的行业，规范和发展金融业，引导房地产业健康发展，从而使产业结构逐步由“一、二、三”向“三、二、一”的方向转变。

第四，在社会分工和市场规模方面的差异。正是因为三个产业在科技进步、劳动生产率和社会需求方面存在上述差异，所以以这些差异为基础而形成的分工细化和市场规模的大小也是不相同的。一般第三产业的分工比第二产业分工要细；第二产业的分工又比第一产业分工细；第三产业的市场规模大于第二产业的市场规模，第二产业的市场规模又大于第一产业的市场规模。所有这些差异都必然会导致第一、二、三产业结构由“一、二、三”向“三、二、一”的方向转变。

经济增长方式转变缓慢的原因分析与对策①

党的十二届三中全会以来，我们一直都在强调要把全部经济工作的重点转到以提高经济效益为中心的轨道上来，转到主要依靠科技进步和提高劳动者素质上来。但是，为什么至今还迟迟不能实现这个转变呢？其原因和对策是什么？我认为主要可以归纳为下列五个方面：

一、经济发展观念和思路老化，应更新经济发展的观念和思路

传统的观念和思路不改变，经济增长方式转变就是空谈。在观念和思路更新中，应着重抓好各级有决策权的领导层的经济发展观念和发展思路的更新。因为路线确定之后，干部就是决定因素。

二、改革滞后，应加大政治体制和经济体制改革的步伐

尽快地改革上层建筑中不适应生产力发展的某些环节和方面，是实现经济增长方式转变的前提和保证。我们应当全面准确地把握社会主义市场经济体制的根本特征和要求，这个根本特征和要求我把它概括为“两个坚持”“一个基础”“一个效益”。“两个坚持”是坚持以公有制为主体和以按劳分配为主体；坚持遵循市场经济运行的一般规律。“一个基础”是在国家宏观调控下发挥市场在资源配置上的基础作用。“一个效益”是保证把资源配置到经济效益较好的环节和方面去。

三、结构失调，应大力强化结构的不断优化升级

从全国看，就第一、二、三产业关系来说，正像江泽民同志在十四届五中全会闭幕时的讲话中所指出的那样：“大力加强第一产业，调整提高第二产业，积极发展第三产业。”这就要求我们按产业结构发展的客观规律办事，保持产业结构与社会生产力水平相适应。纵观世界各国的经济发展史，可以清楚地看到，从产值和劳动力的比重位次上，存在由“一、二、三”向“三、二、一”转变的客观趋势，这种趋势是普遍存在的，我国也不例外。这是由于社会生产的发展首先开始于第一产业，在第一产业发展的基础上才有第二产业的产生和发展。同样，也只有在第一、二产业发展的基础上才会有第三产业的产生和发展。因此，第二、三产业发展的规模和速度必须以第一产业的发展状况为出发点和界限，第三产业的发展必须以第一、二产业的发展状况为出发点和界限。就北京的具体情况看，根据党中央对北京城市功能的批复指示精神，应从“两个中心、四个服务”的要求出发，建立和发展适合北京特点的产业结构。北京应当首先调整和提高第二产业，从以重化工业为主向高加工度制造业和高新技术产业转变。同时加强农业基础地位，并加快发展第三产业。具体地讲，我建议北京产业重点的排序如下：第一，以高新技术产业为先导；第二，搞好城市基础设施和农业基础；第三，以汽车、电子等机电和石化工业为支柱；第四，加

① 李悦．经济增长方式转变缓慢的原因分析与对策［J］．中国特色社会主义研究，1996（4）：22-23.

快发展文化教育、金融和旅游业等第三产业。应当指出的是，作为全国的首都，我们必须在现有基础上淡化基础工业等重化工业，这是北京城市功能的客观要求。我们必须自觉地实现这个转变。

四、技术落后、劳动者素质不高，应切实加快科技进步和发展教育，走科教兴国之路

从总体上讲，我国现有劳动者的技术素质、业务素质、文化素质和管理素质还是比较低下的，但数量又是非常可观的，甚至是很宏大的。我国农村现有1.5亿剩余劳动力，预计到2010年可能达到2亿人。城市职工有8 000万人，富余职工达2 000万人。如何充分发挥他们的积极性、主动性和创造性呢？出路可有如下几条：第一，发展乡镇企业，发展第三产业，消化一部分；第二，劳务出口；第三，精简机构，变“官”为民。走这三条路都有很多困难，也都要求提高劳动者的素质。所以我提出第四条出路，改革现有人事干部工作体制，实行“三三”制。就是把劳动者在岗工作与学习和调查研究结合起来，形成一个在岗工作—学习—调研—再上岗工作—再学习—再调研的良性循环。这样做的最大好处是可以解决活少人多的问题。

五、管理滞后，要切实加快实现由传统管理向现代化管理的转变

判断这个转变过程的快慢和好坏，应主要看下列十个主辅关系的变化和发展方向：

（1）要实现由以物为中心的管理向以人为中心的管理转变。

（2）要实现由以数量为中心的管理向以质量为中心的管理转变。

（3）要实现由以速度为中心的管理向以效益为中心的管理转变。

（4）要实现由生产型管理向生产经营型管理转变，再向资本运营型管理转变。

（5）要实现由以战术为中心管理向以战略为中心管理转变。

（6）要实现由以单一经营为限的管理向一业为主、多种经营管理转变。

（7）要实现由单个企业经营管理向联合化、集团化经营管理转变。

（8）要实现由以本地区、本国度为限的封闭型管理向对国内外全方位的开放型管理转变。

（9）要实现由只有独资经营管理向独资、合资、股份制等多种经营管理方式转变。

（10）要实现由只重视投入的管理向既讲投入又讲产出、投入与产出统一的管理转变。

论实现速度和结构、质量、效益相统一

——学习党的十六大报告的一点体会①

党的十六大明确指出：“实现速度和结构、质量、效益相统一”，是我们在建设社会主义过程中积累的十分宝贵的经验之一。在社会主义现代化建设方面，回顾过去，展望将

① 李悦．论实现速度和结构、质量、效益相统一——学习党的十六大报告的一点体会［N］．人民日报，2003-06-02.

来，如何正确处理速度与结构、质量、效益的关系，始终都是一个重要的经济理论问题，同时又是一个领导经济工作的指导思想和领导艺术问题。我国的建设实践反复证明：要求得经济持续、快速、健康发展，就必须实现速度和结构、质量、效益相统一。

经济与其他事物一样，都是质与量的统一体，但在不同历史发展阶段，这个统一体的主导方面和主要方面是有差别的。在短缺经济条件下，经济量的扩张总是主导方面和主要方面，而发展到买方市场基本形成的我国今天，质的提高，才是经济发展的主导方向和主要方面。我们要实现速度和结构、质量、效益相统一，就必须坚持“两论”，即统一论和重点论。

一、实现速度和结构相统一

长期以来，总有些同志在实际经济工作中自觉地或不自觉地有一种重速度、轻结构的倾向。这种倾向也是导致结构不合理现象迟迟得不到有效纠正的主观原因之一。时至今日，已经到了非下决心按照党的十六大精神，纠正这种倾向，狠抓产业结构优化升级的时候了。

（一）统一论和重点论

经济发展速度是经济量的规定性，而结构是经济质的规定性的主要表现。我们既要求高速度，又要求结构优化升级。但当前我国经济统一体的主导方面和主要方面，已经开始从量的扩张转变到质的提高方面来了。正如党的十六大所明确指出的那样，“在优化结构和提高效益的基础上，国内生产总值到2020年力争比2000年翻两番”。我理解，那种不以优化结构和提高效益为基础和前提的速度，翻八番我们也不能要。因为我国经济发展历史告诫我们，那种速度是百害无一利的速度。在速度与结构关系上，我们是统一论者，又是有重点论者。

（二）产业结构优化升级方向

产业经济理论研究成果表明：产业结构优化升级的基本方向和标准，就是产业结构协调化和高度化的统一。

1.协调化

实现协调化，不仅要通过制度创新，进一步完善市场机制，增强产业政策的科学性，增强产业间的有机联系，形成科学的产业序列，加快产业向符合演进规律的方向发展，还应达到结构效益最大化，即在投入品与中间产品之间、中间产品与最终产品之间、最终产品与用户消费之间，保持一种动态和谐的比例关系，使产业结构在协调化的同时具有向高度化转换的功能。协调化主要有下列七点要求：①劳动、资源、资本和技术密集型多层次产业协调发展，特别是农轻重、吃穿用协调发展；城乡经济协调发展。②产业间相对地位协调化。③产业间关联关系协调化。④产业部门增长速度协调化。⑤产业阶段交替协调化。⑥产业间及各产业部门间素质协调化。⑦巨型、大型企业与中小企业并举。

2.高度化

高度化过程必须反映协调化的要求。高度化要达到高加工度、高附加值、高科技含量的要求，就要通过技术创新、技术引进和传统产业技术改造等方式促进产业结构优化升级。高度化是指产业结构从较低水平状态向较高水平状态发展的动态过程，包括以下要求：①实现知识产业化和国民经济知识化。②由第一产业占优势比重向第二、三产业占优势比重的方面演进。③由劳动密集型产业占优势比重向资本密集型、技术密集型产业占优势比重的方向演进。④由低附加值产业占优势比重向高附加值产业占优势比重的方向演进。⑤由低加工度产业占优势比重向高加工度产业占优势比重的方向演进。⑥由制造初级产品的产业占优势比重向制造中间产品、最终产品的产业占优势比重的方向演进。

（三）产业结构优化升级途径

我国第十个五年计划的主线是结构调整。总结历史经验，产业结构优化升级的基本途径就是存量调整与增量调整相结合。我们应采取两者并举，以存量调整为主，在存量调整的基础上进行增量调整的对策；在增量调整中，采取基建与技改并举，以技改为主，在技改上进行基建的对策。

存量调整和增量调整都是不可缺少的。增量调整有利于建立新兴的产业部门，对从根本上改变落后低级的产业格局有重大作用，但是它要求有大量的资金和技术的投入。存量调整与增量调整相比，虽然不能新建起没有的新兴产业部门，只是对原有的产业部门进行合理组合，但它可以在不增加新的投资、新的资产量的条件下，实现扩大投资的目的。其既有利于扩大规模经济效益，使企业集团内部原有生产诸要素实现新的合理组合，也可以使被兼并企业的劣质产品被淘汰，其厂房设备等生产要素向优质产品集中，促进产品结构的优化，消除产品销售市场疲软，又不会加剧通货膨胀。

总结过去多次经济调整的经验，我们都偏重增量调整，而对存量调整重视不够。长期以来，不管企业经营好坏，企业产权长期固定不变，生产要素不能转移，致使大量国有资产的潜力和活力没有充分发挥出来。大批经营效益好的企业因受资金、设备和人才等要素占有的质与量的制约，得不到应有的扩大发展；相反，不少经营不善、长期亏损的企业却长期占有国有资产，从而使以往的多次产业结构的调整工作收效很不理想。而在改革中产生和发展起来的企业产权转让，事实证明它确实是一种合理调整资产存量、使生产要素合理流动、进行优化组合的有效机制。经营好的企业可以通过承包、企业兼并和组织企业集团等形式，去挽救和帮助那些经营不好的企业，使它们获得新生。这样先进企业可以充分地去施展其才能，落后的企业得到应有的发展，真可谓之两全其美，不仅有利于产业结构优化，而且能够保证国有资产的增值。更何况，全国国有资产有1/3被闲置，2/3的利用率也较低，可见存量调整的潜力是何等巨大。就是在资金比较富裕的情况下，调整重点也应当放在存量调整方面。此外，要知道投入在任何时期总是有限的，在事物的发展全过程中，不平衡是绝对的，平衡是相对的。所以存量调整对增量调整来说，总是大量的、经常存在的。

进行产业结构的增量调整，一般可有这样两种做法：一是增加基本建设投资；二是加强技术改造。在当前的情况下，要解决基础产业严重滞后、加工产业能力闲置的矛盾，还有另外两种办法可供选择：一种办法是增加对基础产业的基本建设投资，以增强其生产能力；另一种办法是加强对加工产业的技术改造，使加工产业降低材料和能源的消耗，从而达到相对地增加基础产业、绝对地减少加工产业对基础产业的需求，以此来达到对基础产业与加工产业调整的目的。根据目前我国经济建设所处的历史阶段，我们认为，在以上基建与技改的关系上，我们应采取两者并举、以技改为主的对策。众所周知，我国能源消耗总量与日本相差不多，可是我国的工业总产值只有日本的1/4。换句话说，因为我们耗能的加工产业技术落后，我国的能耗高于日本的3倍多。如果我国能耗达到日本现有水平，我国的工业总产值再增长3倍，我国的现有能源仍然能够满足需要。更有甚者，我国每单位国民生产总值的能耗，相当于日本的6.1倍之多。这些例子充分说明，在解决能源短缺问题上，采取对耗能加工产业部门的技术改造是何等重要。

二、实现速度和质量相统一

一说到全面建设小康社会，有的同志总是习惯于片面想到抓速度，不大重视提高质量，看不到高质量和高速度之间存在辩证的关系。

我们不但要求高速度，而且要求高质量。提高产品质量，不但不会妨碍夺取高速度，而且有利于我们赢得更高的速度。

什么叫高质量？简单说来，就是产品的性能好、效率高、用途广、经久耐用、可靠性和精密度保持性强；就是产品的品种规格、花色、外形、尺寸多样，在满足需要方面有更大的适应性；就是在产品生产过程中废品率低、成品率高，从而燃料、动力、原材料、劳动力和资金消耗少、成本低，也就是说，用同等的人力、物力和财力，能够生产更多、更好的产品。前两种表现是直接增产、间接节约；第三种表现是直接节约、间接增产。总之，提高产品质量，既能增产，又能节约，必然带来生产的高速度。

数量相同而质量不同的产品，具有不同的使用价值。1万吨钢锭和1万吨钢材的使用价值就不同。大钢锭对于一般的生产和建设单位来说，是没法用的“废物”。而钢材是生产和建设能够直接使用的原材料。1万台普通车床，连一个普通工厂也装备不起来；1万台型号齐全的机床，则可以装备十个乃至几十个现代化大工厂。从产品的经久耐用程度来看，汽车轴承的寿命，国外先进水平为30万公里（行程），我国只有10多万公里。农机具用钢，外国用硬质合金表面处理犁铧之后，可耕1 800多亩，我国大部分犁铧只能耕300~500亩。这些情况说明，只要我们在品种和质量上狠下功夫，尽快赶上先进水平，就无异于使产量成倍甚至成几十倍增加。据有关专家估算，我国现有的工厂，按现有设备，把质量提高，产量就可以增加50%。提高产品质量，有时候从数量上看似没有增加，但从使用效果上看则是大为增加。从这个意义上说，把品种和质量抓上去，就是很大的增产，就有了高速度。

提高产品质量也是很大的节约。有的同志一听说提高质量，就怕增加消耗，影响速度。提高产品质量，有的时候是要增加一些消耗，但是，提高质量和增加消耗、降低速度没有必然的联系。许多事实正好相反，提高质量恰恰可以降低消耗，加快速度，而产品质量低劣是最大的浪费。不注意质量，生产了很多次品或者等外品，必然是几个甚至几十个才能顶一个用。如果生产出来的是废品，就根本不能使用。这不仅在生产过程中白白浪费大量的燃料、动力、原材料、劳动力和资金，而且会给那些使用这些产品的部门和个人造成一系列的浪费。如果使用单位使用的原材料、机器设备是次品、等外品，不仅生产效率低，消耗大，还会产生第二代次品、等外品和废品，这第二代次品、等外品和废品又会产生第三代次品、等外品和废品，形成质量逐代下降的恶性循环。生活用品质量低劣，使用时间就会大大缩短。人们为了满足需要，就不得不再去购买第二个、第三个、第四个……据有关部门估算，我国商品库存量高达50%，处理这些商品和物资的损失估计上百亿元。造成这种状况的原因虽然是多方面的，但是，产品质量很差是很重要的一个原因。这些事实都说明，产品质量不好，的确是很大的浪费。

反过来看，如果产品是优质品，情况就完全不同了。在生产中使用的原材料、机器设备是优质品，就会一个顶几个用，顶几十个用。这样不仅效率高、消耗低，而且在以后的生产过程中会生产出第二代、第三代优质品，由此形成一个产品质量不断提高的良性循环，必将带来很大的节约，大大有利于加快现代化建设的速度。比如，钢铁工业提供更高质量的产品，就会给使用钢铁的部门带来一系列的节约。在不降低机器使用性能的条件下，用钢板结构代替铸件，重量可减轻20%~40%，并能缩短制造周期，降低生产成本，改善劳动条件。用各种异形钢材代替板材和型材，平均可节约10%~15%的金属。

在向质量要增产、要节约方面，我国的潜力是很大的。拿钢铁生产来说，据有关部门调查，提高钢的强度，扩大合金钢和低合金钢的生产，增加各种型材、板材和异型轧材的比重，就可以大大降低消耗，带来增产和节约。例如，钢的成材率，国外先进水平为80%以上，我国现在只有70%上下。从机床生产量的构成来看，普通车床，工业发达国家只占7%左右，我国占40%左右。数控机床，工业发达国家占3%，我国只占0.4%~0.5%。这些事实说明，在提高质量、争取速度方面，我国是大有可为的。

应特别提出的是：我们之所以要在强调“统一论”的同时，还必须坚持“重点论”，是因为事物的本质是由其主导方面和主要方面决定的。现阶段我国的基本情况是：从整体看，买方市场已基本形成，绝大多数人民的需求重点已经从量的扩张转移到质的提高上来。一句话，这是人民的需要，满足人民的需要是我们发展经济的根本出发点和归宿。

三、实现速度和效益相统一

经济增长速度，是社会主义制度最终战胜资本主义制度，后起的国家赶上并超过工业发达国家的重要条件；我们要实现全面建设小康社会的目标，经济发展没有符合国情和国力的增长速度是不行的，即使是在国民经济调整时期，也必须保持一定的增长速度。而提高经济效益，是整个经济工作的出发点和归宿；经济效益的好坏，是检验一切经济工作的最终标志和尺度。

提高经济效益，保持一定增长速度的主要出路是什么呢？鉴于我国目前的人、财、物力有限，每年基本建设投资不多，所以，我们的主要出路不是增加更多的“投入”，而应把重点放在如何以现有的这种“投入”，争取更多的“产出”；必不可少的外延型扩大再生产必须搞，但是主要应搞内涵型扩大再生产。就是要集中资金，保证国家的重点建设。总之，就是要以效益求速度。只有这样的增长速度，才是符合我国国情和国力的、切实可行的速度；也只有这样的经济效益，才是能促进国民经济持续、快速、健康发展的效益。

为了正确处理速度与效益的关系，实现国民经济的良性循环，加快实现全面建设小康社会目标的进程，我们应该特别强调下列三种基本观点：

（一）我们是速度与效益的辩证统一论者

速度与效益，两者不是彼此割裂的相互绝对排斥的东西，而是对立统一的。我们所要求的速度，是有良好经济效益的速度；我们所要求的经济效益，是有一定增长速度的经济效益。真正符合国情和国力的增长速度，就能够给国民经济带来良好的经济效益；取得了良好的经济效益，也必然会形成一定的增长速度。任何把速度和效益割裂开来或对立起来的看法和做法都是不对的。假如我们只讲经济效益，不问增长速度，这样的经济效益并不是真正的好的经济效益。反之，如果只求速度，不问经济效益，就会重复过去的错误，图虚名而招实祸。

（二）在速度与效益的关系上我们又是有重点论者

一般说来，速度与效益是一致的，但在实际工作中，两者的要求也常出现矛盾。有时增长速度很高，但经济效益很差。在这种情况下，就存在一个谁服从谁的问题，是速度的要求服从效益的要求，还是效益的要求服从速度的要求呢？实践证明，应当是速度的要求服从效益的要求。只有这样，我们所实现的速度才是有科学根据的速度，才是切实可行的速度，才是有实际效益的速度。

反之，假如在速度与效益的要求发生矛盾时，我们使提高经济效益的要求服从了增长速度的要求，那么，这种速度就可能是脱离实际的速度，或者是虚假的速度、没有实际效益的速度。因为增长速度快，而经济效益差，那就是说，我们的劳动付出了，产品也增加了，但是我们的劳动许多是白白浪费掉了，生产的产品不能用，不能满足社会需要和人民的需要。就像过去所出现过的情况，大家都为了保速度，追求产值，结果是计算出来的速度增长很多倍，产品的质量常常被忽视，品种常常减少，各种消耗往往增加，产品成本提高，盈利也有所减少，整个经济效益比较差。因此，在速度与效益的关系上，重点不宜倒置。

（三）以效益求速度

怎样抓速度，从何处入手抓速度，才更加符合实际，才更有利于实现国民经济发展的良性循环，这里有两种做法和两种结果。

一种做法是：就速度抓速度。以提高速度为中心和目标，层层往下压产值任务。这样一来，常常大家只顾增加产值，而顾不上研究如何提高经济效益，甚至对提高经济效益问题没有人过问。正因如此，也就不能取得良好的经济效益，而得不到良好的经济效益，也保证不了所要求的发展速度。

另一种做法是：以效益求速度。把提高经济效益作为整个经济工作的出发点，从提高经济效益入手抓速度。在经济效益的指标体系中，主要的指标是看能为国家建设和人民生活提供多少品种对路、质量高、消耗少、成本低、利润大、交货及时、价廉物美的最终产品；以产值和其他指标作为辅助性指标。这种主要以最终产品指标来表示的经济效益，就一定能形成相应的增长速度。只有这样的速度，才是符合实际的速度，才是切实可靠的速度。

总而言之，根本没有增长速度的经济效益，不是真实的效益；判定增长速度合理与否的最终标志和尺度，只能是经济效益的好坏。

在调整中搞好生产和建设的平衡①

多年来，基本建设规模过大，超过了现有物力、财力的实际可能，挤了正常生产，造

① 李悦，孙彤．在调整中搞好生产和建设的平衡［N］．光明日报，1979-05-12．

成生产和建设之间的比例关系严重失调。在当前，搞好生产和建设的平衡，是贯彻调整国民经济方针的一项重要内容，对加快实现四个现代化，促进国民经济稳定地持续高速度发展，具有重要意义。

一、要全面认识和把握生产与建设的内在联系，促成生产与基建的良性循环

生产和建设的内在联系，是互相促进、互相制约的对立统一关系。相互促进、彼此统一的一面主要表现为：一个时期的生产总水平，既取决于原有生产规模的大小，又取决于在该时期内通过基本建设所形成的新增生产能力的多少。原有生产发展得越快，就越能为基本建设规模的扩大提供更多的物资和资金；基建规模越大，所形成的新增生产能力越多，就越能促进原有生产的更大发展，从而形成生产和建设之间的良性循环。

然而，如马克思所说："有些事业在较长时间内取走劳动力和生产资料，而在这个时间内不提供任何有效用的产品；而另一些生产部门不仅在一年间不断地或者多次地取走劳动力和生产资料，而且也提供生活资料和生产资料。在社会公有的生产的基础上，必须确定前者按什么规模进行，才不致有损于后者。"基本建设属于马克思所说的前一类事业，生产属于后一类事业。这两者之间存在互相制约、彼此对立的一面。假如基本建设规模搞得过大，战线拉得太长，势必要占用过多的人力、物力和财力，这样就会挤了生产和市场的需要，现有的生产能力就不能充分发挥，生产的发展就要受到损害。反之，如果生产不能精打细算，不讲究经济效果，必然要占用过多的人力、物力和财力，也会挤了基本建设，影响建设规模的扩大。这二者关系安排不当，就会造成生产和建设之间的恶性循环。

我国第一个五年计划时期和1962—1965年贯彻"调整、巩固、充实、提高"方针的时期，是经济发展比较快的时期。这两个时期生产和建设的平衡搞得比较好，在生产和建设之间形成了良性循环。第一个五年计划时期，工业总产值每年平均递增18%，5年增长128.4%；5年中新增工业固定资产200.6亿元。贯彻"八字"方针时期，工业和农业生产都保持了持续的高速度的增长，基本建设形成的新增固定资产占投资的比重也比较高。

但是，与前两个时期相反，在1958—1960年，特别是"文化大革命"的10年中，由于"四人帮"的干扰破坏，再加上我们工作上的缺点，忽视了生产和建设关系中既有互相促进的一面，又有彼此制约的一面，没有搞好两者的平衡，出现了恶性循环。这就是：一方面，基本建设的规模过大，造成物资和资金的不足，出现了开工的项目多、竣工的项目少，建设工期长、造价高，花了不少投资却长期形不成生产能力的问题。在未能按计划建成投产的大中型项目和单项工程中，直接是由材料和设备供应不上原因造成的就占了相当多的部分。这样，基本建设就不能为生产的增长提供足够的新增固定资产，直接影响了生产的发展。另一方面，也正是因为基本建设的规模过大，在物资和资金等方面挤了生产，从而使不少现有企业一周内停三开四或者停四开三，有的甚至开了新厂关老厂。这样，生产就不能为基本建设提供足够的物资和资金，反过来又影响了基本建设的发展。因而在生产与建设之间形成了恶性循环，延缓了整个国民经济的发展。粉碎"四人帮"以后，近两年来，我们的经济发展速度是比较快的。但是，过去造成的基本建设和生产的不平衡，并没有完全改变。我们要保证国民经济稳定、持续、高速发展，就必须全面地认识并把握生产和建设的内在联系，在调整中把生产和建设之间尚存在的恶性循环变为良性循环。

二、要充分认识并发挥生产对建设的基础作用，贯彻先生产后基建的原则

要实现由恶性循环到良性循环的转变，就必须充分认识并发挥生产对基本建设的基础作用。生产是基本建设的基础，这是由简单再生产是扩大再生产的基础的原理所决定的。没有也不可能存在不能维护简单再生产的扩大再生产，只有首先维持了简单再生产，在此基础上才谈得上扩大再生产。原有生产的正常进行，是维护简单再生产的主要手段，基本建设是扩大再生产的主要途径。搞基本建设必须以维持原有生产正常进行为前提和起点。同时，我们还必须看到，现有生产也是扩大再生产的一个重要方面。因为不断地改善现有工农业企业的各项技术经济活动，加强计划、经济和技术的管理，改进生产组织和劳动组织，采用新技术、新工艺、新能源和新原材料，也能够扩大生产规模，提高生产水平。特别是年度计划的生产水平，主要还是靠对现有生产企业的挖潜、革新、改造和改组来实现的。

正是因为生产是基本建设的基础，所以，在物资和资金的分配和使用上，必须认真贯彻执行先生产后基建的原则。生产对建设的基础作用，主要表现为：在满足现有生产所必需的物质资料（包括生产资料和生活资料）之后，所剩余的物质资料是进行基本建设的物质基础和条件，它决定基本建设规模的大小和质量的好坏。只有根据这个原则来安排基本建设的规模，才可能保证基本建设不损害生产，并促进生产的发展；生产也才可能为基本建设创造出更多的物质条件，促进基本建设的发展，从而形成生产和建设之间的良性循环，否则只能出现恶性循环。

实践证明，因为基本建设所需要的物资和资金，都是由生产所提供的，而生产本身还要消耗相当数量的物资和资金，所以在一般情况下，基本建设投资的增长速度不能超过生产资料生产的增长速度，特别是不能超过煤炭、电力、石油、建筑材料等工业生产的增长速度。

三、要充分挖掘生产和基本建设的潜力，讲究经济效果

无论是生产还是基本建设，都必须坚持少花钱、多办事的原则，以最小的劳动消耗，取得最好的经济效果。只有生产能够多快好省地提供生产资料和生活资料，基本建设才有条件扩大规模；只有基本建设能够多快好省地形成新增生产能力，生产水平才有条件大幅度地提高。所以，要搞好生产和建设的平衡，实现良性循环，我们的生产和建设工作都必须精打细算，最有效地使用人力、物力和财力。

在调整中，应该特别重视挖掘生产方面的潜力，这样能够收到更好的经济效果。这是因为在财力、物力有限的情况下，特别是物资供应不足的情况下，采用挖掘生产潜力的办法，比任何形式的基本建设在满足同样的需要方面，都更加能够收到投资省、见效快的效果；能提高计划期的生产总水平，相应地减轻基本建设所承担的生产任务；原有生产发挥的作用越大，生产发展得越快，就越能在适当改善人民生活的同时，积累更多的资金来扩大基本建设规模。目前，我国在生产方面的潜力很大，尚有近1/3的企业管理工作比较乱，秩序还不够正常，不少企业的生产技术经济指标至今尚未达到本企业历史最好水平，与先进水平相比，差距更大。企业应该广泛开展增产节约运动。在现有企业中，应把有限的燃料、电力、原材料和资金，首先去满足那些产品为社会所急需，且质量好、消耗低、利润多的企业，使它们尽可能“吃饱”，开足马力生产。

基本建设方面的潜力也很大。只要我们能够坚持全国一盘棋的原则，根据国家的财力、物力，缩短基本建设战线，把那些不具备建设条件和当前不急需的建设项目坚决停下来，保证那些有利于调整比例关系、为国家所急需的重点工程能够加快速度，按质、按量、按时地投产，投入同样的财力、物力，就能发挥大得多的作用。我们要集中主要精力把农业搞上去；要适当提高轻工业的投资比重，多发展见效快、投资少的轻工业；在重工业中要突出加强煤炭、电力、石油、交通运输和建筑材料的生产建设。

在调整中，凡是用改建、扩建或新建企业都能满足同等需要时，就应首先采用改建、扩建企业的办法。改建、扩建原有企业，可以充分利用原有基础，省掉大量的基本建设准备工作，因此必然是投资省、建设快、收效好。根据有关方面的计算，改建、扩建原有企业与新建企业比较，投资可节约30%~40%，投资回收期也短得多。一般新建一个钢铁企业的投资回收期要10~13年，而改建、扩建企业只要6~8年。但是，在用改建、扩建企业不能满足需要的情况下，或者采用改建、扩建企业还不如新建企业更经济合理时，就应采用新建企业的形式。特别是在那些成为当前的短线和薄弱环节的工业部门中，如燃料、电力、交通运输和建筑材料工业，在调整中不是退而是进，不是下而是上。

当然，在调整中搞好生产和建设的平衡，并不限于上述三个方面。只要我们认真地总结自己正反两个方面的经验和教训，并学习外国的好经验，就一定能够在今后两三年内，把生产和建设的关系调整好，搞好生产和建设的平衡，促进国民经济稳定、持续、高速发展。

应确保维持简单再生产的投资不被挪用①

最近，各级经济计划部门，正在根据党中央的指示，着手研究和讨论编制发展国民经济的长远规划。怎样确保维持简单再生产的投资不被挪用，这是关系到充分发挥其投资效果，用较少的钱办更多的事，多快好省地进行四个现代化建设的一个重要问题。

在高度技术基础上，使生产不断增长和不断完善，是社会主义再生产的根本特点之一。它是由社会主义的基本经济规律决定的。为了保证社会主义再生产的顺利进行，就必须不断地补偿和追加在生产过程及流通过程中消耗掉的物质资料。这种补偿和追加有三个组成部分：一是补偿和追加劳动者所消耗的生活消费品；二是补偿和追加消耗掉的燃料、动力、原材料；三是补偿和追加消耗掉的厂房、机器设备、营造物和生产工具等生产性固定资产。这三部分中，补偿部分所需要的资金，就是维持简单再生产所需要的资金；追加部分所需要的资金，就是扩大再生产所需要的资金。第三个组成部分的补偿部分所需要的资金，就是维持简单再生产的投资。按照我国现行的计划制度和财政制度，这部分投资的来源主要有企业折旧基金、国家措施拨款和银行贷款。目前，全国平均每年有200多亿元这部分投资，接近当年的基本建设投资；有的部门和地区，这部分投资还超过了当年的基

① 李悦，孙彤. 应确保维持简单再生产的投资不被挪用［N］. 光明日报，1980-03-01.

本建设投资。

可是，多年来，对这部分维持简单再生产的投资，没能完全按其性质去使用，其中有相当一部分被用到属于扩大再生产性质的基本建设方面去了。据有关部门估算，全国有近一半的维持简单再生产投资被挪用了；有些部门和地区被挪用的比重还要大。这就严重地影响了我国社会主义再生产的顺利进行，加剧了国民经济的比例失调。它一方面人为地加大了扩大再生产的基本建设规模，又形成了一条“无形的基本建设战线”，从而加剧了生产和需要之间、生产和基建之间、积累和消费之间的比例失调；另一方面，又使一些现有企业失去了进行正常生产的物质技术条件，从而直接地削弱了现有企业这个实现“四化”的根据地的作用，给我们的经济建设事业带来了不良后果。

第一，人为地加大了扩大再生产的基本建设规模，使其超过了国家财力、物力和人力的可能，因而挤了现有企业生产用物资，造成现有企业开工不足，生产能力不能充分发挥。

据煤炭工业部有关部门反映，由于维持简单再生产的投资被挤，特别是物资供应没保证，再加上生产任务压得过重，造成当前在全国统配煤矿的总设计能力中，有25%的设计能力处于采掘接替紧张和失调的境地，其中纯属失调的占近10%。有3个重点露天煤矿，其所欠的剥离量已相当于它们一年的剥离总量。这样增加了采掘工业和采伐工业的开拓工程和延深工程的欠账。

第二，造成现有企业的机器设备陈旧落后，完好率下降，长期得不到更新和改造。现有工业企业的机器设备，绝大部分是20世纪四五十年代的老设备。据我们到上海调查了解，上海市轻工业局系统的设备中，三四十年代的占40%，50年代的占50%，50年代以后的先进设备只占10%左右。又据第一机械工业部的调查，目前有10%~20%的主要机器设备，因长期使用，磨损严重，精度大大降低，已经不能满足工艺要求，保证不了产品质量。

第三，现有企业危险厂房增加，劳动条件恶化，环境污染严重。据我们到上海调查了解，由于更新改造投资所需的物资和施工力量没有保证，再加上生产任务过重，上海轻工业局、纺织局、手工业局三个工业局系统的危险厂房达百万平方米。在有的工业企业的车间里，有毒物质和有害气体竟超过国家规定标准的几十倍、上百倍，直接危害着职工的身体健康和安全。

第四，现有企业的生产性固定资产得不到应有的更新和改造，也是造成这些现有企业的产品质量下降、劳动生产率低下、经济效果不好的一个重要原因。

为了充分发挥现有企业的根据地作用，加快“四化”的进程，我们必须把建设的着重点放在我国现有的30多万个工业企业的挖潜、革新、改造上，放在对现有企业进行改建和扩建上，切实保证维持简单再生产的投资不被挪用。只有这样，才可能有效地消除和防止上述这些不良后果，取得最好的投资效果。要做到这些，就必须着重解决好下列几个问题：

第一，纠正只热衷于搞扩大再生产的基本建设，忽视维持简单再生产投资的错误倾向。

经济计划工作指导思想上的这种倾向，是造成维持简单再生产投资被挪用的重要原因。这也是我们30年来搞经济建设的经验教训之一。1962年年初，李富春同志主管国家计委工作时，在总结“一五”“二五”计划的经验、编制“三五”计划的过程中，为了纠正和防止这种错误倾向，就曾明确地指出：“在编制计划时，必须首先保证简单再生产的正常进行，然后再根据人力、物力、财力的可能安排扩大再生产的基本建设规模。”当时，国家计委还发了请研究《关于维持简单再生产的投资实行分别管理的意见》的通知。可惜的是，由于在经济建设工作中急躁冒进“左”的思潮的影响，这个意见在以后的实践中并没有很好地贯彻执行。今天，在编制发展国民经济的长远规划时，很有必要重新强调这一精神。

第二，在计划制度上和经济法中，应明确规定实行专款专用、分别管理的原则。

为了有效地保证维持简单再生产投资不被挪用，必须对维持简单再生产和扩大再生产基本建设这两部分所需要的投资、材料和设备，实行统一计划，分别管理；要专款专用，不允许相互混淆和相互挪用。如果把维持简单再生产的投资和扩大再生产的基本建设投资以及它们各自所需要的材料和设备混在一起，维持简单再生产的投资、材料和设备，就常常被挤掉或被挪用，在基本建设规模超过国家的财力、物力和人力的情况下，尤为严重。结果是，简单再生产不能正常进行，扩大再生产的投资效果也大为降低，有的甚至是建起新厂而关掉老厂。

第三，改革资金的管理体制，提高折旧率。

维持简单再生产的投资被挪用的原因之一，是这部分资金的管理体制不尽合理，基本上是采取了统收统支的办法。比如企业的基本折旧基金，各级管理部门首先是上收70%~80%，给企业只留下20%~30%。各级管理部门在使用上收这部分折旧基金时，又因为对企业急需这部分投资的迫切性认识不足，在下发时常常是层层克扣，到头来实际返回到企业的总是所剩无几，不能确保维持简单再生产的需要。为此，我们建议，企业的基本折旧从一开始就应把绝大部分留给企业性公司和企业，交给它们去管理。同时，我国的折旧率过低，机器设备的折旧率只有3.5%，要30年才能折旧完，不利于现有企业设备的更新改造。而目前，各工业发达国家的机器设备的折旧率，一般都在10%左右。我们在短期内还难以达到它们的水平，为此，我们建议在“六五”计划时期，把机器设备的折旧率从现在的3.5%提高到5%左右。

第四，搞好综合平衡，加强设备的更新改造。

目前，在维持简单再生产投资的使用上，因为燃料、电力、原材料和设备的供应没有相应的保证，一般只能满足需要量的30%~50%。可见，加强这部分投资和物资之间的综合平衡，是非常重要的。应及时纠正在物资分配上轻视简单再生产的需要，改变过去那种“一基建，二生产，更新改造无人管”的分配状况，要按照“一生产，二更新改造，三基建”的分配原则办事。在国民经济调整时期，这个问题就显得尤为重要。

在投资能力可以达到的限度内，如果使用新设备所耗用的成本低于使用老设备，就应对老设备进行更新改造。当然，我们讲更新改造，也必须从我国的实际情况出发，有计划、有重点地进行。不能一说更新改造好，大家就一拥而上；也不能一说新设备好，老设备就统统换掉。在更新改造的计划安排上，应当优先考虑大型重点骨干企业设备的更新改造。这些骨干企业换下来的机器设备，还应当转给中小企业继续使用，不宜于过早报废，要做到物尽其用。这一点，对于我们这样一个经济还落后的大国，在各地区的经济发展很不平衡的情况下，是尤为必要的。

总结历史经验　搞好基建调整

——兼评在经济建设中的“左”倾思想[①]

切实抓好国民经济的调整，是当前经济建设的中心；搞好基本建设的调整，又是整个国民经济调整的关键。总结中华人民共和国成立以来30多年的经济建设经验，我们之所以有1958年开始的三年“大跃进”和1978年前后的“新跃进”，长期以来走了一条重基建、轻生产、高积累、低效率的道路，其原因虽然是多方面的，但从我们经济工作的指导思想上检查，主要还是“左”的错误。这种错误最明显的特点，就是在经济建设过程中，总提出一些脱离实际、超越客观可能的口号和目标，片面追求多、快、高，忽视好、省、稳。在基本建设方面的突出表现，就是基本建设规模搞得过大，投资的方向和结构不合理，基本建设的概念混乱。

一

长期以来，基本建设规模过大，这是“左”的思想在基本建设工作上最集中的表现。在1980年12月中央工作会议召开前，我们的基本建设工作还没有真正脱离“左”的思想的束缚，总是片面追求高速度、大规模，使建设规模大大超过了国力的承受范围。这是造成基本建设投资效果差和连续几年出现财政赤字的根本性原因。

基本建设是依靠基本建设投资来实现的。从扩大再生产的基本建设投资的来源看，归根到底是国民收入中的积累基金。国民收入是劳动者新创造的价值。在社会主义条件下，国民收入的一部分被有计划地用于积累。国民收入可能用于基本建设投资的数量，主要取决于下列三个因素：国民收入的数量；国民收入中积累基金和消费基金的分配比例；积累基金用于基本建设投资和用于增加流动资金及后备基金的比例。正因如此，在基本建设规模过大的情况下，必然是加大积累，积累基金过高又必然挤占消费基金，在消费基金不能再挤占的条件下，或是在消费基金也不得不相应增加的情况下，积累基金加消费基金之和的货币额就会超过国民收入的总额，这样就必然出现财政赤字。

正确地确定基本建设投资规模，是控制基本建设规模大小和基本建设战线长短的关键。实践证明，由于基本建设投资规模失去控制，已经给我们的经济建设事业造成了严重的后果。下面我们就以1978年前后的“新跃进”为例，作一点具体的分析。

基本建设规模过大，许多建设项目没有综合平衡，这是1978年前后“新跃进”的一大表现。在“文化大革命”之后，整个国民经济已经到了崩溃的边缘。据有关部门估算，仅1974—1976年，全国大约就损失工业总产值1 000亿元、财政收入400亿元。面对这种严重的局面，粉碎“四人帮”之后，1977年和1978年本应该休养生息，全力调整重大比例关系严重失调的国民经济。非常遗憾的是，我们没有足够估量“文化大革命”的严重影

① 李悦. 总结历史经验　搞好基建调整——兼评在经济建设中的“左”倾思想［J］. 经济理论与经济管理，1981（2）：15-22.

响，没有认真研究国情，提出了过高的、不切实际的口号和目标，要求1985年钢产量达到6 000万吨；基本实现农业机械化；基本建成6个大区的经济体系；新建和续建包括十大钢铁基地和十大油气田在内的120个大型建设项目。这样就把原来已经超过国力承受范围的基本建设规模又搞大了。因为调整时期全国每年的基本建设总投资额只能拿出三五百亿元人民币，而要建成一个大型钢铁基地，就得花一两百亿元人民币。在一个五年计划期间，我国的国力也只能建成一两个大基地。这就不难看出，1978年所提出的基本建设的总规模已经大大地超出了我们国力的承受范围。

由于基本建设总规模过大，在我国生产力水平不高、国民收入有限的情况下，就必然通过提高积累率的办法来实现基本建设，所以1978年的积累率高达36.6%，大大超过了过去任何一个五年计划时期的年平均积累率水平。“一五”计划时期的年平均积累率只有24.2%，“二五”计划时期为30.8%，1963—1965年为22.7%，“三五”计划时期为26.3%，“四五”计划时期为33.0%。特别值得注意的是，1978年的积累率是在1958—1978年人民生活没有什么改善、职工的实际平均工资有所下降、农村还有1亿人吃不饱肚子的情况下实现的。这就更加说明这种积累率是大大超出了我们国力的承受范围。

我们冲破闭关自守的藩篱，利用外资、引进先进技术的政策是正确的，但是由于追求“大干快上”和片面强调引进最先进的技术设备，又加上我们缺乏经验，引进的成套设备规模过于庞大，超过了实际的需要和可能。这是1978年前后的“新跃进”的又一表现，同时这也是基本建设规模过大的必然结果。因为在靠本国力量不能实现这种过大的基本建设规模时，就只得求助于利用外资和引进技术。1978年原计划引进78亿美元，实际成交64亿美元。1978年一年的引进规模，就等于过去27年中年平均引进规模的12倍以上。如此大规模引进，不仅造成外汇平衡紧张，而且大大地超过了国内建设资金、原材料和动力配套的可能。据有关部门计算，要给这78亿美元的计划引进项目做好配套，国内还得再花80亿~100亿美元才行。现在我们全国每年的基建投资总额只有三五百亿元人民币，怎么可能去完全满足这些配套的要求呢？不仅如此，这些引进项目投产后，还需要约石油1 200万吨、煤炭2 000万吨、电力200万千瓦。这在我国目前能源短缺的情况下，又怎么可能全部解决呢？这样势必造成部分项目无法按计划进行建设，只好把借外债买进的设备放进自己的仓库里，还要支付高达15%的利息，变为沉重的包袱。

综上所述，这种在新的历史条件下重复出现的旧错误，更加剧了比例关系的失调，加重了财政经济的困难。为了有效地解决这个问题，最近党中央和国务院决定，要重新研究1978年引进的22个大型项目的建设问题，并进一步压缩基本建设规模。这是非常正确的，也是完全必要的。

早在1957年，陈云同志就提出基建规模要与国力相适应的观点。他说：建设规模的大小必须和国家的财力、物力相适应。适应还是不适应，这是经济稳定或不稳定的界限。像我们这样一个有6亿人口的大国，经济稳定极为重要。建设规模超过国家财力、物力的可能，就是冒了，就会出现经济混乱的情况；两者合适，经济就稳定。当然，如果保守了，妨碍了建设应有的速度也不好。但是，纠正保守比纠正冒进要容易些。因为物资多了，增加建设是比较容易的；财力、物力不够，把建设规模搞大了，要压缩下来就不那么容易，还会造成严重浪费。他还一再告诫人们，绝不能用打赤字预算的办法搞建设，那样做是很危险的。

总结经验，解决好基本建设规模与国力相适应的问题，主要应处理好下列几个问题：

（一）坚持量力而行的方针，把需要和可能相结合

投资规模的大小，是由需要和可能这两个方面的因素所决定的。就现阶段而言，就是由实现“四化”的需要和我国的具体国情所决定的。投资的总规模绝不能超过国家的财力、物力、人力的可能。我们每年能有多少基本建设投资，只能取决于国家每年在财政收支平衡、银行信贷平衡和外汇平衡的基础上，能够拿出多少钱搞基本建设。而这部分钱还必须有相抵的物资。陈云同志曾指出：“钞票是物资的筹码，发行钞票必须有可以相抵的物资。”所以说，能有多少基本建设投资，归根到底还是取决于国家有多少剩余的社会总产品。如果基建投资规模超过这个限度，不仅要出现财政赤字，而且在材料、能源和设备等物资上要出现大缺口。硬要保持这个规模，就只能以降低人民生活水平为代价。我国是一个有10亿人口（8亿为农民）的大国，技术水平不高，劳动力多，资金缺乏，人民生活本来就很艰苦，每年的剩余产品不多，可供积累的资金有限。一句话，我们还是一个大而穷的国家，这就是我们的最大国情。如果不顾这种国情，非要搞过大规模的基本建设，只能用挤占消费的办法来提高积累率。这样做的结果必然是顾此失彼，欲速而不达，人民群众在经济上得到的好处就会失掉，整个经济的发展还会再受挫折。

（二）正确处理生产和基建的关系，坚持先生产、后基建的原则

1.要全面认识和把握生产与基建的内在联系，促成生产与基建之间的良性循环

生产和基建的内在联系，是相互促进、相互制约的对立统一关系。相互促进、彼此统一的一面主要表现为：一个时期的生产总水平，既取决于原有生产规模的大小，又取决于在该时期内通过基本建设所形成的新增生产能力的数量。原有生产发展得越快，就越能为基本建设规模的扩大提供更多的物资和资金；基本建设的规模越大，所形成的新增生产能力就越多，也就越能促进原有生产的更大发展，从而形成生产与基建之间的良性循环。

然而，如马克思所说：“有些事业在较长时间内取走劳动力和生产资料，而在这个时间内不提供任何有效用的产品；而另一些生产部门不仅在一年间不断地或者多次地取走劳动力和生产资料，而且也提供生活资料和生产资料。在社会公有的生产的基础上，必须确定前者按什么规模进行，才不致有损于后者。”基本建设属于马克思所说的前一类事业，生产属于后一类事业。这两者之间存在互相制约、彼此对立的一面。假如基本建设规模搞得过大，战线拉得太长，势必要占用过多的人力、物力和财力，这样就会挤占了生产和市场的需要，现有的生产能力就不能充分发挥，生产的发展就要受到损害。反之，如果生产不能精打细算，不讲究经济效果，必然要占用过多的人力、物力和财力，也会影响基本建设规模的扩大。这二者关系安排不当，就会造成生产和建设之间的恶性循环。

2.要充分认识并发挥生产对基建的基础作用，贯彻先生产、后基建的原则

要实现由恶性循环到良性循环的转变，就必须充分认识并发挥生产对基本建设的基础作用。生产是基本建设的基础，这是由简单再生产是扩大再生产的基础的原理所决定的。没有也不可能存在不能维持简单再生产的扩大再生产，只有首先维持了简单再生产，在此基础上才谈得上扩大再生产。搞基本建设必须以维持原有生产正常进行为前提和起点。同时，我们还必须看到，现有生产也是扩大再生产的一个重要方面。因为不断地改善现有工农业企业的各项技术经济活动，加强计划、经济和技术的管理，改进生产组织和劳动组织，采用新技术、新工艺、新能源和新原材料，也能够扩大再生产，提高生产水平。特别

是年度计划的生产水平，主要还是靠对现有生产企业的挖潜、革新、改造和改组来实现的。

生产对建设的基础作用主要表现为：在满足现有生产所必需的物质资料（包括生产资料和生活资料）之后，所剩余的物质资料是进行基本建设的物质基础和条件，它决定基本建设规模的大小和质量的好坏。只有在物资和资金的分配和使用上认真贯彻执行先生产、后基建的原则，来安排基本建设的规模，才可能保证基本建设不损害生产，并促进生产的发展，生产也才可能为基本建设创造出更多的物质条件，促进基本建设的发展，从而形成生产与基建之间的良性循环。

（三）坚持合理的积累率，建成一批投产一批，再建一批

实践证明，只有这样才有利于早出产品，早收回投资，早提高技术，有利于巩固和改善投资效果。我们坚决反对过高的积累率，应把积累率定在最高要保证人民生活水平有所改善，至少不降低；最低要保证生产应有所扩大的限度之间。总结历史经验，在现阶段，我国的积累率以保持在25%上下为宜。我们坚决反对不分先、后、缓、急，齐头并进、拉长战线的做法，因为那样办，必然是劳民伤财，有害无利。

（四）加强对基本建设的集中统一管理

凡属于基本建设性质的项目，包括技术措施和设备更新的项目、预算内投资和预算外投资的全部项目在内，不管资金来源于什么渠道，统统都要纳入基建计划。要严格基建的审批程序，经过批准的基建计划下达后，各部门、各地区都不能搞计划外项目，不能擅自扩大基建规模。要打破按“部门法”和“水平法”分配投资的办法，今后大中型项目由综合部门统一安排，然后落实到部门。要根据建设项目的重要程度和投资的主要来源，把建设项目按中央、地方和企业分别管理。凡属达不到基本建设投资限额的零星固定资产的再生产，都不应列入基本建设计划。要进一步加强必要的行政干预，严守国家的政策和法令。应该特别指出的是，加强集中统一管理对于国民经济调整时期尤为重要。

二

基本建设投资的方向和结构，是指投资的各项用途和相互之间的比例关系。它是各项建设之间的内在联系的货币表现。这种方向和结构是否合理，对于基本建设投资的效果影响极大。多年来，在这个方面“左”的思想表现也很明显。

（一）在再生产投资的方向和结构方面

基本建设投资在固定资产简单再生产与扩大再生产之间的分配比例，可称为再生产投资的方向和结构。为了使社会主义再生产能顺利进行，必须不断地补偿和追加在生产过程中及流通过程中所消耗的物质资料。这种补偿和追加，按其性质的不同，可分为三个组成部分：一是补偿和追加劳动者所消费的各种生活消费品；二是补偿和追加所消耗的各种燃料、动力和原材料；三是补偿和追加所逐渐消耗的厂房、机器设备和营造物等生产性固定资产。上述这三个部分的补偿部分所需的资金，是维持简单再生产所需要的资金；三个部分的追加部分所需要的资金，是扩大再生产所需要的资金。第三部分的补偿部分所需要的资金，就是固定资产简单再生产所需要的投资；第三部分的追加部分所需要的资金，就是固定资产扩大再生产所需要的投资。

为了充分地发挥现有企业的作用，改善投资效果，加快实现四个现代化的进程，我们

就必须切实保证维持固定资产简单再生产的投资不被挪用。因为维持简单再生产是进行扩大再生产的起点和条件。可是，多年来在“左”的思想指导下，一直存在热衷于搞扩大再生产的基本建设，而忽视维持简单再生产投资的错误倾向。目前，全国工业交通企业约有1/4以上的固定资产急需更新，但是不少地区和部门把本应该用于设备更新、安全生产、补还欠账的财力和物力用到扩大再生产方面去了，直接影响了简单再生产的正常进行。为了有效地克服这种错误倾向，应着重解决好下列几个问题：

（1）在基本建设计划安排上，坚持先维持固定资产的简单再生产、后安排固定资产的扩大再生产的原则。早在1962年年初，李富春同志主管国家计委工作时就曾经明确地指出：“在编制计划时，必须首先保证简单再生产的正常进行，然后再根据人力、物力、财力的可能安排扩大再生产的基本建设规模。”当时国家计委还根据这一指示，发出了《关于维持简单再生产的投资实行分别管理的意见》的通知。可惜的是，在以后的经济建设工作上，并没有很好地贯彻执行李富春同志的指示和计委的通知，结果是加剧了后来的国民经济的比例失调。在我们吃够了苦头、认真总结经济建设经验的今天，重温这个指示，是何等亲切啊！

（2）实行专款专用、分别管理的原则。在编制计划时，对维持简单再生产和扩大再生产的基本建设所需的投资、燃料、原材料和设备，实行统一计划、分级管理，要专款专用，不允许相互混淆和挪用。这是十分必要的，也是完全可能的。

在热衷于搞扩大再生产的基本建设还比较普遍存在的情况下，如果把上述这两个方面所需要的物资和资金混在一起使用，那么维持简单再生产所需要的物资和资金必然会被挤掉或被挪用。实行分别管理的可能性就在于：维持固定资产简单再生产的投资内容，与扩大再生产的基本建设投资内容，具有不同的特点。虽然它所需要的投资、燃料、原材料和设备比较分散，工程比较零星，但它是随着现有企业生产需要而进行的，每年所需的数量总是可以按照每年的生产量或是原有固定资产找出一个比例，可不必随着全国基本建设规模的变动而经常变动。

（3）搞好综合平衡，适当提高折旧率。在维持简单再生产投资的使用上，在实际工作中一方面存在被挪用的现象，另一方面存在投资花不了的现象。投资之所以花不了，主要是因为能源和原材料供应不足，一般只能满足需要的30%~50%。可见，加强物资和资金的综合平衡工作，纠正在物资分配上忽视维持简单再生产投资需要的错误倾向，是完全必要的。应改变那种“一基建，二生产，更新改造无人管”的局面，而按照“一生产，二更新改造，三基建”①的顺序办事。这一点，在国民经济调整时期尤应如此。

我国现行的折旧率过低。机器设备的折旧率在工业发达国家为5%~10%，而我国只有3.5%。这样不利于现有设备的更新改造。我国的工业设备中，20世纪四五十年代的老设备占绝大多数。据我们到上海调查，上海轻工业局系统的设备有40%都是20世纪三四十年代的老设备，50%是50年代的，只有10%是70年代的先进设备。实践证明，在投资可能的范围内，以使用新设备的耗用成本低于使用老设备为原则，对老设备进行更新改造，是合理的，也是可能的。

① 更新改造同基本建设本来是分割不开的，这里使用了习惯的说法，以便使问题突出。

（二）在建设形式投资的方向和结构方面

基本建设投资在新建企业和对现有企业改扩建[①]之间的分配比例，可称为建设形式投资的方向和结构。新建企业和对现有企业改扩建是实现基本建设的两种基本形式，各有各的地位和作用。

新建企业，对根本改变中华人民共和国成立前极不合理的工业分布、合理配置生产力、促进各地区经济文化的发展、建立新的工业部门和巩固国防等方面，有重大的意义。对现有企业的改扩建，对满足国民经济当前的需要，以大批原材料、设备、资金、技术力量和生产建设的经验支援新企业的建设，有重要作用。与新建企业比较，改扩建企业可以充分利用原有的基础，不增加或少增加厂房、设备、工人、技术人员和管理人员等。

一般来说，新建企业有助于使我国的工业达到最新的技术水平和最高的劳动生产率，成本较低，劳动条件较好；但新建企业投资多，建设时间长，收效较慢。对现有企业进行改扩建有助于把现有企业的技术水平、劳动生产率、成本水平和劳动条件，从落后或一般的水平提高到先进的水平，投资也往往较少，建设时间短，收效较快。所以，必须把这两种形式正确地结合起来。

正确地安排新建和改扩建企业之间的比重，有重要意义。根据有关方面计算，改扩建现有企业比新建企业可以节约基建投资30%~40%，节省材料和设备40%，可缩短建设周期30%，投资回收期也短得多。一般新建一个大中型钢铁厂，投资回收期为10~13年，而改扩建同样规模的钢铁厂只需要6~8年。

在每一个国家的不同建设时期，新建和改扩建企业的比重是不相同的。一般在工业化初期，特别是在恢复时期，改扩建企业的比重较大。随着进行大规模经济建设，新建企业的比重增大。而在国家经济建设的各个具体时期中，新建与改扩建企业的比重又会有所起伏。在工业化后期，改扩建企业的比重最大。

在国外，像苏联和东欧一些国家，在工业化时期主要是建设新企业；在现阶段，因为现有企业的基础比较雄厚了，生产技术水平也比较高了，改扩建现有企业的比重大为增加。苏联用于改扩建企业和技术改造的投资在生产建设集中投资总额中所占比重，从1960年的55%提高到1972年的64%，1975年又提高到67%。

总结国内外经济建设的经验，我认为，在今后一段较长时期内，我国的基本建设要以现有企业的改扩建和技术改造为主。中华人民共和国成立以后，在一段时期内，基本建设以新建项目为主，这是完全正确的。“一五”计划时期我们以156个建设项目为中心，建设了674项新建和扩建项目，奠定了走向工业现代化的初步基础。经过30多年的建设，我国的固定资产增加了20多倍，我们已经建立起一个物质基础相当雄厚、布局比较合理、包括38万个县以上的工业企业的工业体系。我们早就有必要更加重视现有企业的改扩建和技术改造，把投资的重点逐步放到这方面来。但是，我们没有能够及时这样做。20世纪70年代以来，在基本建设投资总额中，新建项目所占比重一直在50%以上，有一段时期还有增加的趋势。

① 新建是指为了建设新的企业而进行的基本建设。现有企业原有基础薄弱，经过改扩建以后新增固定资产超过原有固定资产价值3倍以上者，也属于新建。改扩建是指为了扩大现有企业的生产规模和改造其生产技术而进行的基本建设。迁移厂址或因改变产品方案而改装机器设备者也属于改扩建。

（三）在经济用途投资的方向和结构方面

基本建设投资在生产性固定资产和非生产性固定资产的建设之间的投资分配比例，可称为经济用途投资的方向和结构。在基本建设工作中，还必须正确处理生产性建设与非生产性建设之间的关系。生产的发展直接依赖生产能力的增长，生产性建设能够直接增加生产能力，又是进行非生产性建设的物质技术基础。所以，我们在安排工业基本建设时，应当把大部分人力、物力、财力用于生产性建设上。

生产性建设固然重要，非生产性建设也不可缺少，它直接关系到职工的物质和文化生活的改善。在生产发展的基础上，逐步改善人民生活，这是我们的原则。在一定的时期内，有一些非生产性建设项目（如职工宿舍）已关系到职工生活的迫切需要，那么这样的建设项目也应当作为重点项目。

长期以来，我国生产性建设和非生产性建设的比例失调，在非生产性建设中职工住宅的比重更小。工业发达国家的非生产性建设投资一般都占基建投资的1/3以上，其中住宅建设投资占15%~25%。我国由于生产力发展水平低，非生产性建设投资应低于1/3，但也不宜过低，因为过低就会影响人民物质和文化生活的改善。“一五”计划时期的非生产性固定资产投资占28.3%，其中住宅投资占9.1%。事实证明，这样的比重比较合适。“二五”、“三五”和“四五”这三个五年计划时期的非生产性建设投资比重只占10%~13%，其中住宅投资只占4%~6%。这样低的投资水平，再加上人口的增加，是多年来职工住房严重紧张的一个重要原因。

当然，投资的方向和结构不限于以上三个方面，还应当包括部门投资的方向和结构与地区投资的方向和结构等。在部门投资的方向和结构中，在当前还应继续加强对能源、交通运输、文教卫生和科技等方面的投资。所有这些问题尚待进行专题的讨论和研究。

三

基本建设规模过大与投资的方向和结构不合理，与基本建设概念混乱也有一定关系。长期以来，我们对于基本建设含义的理解，经历了一个由比较一致到混乱、片面，一直到现在仍有分歧的过程。

在第一个五年计划时期，对于基本建设含义的理解比较一致。大家都是从苏联学来的。当时把基本建设的含义表述为：固定资产的更新和扩大再生产。这里的“更新”，主要理解为固定资产的简单再生产。当然，由于科学技术的不断进步和经营管理工作的日益改善，固定资产的更新也不只是原来规模的简单重复，一般都伴随着某些扩大的成分。在“一五”计划时期，对固定资产的价值量还规定了限额。凡是达不到规定限额的固定资产的投资，都称作零星固定资产购置，不列入基本建设。

长期以来，主要是1958年开始的三年“大跃进”、“文化大革命”的十年和粉碎“四人帮”后的头两年，由于均以“左”的思想为指导，所以在基本建设含义的认识上，出现了极大的混乱。有些人认为，所谓基本建设就是盖新厂，就是固定资产的扩大再生产；还有些人说，基本建设就是由国家拨款投资的建设项目，等等。总之，各有各的口径和说法。

《人民日报》元旦社论指出：“三中全会以后，中央确定对国民经济实行调整、改革、整顿、提高的方针，这本来应当成为经济建设工作的一个根本转折。但是，近两年来，从中央到基层的许多同志，包括一些经济战线的各级领导同志，对经济调整方针的认识既不充分，执行也不得力。”“从现在起，我们才真正摆脱了‘左’的思想的束缚，走上了健康的发展道路。”事实也正是这样，因为长期以来受“左”的思想束缚，我们对许多问题的认识很不一致。一直到现在，我国的经济理论工作者和实际工作者，对基本建设含义的认识仍然是不一致的。有些同志把现行生产与简单再生产等同起来，把基本建设与扩大再生产等同起来。截至1980年9月，公开出版的有关大专院校的工业经济管理教材在给基本建设下定义时，依然只讲基本建设主要是固定资产的扩大再生产，不提应该包括固定资产的简单再生产。可见，在对基本建设含义的认识上，不仅在实际工作中，而且在理论上，都还存在一定的片面性。这是在基本建设的实践中只重视固定资产的扩大再生产，忽视固定资产的简单再生产，致使原有企业的设备不能及时更新，老厂吃不饱、新厂还在搞，建新厂、关老厂，重复生产和重复建设等不讲经济效果的原因之一。

基本建设不只是固定资产的扩大再生产的主要手段，也不只是实现整个扩大再生产的主要手段，同时是固定资产的简单再生产的重要手段，因而也是维持整个简单再生产的重要手段，因为基本建设还是补偿固定资产的各种损耗的根本办法。

总结30多年来正反两方面的经验，我认为“一五”计划时期对基本建设的概念的理解基本是正确的。基本建设是固定资产的再生产过程，即包括固定资产的简单再生产和扩大再生产（即内涵和外延的扩大再生产）的统一过程，也就是实现固定资产的补偿和追加的统一过程。我们在表达中强调指出包括固定资产简单再生产在内的统一过程，是因为这里有两层意思：一是在实际的工作中，这两者是交织在一起的，其物质内容在许多方面是相同的；二是在实际工作中，又确实存在一味追求固定资产的扩大再生产、忽视维持固定资产简单再生产的倾向。

综上所述，要搞好基建调整，最重要的还是要真正摆脱“左”的思想束缚，按照从实际出发、实事求是、量力而行、讲究经济效果的指导思想办事，只有这样，基建规模才可能与国力相适应，投资的方向和结构才可能趋向合理，对基本建设含义的认识才能达到科学的程度，从而也才能促进整个经济建设事业脚踏实地地前进。

总结历史经验　搞好长远规划①

最近党中央提出，要在今年制定出发展国民经济的长远规划。我们应该在总结历史经验的基础上，很好地完成这项任务。

进行经济建设必须搞好长远规划，这是一条十分重要的历史经验。我国“一五”计划时期的经济建设搞得较好，以156个建设项目为中心的工业建设进行得很顺利；经济效果较好，5年中农业生产和工业生产平均每年分别递增4.5%和18%；人民生活水平也有很大提高。这和我们搞了一个基本正确的五年计划是分不开的。

1956年中共八大通过的“二五”计划和周恩来总理所作的报告，全面地总结了“一

---

① 李悦，孙彤．总结历史经验　搞好长远规划［N］．人民日报，1980-03-31.

五”计划的经验教训，在充分肯定“一五”计划的前提下，也指出了它的不足。不足之处主要是积累率略高了一点，重工业建设规模稍大了一点，因此，准备在“二五”计划时期进行必要和适当的调整，使农业和轻工业有更大的发展。周恩来同志在报告中特别告诫我们，应吸取“一五”计划的经验教训：

第一，应该根据需要和可能，合理地确定国民经济的发展速度，把计划放在既积极又稳妥可靠的基础之上，以保证国民经济比较均衡地发展。

第二，应该使重点建设和全面安排相结合，以便国民经济各部门能够按比例地发展。

第三，应该增强后备力量，健全物资储备制度。

第四，应该正确地处理经济和财政的关系。周恩来同志正是根据这些经验教训，提出了第二个五年计划建议，确定5年内农业和工业分别增长35%和1倍（“一五”计划时期的农业和工业分别增长24.8%和1.28倍）。

现在看来，这些建议是正确的，但“二五”计划建议不久就被否定了。1958年搞高指标、瞎指挥，1959年继续刮浮夸风，1960年继续搞高指标。这3年的积累率高达40%上下，国民经济比例严重失调，人民生活水平显著下降，不得不用5年时间进行调整。结果不仅农业降了下来，到头来重工业也被迫大幅下降。更严重的是在“四人帮”横行的10年里，他们闹什么“需要就是计划”“战争就是比例”“蹲脚定点”，搞了许多“首长工程”“专案项目”，根本没有什么长远规划可言，就连年度计划也失去了应有的作用。年度计划不仅下达晚，而且多变，真可谓“一年计划，计划一年”。在这种情况下，瞎指挥、乱折腾、不问经济效果等都恶性膨胀起来，给国民经济造成了十分严重的后果。

在基本建设方面，因为没有长远规划，对各部门、各地区基本建设规模、投资方向和结构、投资效果等问题，缺乏严格而准确的要求，出现了盲目上项目、不问效果、敞开口花钱、重复建设、基建战线越拉越长等混乱现象。

在生产方面，因为没有长远规划，对各部门、各地区的产品方向、生产规模、产品销路，以及它们在整个国民经济发展中应有的地位和作用，缺乏综合平衡，没有严格而明确的要求，结果各自为政，“大而全”“小而全”，重复生产等现象进一步发展起来。全国29个省、自治区、直辖市中，就有24个生产汽车，规模小的只能年产3辆。许多汽车工厂根本不问条件，不计成本，不讲效果，亏损很多。

在能源政策和燃料结构上，也因为缺乏一个具有充分科学根据的、符合我国实际情况的开发和利用能源的长远规划，所以在能源的利用方面出现了朝令夕改、摇摆不定的现象，造成很大的浪费。

所有这一切都说明，要使整个国民经济稳定、持续、高速度地发展，没有一个经过综合平衡的、稳定的、具有充分科学根据的长远规划是根本不行的。

粉碎“四人帮”已经3年多，党的十一届三中全会和四中全会正确地解决了党的政治路线、思想路线问题，五中全会又进一步解决了坚持党的领导、改善党的领导、增强党的战斗力的问题，国民经济的调整工作已初见成效。现在，我们完全有条件在总结经验的基础上，切实搞好长远规划。应该看到，我国要在20世纪末实现四个现代化，今后10年是关键。当前我们搞好长远规划，首先要搞好第六个五年计划和今后10年规划，作为实现“四化”的一个重大步骤和战略措施。只要我们既有20年的目标，又有落实这个总目标的10年、5年、年度的具体目标和具体措施，就能使广大干部和群众心中有数，不但看到美好的远景，而且有具体的奋斗目标，从而更加充分地调动他们的积极性和创造性。

鉴于我们在计划工作中已经有了近30年的正反两方面经验，从我国现实情况出发，在制定长远规划时，要特别注意以下几个问题：

第一，坚持为满足人民需要而生产的目的，把国民经济的发展与逐步提高人民的生活水平很好地结合起来。周恩来同志早在第一届人大一次会议上的《政府工作报告》中就明确指出，社会主义经济的唯一目的，就在于满足人民的物质和文化的需要。由于“四人帮”长期干扰破坏，也由于我们工作中的缺点和错误，在改善人民生活方面欠账很多，不可能在短期还完，因此，在今后长期规划中，既要体现艰苦奋斗的精神，也要恰如其分地规定改善人民生活的目标。为此，在长期规划中，对人民的吃、穿、用、住等问题，都应在生产发展的基础上，有具体安排，列出具体指标，并提出解决的办法和措施。在建设项目中，对生产性建设和非生产性建设，也要统筹安排，不能单打一。要使劳动者从规划中既看到整个国家建设事业的总面貌，又能看到在规划期内自己的生活水平可能提高的程度。只有这样，才能把国家、集体和个人的利益更好地结合在一起，最大限度地调动每个劳动者的积极性和创造性。

第二，在确定发展速度时加强综合平衡，既要考虑需要，又要考虑可能，特别是资金和物资（包括自然资源）的可能。长远规划的指标要放在既积极又稳妥可靠的基础上。建设规模和发展速度必须留有余地，绝不可再人为地留有缺口，重犯高指标的错误。

第三，把不断改善经济效果放在十分突出的地位上。实现“四化”的过程应该是经济效果不断改善的过程。当前，我们各行各业的经济效果都很差，改善的潜力都很大。在长远规划中，要吸取过去的教训，坚决克服和防止种种错误倾向：只热衷于搞基本建设，忽视现行生产；只热衷于搞扩大再生产，忽视维持简单再生产的需要；只热衷于新建企业，忽视现有企业的改建扩建，等等。在国家财力、物力、人力的分配上，坚持先生产、后基建，先简单再生产、后扩大再生产，先现有企业的改建扩建、后新建的原则。这是多快好省地实现四个现代化的必由之路，在这个问题上不能继续犯错误了。

第四，有计划、有步骤地向合理的经济结构过渡。

在产业结构上，继续加快农业和轻工业的发展，多发展一些耗能少、资金积累快的轻工业和手工业，特别是劳动密集型的企业；适当放慢一些耗能大的重工业的发展。用多发展一些农业、轻工业的办法来发展重工业；重工业要以农业和轻工业为重要市场，扩大为农业和轻工业服务的产品比重，并有计划地生产一部分消费品。国防工业要利用多余的和暂时闲置的生产能力，努力生产民用品，把军、民两个生产体系紧密结合在一起。三线建设也要讲究经济效果。文教事业以及商业、服务行业和住宅建设都应有显著的发展。

在工业部门结构和地区结构上，坚持“全国一盘棋”的原则，各部门和各地区不各搞一套，不再搞“大而全”“小而全”。在20世纪80年代，首先集中力量把全国的工业体系和国民经济体系建设得更齐全、更合理。在充分发挥各地区和各部门的优势的基础上，搞好生产力的布局和工业部门结构，为后10年建立各大区不同水平、各具特点的经济体系创造条件，以便使我国工业逐步变为门类齐全、结构合理、能够满足社会消费和整个国民经济发展需要的先进工业。

在技术结构上，加强现有企业的技术改造和设备更新。采用高参数、大容量、高效率的设备，对耗能高、质量差、改造困难的企业，坚决实行“关、停、并、转”。实行自动化、半自动化、机械化、半机械化、手工操作并举的方针，使全国大中小企业本着专业化的原则，有计划地进行改组，互相配合，分工协作，各得其所。用先进技术首先把大型骨干企业武装起来，不能一拥而上。

在能源政策和燃料结构上，根据我国自然资源的情况，实行以煤为主，优先发展水电，煤、电、油、气相结合的方针。我们要在降低能源消耗定额和提高利用率上狠下功夫。

搞好长远规划，是事关“四化”成败的大事。我们要深入调查研究，认真总结经验，大搞群言堂，倾听各方面的意见。特别是要吸收各方面专家参加，经过反复讨论和多种方案的比较，选出最优方案。苏联1920年拟订的国家电气化计划，就是在列宁的倡议和领导下，由200多位优秀的科学家和工程师制订的。1980年的今天，我们完全有条件吸收更多的专家参加，编出更好的长远规划。

加强和完善宏观调控

——学习中共中央工作会议精神的体会①

进一步推进改革开放，在巩固治理整顿成果和继续保持总供给与总需求基本平衡的基础上，把经济工作的重点转移到调整结构和提高效益的轨道上来，争取在提高国营大中型企业效益方面取得比较明显的进展。这是今年9月底召开的中共中央工作会议所确定的经济工作的指导方针，本文专从加强和完善宏观调控的角度谈点粗浅体会。

一、加强和完善宏观调控是改革开放和安定团结的客观要求

四项基本原则是立国之本，改革开放是强国之路。这是我国过去多年实践经验的结晶，是全国各族人民得出的最基本的共同结论。

我们的改革是一个全社会范围内的巨大而复杂的系统工程。要保证这样的改革取得成功就必须首先在全社会范围内从宏观上把经济体制的改革与科技体制、政治体制、文化教育体制等方面的改革很好地结合起来，统筹安排这些方面改革的重点与步骤；把微观层次上的企业改革与地方的和部门的改革很好地结合起来，统筹安排它们之间的相互关系。假如我们对上述诸方面和各层次的改革缺乏强有力的宏观调控，就会出现顾此失彼、相互脱节和彼此矛盾的混乱局面。

在改革方面需要加强和完善宏观调控的方面很多，诸如政治体制改革与经济体制改革应如何衔接和结合，应如何解决国有资产的保值问题，在兼顾地方利益和充分发挥其积极性的同时如何确保国家和中央对国民收入拥有必要的集中支配度的问题，以及国家应如何为国营大中型企业创造良好的外部条件，并指导它们尽快实现经营机制的转换和管理的转型等问题。

人民币储蓄的保值问题受到了重视，但国有资产的保值问题还没有得到应有的解决。

---

① 李悦. 加强和完善宏观调控——学习中共中央工作会议精神的体会［J］. 教学与研究，1991（6）：6-9.

国有资产流失现象非常严重，社会上存在的蚕食国有资产的现象还没有得到有效的防治。诸如把国有资产出租，所得租金分发给个人；应缴商业税的商品不缴商业税，把商品直接卖给消费者；应用作国有资产更新改造的折旧基金，却用作职工奖金发放和福利事业费开支等。仅物价上涨这个因素所造成的国有资产价值流失就相当严重，如不实行保值，按年物价上涨率5%计算，每年流失额竟高达800亿元，照这样推算，我国现有16 000亿元的国有资产存量，不用20年将会流失过半。还有现行的企业承包经营责任制，企业在承包国有资产的使用权时，有的对国有资产的估价只是片面强调固定资产的各种磨损，却不考虑在通货膨胀条件下固定资产的相应升值的问题，这样往往把国有资产的价值压低到企业固定资产的账面净值以下，其结果造成承包基数普遍偏低，迫使国家对企业让利。据有关方面统计，1986—1989年，单就低估国有资产这一项就使国家财政每年少收近70亿元，3年共少收200多亿元。

在财政上，我们改掉了过去那种吃“大锅饭”的统收统支的旧体制是正确的，因为它曾严重地束缚了地方和企业的积极性、主动性和创造性。但是，所实行的“分灶吃饭”的财政体制又是导致“两个比重”下降和形成“诸侯经济”的原因之一，必须进一步加强宏观调控才行。社会主义国家的重要职能之一就是对整个国民经济进行宏观调控，为此必须集中必要的财力、物力。可是这几年来，“两个比重”，即国家预算收入占国民收入的比重和中央财政收入占国家预算收入的比重呈下降趋势，这反映了国家及中央对国民收入集中支配程度在下降。据有关方面统计，第一个比重已从1979年的31.9%下降到1988年的19.2%，还不到20%，而世界平均水平为36%，西方发达国家高达40%。第二个比重已从20世纪50年代的70%、70年代的60%下降到1988年的47.2%，而世界大多数国家都在60%上下。为了确保有效地履行国家的宏观调控的经济管理职能，及时解决各地无力解决的具有全局性重大建设项目的投资，以及有关国家安全和全国人民生活等重大问题，我们必须确保国家拥有对国民收入集中支配的适度权力。这一点对于确保我国在急剧变幻的国际政治风云和激烈的经济竞争中立于不败之地，更是绝对必要的。

如何增强国营大中型企业的活力问题，我们已经讲了多年了，但这个问题的解决在很多方面要靠宏观调控。企业外部环境就是个宏观调控问题，诸如究竟应给企业多大的经营自主权、不同所有制的企业的税率和税种如何设置、企业产品的自销权和价格如何确定、应建立怎样的企业经营机制和管理体制等，都不是企业自身所能解决的，都要靠国家在宏观调控方面作出明确、恰当的规定。

我们的开放是在坚持四项基本原则基础上的开放，所以，首先必须认真总结我们自己国家的历史经验，认真研究我国的国情和发展要求，同时要正确而有效地吸取和借鉴当今世界各国包括资本主义发达国家的一切反映现代化生产规律的先进经营管理办法，还必须把全国范围内的诸方面和各层次的开放内容、开放重点和开放步骤，进行统筹安排，把它们衔接好。而所有这一切都需要强有力的宏观调控。

安定团结和国家的长治久安都是我们发展经济和搞改革开放的前提条件和必备的环境。当前值得注意的是，怎样正确处理当前的安定团结与国家的长治久安的关系问题。从根本上讲，这两者当然是统一的，但在复杂的现实生活中，二者有时又有矛盾。比如，怎样保证多就业与亏损企业的关、停、并、转的矛盾，多搞点经济建设与提高人民生活水平的矛盾，以及搞财政补贴与建立社会保险的矛盾等。总而言之，从需求上讲，不论生活需求还是生产需要，都是无限的，越多越好；但从供给方面看，在特定历史阶段中，不管是人力、物力还是财力，又都是有限的。这种供求矛盾一万年以后还会存在，妥善地解决这个矛盾无疑又必须依靠宏观调控得当。

二、调整结构和提高效益要求加强和完善宏观调控

目前在我国，经济效益下降趋势尚未扭转，已成为经济生活中诸多困难的症结所在。向管理要效益，特别是向宏观调控要效益，始终都是提高经济效益的重要途径，在这个方面我们有巨大的潜力。目前加强和完善宏观调控的重点是：在继续努力保持总量基本平衡的基础上，加快结构调整，推动科技进步和现有技术的改造，讲究规模效益。

在保持总量平衡方面，我们并不是可以高枕无忧了，在现实经济生活中不仅依然存在总量失衡的现象，还有潜在的需求膨胀。比如，在制订“八五”计划和搞10年规划的过程中，有的地区和部门争上项目，有的还片面或盲目地追求产值等现象并没有消失。据国家统计局初步分析，1990年的社会总供求仍然是总需求过大，差率为4.2%，扣除国外需求增长较快因素，国内供求的差率为3.1%。在今年年初几个月里，我国工业生产逐步回升，但国营预算内工业实现利润、上缴利润、企业留利、百元销售收入利税率、百元销售收入利润率下降；可比产品成本、定额流动资金、企业和车间管理费、企业亏损面和亏损额上升情况同时出现。这说明我们仍在吃片面追求产值的苦果。总而言之，要保持国民经济的持续、稳定、协调发展，保持总量的平衡始终都是我们发展经济的根本战略之一。

“科学技术是第一生产力”，我国的科学技术落后是经济效益差的重要原因之一，要提高经济效益就必须大力推进科技进步，加快对现有企业技术的改造。全国现有企业的设备老化非常严重，有35%~60%的设备早已老化到应该淘汰的地步了。从我国历年新增产值和所创效益也可清楚地看到科技的巨大作用。据有关方面统计，改革十几年来，我们共取得12万项重大科技成果，创造的经济效益约2 800亿元；近年实施的“星火计划”表明，对农业的科技投入和直接产出之比在1∶20以上；在我国工农业生产总值中，应用科技成果而增值所占比重已达26%，在农业产值总额中的比重高达30%~40%。

调整产业结构是加强宏观调控、提高经济效益的重点所在。据统计，目前我国能源工业和原材料等基础工业严重滞后，致使一般加工工业的生产能力闲置1/4至1/3，每年损失工业产值4 000亿元，损失纯收入500亿元。也就是说，假如能够通过产业结构调整，使基础工业与加工工业基本保持协调发展，我们每年就可以在不增加任何投入的情况下，多拿到4 000亿元工业产值和500亿元的纯收入。

产业结构调整我们虽然讲了多年，但调整的成效甚微，究其根本原因，主要还是缺乏强有力的战略和过硬的措施。为了在产业结构调整方面取得更大的成效，应特别着重解决好下列几个认识问题与实际问题：

(1) 认清和把握世界产业结构的新格局和产业结构发展的新趋势。一是第二次世界大战后世界产业结构出现了新格局，即垂直分工与水平分工并存。这就是说，发展中国家对发达国家、发展中国家之间和发达国家之间，在生产和出口方面，都有在原材料、初级产品和制成品之间的分工。二是产业结构调整和产业转移并举。发达国家开始将其大量投资投向高技术产业，而把劳动密集型和资源密集型及资本密集型产业逐步有选择地转移到发展中国家。三是国际剥削依然存在并且加剧。而世界产业结构的发展具有下列的共同趋

势：第一，在三次产业结构中，存在由“一、二、三”向“三、二、一”转变的趋势；第二，在不同密集度的产业结构中，存在由资源密集型和劳动密集型到资本密集型，再到技术密集型的转变趋势；第三，在工农业结构和工业内部结构中，存在由农业国向工业国、由以轻工业为主向以重工业为主，以及由以原材料工业为主向以制造业为主的转变趋势等。这些都应当是我们进行产业结构调整必须关注的大背景。

（2）把握我国产业结构失调的特点和正确判定我国产业结构所处的历史发展阶段。与以往几次的产业结构失调相比较，目前的产业结构失调主要有以下特点：一是工农业结构、基础工业与加工工业结构双失调；二是现代化大企业同跟它争夺能源和原材料的、低层次的大量乡镇企业的比例失调；三是地区产业结构趋同化严重；四是整个国家的产业结构低层次化导致出口结构的低层次化，初级产品出口比重居高不下，换汇率低，在国际市场尚处于被剥削的地位。这次调整产业结构主要有以下难点：一是基础产业是国民经济发展的“瓶颈”，但它的投入产出率低于加工产业，所以地方不愿意兴办，也无法兴办，而中央本来应办也可能办的，但因中央的财力近几年有所削弱，所以也无更大的能力兴办此类产业。二是加工产业是国民经济发展中的长线，但它是各地方的财政支柱产业，压缩起来阻力很大，特别是在财政“分灶吃饭”以后就更难上加难了。三是技术落后、耗费大而劳动生产率低的乡镇企业和亏损的企业大量存在，但要关闭亏损企业和部分乡镇企业、裁减多余人员，又与多就业和保持安定团结的局面之间形成尖锐对立，等等。由此可见，我国现阶段的产业结构正处在一个“过基础关，补农业课”的阶段。我们只有尽快攻克基础工业滞后这个难关，把农业这个国民经济的基础切实地加强起来，才能逐步实现我国产业结构的优化，促进整个经济的持续、稳定、协调发展。

（3）调整企业规模和企业规模结构，讲究规模效益是提高经济效益的又一个重点。据有关方面的统计分析，全国有60%~70%的县以上的企业规模都达不到规模效益要求，中小企业比重过大，特别是经济效益差的小型企业盲目发展倾向还相当严重。根据美国丹尼森经济增长因素分析法，有关方面对日本1953—1971年各种经济增长因素所作的分解发现，生产要素的投入对经济增长的贡献度为45%，生产要素的生产率对经济增长的贡献度为55%。而在这55%的贡献度中，知识的增长占22%强，资源配置的改善占近11%，而规模经济占22.12%。这22.12%的规模经济的贡献度在整个生产要素生产率贡献度中竟占到40%。可见，规模和规模结构的优化对于提高经济效益确有重要作用。正是为了加强对规模和规模结构方面的宏观调控，国家计划委员会已会同机电部、化工部、纺织部等10个部门，于1989年3月就开始着手对全国第一批19种主要产品的经济规模进行了调查研究，并结合我国的国情已经得出了一部分产品的合理经济规模的初步意见。比如乙烯年产30万吨，炼油年产250万吨，合成氨年产30万吨，棉纺年产3万~5万锭，电梯年产2 000部，轿车年产30万辆（第一期年产15万辆），冰箱压缩机年产100万台等。这些合理规模的制定和实施，必将进一步推动我国的企业规模和企业规模结构的优化进程，从而推动经济效益整体提高。而要实现这样的前景，无疑要依赖切实地加强和完善国家的宏观调控。

我们是社会主义国家，要建立的是有中国特色的社会主义经济，在全社会范围内自觉地、有计划地安排整个经济和社会的发展，这是我国经济本质的表现，说明进一步加强和完善国家的宏观调控是我们建设有中国特色社会主义经济的要求。无论是确保以公有制为主体的所有制，还是坚持以按劳分配为主体的分配制度，以及建立以计划经济与市场调节相结合的经济体制与经济运行机制，都要求我们加强和完善宏观调控。从这个意义上说，加强和完善宏观调控，是关系到全局的大事情，我们应当以极大的努力把它做好，既要克服过去那种过分集中，管得过多、过死的弊端，又不能过于分散和削弱宏观调控。总而言之，要建立有中国特色的经济体制和运行机制，缺乏强有力的宏观调控是绝对行不通的。

产业经济发展规律研究

——在第二十四届亚洲经济研讨会上的发言①

产业经济学是揭示和运用产业经济发展规律的科学。要实现我国产业结构优化升级和整个产业经济的持续、快速、健康发展，就必须在实践中严格地按产业经济发展客观规律办事；否则，必然受到客观规律的惩罚，甚至会在激烈的国际竞争中被淘汰。

根据我们多年研究，产业经济发展规律举其要者有十五条。这十五条可以概括为“三、七、五”，即“三化”“七并存”“五取代”，具体表述如下：

一、产业经济全球化

产业经济全球化是我国产业经济发展所面临的最为重要的国际新形势。经济全球化是世界经济发展的新阶段和必然趋势。处在全球化进程中的各国经济发展都有国内外两种资源和国内外两个市场的选择空间。市场已成为全球的市场，资源可以在全球范围内流动，各国可以根据自己的意愿和实力作出选择。从这个意义上讲，经济全球化将使各国经济成为全球经济整体中不可分割的组成部分，如果其中一个国家或地区的经济发生重大变化，就可能波及他国，扩及全球。

经济全球化对我国产业经济的发展既是一场严峻挑战，又是一个历史性的好机遇。之所以说是严峻挑战，是因为发达国家凭借它们的技术和经济实力，利用其国际贸易、国际生产和投资以及在高新技术上的优势，在经济全球化进程中已经建立了支撑新经济的高新技术产业，并建立起有利于它们国家的国际经济秩序，是经济全球化的最大受益者。众多发展中国家的科技和经济发展起步晚、水平低，整体国际竞争力比较弱，高新技术产业发展尚处于起步阶段，因而在经济全球化进程中虽也受益，但其受益程度大大低于发达国家。

我们之所以说经济全球化对我国产业经济发展又是一次历史性的好机遇，是因为我们在经济全球化进程中可以有选择地、更多地吸引外资，引进先进科技和经营管理经验，培养优秀的科技和管理人才，逐步提高我国产业整体的国际竞争力。更为重要的是，经过我们自身的努力奋斗，奋发图强，通过理念创新、科技创新、产品创新和管理制度创新，来发展高新技术产业，改造传统产业；通过产业结构调整和优化升级、产业组织优化升级，

---

① 李悦，孙彤．产业经济发展规律研究——在第二十四届亚洲经济研讨会上的发言［J］．经济经纬，2003（3）：19-23，45.

提高效率和降低成本，切实有效地提高产业和国民经济的整体素质，从而进一步扩大内需和开拓国际市场。只要我们持之以恒地真抓实干，我国各个产业中的一批骨干企业就一定能够像我国的海尔集团那样，在经济全球化竞争中赢得主动权，不仅能够打入国际市场，而且能够占领国际市场的制高点。

总之，为了求得生存和发展，我国的产业和以探索产业经济发展规律为对象的产业经济学，必须紧紧抓住机遇，勇敢地去迎接挑战。

二、产业经济现代化

我国社会主义现代化建设已进入新阶段，这是我国产业经济发展所面临的最重要的国内新形势。党的十五届五中全会明确指出："从新世纪开始，我国将进入全面建设小康社会，加快推进社会主义现代化的新的发展阶段。"其所以说是新阶段，是因为经过20多年的改革开放和发展，我国的生产力水平迈上了一个新台阶，商品短缺状况基本结束，市场供求关系发生了重大变化，社会主义市场经济体制初步建立。我国已经实现了现代化建设的前两步战略目标，经济和社会全面发展，总体上达到了小康水平，开始实施第三步战略部署。

邓小平同志在20世纪80年代初就提出，我国的经济发展分三步走：第一步是到1990年使国民生产总值比1980年翻一番，人民生活实现温饱；第二步是到20世纪末国民生产总值比1980年翻两番，人民生活达到小康水平，即人均国民生产总值为800美元；第三步是从21世纪初到中叶，人民生活和人均国民生产总值达到中等发达国家水平。在我们已经实现前两步战略目标后的今天，关键是如何更好地实现第三步奋斗目标。为此，我们必须实现战略重点的转移，即从以数量赶超为主转为以提高经济质量和国民经济整体素质为主，这是21世纪经济和社会发展的战略重点。

"十五"计划是开始实施第三步战略部署的第一个五年计划。这个计划的主题是发展，主线是结构调整，动力是改革开放和科技进步，根本出发点是提高人民生活水平。

党的十五届五中全会还指出："继续完成工业化是我国现代化建设进程中的艰巨的历史性任务。大力推进国民经济和社会信息化，是覆盖现代化建设全局的战略举措。以信息化带动工业化，发挥后发优势，实现社会生产力的跨越式发展。"

以上关于我国社会主义现代化建设的第三步战略部署和"十五"计划任务，对我国产业经济实现现代化提出了新的要求。

三、产业经济入世化

我国入世谈判进行了13年之久，入世后还要到2005年才能全面到位。这确实是一个不短的过程。

中国入世后产业经济发展所面临的新变化，举其要者有四：

（1）市场环境变化。这种变化主要有三个表现：一是国内市场国际化步伐加快，市场竞争更加激烈；二是市场竞争主体多样化，强大的对手更多了；三是市场的分工会越来越细化，专业化程度也会越来越高。

（2）人才环境变化。入世后人才争夺战会不断升级。不仅外国与我国争夺人才，通过设在中国的外资企业与我国争夺人才，而且我国企业间的人才争夺战也会升级。基本趋向是人才流向收入高和工作、生活条件好的方面，因而人才外流会更加严重。当然，中国入世后，随着体制、技术、市场环境的改善，也会吸引大批海外留学人才和其他科技管理人才。

（3）融资环境变化。入世后，一是产业融资渠道会增多，外资流入量会加大；二是海外融资将越来越普遍；三是风险投资会被引入，发展高新技术产业的资金短缺状况会得到极大改善。

（4）产业结构和产业组织变化。中国入世后，面对产业结构的调整步伐加快、科技革命迅速发展和跨国公司越来越活跃的世界经济新动向，为了在这种激烈的国际竞争中求得生存和发展，我国产业结构和产业组织的调整与优化升级的步伐必然加快，发展高新技术产业、改造传统产业已势在必行，企业并购、集团化、跨国经营和产业专业化及联合化的趋势也必然进一步加强。

所有上述新变化都要求进一步加强以探索产业经济发展规律为研究对象的产业经济学的研究和应用。

四、产业结构调整与产业转移并存

为了在国际分工和国际竞争中获取更大的利益，世界各国尤其是各发达国家，正在大力调整其国内的产业结构。发达国家把其大量投资转向高新技术产业，而把一些劳动密集型和资本密集型产业逐步转移到发展中国家。这是因为，纺织和服装等劳动密集型产业不仅需要大量劳动力，而且生产增长也在减缓，有的产业甚至呈现出下降的趋势。钢铁、造船、汽车等资本密集型产业，除其生产增长减缓外，其能源消耗和原材料消耗都很大，而且污染严重。所以，发达国家为了自身的利益，就把自己不愿办的和不愿多办的产业向发展中国家转移，而自己把大量投资转向计算机、航空航天、新材料等高新技术产业方面。

五、垂直分工与水平分工并存

在第二次世界大战之前，发展中国家与发达国家的产业和经济分工的基本形式是垂直分工，即发达国家生产和出口工业制成品，发展中国家主要生产和出口农产品及矿产品。因为原材料和制成品在国际市场上的价格差别很大，后者常常要比前者高出许多倍，所以在国际市场上进行交换，仍是不等价的交换，发达国家剥削发展中国家。在发展中国家还没有条件生产能出口的制成品，更没有条件在此领域与发达国家竞争的情况下，要改变这种剥削与被剥削的局面也是无能为力的。

第二次世界大战以后的情况发生了变化。由于科技的进步，发展中国家的制造业有了进一步发展，特别是跨国公司的兴起、交通运输和通信业的巨大进步，世界贸易迅速扩大，世界经济日益国际化。在国际化趋势下，与垂直分工并存的还有水平分工。水平分工是指发展中国家对发达国家、发展中国家之间和发达国家之间，在生产和出口方面都有在原材料、初级品和制成品之间的分工。过去那种单一的纯原材料、初级品和制成品的生产国和出口国，已经部分地或越来越多地被既生产和出口原材料、初级品又生产和出口制成品的国家所取代，只不过是不同国家所生产和出口的比重不同罢了。虽然时至今日，各发展中国家所生产和出口的绝大多数依然是原材料和初级品，各发达国家所生产和出口的绝大多数仍是制成品，但从全世界总体格局看，毕竟已经是垂直分工和水平分工并存，发展中国家制成品的生产和出口也正在发展中。

六、军工产业与民用产业并存

军保民，民养军；军民结合，平战结合。我们过去吃够了军民搞两个绝对独立封闭体系的苦头，我们在大小三线建设上就是大吃苦头的典型实例。

民用工业和国防工业之间是一种对立统一的关系。两类工业相互联系，彼此促进。民用工业是国防工业的基础，如果民用工业没有一定的发展，就不会有条件建立和发展国防工业。因为民用工业，特别是基础工业是国防工业的坚强基石。民用工业为国防工业提供物质基础，国防科学技术是以整个国家技术进步（包括民用工业技术）为前提的，国防工业部门所需的资金主要来自民用工业部门上缴给国家的那部分国民收入的再分配，所以国防工业对民用工业的依赖是显而易见的，而且伴随着生产力的不断提高和战争的发展而日益加深。国防现代化建立在国家整个工业和农业现代化基础之上。现代国防工业对民用工业的依赖，不仅表现为以强大的现实经济实力为前提，而且表现为以强大的经济潜力为后盾。

反之，国防工业的发展又进一步促进了民用工业的发展。因为国防工业具有增强国防实力和保卫国家安全的职能，它是保护民用工业不受外来侵略的必不可少的条件。国防工业要求民用工业提供优质的原材料和先进的工具，促进了民用工业生产水平的提高。国防工业部门具有较高的科研、生产能力，它的技术可以不断向民用工业扩散（当然民用工业的技术也会向国防工业扩散），推动民用工业技术进步，产生好的经济效益。尤其在和平时期，国防工业的主力也将投身于国家经济建设，对整个国民经济发展起着促进作用。

富国才能强兵，实现国防现代化，只有在整个国家工业和农业高度发达的基础上才有可能。国防工业要服从和服务于国民经济建设，这不仅有利于支援国家经济建设，而且从根本上增强了国防经济实力。

七、轻重工业并存

从全世界范围看，1955—1976年，在整个制造业中，轻工业产值所占比重由41.2%下降到32.3%，重工业由58.8%上升到67.7%；同期发展中国家的轻工业由67.3%下降到48.9%，重工业由32.7%上升到51.1%。重工业所占比重的上升是以轻工业所占比重的下降为代价的。早在1955年，发达市场经济国家的重工业就几乎占制造业产值的2/3，中央计划经济国家重工业只占制造业产值的1/2。到1976年，发展中国家的重工业产值略超过制造业产值的1/2。这种趋势在拉丁美洲最为显著，工业在制造业产值中所占比重从1960年的43%增长到1976年的58%。总之，重工业是发展中国家的主要增长部门。

无论是制造业中的轻重工业结构，还是整个工业中的轻重工业结构，都呈现出从以轻工业为主向以重工业为主转变的趋势，大体上由七三开格局转变为三七开格局，但从总体上看，是轻重工业并存的局面。

八、资源密集型、劳动密集型与资本密集型、技术密集型产业并存

纵观世界各国特别是各发达国家的经济发展史，我们清楚地看到，在工业化和现代化初期，各国多从发展资源、劳动密集型的轻纺工业开始，农业和轻纺工业在国民经济中居主要地位；在工业化和现代化中期，多以发展资本密集型的煤炭、钢铁、电力、化工和机械等基础工业部门为重点，这些部门是国民经济发展的主导部门；在工业化和现代化后

期，多以发展技术密集型产业为重点，这类产业居主导地位。

上述这种产业转变的趋势，表现为各国产业及其结构不断升级的过程，该过程在日本和苏联都很明显。

九、国内外合作与不平等和不平衡并存

国际经济合作日益加强，不仅有南北合作、南南合作、北北合作，还有大量的国际经济合作论坛。第二十四届亚洲经济研讨会的胜利召开，就是一个很好的例证。经济合作是产业经济和整个世界经济发展的客观规律，因为这种合作是完全符合合作双方全体人民最高利益的。虽然得益有大有小，但总是双方都得利。

但是，我们也必须看到在这种合作过程中确实存在不平等和不平衡。在国际市场上，发展中国家以低附加值产业的产品与发达国家高附加值产业的产品进行交换，吃亏的只能是发展中国家，而获利者只能是发达国家。上述两类不同附加值的产品相交换，是表面上的等价交换，实际上是不等价交换。因为发达国家运用各种手段，包括政治、军事上的高压手段，尽量压低原材料和初级品的国际市场价格，却尽力提高它们所经营的制成品和高新技术产业产品的价格。发达国家为了维持其在世界上的霸权地位，采取许多新殖民主义手段，对发展中国家进行更加残酷的剥削和掠夺。据有关方面估计，第二次世界大战后发达国家从石油输出国组织成员国掠夺的石油财富高达2 000亿美元以上。

也正是因为西方垄断资产阶级对发展中国家进行多种剥削和掠夺，以及两类国家之间的科学技术水平和整个社会生产力水平存在差距，所以这两类国家之间在人均国民生产总值上存在巨大差距，而且这种差距不断扩大。据统计，这种差距已由1950年的22倍扩大到1980年的39倍。更有甚者，世界上最富有的国家和最贫穷的国家人均收入比率，1820年是3∶1，1913年是11∶1，1950年是35∶1，1973年是44∶1，1992年是72∶1。占世界人口总数20%的发达国家，拥有世界财富的80%~90%，而占世界人口总数80%的发展中国家，只拥有世界财富的10%~20%。

十、高新技术产业发展与传统产业改造并存

纵观世界各国产业发展的历史，我们可以看到，随着技术革命浪潮在全世界的推进，高新技术产业与传统产业并存，高新技术产业比重呈现出逐步上升的发展趋势，但是在我国，传统产业在相当长时间里仍是经济增长的源泉。

（一）高新技术产业比重逐步上升

据美国摩根保证信托公司统计，尖端技术的投资在美国工业总投资中所占比重，从20世纪60年代的18.3%提高到70年代的34.5%；传统产业的投资所占比重在同期则下降了12.4%。新兴的发展中国家和地区也把微电子工业、计算机工业等高新技术产业列为领航工业，并且由政府出面筹集资金，组织协调投资、科研和生产活动。1973—1982年，西方经济处在衰退萧条的过程之中，美国每年国民生产总值增长率都在零的上下浮动，而高新技术产业每年都以16%~17%的速度上升。据美国、日本和西欧的统计，1980年电子工业产值已经超过钢铁、纺织工业的产值，比造船工业高4倍，仅次于化学工业和汽车工业。1960—1980年，美国电子工业产值翻了三番，日本、法国约翻了四番半，联邦德国翻了三番半。电子工业不仅增长率高，而且效益大大高于传统产业。从劳动生产率来看，1970—1980年，美国电子工业人均年产值增长117倍，日本同期增长216倍，都远远高于

传统工业。

进入20世纪90年代以来，发达国家高新技术产业在工业总产值中的比重又有很大提高，1992年美国为26.6%，日本为30.9%，英国为20.2%，德国为18.6%。1992年，高新技术产品的出口占工业制成品出口总额的比重，美国为48.6%，日本为54.9%，英国为39.8%，德国为26.4%。

各国对高新技术和高新技术产业大量投资。美国的高新技术产业的设备投资由1960年的15.6%猛增到1983年的48%；日本由1965年的9.3%上升到1983年的23.4%；联邦德国的增长幅度较小，由1970年的8.6%上升到1980年的9.4%。

一些发展中国家和地区也在大力扶植高新技术产业。目前，我国研究与开发费用占国民生产总值的比例约为0.3%，而发达国家为3%~5%。在我国的研究与开发费用中，能用于开发及产业化的费用是微乎其微的。国外发展高新技术产业的成功经验证明：在用于研究与开发的费用中，开发比研究费用高5~10倍，产业化投入又比开发费用高5~10倍。

应当强调指出的是，美国、日本等最发达国家的经济主体和主要支柱仍然是传统产业，这一点是确定无疑的。

（二）传统产业是我国经济增长的源泉

在目前的发达国家，住房、汽车、家电、旅游、城市化、高速公路等所谓的传统产业经过几十年上百年的发展之后，人们对这些物品需求的满足程度已经达到了较高的水平，需求开始减少，经济增长相对停滞，若没有新技术革命和全球化带来的新的市场需求，经济就不可能再次快速增长。而信息、网络等产业之所以被称作支撑新经济的新兴产业，是因为它们的确成为经济增长的主要推动力量。在这些发达国家，新技术革命的出现，其影响首先还不在于提高工作效率，主要在于创造出了一大块新的“购买对象”，即新的市场需求。电脑、软件、多媒体、网络、移动通信等这些人们物质、精神生活中的“新玩意儿”，形成了新的市场板块，带动了新的产业的发展，从而带动了整个经济的增长。

我国的情况与发达国家有很大的不同，我国的经济基础还很薄弱。对于发达国家来说的传统产业，如汽车、住房、旅游等产业在我国还处于起步阶段，这就决定了我国在相当长的时期内，还要作为一个发展中国家，扎扎实实地为新经济打下基础。新技术和新兴产业的出现的确创造了一种新的市场需求，但这种新的需求在我国远不如为了提高其他物质生活水平所创造的需求大。对于发达国家来说，现在的确是新兴产业在带动经济的增长。比如美国在“新经济”时期，新兴产业带动其经济每年增长近3个百分点，科技进步对经济增长的贡献率高达80%~90%。我们作为一个发展中国家，新兴产业也发展很快，在北京、上海等少数大城市，高新技术产业已经成为主导产业，科技进步对经济增长的贡献率超过50％。由于技术相对落后，体制上也有许多不适应的地方，每年仅能够带动经济增长一两个百分点，而作为发展中国家，不能只满足于2%~3%的增长速度，而是要增长得更快，比如说每年要增长7%~8%，那么剩下的那约6个百分点的增长显然还得靠传统产业。在可以预见的将来，传统产业的更快增长仍将是我国较高增长率的主要源泉。

十一、“三、二、一”取代“一、二、三”

三次产业囊括了全部经济活动，就是把一个国家的全部经济活动按照经济活动发生与发展的客观序列和内在联系，划分为第一产业（农、林、牧、渔业）、第二产业（采矿业，制造业，电力、燃气及水的生产和供应业，建筑业）和第三产业（除第一、二产业之外的产业）。这三次产业之间的组成及经济联系和数量比例关系，就是三次产业结构。欧美各国、日本和联合国普遍采用这种分类法。我国于1985年也首次对我国1984年的第三产业作出了统计分析，当时国务院转发了国家统计局关于建立第三产业统计的报告，在总结国内外经验的基础上，根据我国的具体情况，提出了建立这种三次产业分类法的必要性和我国三次产业的划分方法。我国明确规定在国内进行观察和考核时，包括国家机关、政党机关、社会团体、军队和警察在内的第三产业的第四层次，不计入第三产业产值和国民生产总值。

综观世界各国产业发展历史，一般在工业化初期，由于科学技术水平和整个社会生产力水平还比较低下，人民生活水平也不高，整个国民经济的发展仍以农业为主，所以三次产业结构必然呈现出“一、二、三”的总体格局。但是，随着科学技术的进步和生产力水平及人民生活水平的提高，第二产业上升为主导产业，取代了第一产业的主导地位，三次产业的产值比重转向“二、一、三”或“二、三、一”的格局。随着第三产业上升为主导地位，又取代了第二产业的主导地位，所以到工业化后期会呈现出“三、二、一”的格局。

十二、新中心取代老中心

随着科学技术的进步和与社会化大生产相适应的国际分工的发展，在经济发展不平衡规律的作用下，世界经济有一个中心转移的趋势。这种转移趋势主要是，世界产业活动从老的产业中心向新兴的发达国家和少数几个发展中国家转移，以及整个世界经济中心从欧洲移向亚洲、从大西洋移向太平洋。这种中心转移的趋势是产业发展趋势的根本依据和首要趋势。因为在现代市场经济高度发达的今天，一个国家和地区的产业结构是否合理和产业政策是否有效，只有放在两种资源、两个市场和整个国际分工体系中来观察，才能作出科学的判断。

（一）产业中心的转移

联合国工业发展组织的研究报告指出，工业中心的转移并不是简单地把工厂或生产设施从发达国家引向发展中国家，而是世界生产模式的一个不断演变的过程。这个过程是工业增长的必然结果，是各国相互依存的趋势，是经济持续发展所必需的。这种转移是由国民经济增长的内部演变模式和技术进步两种主要因素所决定的。

首先是发展中国家和发达国家在国民经济增长内部演变模式上具有不同的特征。在发达国家中，国民经济增长的内部演变模式的主要特征是：第三产业发展特别迅速，食品和其他必需品的国内市场扩大相对缓慢，熟练劳动力特别是白领工人数量增长速度很快，以及许多部门的生产专业化协作水平很高。在发展中国家里，国民经济增长的内部演变模式的主要特征是：投资在总收入中所占比重增大，许多耐用消费品和固定资产的需求急剧扩大；城市劳动力数量急剧增加，农村的劳动力仍不断向城市转移；多数生产部门还是“大而全”“小而全”的状况，生产专业化协作水平比较低下。

上述国民经济增长的内部演变模式导致了最终产品、工厂投入、劳动力和资本价格的不断变化，也导致了发展中国家与发达国家在需求和消费模式上的差异。所有这些变化和差异最终必然使各国产业结构不同，因为不同的需求和消费模式要由不同的产业结构来满足，一定的产业结构只能满足特定的需求和消费。

其次是发达国家的技术进步快于发展中国家，技术进步使世界工业结构发生了重大变化。不同国家和不同产业部门的技术进步程度是不相同的。一般趋势是技术进步首先集中于发达国家，集中于部分产业部门。在发达国家里，当前技术主要集中于化工和机械制造方面，包括机电工程、航空航天和汽车工业等。在20世纪70年代，法国、联邦德国、意大利、日本、英国和美国等国家工业的研究与开发费用的76%~92%都用于化工和机械制造方面。

（二）从欧洲向亚洲转移，中国是亚洲地区领先的经济力量

近20年来，亚洲经济的迅速发展引起了全世界的关注。国外一些专家认为，亚洲已成为继欧洲、北美、苏联等经济地区之后的世界四大经济区之一，亚太地区在20世纪末和整个21世纪，将是经济增长最快的地区，世界的经济中心正从欧洲移向亚洲，从大西洋移向太平洋，未来的时代将是“太平洋时代”。①

当前，正是亚洲经济真正崛起的时代。所谓亚洲经济的崛起，是就纵向的历史对比而言的。第二次世界大战以后，亚洲还是世界上最贫困的地区，人均国民收入比当时的非洲（118美元）还要低，而英国1949年的人均国民收入已达到1 450美元。然而，进入20世纪60年代以后，亚洲的经济有了突飞猛进的发展。

21世纪经济重心将向亚洲转移。到21世纪中叶，世界上约2/3的国家、至少50亿人口将享有目前只有发达经济国家才拥有的生活水平，其中约30亿人生活在亚洲。亚洲国家的总体经济规模将超过世界上其他国家和地区加在一起的经济规模。

中国将拥有世界上规模最大的经济，成为亚洲地区领先的经济力量，总体发展趋势锐不可当。1980年以来，中国经济的高速增长类似于日本在20世纪50年代及以后的情况。

经济中心在新的10年将向亚洲转移，中国的力量将日益壮大，对此，世界其他国家和地区也必然作出反应。尽管中国对自身实力了然于心，并将铭记它在历史上曾蒙受的羞辱，但没有理由认为面貌一新的中国会惹是生非。到2025年，中国可能拥有大约14亿人口，人均国内生产总值大约是欧洲和美国的50%。欧美集团将拥有10亿人口，因此人均国内生产总值将大大高于中国，而且拥有比较先进的技术，但仍将承受成本较高之苦。

（三）转移的根源与对策

产业中心和整个世界经济中心的转移的原因是多方面的，有主观的和客观的、政治的和经济的、国内的和国际的、历史的和现实的等。单就亚太地区经济崛起的主观原因来讲，主要是亚太地区各国或地区能够根据科学技术的不断进步和现代市场经济发展的客观要求，从自身的实际出发，制定能够反映产业发展规律要求的产业政策以及以产业政策为核心的经济发展战略。我国具有优越的地理位置、优越的社会主义制度，只要我们不失时机地充分利用好两种资源、两个市场，学会两套本领，再制定出一整套反映产业发展规律要求和正确体现我国在国际分工体系中地位的产业政策与整个经济发展战略，我们就能更好地履行历史赋予我们这个拥有12亿人口的社会主义大国在国际上应尽的神圣义务和光荣职责，为世界和平和人类进步事业作出更大的贡献。

① 黄健. 经济战略比较研究［M］. 北京：中国展望出版社，1986.

十三、绿色生产力取代灰色生产力

这是第十二届世界生产力大会所揭示和论证的一个产业经济发展的新规律。我们非常赞同熊映梧教授的看法，这是两条根本不同的经济发展道路和路线的选择问题。我们坚决选择绿色生产力发展道路。那种片面追求高速度，但资源过度消耗、生态破坏严重、环境污染严重的灰色生产力发展道路，必然被在保持生态平衡、避免环境污染的前提下，实现经济适度增长的绿色生产力发展道路所取代。这是世界人民的心愿，也是历史的必然选择。

十四、工业国取代农业国

我国工农业结构发展趋势的转变阶段，可大致表述为农业国、农业工业国、工业农业国、工业国这四个阶段。这几个发展阶段划分的具体标准，主要看在社会生产总值和工农业总产值中现代化工业产值逐步占优势的程度，以及现代化大工业以先进技术装备国民经济各部门的能力。

农业国是指现代化大工业还没有发展起来，在工农业总产值和社会生产总值中处于劣势，没有能力以先进技术装备国民经济各部门，而农业在工农业总产值和社会生产总值中占绝对优势，以手工劳动为主。

工业国是指现代化大工业有了高度发展，在工农业总产值和社会生产总值中占绝对优势，已用先进技术装备了国民经济各部门。

世界上发达国家和发展中国家的历史都反复证明，发展中国家要变成发达国家，穷国要变成富国，落后国家要赶超先进国家，都要经历由农业国向工业国的转变过程。这是不以人们的意志为转移的客观规律，外国是这样，中国也不例外。从这种意义上讲，在当今世界上，各国都应采用工业立国的国策，对我们这样一个人口多、耕地少、国内生产总值低的社会主义大国来说，除了工业立国外别无他途。

十五、原材料相对有余取代原材料相对不足

在现代科学技术突飞猛进的今天，在经济发达国家中，原材料工业与制造工业脱节，已成为产业结构的一大趋势，即原材料工业比重相对下降，而制造工业比重相对上升的趋势。

彼得·德鲁克指出，原材料经济和工业经济的脱节，是世界经济中发生的一个主要的结构性变化。目前一个单位工业产品所需原料量只有20世纪初的2/5，而且这种下降速度还在加快。

在日本，这种下降速度更快，1984年日本每一单位工业产品所消耗的原材料，只有1973年生产同样数量产品所消耗原材料的60%。

德鲁克在分析原材料需求下降的原因时指出，这是因为工业生产正逐步脱离原材料密集型的产品和加工程序，并举例作了说明。比如，一枚半导体微芯片所使用的原材料只占整个微芯片生产成本的13%，一辆汽车的原材料占生产成本的40%，而水壶和平底锅中的原材料占生产成本的60%。在一些传统工业中，对原材料的需求也下降了，如50磅的玻璃纤维电缆所传递的电话信息和1吨铜线传递的一样多。同样，对能源的依赖也在下降，生产100磅玻璃纤维电缆所需的能源只及生产1吨铜线所需能源的5%。塑料在原材料方面的成本还不到钢材的一半，在汽车车身的生产方面塑料正取代钢材。所有这些都说明，原材料经济和工业经济的脱节是科学技术进步的必然结果和主要表现。

论产业经济发展新趋势[①]

为了实现党在十六大报告中提出的全面建设小康社会的经济发展目标，必须根据世界经济和科技发展新趋势以及我国经济发展新阶段的要求，推动经济结构战略性调整，基本实现工业化，大力推进信息化，加快建设现代化，保持国民经济持续、快速、健康发展，不断提高人民生活水平。在这一过程中，结构调整作为改革和发展的主线始终贯穿其中，因此加强对产业经济发展新趋势的研究，不仅具有理论意义，而且具有现实意义。

笔者曾对产业经济发展规律进行了长期的深入研究，在产业经济发展的不同时期，分别提出了产业经济发展的十大趋势和十五条规律。目前，在经济全球化条件下，跨国的商品与服务交易及国际资本流动规模和形式不断增加，技术的广泛迅速传播使产业资源的国际流动速度加快、融合程度加深、关联效应加大，从而导致产业经济呈现出了新的发展趋势。为了使中国的产业结构调整能够积极主动地顺应这种趋势，更好地实现产业结构优化升级的目标，我们必须对产业经济发展趋势作进一步的研究。

一、产业转移全球化

在经济全球化趋势下，各国的产业体系逐步深入到全球范围内，使产业的竞争优势不再单纯地取决于本国产业的经济实力，在某种程度上取决于上下游产业的跨国界关联互动关系：本国上游产业的国际市场竞争优势，有助于下游产业在国际市场上建立自己的竞争地位。主导产业与辅助产业在全球产业体系中频繁紧密地协调配合，也有利于本国国际竞争优势的形成和维持。这使一国的产业日益突破国内狭隘的市场和资源约束，面向国际市场进行战略选择，由此加剧了产业要素在全球范围内的流动，产业链在全球范围内延伸，形成了国际产业体系。此外，产业的分工也从不同产业的全球分工，发展到产业内的全球分工，又发展到企业内的全球分工，当这种产业分工所引起的要素转移效应累积到一定程度时，必然会发生产业结构革命性的转换，形成产业转移国际化的趋势。任何参与国际分工体系的国家，产业结构的调整都会受到这次国际产业转移的影响。

国际产业转移是开放经济的产物，也是国际竞争日趋激烈的必然结果。由于技术经济发展不平衡规律的作用，受国际贸易追逐利益的影响，国际资本不断地从高成本国流向低成本国，由此带动了产业其他资源的转移，使一国的分工格局发生变化，并直接关系到国家的国际竞争地位。因此，各国都十分重视这次产业转移对本国结构调整所产生的影响。发达国家在控制信息产业、新材料产业、生物技术产业和新能源产业的核心技术时，也以多种方式向发展中国家转移成熟和过剩的生产能力。如美国新一轮结构调整的重点，是建立以知识和服务经济为主导的新经济结构，对在本国已经失去竞争优势的劳动密集型产业，则保留研发或营销环节，而将劳动密集的生产装配部分向发展中国家转移；某些发达国家的跨国公司看到发展中国家拥有价格低廉、数量可观的智力资源，开始向发展中国家

① 孔令丞，李悦. 论产业经济发展新趋势［J］. 财经问题研究，2003（6）：8-11.

转移资本和技术双密集的产业，使发展中国家在产业转移全球化中受益：对于经济发展水平较高并有一定研发能力的发展中国家，在某些领域追赶世界先进水平的同时，有选择地吸收发达国家转移的产业；对于经济发展水平低的发展中国家，在充分发挥自身资源禀赋优势的基础上，积极吸收发达国家转移的一般制造业，从而加快本国产业结构优化升级步伐。因此，广大发展中国家虽然在国际分工和国际贸易中处于不利的地位，但由于和发达国家存在经济和技术上的差距，可以充分发挥后发优势，通过主动参与国际分工，加快产业升级。

中国作为世界上最大的发展中国家，也是发展速度最快的国家，可以充分利用产业转移全球化趋势，扩大产业转移的技术扩散和渗透效应，增强产业技术创新能力，加快高新技术产业化进程，加大对传统产业的技术改造力度，着力发展具有比较优势的产业，加强信息化对工业化的带动作用等措施，在不同层次上全方位地参与国际竞争，逐步提高自身在国际分工中的地位。

二、产业升级全球化

在经济全球化背景下，国家间通过跨国公司相互交叉投资，把国际直接投资和国际贸易结合在一起，使产业资源的跨国流动相互融合，形成了一个互相渗透、互相联通、互相制约的全球产业网络体系。这种国际产业一体化网络，使产业的每个环节随技术进步而调整，从而实现全球资源配置的优化。随着这一过程的推进，产业结构也日趋优化，不断升级。

经济全球化条件下产业升级的契机来自世界性的产业调整和产业转移。这种调整和转移反映数量方面的扩张，表现为产业资源大规模跨国配置；反映质量方面的飞跃，表现为高新技术产业的不断崛起和传统产业的大规模更新改造。这使以高新技术为核心的产业竞争更加激烈，并通过国与国的经济交流与合作而迅速深化，导致产业升级全球化的趋势。按照产业生命周期的发展规律，在发达国家中处于投入期和成长期的产业技术，都是以信息通信、生物技术、新材料和新能源等为主的高新技术。高新技术产业高投入、高风险、高回报的特点，要求在全球范围内寻找最佳的资源配置方式。各大跨国公司将分散在各国子公司的研发资源重组优化，体现出极强的规模经济性，大大降低了研发成本，使高新技术产业成为全球化程度最高的产业类别。此外，这使技术进步周期进一步缩短，如IT行业和互联网行业中流行的摩尔定律和吉尔德定律就是最好的说明。那些即将或正在处于成熟期和衰退期的产业技术，出于对经济利益的追逐，将逐步转移到发展中国家。许多发展中国家充分利用这一动向，搭上发达国家产业升级的便车，在承接发达国家转移产业的过程中，积极参与高新技术的研究和产业化，并逐步将某些技术转化成拥有自主知识产权的高新技术，从被动地承接发达国家的产业技术，转向主动谋求与发达国家的技术合作，成为发达国家技术研发环节不可或缺的合作伙伴，这些都促成了技术贸易全球化的趋势加剧。根据联合国统计，20世纪60年代中期，世界技术贸易总额为25亿美元，70年代中期增加到110亿美元，80年代中期突破500亿美元，90年代中期（1996年）达到4 000亿美元，占世界贸易总额的7.5%。可见，世界范围内的产业调整和产业转移，使产业的上、中、下游环节依各国的产业资源优势而在不同国家重新分布，表现为全球性的产业升级。

产业升级全球化还表现在传统产业的高新技术改造力度越来越大，并成为转变经济增长方式的主要方法。观察一些经济长期维持高速增长的国家，无不是依赖高新技术不断地渗透到传统产业，从而维持较高的增长速度。传统产业由于发展时间较长，技术老化，在产业运转过程中消耗大量的自然资源，并对自然环境产生较大的破坏作用。产业可持续发展的理念已使传统产业这种运转模式难以为继。因此，传统产业要保持较高的可持续增长率，就必须积极吸纳高新技术成果和先进的管理模式，将整个产业素质持续维持在较高的水平上。传统产业与高新技术的结合，使占国民生产总值较大比重的传统产业的技术不断升级换代。这不仅使传统产业获得新的生机，而且催生了一批新兴产业，带动了微电子、半导体、激光、超导等关联产业的发展，加速了生物工程与生命科学、新材料与新能源、航空航天等高新技术产业的成长，推进了光电子、航空电子等“边缘”产业的诞生，极大地促进了产业升级。

产业升级全球化也为中国产业升级提供了重要的机遇，使中国产业有机会在充分发挥自身比较优势的基础上，获得全球相对稀缺的资源；为引进先进技术和管理经验并与国际接轨创造了条件；为产业部门实行“引进来”与“走出去”相结合的战略构想创造了广阔的前景；为迎接“新经济”和“知识经济”，加速改革、促进创新创造了条件。总之，在实行全方位的对外开放、融入全球经济体系的过程中，中国的产业升级要积极利用产业升级全球化的机遇，形成具有国际竞争力的产业部门。

三、产业经济融合化

20世纪90年代以来，经济全球化和新技术革命作为当代世界发展的两股强大力量，使世界经济的现实运行主体逐步由倚重自然资源和制造业的国别性经济，向倚重信息资源和服务业的全球与区域性经济过渡。以往的环境要素不断地内置为产业系统要素，最初以国家为边界的产业系统，逐渐随着国与国之间从制约和被制约关系转变为经济互动、产业互联的关系，演化成一个多元化、多侧面、相互交叉重叠的复杂立体结构。全球性产业体系的生成，正冲破各国相对完整独立的产业体系，形成各国既相互依存、相互渗透，又相互制约、相互竞争的产业经济体系。技术进步速度的加快、技术融合程度的加深，在宏观上导致国与国的产业重组和整合，从基本层面上重塑产业结构的演进形态，使产业经济的发展出现融合化的新趋势。

经济全球化的本质，是根据产业资源全球配置的要求来建立产业体系，把由历史和地理条件生成的各国产业系统都卷到全球产业体系中，生成了既充满利益冲突与激烈竞争，又相互依存与广泛合作的产业互联互动关系。发达国家不再追求自身工业化体系的完整性与独立性。为了降低运输成本，充分利用国外相对廉价的人力资源和自然资源，各国企业的资本纷纷向外扩张，使发展中国家建设独立于发达国家产业体系的战略构想，具有了参与国际产业分工的跨国趋势。从20世纪80年代中期开始，跨国投资迅速增长，在1986—1996年的10年间增长了80%。它们“以全球为企业，以各国为车间”，将统一的公司分散于世界各国，而将最核心的研发中心和最终的销售体系放在母国，将制造中心和一些次级的研发中心与销售中心转移到能有效降低成本的其他国家。这些地理上分散的公司依靠先进而廉价的现代通信技术实行产业整合，使产业经济的发展具备了“两头在内，中间在外”的“空心化”趋势。发展中国家也必须逐步放弃建设独立完整的产业体系目标，在全球市场中确定自己在国际分工的地位和产业发展方向。

中国作为世界上最大的一个发展中国家，不仅具有巨大的市场潜力、廉价的人力资源和稳定的政治局面，而且是世界上经济增长速度最快的国家之一，在世界各国中独树一帜。这有利于世界各国在产业结构调整过程中，实现与中国优势资源相结合，在全球产业分工中增强本国产业扩张能力。许多国家纷纷将其制造业中的不同环节转移到中国，使中国成为目前吸引外资最多的国家之一。这在客观上形成了中国产业体系向国际化融合的发展趋势。

四、产业经济知识化

当今世界各国经济的基础结构正发生巨大的变化，其突出的特征是：世界产业结构正由过去的刚性结构逐步向柔性结构转化，即由以重、厚、长、大为主的重型化的生产技术结构，向以高效、智能、知识、信息、服务为主的软型化结构转化。以此为特征的知识型服务业，包括金融、信息、咨询服务等在国民经济中的比重将不断增加。产业经济发展中知识含量日益增大的趋势，构成产业结构演进过程中的知识化趋势。

产业结构知识化主要表现为教育和科研不断向产业化方向发展。知识经济的发展要求更快捷、更具有个性化的服务，使产品为适合消费者多样化需求而不断升级换代，要求产业技术创新能力不断增强，这使产业劳动者必须终身接受教育和培训。此外，产业经济发展过程中要求技术创新生成能力的增强，也形成了对知识和服务的巨大需求。社会对知识和高级知识人才需求的不断增加，拉动了各国科研与教育规模的扩张。知识的广泛应用，使教育和科研对国民收入增长的贡献日益增加，教育与科研及其他产业间的联系也越来越紧密，这些变化都促使教育与科研越来越具有独立产业的性质。各发达国家为占据高新技术产业领域的有利地位，也越来越把知识作为一种产业加以发展。

产业结构知识化趋势还表现在从事研发、管理、咨询服务等知识型人才占有越来越大的比重，这已成为多数国家产业结构调整的基本脉络。在传统的三次产业生产过程中，存在大量的“服务”性生产，如各种管理活动、信息处理、财务会计、文秘后勤、保洁保卫等，大部分的产业部门自己承担了这类服务性的事务。随着生产水平的提高和产品日益技术密集型化，企业自我服务难以满足新的更高效率的要求，部分服务性生产从农业和制造业中分离出来，由专业管理公司、信息服务机构、会计师事务所、文秘公司和其他专业服务机构承担，使知识产业的比重不断增加，加快了产业结构知识化趋势。

五、产业经济绿色化

产业经济绿色化是指产业在演进过程中，按照符合自然生态环境系统的有机循环原理建立发展模式，使不同类别的产业部门建立起经济资源利用和再利用的有机循环模式，尽可能地消除生产和消费环节对环境的破坏，达到产业与自然和社会环境共同可持续发展、和谐统一的目的。

20世纪70年代以来，全球性环境问题日益突出，表现为森林面积不断减少、生物多样性锐减、水土流失逐年加重、温室气体含量不断增加、臭氧层耗竭不断加剧、土地沙化日趋严重等生态环境劣化现象。在经历了大自然的无情报复，并为此付出沉重代价之后，世界各国都开始了深刻反思，并联合起来共同重建全球的生态系统。

由于自然资源具有稀缺性和不可再生性，产业经济的发展就不能以耗竭自然资源和损害环境为代价，而应谋求与自然环境有机平衡的发展。产业经济的绿色化，要求在维护生态平衡的基础上合理开发自然，把人的生产方式、消费方式限制在生态系统所能承受的范围内，建立以人与自然和谐发展为特征的产业发展模式，形成产业经济发展过程的绿色化趋势。

20世纪90年代，随着可持续发展战略在世界范围内的普及，一场绿色产业变革浪潮正在席卷全球。人们对生存与生活质量的要求，使绿色需求成为提高生活福利水平的重要内容。世界范围内的生态革命，促成了生态与产业形成一种新型的互动关系。这种关系一方面表现为产业绿色化含量不断提高，另一方面形成了广泛的生态产业化现象。以生态产品的生产、使用、回收再利用为基本内容的新兴生态产业不断发展，使生态环境和产业领域产生了全方位渗透与融合，产业生态化现象日渐明显。生态与产业的互动最终形成生态产业一体化和复合化，传统的三次产业正在向绿色化方向发展。

六、军民结合全球化

"军民结合，平战结合；军保民，民养军。"这是众多国家在发展军民产业中所实施的重大战略。在以和平与发展为主题的时代，国家间的竞争重点从军事实力竞争转移到经济实力较量上来。军工产业技术是以整个国家技术进步为前提的，是各国最先进科学技术的代表；民用产业作为国防工业的物质基础，加强军工技术向民用产业转移，不仅可以提高军工技术的商品化程度，而且可以提高整个民用产业的技术水平，从而大幅度地提高国家产业经济的国际竞争力。但是，也应注意的是，一旦战争需要，民用产业也完全可以而且应当为战争服务，转向军用物资和设施的生产，甚至转向制造武器弹药。美国在伊拉克和阿富汗的战争中，征用民用飞机运送战争物资和士兵就是最好的例证。世界许多国家都很注重军民产业的结合，采取各种有力措施，加速军工技术向民用转化，也不断地加强军民两用技术项目的开发。如美国政府实施了促进军民两用技术的"技术再投计划"（TRR），由政府拨款支持军民两用研究与开发活动，鼓励国防和民用公司共同开发两用技术，甚至建立军民两用工业基地。今天已商业化的全球卫星定位系统和平面显示器就是军民两用研发项目的成果。军民产业相结合的措施，不仅强化了民用产业的技术实力，还使各国政府的军事实力得到了加强。因此，世界各国纷纷推进军民产业的结合，导致了产业经济发展过程中军民结合全球化的趋势。

加快实现我国产业结构合理化①

产业结构的发展规划是制定产业政策的科学依据，而产业结构合理化是决定和衡量国民经济宏观经济效益的关键。本文仅就如何加快实现我国产业结构合理化问题，谈三点看法。

---

① 张寿，李悦．加快实现我国产业结构合理化［N］．光明日报，1988-01-09.

一、正确认识我国产业结构的发展阶段

正确认识我国产业结构在整个工业化和现代化进程中所处的发展阶段，是我们加快实现产业结构合理化的起点和基础。只有从这个基础出发，才可能制定出真正符合我国国情的产业结构合理化的战略部署和行之有效的对策。

在当代，判断一个国家或地区的产业结构所处的发展阶段，不能只局限于从该国家或地区的小范围来考察，而必须在整个世界范围的总体系中，并在充分利用国内和国外两种资源、开拓国内和国外两个市场的条件下来进行全面综合考察，这样才能得出科学的结论。

从经济发达国家产业结构演变的历史进程看，工业化和现代化大致可以分为前期、中期和后期这三个阶段。在工业化和现代化前期，产业结构呈轻型结构，一般是农业和轻纺工业在经济发展中起主导作用，手工劳动和劳动密集型产业占绝对优势；在工业化和现代化中期，大机器工业体系日趋完善，产业结构明显地向重化工业倾斜，电力、钢铁和机械制造业等资本密集型产业在经济发展中起着主导作用，基础工业和基础设施得到很大改善；在工业化和现代化后期，以汽车、家用电器为代表的耐用消费品产业和以微电子技术、信息技术、航天技术、生物工程、新能源和新原材料为代表的新兴产业迅速发展，整个产业结构高加工度化趋势越来越明显。目前，美国、日本等经济发达国家的产业结构已处在工业化和现代化的后期。

我国目前情况与经济发达国家存在很大差别。首先，我国生产力落后，商品经济不发达，工农业的劳动生产率相差几十倍。其次，我国产业结构的层次低和不合理，基本上还是用手工工具搞饭吃，农副产品还不能满足人民生活水平不断改善的需要。最后，我国现代化工业只是一部分，大部分还落后于现代水平，特别是能源、原材料、交通、通信等基础工业和基本设施还有很大缺口，是国民经济的薄弱环节。当然，也不应忘记，我国工业已经有了一定基础，并已初步建立起独立的比较完整的工业体系和国民经济体系。

基于上述分析，我们认为，我国产业结构从总体上看，既不属于工业化和现代化的前期，也不属于后期，而是正处于中期的起始阶段。但是，我国产业结构的跨度很大，前期起主导作用的农业和轻纺工业仍然需要大力发展，前景可观；中期起主导作用的重化工业即基础工业和基础设施严重短缺，急需扶植；后期起主导作用的新兴产业也必须有计划、有步骤、有重点地发展起来。我国国内市场广阔，传统产业存在很大的发展余地；对外开放的不断扩大，又为我们充分利用国外先进技术提供了广泛的可能性。我们应当把这两个方面的有利条件很好地结合起来，以运用先进技术改造和发展我国传统产业为重点，同时注意发展高新技术产业，带动整个国民经济向前发展。

二、全面把握重点产业转移的趋势及依据

所谓重点产业，在西方称为主导产业，在东方统称重点产业。重点产业的最基本特征，就是能够有效地吸收新技术革命的成果，技术进步率高，能够带动其他产业的增长，对国民经济起着调节、转型、统帅和带动的作用。所以，我们必须全面把握重点产业转移的总趋势及科学依据，这是加速实现我国产业结构合理化的关键。

综观国内外产业结构演变的历史，我们看到重点产业转移的总趋势是：从生产要素的密度上看，存在由劳动密集型向资本密集型再向技术密集型的演变顺序；从劳动对象加工

深度上看，存在采掘工业向原材料工业，再向加工工业的演变顺序，还存在由初加工工业向高加工工业的演变顺序；从采纳新技术革命成果的能力上看，存在由传统产业向新兴产业，再向新兴与传统工业相结合的演变顺序；从产品的经济用途上看，存在由消费资料部门向生产资料部门，再向消费资料部门和服务部门的演变顺序；从产出的角度上看，存在由低附加值向高附加值，再向更高附加值的演变顺序等。

纵观国内外产业结构的演变与重点产业的特征和影响因素及演变历史，我们可以把重点产业选择的科学依据概括为下列几条：

第一，符合技术进步的方向。根据现代化大工业生产发展的历史经验，工业生产的机械化、自动化、电气化、化学化、最新科学技术成就的应用，是现代工业技术基础发展的主要方向。只要某产业能够集中地体现技术进步的主要方向，就能够最大限度地促进技术的发展，能够成为经济发展的战略重点部门。

第二，在经济增长中的战略地位。工业是国民经济的主导产业，它以现代化的技术改造和装备着国民经济各个部门。在这个主导产业中，各个具体部门也同样有着不同地位和作用。有些部门是处于战术地位的一般部门，有的则是处于战略地位的重点部门。

第三，是供求矛盾的“瓶颈”和关键。被确定为战略重点的产业，一般都是直接影响和制约今天和未来经济建设的规模、速度、技术水平和经济效益的全局性、基础性的产业，是现代化经济建设正常进行和迅速发展所不可缺少的极为重要的支柱。就我国工业内部来说，在2000年前，能源工业正是具有上述的特殊地位和作用。

第四，成组原则。重点产业不是孤立的一个产业，而是一组产业。因为一个产业是形不成战略重点的，也发挥不出应有的战略作用。我国2000年之前把能源工业列为重点工业部门，其中就包括了煤炭工业、电力工业、石油工业等一组工业部门。由此可见，战略重点产业应总是成组的，而不应该是单个的。

第五，序列化原则。鉴于技术进步和社会供求的发展都存在由低到高和由简单到复杂的演变顺序，所以战略重点产业部门的替代也存在比较严格的演变顺序。虽然每个演变顺序中各环节的时间长短有明显的差别，但一般都不可能跳过这些序列中的基本环节。因为在这些序列的基本环节之中，后一个环节总是以前一个环节为前提和基础的。

三、科学制定产业结构合理化的标准

目前，我国经济界对于产业结构合理化标准这个问题的认识并不完全一致。比较流行的说法有三种：轻型结构、舒展型结构、高效型结构，最近又有三种说法，即开放型结构、自我调节型结构、可变性强结构。以上这六种表述，都有一定的道理，都是针对某种倾向而提出的。

我们认为，我国产业结构合理化的标准可以概括为“三个相适应”和“三个有利于”，即与社会主义有计划的商品经济相适应，与世界新技术革命和产业革命的潮流相适应，与改革开放的总方针相适应；有利于建设有中国特色的社会主义，有利于国家的兴旺发达，有利于人民的富裕幸福。符合这样标准的产业结构，一般具有以下的具体要点和特征：

（一）产业结构合理化标准的具体要点

符合国情、国力，发挥优势；按比例、协调、稳定增长，速度适度；建立和健全独立的比较完整的工业体系和国民经济体系；发展新兴产业部门，并以它为先导，促进技术的不断进步；具有较高的创汇能力；具有自我调节、自我约束、自我发展和自我应变的能力；以提高宏观经济效益为中心，以更好地满足人民的需要为目的。

以上要点在整个合理化过程中，一方面是各有不同的地位和作用，另一方面是彼此联系、相互制约并相互补充着。从各条要点的地位作用看，有的着重讲供给的可能性，有的着重讲需求，有的着重讲速度与比例和效益的关系，而最后一个要点是把需求与供给相结合的最终标准。所以，这七个要点应当综合考察。

以上七个要点的总方向是一致的，但是在现实生活中往往是有矛盾的，主要表现为对需要与可能、速度与比例、速度与效益的要求有矛盾。我们实现产业部门结构合理化的过程，也就是正确处理这些矛盾的过程。

（二）产业结构合理化标准的具体特征

供求结合，中外结合，内外结合，军民结合，计划与市场结合；质与量统一，速度与效益统一。以上这“五个结合”和“两个统一”的特点，是我们的经验总结。

正确处理速度与效益之间的矛盾，始终都是一个最重要的问题。因为从一定意义上讲，产业结构合理化过程，也是调整各产业的发展速度的过程，是取得良好经济效益的过程。一句话，是速度与效益的统一过程。我们在调整和改造产业结构的过程中，无论是改造和发展传统产业，还是发展高新技术产业，都应当坚持速度与效益的统一。

对第一、二、三产业关系的思考①

在社会主义现代化建设中，正确处理第一、二、三产业的关系具有重大的理论意义和实践意义。要正确处理第一、二、三产业的关系，就要像江泽民同志在十四届五中全会闭幕时的讲话中所指出的那样，“大力加强第一产业，调整提高第二产业，积极发展第三产业”。这就要求我们按产业结构发展的客观规律办事，保持产业结构与社会生产力水平相适应。

社会生产的发展首先开始于第一产业，在第一产业发展的基础上才有第二产业的产生和发展，也只有在第一、二产业发展的基础上才会有第三产业的产生和发展。因此，第二、三产业发展的规模和速度必须以第一产业的发展状况为出发点和界限，第三产业的发展必须以第一、二产业的发展状况为出发点和界限。所以，江泽民同志指出，加强农业是国民经济发展的首要问题。加强农业也就是支持第二产业和第三产业；为农业作贡献，也就是为国民经济的持续、快速、健康发展作贡献。第一产业的基础地位主要表现为为全社会提供粮食和其他农产品，为第二、三产业提供原材料。第二产业的主导地位和作用主要表现为第一、三产业提供现代化的劳动手段。总之，产业间的关联性是双向的，但双向的关联性质又是不同的。这种差异具体地表现在三次产业的科技进步、社会需求、分工发展

① 李悦．对第一、二、三产业关系的思考［N］．光明日报，1995-10-22．

和市场规模的差异上。

科学技术是第一生产力。科技进步对三次产业的发展都有巨大的推动力，但对各产业的推动作用是有差别的。由于第一产业的生产周期长，受自然环境限制较大，其科技进步比第二、三产业要困难得多，所以必须多方增加农业投入，发挥科技兴农的作用。科技进步会促进第一产业的劳动力逐步减少；第二产业生产规模的扩大又会不断从第一产业中吸收劳动力。这种减少和吸收相抵就导致了第二产业劳动力相对比重趋于稳定，这也是形成第二产业的产值在国民生产总值中和劳动力在社会劳动力总数中的比重位次长期处于第一产业和第三产业之间的重要原因。

劳动生产率的高低对三次产业的发展有制约作用。这种作用主要表现在以下两个方面：一方面是第一产业劳动生产率的提高，使其自身的劳动力相对比重降低和绝对量减少，这就为第二、三产业的发展提供了劳动力，即劳动力必然要从第一产业向第二、三产业转移。另一方面，三次产业的劳动生产率相比较，第二、三产业的劳动生产率要高于第一产业，这也是加速劳动力由第一产业向第二、三产业转移的动力之一。

社会主义生产的根本目的是满足人民的需要，而三次产业从不同的方面满足着人民的需求。人民收入水平和生活水平是相适应的。收入水平越高，对第一产业的产品需求越会相对下降，而对第二、三产业的产品需求会相对上升。因为第一产业的产品主要是人民的生活必需品，主要是解决吃饱和穿暖的问题，这属于较低层次的基本生活需求，其弹性不大；随着收入和生活水平的提高，这种需求在整个消费需求总量中会趋于下降。但另一方面，随着收入和生活水平的提高，人们会对第二、三产业的产品产生更高的要求和更大量的需求。这就必须在大力加强第一产业的同时，调整工业结构。当前，应继续加强基础工业，振兴支柱产业，提高素质和水平。此外，应逐步提高我国第三产业的比重，加强对第三产业的规范管理，重点应发展为社会生产和广大群众基本生活服务的行业，规范和发展金融业，引导房地产业健康发展，从而使产业结构逐步由“一、二、三”向“三、二、一”的方向转变。

正确处理民用工业和国防工业的关系①

毛泽东同志在《论十大关系》一文中，在总结我国社会主义建设经验的基础上，提出了探索适合我国国情的社会主义建设道路的任务，其中关于正确处理经济建设和国防建设关系的思想，是我们实现民用工业和国防工业结构合理化的正确指导思想。

一、民用工业与国防工业的生产联系和比例关系

国防工业是我国社会主义工业体系的重要组成部分。正确认识和处理国防工业与民用工业和国民经济的关系，不仅对增强国防实力具有决定意义，而且直接关系到整个国民经济的稳定发展。我国的经济是建立在公有制基础上的社会主义计划经济，国家建设实行

① 李悦．正确处理民用工业和国防工业的关系［J］．工业经济，1984（3）．

“全国一盘棋”的方针。因此，国防工业必须纳入计划经济的轨道，服从国家建设的统一部署。根据历史经验，国防工业要稳步地健康地发展，最重要的是处理好民用工业和国民经济的关系，切实搞好综合平衡，保持合理的比例。

国防工业与民用工业的关系，是一个对立统一的关系。民用工业是国防工业的基础，民用工业没有一定发展，就没有条件建立和发展国防工业；反过来，国防工业的建立和发展，又会进一步促进民用工业的发展，是保护民用工业不受外敌侵犯的必不可少的物质条件。这就是两种工业相互联系、彼此促进的一面。

民用工业与国防工业还有相互制约、彼此矛盾的一面。因为在一定的时期内，国家可投入两个工业部门的人、财、物力总是有限的。人、财、物力投到国防工业过多，就会挤占民用工业，影响民用工业的发展；反之，投到民用工业过多，必然又影响国防工业的发展。我国的建设实践反复证明，国防工业建设如果脱离民用工业和国民经济发展，急于求成，其结果只能适得其反，欲速则不达；另一方面，如果国防工业投资过低，就会影响我军武器装备现代化的进程，关系到部队战斗力的提高，关系到国家的安危。

就民用工业与国防工业的比例关系来说，在现代化的过程中，不同国家和每个国家的不同时期，都不尽相同。但在正常情况下，一般民用工业总占着绝大的比重，国防工业所占比重较小。此外，两种工业的具体比例关系又不是固定不变的，而是随着一定时期国际形势变化和国力的发展，不断地加以调整和改变。

据报道，当今世界军费开支约等于世界总产值的6%，1980年，苏联和美国的军费分别占国民生产总值14.6%和5.5%，北约和华约两个军事集团的军费占世界军费总额的3/4。美国和苏联的军费占全世界军费的近60%。在世界大战时期，军事生产所占比重更大。比如，第一次世界大战的1918年，美国的军事生产占工业总产值的40%；在第二次世界大战的1944年，美国军事生产占了整个制造业总产值的61.3%。

我国的军政费用应保持在什么样的比重才比较合适呢？毛泽东同志在《论十大关系》一文中曾经指出：“1950年，我们在党的七届三中全会上，已经提出精简国家机构、减少军政费用的问题，认为这是争取我国财政经济情况根本好转的三个条件之一。第一个五年计划期间，军政费用占国家预算全部支出的30%。这个比重太大了。第二个五年计划期间，要使它降到20%左右，以便抽出更多的资金，多开些工厂，多造些机器。”

我国的建设实践证明，在“一五”计划时期，除了军政费用占国家预算全部支出的比重太大这个毛病外，我们把国防工业建设摆在比较突出的地位这个决策还是正确的。因为当时我国安全受到帝国主义的严重威胁，而原有国防工业力量很薄弱。事实证明，“一五”计划的这种安排，对于迅速奠定国防工业基础、独立自主地进行武器装备的科研和生产，具有决定性作用。同时，对于促进民用工业建设、提高技术水平，也发挥了重要作用。近几年来，为了搞好国民经济调整，解决人民生活方面长期堆积起来的困难和问题，加快国民经济发展，争取财政收支平衡，适当降低国防工业投资是必要的。只有国民经济发展了，才能为国防工业积累建设资金，提供更多和更先进的设备、原料、材料。因此，“六五”计划规定，国防战备费占财政总支出的14.5%，比“五五”计划时期的16.5%降低2%。可以预料，今后随着国民经济的发展和国家财政状况的根本好转，以及国际形势的变化，国防工业投资还会有所变化。

二、民用工业与国防工业结构合理化途径

（一）以民用工业和国民经济发展为基础，用首先加强民用工业和经济建设的办法来发展国防工业

恩格斯说："暴力的胜利是以武器的生产为基础的，而武器的生产又是以整个生产为基础，因而是以'经济力量'，以'经济'情况，以暴力所拥有的物质资料为基础的。"

陈云同志在谈到一些重大比例关系时指出："民用工业和军用工业的关系要处理好。发展军用工业是完全必要的，要有一些专门生产军用品的工厂。但军用工业不能孤立发展，必须建立在强大的民用工业的基础之上。"这些思想，就是我们必须遵循的实现民用工业与国防工业结构合理化的正确指导思想，也是我们发展国防工业的正确道路和途径。

一个国家的国防力量和国防工业，首先要以它的经济实力为后盾。特别是现代化战争，在某种程度上说，就是或主要是经济和科学技术实力的较量。只有首先而不是其次把经济建设和民用工业搞上去了，有了现代化工业作为物质技术基础，国防建设和国防工业才可能实现现代化；否则，一旦国防建设和国防工业的规模过大，军费过多，就必然直接影响民用工业和经济建设的规模。最后，国防工业和国防建设也搞不上去。为此，我们必须坚持尽可能地节省国防开支，为民用工业和整个经济建设腾出更多的资金。

（二）军民结合，平战结合

党的十一届三中全会以来，我们在贯彻执行军民结合、平战结合的方针方面，取得了不少经验，做出了可喜的成绩。

国防工业是国民经济的一个重要组成部分，在整个国民经济中，军用品生产与民用品生产是不可分割、互相促进的。国防工业在确保完成军用品生产任务的前提下，充分挖掘生产潜力，积极生产民用品，既可以更多地满足国民经济和人民生活的需要，又可以为国家积累资金，提供外汇，更好地发展国民经济。国民经济发展了，才可能为国防工业的发展提供充足的资金和雄厚的物质条件。由于军工的特点，平时总有一部分企业生产任务不饱和，因此，充分发挥企业的生产能力，大力生产民用产品，是完全可行的。

由于历史的原因，一些与军工生产有关的新技术、新设备、新材料、新工艺，过去往往被看得很神秘。现在，军工部门从领导机关到广大科技人员和职工，正在打破这种神秘感，努力运用他们掌握的科技成果，以及技术、设备、人才方面的优势，为经济建设服务，为人民生活服务。这样做，方向完全正确。我国国防工业完全有条件为国家的经济建设作出更大的贡献。

军工生产，大多数是"科研生产型"的生产形式，既是一个科研系统，又是一个生产系统。在研制原子弹、氢弹、人造卫星、运载火箭的过程中，军工系统的科研人员跨进了当代最先进的科学技术领域。这些科技成果，既可为军事建设服务，也可为经济建设和人民生活服务。从核工业部已经分散移植、扩散、推广应用于工业、农业、医疗卫生的新技术、新工艺、新材料、新设备来看，件件关联着国计民生，样样显示了经济效果。航空工业部门重视开发民用产品，近3年来民用品产值增加两倍，占全部门总产值的26%，有的产品本身就是亦军亦民的，如运输飞机、船舶、电子设备、光学仪器等；有许多工厂可以结合本厂设备的特点，承担民用产品的加工和工艺协作任务，如铸锻、热处理、表面处理等；多数企业可以选择工艺相近的产品，在现有基础上稍加调整，就可以组织民用品

生产。

从许多军工企业发展民用产品的实践经验来看，它的好处很多。一是大大提高了劳动生产率和设备利用率；二是学会了两套本领，培养和锻炼了科技队伍，提高了职工的技术水平，为战时扩大军用品生产储备了能力；三是改进了企业管理，降低了成本，减少了消耗，增产增收，为国家建设积累了资金；四是为市场提供了更多的商品，为满足人民群众生活的需要作出了贡献；五是在增加积累的情况下，改善了职工生活。总之，军工企业在确保军工生产的前提下，发展民用品生产，不但不会影响军工生产，而且会大大促进军工生产。

（三）加强经济技术合作，转让科技成果

军工和地方工业建立经济技术合作关系，利用国防工业科研的成果和技术力量，支援地方工业，是大有可为的。

经济技术合作的内容可以包括：新工艺、新技术、新材料、新产品的技术转让；企业技术改造的设计和设备制造；产品合作生产、技术攻关和工艺协作；技术咨询、服务、培训；承担科研项目。

实践证明，国防工业拥有的雄厚技术力量和精良技术设备，正在国民经济建设中日益发挥作用。据不完全统计，目前已有220多项军工新技术、新工艺和科研新成果移植、推广到民用工业部门。

国防工业向轻工、纺织、石油、化工、医药卫生、农林等民用部门提供的新技术、新工艺和科研新成果大体分为节能技术、精密加工锻造和液压密封技术、真空和低温技术、遥测遥控技术、卫星遥感技术、同位素技术等方面。单是节能技术方面，大庆、中原等主要油田向航空工业部订购的航空涡轮冷却装置，投产后每年即可回收轻烃10万吨以上，创造价值五六千万元。由核工业部研制的热泵蒸发器的耗能量，可比常规蒸发器节省80%~90%。由兵器工业部研制的1 000千瓦工频加热炉一年节约的能源材料费用即达400万元。

国防工业各部提供的新技术、新产品中，不少已达到国际先进水平。兵器工业部利用锻造炮管的精锻技术，已为铁道部提供了几万根火车轴，节省了一笔可观的进口车轴的外汇；为石油工业部生产的油井抽油杆质量居国内前列。

（四）把国防安全与提高经济效益结合起来

在国防工业生产建设过程中，应注意提高经济效益，要废除供给制式的实报实销的“大锅饭”和封闭体系。为此就必须抓好下列几项工作：

(1) 把军工企业的生产经营建立在经济核算制的基础上，废弃实报实销的“大锅饭”。为了进一步合理地使用国防建设经费，促进军工企业参加竞争，军品也应当征税。

(2) 除尖端武器的生产外，应把生产常规武器的国防工业纳入国民经济体系，逐步实现军民一体化。国防工业由于其产品的用途特殊，虽不直接属于马克思所说的生产的两大部类的某一类，但属于两大部类的派生性质（也可以把国防工业划入生产资料生产），同样要受两大部类生产的制约。再生产的客观规律要求逐步实现军民一体化，把民用工业与国防工业截然分开，彼此完全封闭、自成体系，是不符合社会化大生产的要求的。

(3) 以少数国防工业和民用工业的企业为骨干，建立生产区域化的联合体与有特色的基地和小城镇。这是现代化战争的客观要求，是促进地方经济发展的新途径，也是生产力布局坚持国防原则的重要方面。

我们的三线建设的大方向是正确的，它完全符合生产力布局的国防原则。保护和发展生产力是国防建设的根本出发点，也是我们评价三线建设的根本出发点。保护生产力，通常可采取两种方法：一是在战争中用武力保卫它，使之免遭敌方的破坏；二是在生产力配置时就考虑到战争的因素，进行合理布局，使之不易受到敌方的破坏。而要实现这两种方法，都离不开国防工业和民用工业的结合，离不开这两个部门在全国的合理布局。

正确处理沿海工业和内地工业的关系①

正确处理沿海工业和内地工业的关系问题，毛泽东同志在《论十大关系》中就提出并且作了原则性论述。从那个时期以来，我们在利用和发展沿海工业、建设内地工业方面，做了不少的工作，取得了显著成绩。

但是，联系20多年经济建设的实践，联系《关于建国以来党的若干历史问题的决议》，重新学习《论十大关系》，就感到我们的认识还有待深化。

过去，我们对处理好沿海工业与内地工业关系的理解，一般局限于生产发展本身方面，没有提高到整个国民经济管理如何按客观经济规律和自然规律办事的角度来认识。我的看法是，正确处理沿海工业和内地工业的关系，不能简单地理解为中央经济管理部门，一只手抓沿海工业的利用和发展，一只手抓内地工业建设。这样建立的联系，还只是一种纵向的联系，更为重要的是建立起合理的横向联系。这种横向联系，从本质上说就是以沿海城市为中心，建立起沿海与内地的内在经济关系。我们要把正确处理沿海工业和内地工业的关系，当作经济体制改革的主要内容来认识，研究解决其中的新情况和新问题，寻求解决这个问题的正确途径。

过去，我们对沿海工业的利用和发展，是重视的，沿海工业发挥了显著的作用。以上海为例，它的工业产值差不多占全国工业总产值的1/8，出口总值占全国出口总值的 1/6，财政收入占全国财政收入的1/6，确实作出了很大的贡献。但是，我们在发挥沿海工业作用方面也存在某些片面性。利用原有企业、原有设备多，更新改造原有企业、原有设备少。由于过分强调挖潜，以致设备陈旧、场地拥挤、厂房破旧、环境污染的状况日趋严重。在发展沿海工业方面，也局限于多出产品，满足国内市场需要，很少考虑面向国际市场，加强建设，使沿海的几个大工业城市同时成为对外出口的基地。沿海工业的配置，也往往从利用沿海城市技术经济基础方面考虑较多，不大注意能源、水资源、交通运输及城市公共建设的负荷能力。

我国内地工业长期落后，中华人民共和国成立以来加快内地工业的发展，取得了很大的成效。据有关方面统计，在1952年到1978年这20多年中，全国工业产值年平均增长10.5%，其中沿海工业年平均增长9.9%，内地工业年平均增长11.6%。内地和边疆地区工

① 李悦. 正确处理沿海工业和内地工业的关系［N］. 人民日报，1981-12-15.

业产值在工业总产值中的比重，由1952年的29.2%上升到1978年的36.7%，钢铁、煤、电、金属切削机床、水泥、棉纱、机制纸等主要工业产品产量的比重，分别由8%~30%上升到36%~60%。现在，内地的一些省市，已经发展成为各具特点的新的工业基地。但是，由于内地工业建设工作中的偏差，特别是“山、散、洞”的影响，内地工业建设存在很多问题。有的同志因此把内地工业特别是三线建设的工业看成包袱，这是不对的。内地工业既有这样那样的缺点，也有不少优点。总的说来，内地工业接近能源和原料产地，接近工业品消费区，不少企业设备、工艺技术比较先进。内地工业是一笔很大的财富，我们不应当把它当成包袱。有的同志主张，通过竞争把内地的落后企业淘汰，促进优良产品发展。有的同志主张，实行闭关政策，保护内地工业发展。这些主张都带有一定的片面性。不错，内地工业企业的许多产品消耗大，质量差，效益低。我们不能老是用有限的能源和原材料去生产落后的产品。但是，只要这类产品为大家需要，沿海工业基地又不能充分满足，就不能停止生产而轻易淘汰，也不能采取“保护”政策让这些落后的企业永久落后。正确的态度，应当是采取积极的措施使内地的许多企业由落后变先进，这才是对内地工业的真正保护。我们不应当把沿海工业的某些先进性同内地工业的某些落后性对立起来，而应当促使沿海工业同内地工业携手并进。现在，许多内地企业同沿海先进企业一起，组织各种形式的联合公司，或从沿海先进企业引进设备、技术、工艺、管理经验，收到了明显的效果，很值得提倡。

更科学合理地发挥上海老工业基地的作用

——上海经济结构调查报告①

1979年10月21日到11月29日，我们对上海经济结构进行了初步的调查。现报告如下：

一、演变和特点

中华人民共和国成立前，上海是一个受帝国主义、官僚资本主义控制的商业港口，是一个以轻纺工业为主的工业城市。经过30年的发展，上海经济已经发生了根本的变化，成为我国最大的综合性的工业城市。

中华人民共和国成立以来，上海的经济发展是比较迅速的。1978年，工农业总产值达565.9亿元，比1949年增长19.5倍，平均每年增长约11%。其中农业增长5.1倍，工业增长21.5倍。

上海以工业为主，郊区农业比重一直很小。1978年，其产值只占工农业总产值的3.8%。郊区已初步建成为城市服务的副食品基地。粮食能自给一半，猪肉自给率达到60%，鲜蛋70%，活禽77%，食用油和蔬菜全部自给。

---

① 经济结构上海调查组．更科学合理地发挥上海老工业基地的作用——上海经济结构调查报告［J］．经济研究参考资料，1980（109）．

30年来，工业结构的变化很显著。

（一）从以轻工业为主，发展为轻、重工业各半，门类比较齐全的产业结构

过去，轻工业占全市工业的80%以上；重工业很少，仅有几家机器厂，主要是修配方面，原材料基本上依赖国外进口。中华人民共和国成立后，大力发展了冶金、机械、造船、化学等工业，建立了电子、仪表、石油化工、新型原材料等新兴工业。重工业平均每年以16.6%的速度递增，大大超过轻工业9.1%的增速。目前，上海的工业门类比较多，原材料工业有相当基础，加工工业比较发达，已经成为综合性的工业基地。

（二）从技术装备十分落后，采用大量手工劳动，发展为有一定机械化、自动化水平的技术结构

中华人民共和国成立前，上海机械化程度很低，更谈不上自动化。30年来，大搞技术革新和技术革命，技术装备水平不断提高。1949年，平均每个职工拥有技术装备5 319元，1978年提高到10 602元。全市拥有金属切削机床从18 000千台增加到207 000千台。其中，大型、精密、数控机床有9 300台。自动化也有发展。据对12个工业局所属2 429个企业的调查，将近一半的企业拥有自动化设备，共有自动化、半自动化单机65 885台，自动化、半自动化生产线1 243条。不少新技术、新工艺不断得到发展和应用。

（三）从分散经营、盲目发展，发展为初步按照专业化协作原则组织起来，大中小企业相结合的经济组织结构

30年来，经过多次经济改组，将中华人民共和国成立前2万多户分散经营、盲目生产的中小企业和4万户左右的个体手工业，根据产品归类、协作对口的原则，逐步调整为近8 000个企业，由64家专业公司分别进行管理，从而把大量的分散的企业组织起来，提高了专业化协作水平。第二个五年计划后，陆续建立起一些大型企业，但中小企业的专业化程度较高，易于协作配套和适应市场需要，依然是上海工业的基本力量。以大型企业为骨干，充分发挥中小企业的作用，这是上海工业结构的特点。全市近8 000家企业中，大型企业占1.3%，中型企业占3.5%，小型企业占95.2%。中小型企业产值占工业产值的73%。

（四）从私营企业、个体经济占统治地位，发展为以国营企业为主，集体企业占有重要地位的所有制结构

中华人民共和国成立后，把资本主义工业企业和个体手工业逐步改造成为国营企业和集体企业，又积极扶植并发展了社办工业和市区、城镇的街道工业，以及里弄生产组。1978年，全民所有制企业占企业总数的42.4%，产值占92.2%。集体企业数占57.6%，产值占7.8%。如果包括大队办的工业，其数量更大，人数超过100万，占全市工业总人数的35.3%。它们在为大工业加工、修旧利废、填补空缺，配合新兴工业上马，以及为农业、市场、外贸服务方面，发挥了十分重要的作用。

在对外贸易方面，进出口结构也发生了变化。中华人民共和国成立前，主要是进口，出口很少。中华人民共和国成立后，出口不断增长。1978年上海口岸出口额达28.9亿美元（其中上海提供的货源为16亿美元），比1953年增长了16倍。

总的来说，30年来，上海的工业结构向着优先发展重工业，特别是优先发展冶金、化工工业，建立完整的工业体系的方向发展。目前，除了采掘和采伐工业外，其他各种工业门类几乎齐全。这是一种“大”而“全”的工业结构。这种工业结构，对上海本地经济来说，有其有利的一面。它有利于上海市尽快地形成新的生产能力，有利于在市内协作，

成龙配套，发展新产品。上海工业产品按大类分已有300多个。机械工业产品有1.8万个品种，单机成套水平达到90%以上，冶金、矿山、化肥、发电、综合采煤机等大型成套设备的成套水平也达到80%左右。冶金工业的钢种有1 300多种，钢材规格2万多种。化学工业品种已发展到2万多种。这种工业结构也有利于提高经济效率。上海各项经济技术指标一般都高于全国水平。工业全员劳动生产率2.84万元，每百元固定资产创造产值276元，分别比全国平均水平高1.5倍和1.6倍。每百元固定资产实现的利润为63.7元，比全国平均15.9元高3倍。每百元产值提供利润23.1元，比全国平均水平高50%。但是，这种工业结构，从全国经济的合理布局来看，从更科学合理地发挥上海老工业基地作用的要求来看，是有不少问题值得研究的。

二、几个值得研究的问题

（一）从全国经济布局来看，对上海经济的发展是否缺乏一个远景的考虑和合理的要求，当前所加的任务是否过重、压力过大了

上海人口仅占全国1%，土地面积还不到1/1 500，工业总产值却占全国1/8。不少产品在全国占有重要地位。调往外省、市的工业消费品占全国省市间调拨量的45%。上海口岸出口量占全国出口总量的1/3（其中上海本地产品占60%）。财政收入占全国1/6。中央财政支出中，1/4是上海提供的。这些，都是上海人民在全国支援下做出的成绩，是他们对全国经济的巨大贡献。但是，上海承担的任务如此之重，压力是很大的。上海市不少同志反映，年年希望喘一口气，而年年只能多背任务回来。这样，就不得不使不少设备带病运转，在危房下进行生产，没有余力进行调整，无法充分发挥上海的特长，这是不利于上海经济发展的。同时，全国经济生活过多地依赖上海，也是地区经济结构不合理的一种表现。目前这种趋势还在发展，中央各有关部门还在不断地按部门的要求，分别向上海增加生产任务和挤进上海来安排建设项目，缺乏长期的综合性的考虑和安排。

（二）在一无原料、二无燃料的情况下，是否过多地发展了冶金工业，加剧了能源和交通运输的紧张，使有些部门的发展遇到了很大的困难

上海原材料工业在工业投资中的比重不断上升。“一五”计划期间占25.6%，“四五”计划期间竟提高到72.3%。1950年到1978年，原材料工业投资中，石油化工和冶金工业占68.7%。上海钢铁冶炼能力已达500万吨，接近于鞍钢。为保证钢铁生产，每年需调进矿石、生铁、炼焦煤近3 000万吨，而生产的钢材有2/3要外调。宝钢建成后，上海钢铁冶炼能力将达1 100多万吨，将是我国最大的钢铁基地，原料、燃料和成品的调运量将更大。冶金工业的过度发展，又加剧了能源、电力的紧张。去年，上海一次能源消耗折合原煤2 600万吨，85%用于工业。其中冶金局占36.1%，化工局占17.8%。这是上海交通运输紧张和燃料、电力不足的重要原因之一。去年上海港吞吐能力缺少1 000万吨，全年发电能力缺少30万千瓦。

轻工业是上海的传统工业。1978年上海轻工业产值达268.7万元，比中华人民共和国成立初期增长11.3倍，不少产品如自行车、缝纫机等甚至几百倍地增长。但是上海轻工业在工业投资中的比重不断下降。“一五”计划期间占25.5%，到“四五”计划期间和1976年降到19.8%。1950年到1978年总共只投资18.3亿元。长期以来，依靠“挖潜”增产，连年增产，连年“挖潜”。不少工厂拼厂房、拼设备、拼人力，不仅产品质量难以提高，

产品升级换代困难，而且增加生产受到限制，很难满足日益增长的国内市场和出口的需要。

（三）是否片面强调了“充分”利用和“挖掘生产潜力”，以致老企业改造欠账过多

上海工业企业，70%集中在市区。5 000多个企业、20 000多个生产点，分布在141平方公里的土地上，建筑密度很高。许多工厂与居民住宅犬牙交错，矛盾突出。这些企业，多数是老企业，生产迅速增长，生产场地、厂房未能相应扩大和改造，场地拥挤，危房增多（仅轻工、纺织、手工三局的危险厂房就有近百万平方米），出现了“生产挤生活”“生产挤辅助，辅助挤仓库，仓库挤马路”等现象，生产条件和劳动条件逐渐恶化。一些生产发展快，出口任务多，对国家贡献大，获得国家金、银质奖章和奖励的企业，情况更为严重。多数企业，设备更新落后于生产的发展，技术装备陈旧落后。如轻工业局系统拥有各种设备87 000台，其中20世纪三四十年代的占40%，50年代的占50%，50年代以后的只占10%，很多设备带病运转。这种状况如不迅速改变，就影响上海工业持续地高速发展。

工业不断发展，“三废”治理却进展迟缓，污染不断扩大和加重。最突出的是污水。全市每日排出的未经处理的工业废水约有400万吨排入黄浦江及其支流，致使江水全年约有1/3时间发黑、发臭。大气粉尘和噪声污染也很严重。市区降尘量和居民点噪声分别超过标准3倍和10~12倍。放射性废物长期没有处理。“三废”污染已严重危害人民健康。1979年1—9月，因“三废”污染同居民发生矛盾的工厂、车间有271个，导致群众抗议，甚至发生砸坏厂房设备、打架致伤的冲突事件77起，有48个工厂、车间一度被迫停产，损失产值近3 000万元。这一问题可能还未引起有关部门足够的重视。

（四）职工生活水平的提高和生活条件的改善与生产的迅速发展是否协调

首先，城市居民的收入在生产大发展的基础上增加不多。1957年与1952年比，工业总产值增长90.2%，全民所有制工业企业职工劳动生产率提高36.4%，全民所有制企业工资总额增长49%，平均工资增长9.8%。但是，自1957年以后，情况起了变化。1978年与1957年比，工业总产值增长5倍多，全民所有制工业企业劳动生产率提高2倍多，全民所有制企业职工工资总额仅增长56%，平均工资却下降了16.2%。由于就业面扩大，职工家庭收入增加，赡养人数减少，平均每个居民的收入是有增加的。据调查，26年来约增加了48%。如果考虑到零售物价指数上升、产品质量下降、尚需负担上山下乡子女的费用等因素，增加的幅度是不大的。

其次，城市的建设和改造落后于生产的发展。上海市区（不包括闵行和吴淞）每平方公里有4.1万人，人口密度超过10万人的街道有17个，这是世界上少有的。在人口这样高度密集的地区，住宅、市政建设、文教卫生事业等建设却未相应跟上，远远落后于生产性建设。“一五”计划期间，非生产性建设在基建投资中的比重为39%，其中住宅建设占13.3%。1966年到1978年间，它的比重下降到17.5%，其中住宅建设只有6.5%。目前，从公共交通、自来水、煤气、下水道、电话一直到商业、饮食业、服务业、旅馆、浴室、医院，无不感到紧张。最突出的是住房。女方年满30岁结婚无房、成年男女混居10平方米以下、两对夫妻同居一室而无法分隔等困难户1979年年末有69 000户。据计算，在1985年以前，平均每年需建260万平方米（1979年实际建182万平方米）住房，紧张局面才能有所缓和。

不少企业，生产发展，职工人数激增，生活福利设施不仅没有增加，相反，还把原有的食堂、托儿所、更衣室、医务室、文体场所等改为仓库、车间和堆场，职工生活福利受到极大影响。

三、发展方向和调整意见

上海是我国的重要工业基地。它在全国经济中的地位十分重要，今后向什么方向发展，怎样进一步发挥它的作用，必须慎重研究。上海市委提出，要尽快地把上海建设成为社会主义的先进工业基地、科学技术基地和外贸基地。这是积极的设想。建议上海制订出有明确目标和切实可行措施的具体方案。

上海有良好的工业基础，有一支有觉悟、有技术水平的老工人队伍；有一支具有一定水平的科技力量；有比较高的经济管理水平；又是我国最大的港口城市，与国内外都有广泛的经济联系。这是发展经济的有利条件。但是，上海土地面积狭小，人口密度很大，工业过分集中，缺乏原料和燃料，这些是上海经济发展的不利条件。针对这些社会经济的具体情况和当前存在的问题，上海经济有必要进行调整。为此，我们建议：

（一）逐步调整产业结构、产品结构，改变齐头并进、全面铺开的局面，有重点地发展适合自己特点的产业和产品

要大力发展农业，运用上海市工业、科技力量，把郊区10个县的农、林、牧、副、渔搞好，实现现代化，以满足上海人民日益增长的副食品需要，也在全国范围内起一个示范作用。

上海工业在原则上应多发展用原材料少、耗能低、占用场地少、技术要求高、无污染的工业。因此，要促进加工工业，特别是精加工工业的发展；要促进新兴工业，特别是电子工业的发展。要积极把轻工业搞上去。原材料工业，特别是冶金、化工工业的规模，要有限制；污染严重的工业，特别是现有带有放射性元素和剧毒物质的工业，要逐步迁出市区，重点治理，其发展也要有限制。

在调整部门结构的同时，要重点搞好产品结构的调整。重工业部门要扩大生产为轻工业、农业服务的产品。机电二局等部门，目前大部分设备闲置，大多数科技人员苦于无所作为。这部分力量亟须调动起来。要按照“军民结合”的原则，安排生产工艺相近的民用产品。各个工业部门都要根据国内外市场的需要，有重点、有步骤地进行产品升级换代，向新型、高级、精密、尖端、多品种的方向发展，并且大力提高产品质量。把外地能够生产的一般产品，分期、分批地转给兄弟省市生产。根据上海市劳动力多的特点和出口的需要，也要注意发展使用劳力多的工艺美术和“三绣两针”等生产。宝钢的产品方案、建设方案，也有必要进一步进行综合研究，作必要的调整。

今后，中央各工业部门在安排生产和建设时，应充分注意到上海的特点，一般产品尽可能安排到其他省市去。

（二）努力加强对现有企业的改造，使上海经济发展建立在技术装备不断更新的基础上

这是上海经济要继续发展的一个关键。不加强老企业的改造，不仅产品升级换代，向新、高、精、尖方向发展难以做到，就是维持一定速度增产也很困难。上海已有的经验证明，更新改造比新建花钱少、见效快、收效大。今后应坚持按照“先挖潜、革新、改造，

后新建”的方针，妥善安排新建和更新改造项目。要有计划、有步骤地对上海老企业逐个进行更新改造。更新改造要多搞新设备、新技术、新工艺。把更新改造同提高专业化协作水平、创造新的生产能力结合起来，同提高质量，发展新、高、精、尖产品结合起来，同消除“三废”污染、改善劳动条件、加强劳动保护结合起来。

更新改造资金的渠道挺多，现有五大类30多种，数量也不少。1979年计划有26亿元，超过基本建设投资额。在提高固定资产折旧率、扩大企业自主权后，企业自有的更新改造资金将会增多。管好、用好这笔钱，对老企业改造十分重要。当前突出的矛盾是更新改造的物资和设备没有保证。这是一个亟待研究解决的问题。为了解决这个问题，机械工业部门包括某些军工企业，不仅要成为技术装备部，而且要成为技术改造部、技术服务部，积极帮助老企业进行技术改造。

（三）加快老城市的改造，积极地、有步骤地改善人民生活

调整生产与生活的关系，改善人民生活，除了按国家统一政策逐步提高职工工资、改进奖励制度外，上海的重点似乎应放在老城市的改造上，妥善处理骨头与肉的关系。对上海的城市建设和改造要有一个总体规划。要加强市政建设和生活服务设施等建设，突出地解决住房问题和“三废”污染，力争做到新账不欠，旧账努力归还。

城市的建设和改造，可采取“以城养城、以城建城”的方针。地方性的事业，要充分发挥地方的积极性和地方的作用，把权力和责任都交给地方。在上海财政收入中，城市公用事业收入和劳改企业收入是否留给上海市统筹安排，是否有必要从工商企业利润中提取一定的比例作为城市建设、改造资金，应根据上述方针进一步研究。

调整工业布局，充分利用和发展卫星城镇，是改造上海老城市的重要前提。中华人民共和国成立后，上海建设了12个卫星城镇，由于生活福利设施、市政建设不配套，居民的户口、待遇、供应标准、子女就业等比市区低一等，这些地区发展不快，人们不愿意去。因此，要努力建设好卫星城镇的配套设施，妥善解决卫星城镇居民待遇的一系列政策性问题，使这些地区的生活条件与市区相同，甚至略高于市区，以鼓励迁居。

要下决心治理“三废”，特别是黄浦江的污水治理。要坚决实行“谁污染谁治理”的原则，制定出合理的排放标准，建立严格的监督检查制度和经济责任制度。对超过标准的，要累进收费或罚款。对严重危害人民健康的，应限期治理，必要时，可勒令停产。

住房问题应由城市规划部门和建筑工业部门统筹安排一个可行的计划，调动各个方面的积极性，切实加以解决。要综合利用各种废渣制造新型建材，发展建筑材料工业，以便建筑更多的住宅。与此同时，有必要合理调整住房，实行按质量好坏、使用面积累进收费的办法。面积超过标准，可加倍收费，也可试行民建公助或分期付款购置住房等办法。

（四）抓好经济改组工作，按照客观经济联系，发展各种新的经济组织形式

上海市在组织专业化协作、建立专业公司方面，做了不少工作，取得了显著的成绩。近年来，随着经济的发展，经济组织形式也有新的发展：(1) 把行政性的专业公司逐步改为企业性的专业公司。(2) 按照客观经济联系，打破行业界限、地区界限，组织跨行业、跨地区的经济组织。目前上海已经着手组织工贸结合的玩具公司，组织工商结合的线带公司，并且考虑打破行政区划，建立与外省市合营的企业。(3) 打破所有制界限，国营企业与集体企业联合兴办工厂，或分工协作共同生产一个产品，或联合经营等。这些组织形式都有利于发展生产，应抓好试点，总结经验，逐步推广。

对产供销需要在全国统一调配的产品，可在组织地区性联合公司的基础上，逐步试行组织全国性的联合公司。

（五）加强经济协作，积极带动和帮助兄弟省（自治区、直辖市）提高技术水平、工业生产水平和管理水平

上海是全国的上海，不能也不可能孤立地发展，而要在全国一盘棋的基础上发展。上海的出口事业，要在国内市场供应有保证的前提下发展。上海的先进工业要在扶植内地工业的基础上建立。

上海要依靠兄弟省（自治区、直辖市），但更多地要支援兄弟省（自治区、直辖市），带动兄弟省（自治区、直辖市）。今后，要从产品的支援，逐步转向技术、管理上的带动。要充分运用上海工业基础较好、科技力量较强、管理水平较高的特点，采取各种形式“输出技术”“输出管理”，为兄弟省（自治区、直辖市）提供科技成果和管理经验，提供技术设备，帮助技术改造，进行技术服务。首先重点帮助、带动上海附近的苏南、浙西地区，进一步促使全国科技水平、工业生产水平普遍提高一步。目前，上海已经采取的形式有：订立科技合同、帮助解决技术难点；负责设计并提供设备，帮助小企业进行技术改造；由领导干部、技术人员、老工人组织三结合小分队到各地帮助培训技术力量；等等。现还在考虑建立技术服务公司、技术咨询公司等。这些形式开创了一条利用我国国内比较先进地区的技术、管理经验，帮助后进地区迅速提高技术水平、工业水平的新路子。这条路子，不用外汇，收效快，很值得推广和发展，是今后上海同兄弟省（自治区、直辖市）协作的主要方向。

为了更好地发挥上海在国内经济建设中的带头作用，上海本身也亟须提高。它应进一步加强国外科学技术情报工作和经济情报工作，可派出一些有真才实学的经济管理人员和技术人员，组成成套班子，出国考察，努力掌握国际上先进的管理经验和科技成果，并运用到实际工作中去，为提高整个国家的科学技术水平、工业生产水平、经营管理水平，作出更大的贡献。

论充分发挥三线企业作用的科学依据①

近几年的实践证明，调整三线企业布局和产品结构，实行技术改造，按专业化协作的原则改组工业，开展包括一、二、三线企业联合在内的各种横向经济联合，乃是充分发挥三线企业作用的重要战略和有效途径。各级领导者和管理者，能否全面地评价三线建设和科学地认识三线企业的作用，始终都是能否充分发挥三线企业作用的关键所在。因此，更加深入地探讨和论证发挥三线企业作用的科学依据，至今仍是十分重要而有益的。我认为，充分发挥三线企业作用的主要科学依据，有以下几方面：

一、发展社会主义商品经济的客观要求

商品经济的充分发展，是社会经济发展不可逾越的阶段。所不同的是，社会主义的商

① 李悦．论充分发挥三线企业作用的科学依据［J］．开发研究，1986（6）：29-31.

品经济是在公有制基础上的有计划的商品经济，在占绝对优势的全民所有制经济的内部，商品关系反映着共同占有生产资料而又存在物质利益差别的联合劳动者之间的分工协作关系。这种关系，决定了商品生产者必然与周围生产者、经营者与消费者以及各种企业之间，发生着日益广泛的、密切的和互补的经济联系。充分发挥三线企业作用的重要科学依据之一，也就是这种经济联系及其一系列客观要求。

第一，社会主义商品经济要求一、二、三线各地区都要实行对内和对外开放，有计划地进行合理的分工协作，广泛地开展各种横向经济联合。

各地区之间和各企业之间的分工协作和横向联合的诞生和发展，是经济联系方式和管理方式由主要通过行政系统的纵向封闭型向纵横结合、以横向联系为主的开放型转变的过程。这个转变过程自然也是国内一、二、三线地区各领域互相开放，破除以条块分割为特征的旧体制的过程，是对已经不能适应生产力发展的那部分生产关系和上层建筑进行改革的过程。

过去旧的经济体制，条条之间、块块之间、条块之间都缺乏分工协作和横向经济联系，人为地按行政隶属关系把企业约束在条条块块之中。各方面都从自身的需要和利益出发，各搞一套“大而全”“小而全”的体系，甚至彼此封锁，导致重复建设、盲目生产。所有这一切，都是违背社会化大生产发展趋势的，是与发展社会主义商品经济的客观要求背道而驰的。

按商品经济的客观要求办事，实行对内、对外开放，广泛开展专业协作和横向联合，每个商品生产者和经营者就能扬长避短，取长补短，充分发挥各自的优势，就能促使各种生产要素按照合理的方向流动和组合，从而能创造出新的生产力。因为对单个地区和单个企业来说，无论它是在三线地区还是在一线地区，资金、技术、资源、生产能力、信息和经营管理经验，总是有限的，而且各有自己的优势和劣势，这种优势和劣势又往往是自相抵消的。一旦实行了专业化协作和横向经济联合，就能增强互补能力，把各方面的优势集中起来，形成最佳的商品生产能力。

第二，社会主义商品经济要求一、二、三线地区增强互补能力，相互依赖，彼此支持。为了在竞争中生存和发展，所有商品生产者和经营者都必须发挥各自的优势。就一、二、三线企业来说，的确是各有优势和劣势，而且有些一线企业的优势恰好是三线企业的劣势、一线企业的劣势恰好是三线企业的优势。

由于历史的和自然的原因，一、二、三线地区的经济基础、生产力水平是不相同的。一线地区地处沿海，是我国实行对外开放的前沿阵地，科学技术水平比较高，工农业基础好，商品经济比较发达，经济效益比三线地区高，但是缺乏能源和资源，生产场地狭窄，交通运输拥塞，住宅紧张，“三废”严重。三线地区地处内地，有丰富的资源，工业生产接近原料产地和消费地区。经过20多年的建设，三线地区在国防工业、机械工业、电子工业和能源工业方面，也有相当基础和优势，已经成为我国经济建设和国防工业举足轻重的“战略后方”；但是技术水平和管理水平比较低，资金和人才比较缺少，自然条件比较复杂，商品经济尚不够发达，尤其是还有50%~60%的生产能力没有发挥出来。

正是因为一、三线企业各有优势和劣势，因而任何一方的发展都离不开与对方进行商品交换，以对方的优势来补充自己的劣势，任何协作和联合都是双方的和双向的，而不是单方的和单向的。只有把双方的优势和劣势恰当结合起来，相互支持，彼此依赖，才能变劣势为优势，变分散的优势为集中的优势。

第三，社会主义商品经济要求建立社会主义的统一市场，使一、二、三线企业在基本相同的外部环境下开展竞争。建立一、二、三线地区的统一市场也是发展社会主义商品经济的基本条件和要求。在条块分割的旧体制下，一、二、三线地区的商品市场被束缚在各自窄小的范围之内，商品、资金、技术的生产和流通，都只能在本地区小块市场内进行。这就大大地阻碍了商品经济的发展。通过一、二、三线地区的协作与联合来充分发挥三线企业的作用，就能打破市场分割的局面，促进统一的商品市场、资金市场、技术市场的形成，以及人才的合理流动，为逐步形成一、二、三线地区统一的、开放的社会主义市场体系和纵横交错的经济网络创造条件。

在统一的市场上竞争，一线与三线企业的外部环境是不相等的，这种差异是历史上遗留下来的。比如，三线地区的军工企业要转民品生产，需要一定的条件和时间；要把占50%~60%的生产能力发挥出来，也要花费很大气力和一定的时间。而这种不利的外部环境并不是三线企业自身造成的，更不是只靠三线企业的努力就能排除的。国家机关和企业的上级领导者应当而且必须承担起为三线企业创造良好外部环境的职责，保证使它们尽快地站在与一线企业大体相同的起跑线上开展竞争。

有的同志曾把三线企业看成包袱，主张通过竞争把它淘汰掉，这是不对的，也是不可能的。因为三线企业中不少企业的设备、工艺技术并不落后，有的还是很先进的，而且接近能源和原料产地，接近工业品消费地区，有竞争能力。就是那些暂时消耗大、质量差、效益比较低的企业也正在提高之中，况且沿海工业基地又不可能充分满足广大内地的多种需要，所以轻易采取淘汰的对策是不行的。当然，也不能采取保护落后的政策。正确的态度应当是采取积极的措施，使那些落后的三线企业由落后变先进，这才是对三线企业的真正保护。我们不应当把沿海企业的某些先进性同三线企业的某些落后性对立起来，而应当促使一、二、三线企业分工协作，广泛开展横向联合，携手前进。

二、调动劳动者的积极性，振兴全国经济，实现民族平等、全体人民共同富裕目标的迫切需要

全国经济的振兴，只靠少数先进地区不行，而只能在先进地区的带动下，靠全国广大地区经济的普遍发展和提高。当前，我国的经济建设以沿海地区为重点是对的，但是不能孤立地发展重点，二、三线地区更不能等待，不应当也不可能等待建设好一块再建设另一块。更何况我国东、中、西部三大经济地带，在发展上已呈现出逐步由东向西推移的客观趋势。所以在一、二、三线地区的建设上，采取相结合、相适应的战略是比较全面的。

各地区经济相结合、相适应发展的技术依据，就是技术在空间的“梯度转移”、“跳跃转移”和“反梯度转移”规律的并存。那种“纯梯度转移”规律，是在社会生产力发展水平十分低下、交通和通信工具极不发达的条件下起作用的。但是，随着科学技术的进步和社会生产力的发展，特别是各种运输、通信工具的发展，以及资源、市场和政策因素的影响，除了“纯梯度转移”规律发生作用外，同时出现了“跳跃式转移”和“反梯度转移”规律。科学技术本身也有理论知识型和生产应用型两类，前者属于“奠基型”，其传递、转移一般没有梯度性；后者属于“见效型”，通常取决于接收地区对先进技术的吸收和消化能力，因而具有一定的梯度性。在科学技术迅猛发展的当代，某些不发达的地区由于引

进了外资和最新技术，出现“反梯度转移”的例子，的确是很多的。

由于历史的和自然的原因，我国大多数少数民族居住在广大内地和边疆。要实现全国各民族的真正平等和全体人民共同富裕，只靠少数先进地区的外援是不行的，特别是在商品经济的条件下，就更不行。因为商品经济通行的是等价交换原则。如果没有广大内地经济的普遍发展，民族平等和全体人民共同富裕就缺乏经济基础和物质保证。少数重点发展的沿海地区同样离不开广大内地的普遍发展，因为其必须以广大内地为市场；如果广大内地的经济不发达，重点发展地区的国内市场就必然受到限制。

无论是振兴全国经济，还是实现民族平等、全体人民共同富裕的目标，最终都要靠充分调动全国各族亿万劳动者的社会主义积极性和创造性，只靠少数人的积极性是不行的。对于劳动者的这种积极性和创造性，只能保护和发扬。三线建设中的失误，只能由有关领导者特别是决策者负责，总结经验、吸取教训。广大三线企业的劳动者来自祖国的四面八方，他们在三线建设中付出了大量的辛勤劳动。只有亿万劳动者的积极性和创造性得到保护和发扬，三线企业的作用才能得到充分发挥。

三线调整工作虽然才刚刚起步，但因政策对头，已经出现了新局面。截至1986年6月底，一、三线地区共提出了4 000个合作项目，其中有600多个项目已经签订了合作协议，商谈了1 400多个合作意向，落实的合资金额达11亿元。近4年多来，三线企业已开发民品千种以上，民品产值高达40多亿元，翻了两番，在总产值中的比重已由百分之几上升到一半左右。

三、内涵扩大再生产的有机组成部分

发挥三线企业的作用，无论是通过调整三线企业的布局和产品结构，还是按专业化协作原则改组和开展横向经济联合，还是进行企业的技术改造，都属于内涵扩大再生产的性质和范围，是内涵扩大再生产的有机组成部分。

在各国的经济发展历史中，由于不同时期的科学技术和社会生产力水平的不同，工业化和现代化的具体阶段和要求不一样，内涵的和外延的这两种扩大再生产的比重和地位也是有变化的。一般的变化趋势是：处在科学技术和社会生产力水平低下、工业化和现代化初期的历史阶段，为了建立工业化的初步基础，一般以外延扩大再生产为主；随着科学技术和社会生产力水平的不断提高，以及工业化初步基础的形成，工业体系和国民经济体系的初步建立，就逐步转向以内涵扩大再生产为主。我国三线地区过去以外延扩大再生产为主是对的，现在的情况不同了，全国拥有全民所有制固定资产6 700多亿元，三线地区有1 400多亿元，占全国的20%左右。三线地区机械工业所形成的生产能力、年产值和利润均占全国的1/3，电子元器件生产能力占部属企业的2/3，电子通信设备、导航设备、卫星地面接收设备的生产能力分别占全国的40%左右，原煤产量占全国的29%，电力工业装机容量占全国的34%，单是四川省的天然气产量就约占全国的一半。三线建设从总体上看是成功的，大方向是正确的。据国务院调整改造规划办公室的调查分析，三线建设布局分散，钻山太深，厂址存在严重问题，没有发展前途，需要关、停、并、转的项目只占全部三线建设项目的7%。整个三线地区已经成为我国经济和国防建设的“战略后方”。

可见，充分发挥“战略后方”企业的作用，在全国走以内涵为主的扩大再生产新路子中，三线企业也占据举足轻重的地位。

四、巩固国防的战略措施

充分考虑国防安全的要求，是社会主义生产力布局的原则之一。搞三线建设，充分发挥三线现有企业的作用，完全符合这个原则的要求。保护和发展生产力是国防建设的根本出发点，也是三线建设的出发点。保护生产力通常采取两种方法：一是在战争中用武力来保卫它，使之免遭敌人的破坏；二是在生产力配置上，考虑到战争的因素，有利于战略动员、战时动员和战后的恢复生产。无论我们采取哪种办法来保卫生产力，都离不开三线建设和充分发挥三线现有企业的作用。

应当承认，在大搞三线建设的时候，确实有对战争危险性估计过高的失误，因而规模搞得过大、过急，不配套，有占7%的建设是不成功的。今后应力求更准确地估计形势，但是必须看到，打不打仗不完全由我们决定。我们搞国防建设，是“养兵千日，用兵一时”，不能因为一时没有用上兵，就去否定“养兵千日”的必要性。

三线建设上的失误，除了有“四人帮”的干扰和“左”的指导思想的影响外，当时也确有敌情，更何况我们从取得抗美援朝战争胜利中也深刻体会到战略后方强大的重要性，而且在国际上也有不少先例。以苏联为例，在第二次世界大战前，苏联集中力量开发乌拉尔–康兹涅茨煤炭钢铁基地和伏尔加–顿河流域的石油基地，这些不仅成为苏联战前经济迅速赶上欧洲各发达资本主义国家的重要原因，也是在卫国战争中支持长期的残酷战争的重要基地。苏联在第二次世界大战后对西伯利亚和远东地区的开发和建设，把生产力布局向东部转移，加强东部地带同西部地带的技术和经济协作，不仅成为苏联战后经济迅速发展的重要因素，也是有政治和军事利益的。因为过去苏联的工业大部分集中于苏联的欧洲部分的西部地区，因而在第二次世界大战中吃了不少苦头。而西伯利亚地域辽阔，工业配置分散，一旦再发生战争，就可以避免再遭受像第二次世界大战那样严重的破坏。所有这些，都可供我们借鉴。

五、在全国合理布局社会生产力的重要途径

社会主义制度下的社会生产力布局，是在社会主义基本经济规律和有计划按比例发展规律的支配下，在党和国家的政策和计划的指导下进行的。

中华人民共和国成立以来，我们通过大力发展内地工业和搞三线建设，在改变旧中国的极不合理的生产力和地区经济布局方面取得了很大成绩。抗日战争前，我国工农业总产值的70%以上集中在仅占国土总面积13.5%的东部沿海地区，而占国土面积86.6%的广大内地和边疆的工农业总产值还不足30%。经过多年建设，广大内地和边疆地区的工业总产值在全国的比重已从1952年的29.2%，上升到1978年的36.7%，1983年又进一步上升到40.5%。

地处我国中西部地带的三线地区的八省一市（云南、贵州、四川、陕西、甘肃、河南、湖北、湖南、重庆），土地面积约占全国的1/4，其中耕地面积约占全国的1/3，人口约占全国的38%。这样一个广大的地区，假如经济得不到相应的发展，现有的三线企业的作用得不到充分发挥，全国的生产力合理布局又怎么可能实现呢？

如何面对知识经济的挑战

——对高新技术产业发展战略的思考①

要实现经济增长方式转变，实施可持续发展战略，更好地实现“九五”计划和2010年远景目标，就必须高度重视知识经济。从世界经济发展的态势看，当前知识经济显露端倪，诸如高新技术产业迅猛发展，科技工业园区在世界各地特别是各发达国家广泛出现，传统产业中的高技术含量日益增加，无形资产已受到高度重视，可持续发展日益成为人们的共识等。

实践反复证明：作为继工业经济之后的新型经济形态和经济发展高级阶段的知识经济，其主导产业就是高新技术产业。在世界高新技术产业蓬勃发展的当代，现代国际社会的竞争，说到底是综合国力的竞争，其关键是科学技术的竞争，而高新技术及其产业又是整个竞争的焦点所在。今后衡量国家经济增长是否达到投入少、产出大、效益高的目标，主要是看科学技术对国家经济增长的贡献率的高低。因此，我国必须及时把握住世界高新技术产业迅速发展的历史机遇，大力发展高新技术产业，不断地提高科技进步在推动经济增长中的作用，用高新技术产业主导经济发展战略全局，占领新的世界经济制高点，增强综合国力。这对于未来的15年我国经济汇入世界经济洪流，参与全球竞争，努力实现人均GDP由低收入国家进入到中等收入国家的历史性飞跃，都具有全局性的战略意义。

我国工业化正处在中期阶段，产业结构发展变化正处在“过基础关、补农业课”阶段。发展高新技术产业和知识经济，对我国来说，既是严峻的挑战，也是少有的历史机遇。挑战在于，一方面，西方国家的科技和经济实力可能更强，从而对包括我国在内的发展中国家形成更大的压力；另一方面，它们发展高新技术产业和知识经济，对我国也是一种少有的历史机遇。我们有可能利用西方国家在高科技领域中日益激烈的竞争，引进某些高科技成果，为我所用，加快我国高新技术产业的发展，加速我国产业结构的调整和高级化，促进我国知识经济的发展。我国完全有可能而且也应该在主要完成工业化任务的同时，发展高新技术产业和知识经济。因为我国已具有较强的工业基础，有较强的科技研究与开发能力，某些高科技项目已经接近或达到国际先进水平，还有大批高水平的科技人才。我们应充分利用这些有利条件，抓住历史机遇，发展高新技术产业和知识经济，而不能犹豫等待。

当然，发展高新技术产业和知识经济，不能搞“大跃进”“遍地开花”，而是要在战略方针上积极进取，在实际步骤上扎实稳妥。我国各地条件差异很大，应首先在那些条件较好的地区，把发展高新技术产业和知识经济列入其发展规划之中，并付诸行动。

应当变革市场营销理念。随着科学技术的迅猛发展，传统市场行为逐渐衰落，代之而

---

① 李立，李悦，郎立君. 如何面对知识经济的挑战——对高新技术产业发展战略的思考［N］. 光明日报，1999-06-11.

起的纷繁复杂的信息化市场机制将迫使企业变革营销理念，实施市场过程信息化和自动化策略。这对于以社会服务为宗旨、以高新技术为基础、以追求高附加值为动力的高新技术企业而言，将是一场有史以来最为深刻的营销理念变革。世界上只有少数跨国公司对这一变革在企业文化、组织过程和信息系统方面有所准备；对于大多数企业，这将是漫长而痛苦的适应和抉择。在我国这种变革似乎相对遥远，但对真正的高新技术企业而言，这种变革正在潜移默化地推进。用户数据库的建立和完善就是一个很好的证明。当然，这种变革还有待于文化的发展和社会经济水平的提高，但不管怎样，以高新技术为基础的营销理念变革毕竟和高新技术产业的发展相辅相成，任何一者的滞后都将阻碍二者的协调发展。

要切实加快实现由传统管理向现代管理转变的步伐。判断这个转变过程的快慢和好坏，应主要看下列十个主辅关系的变化和发展方向：实现由以物为中心的管理向以人为中心的管理转变；实现由以数量为中心的管理向以质量为中心的管理转变；实现由以速度为中心的管理向以效益为中心的管理转变；实现由生产型管理向生产经营型管理转变，再向资本运营型管理转变；实现由以战术为中心管理向以战略为中心管理转变；实现由以单一经营为限的管理向以一业为主、多种经营管理转变；实现单个企业经营管理向联合化、集团化经营管理转变；实现以本地区、本国度为限的封闭型管理向对国内外全方位开放型管理转变；实现由只有独资经营管理向独资、合资、股份制等多种经营管理方式转变；实现由只重视投入的管理向既讲投入又讲产出、投入与产出统一的管理转变。以人为中心管理是管理科学化的首要内容，实现由以物为中心管理向以人为中心管理的转变，是建立现代企业制度的迫切需要，是现代管理的客观需求。

抓住机遇，为后工业化社会奠定基础。现代国际社会的竞争归根到底是综合国力的竞争，其关键又是科学技术的竞争，而高新技术及其产业又正是整个竞争的焦点所在。高新技术产业已经成为发达国家稳步走向工业化社会的通道。时代所赋予我国的历史使命已经超出了工业化的范畴。高新技术及其产业的发展，已经成为我国抓住机遇、发展民族工业、实现工业化和为后工业化社会奠定基础的关键。

发展高新技术产业对我国而言，一方面肩负着工业化使命——改造传统产业，另一方面肩负着为后工业化准备的历史使命。二者的有机结合才是我国发展高新技术产业的真正方向。我国应切实加大国家的投入力度，选择重点领域，实施市场效益战略，本着“有所为和有所不为”的方针，以市场机制为原则，以产学研的有效结合为手段，不求高、不求快、但求稳，实事求是地发展民族高新技术产业。这不仅是我国高新技术产业的根本发展模式，也是我国工业化的出路所在，还是为步入后工业化社会的准备所在。

新型工业化道路新在哪里[①]

新型工业化道路与传统工业化道路有何不同？它新在哪里？我们可以把新型工业化道

① 李悦，方天石. 新型工业化道路新在哪里［N］. 人民日报，2009-12-04（7）.

路的本质和内涵概括为高、好、低、少、优、谐、适、序八个字。“高”，是指科技含量高；“好”，是指经济效益、社会效益好；“低”，是指资源消耗低；“少”，是指保持生态平衡、环境污染少；“优”，是指人力资源优势得到充分发挥；“谐”，是指产业结构和谐；“适”，是指工业发展速度适度；“序”，是指以毛泽东同志倡导的农轻重和邓小平同志倡导的吃穿用为序，即后者的发展规模和速度要以前者为基础。前六个字主要是质的规定性，后两个字主要是量的规定性。一句话，新型工业化道路是质与量的统一。

过去曾有人把工业化单纯地看成量的规定性，认为工业化就是现代化大工业产值在工农业总产值中占绝对优势的过程。现在看来，这种看法不够全面，因为工业化还有质的规定性。还应注意的是，在经济发展的不同阶段，工业化的质与量这两个方面的地位和作用是有差异的。在短缺经济条件下，量的扩张是主导和主要方面；而到了买方市场基本形成的环境下，质的提高就成为主导和主要方面了。

工业在当今世界经济中起主导作用，发达国家基本上是工业化国家。我国经过60年的发展，已建成行业比较齐全的现代工业体系，实现了从农业大国向工业大国的转变。在新的起点上，不断满足人民日益增长的物质文化需要，实现全面建设小康社会奋斗目标和社会主义现代化，仍然需要加快工业化进程。但我国要实现的工业化，应该是科技含量高、经济效益好、资源消耗低、环境污染少、人力资源优势得到充分发挥的新型工业化。这是从当今世界和我国发展实际出发作出的战略选择。我国是世界上最大的发展中国家，也是发展最快的国家之一，但我国人均资源占有量远低于世界平均水平，自然生态条件总体比较脆弱。在这样的资源环境条件下搞工业化，必须避免发达国家走过的弯路，也不能走“先污染、后治理”的老路，而必须从我国实际出发，把握科技进步规律，发挥人力资源等方面的优势，走新型工业化道路。

走新型工业化道路，须明确我国工业转型升级的方向。转型升级是我国工业发展的重要课题。符合新型工业化要求的工业转型升级方向，可以概括为协调化和高度化的统一。协调化主要有七个要点：劳动、资源、资本、技术密集型多层次产业协调发展，特别是农轻重、吃穿用协调发展，城乡经济协调发展；各产业间相对地位相协调；各产业间关联关系相协调；各产业增长速度相协调；产业发展阶段交替相协调；各产业素质相协调；巨型、大型与中小企业协调发展。高度化包括六个要点：知识产业化和国民经济知识化；产业结构由第一产业占优势比重向第二、三产业占优势比重的方向演进；产业结构由劳动密集型产业占优势比重向资本密集型、技术密集型产业占优势比重的方向演进；产业结构由低附加值产业占优势比重向高附加值产业占优势比重的方向演进；产业结构由低加工度产业占优势比重向高加工度产业占优势比重的方向演进；产业结构由制造初级产品的产业占优势比重向制造中间产品、最终产品的产业占优势比重的方向演进。

走新型工业化道路，须大力推动信息化与工业化融合。信息化不仅对工业化有巨大的带动作用，而且丰富和拓展了工业化的内涵。互联网加物联网，生产要素就会得到更好整合，工业潜能就会得到充分发挥。近年来，我国信息产业快速发展，在国民经济和社会发展中的地位和作用越来越突出。但从总体上看，我国信息产业的自主创新能力还不强，不少核心技术和关键设备还要依赖进口；信息技术与国民经济的结合还不够紧密，应用的深度和广度还有待开拓。因此，亟须进一步加快信息产业发展，大力推动信息化与工业化融合。

论中国产业结构优化升级方向与合理化标准①

党的十六大明确指出，要实现全面建设小康社会目标，就必须推进产业结构优化升级。本文仅就产业结构优化升级方向与合理化标准问题与广大同行专家和一般读者商讨。

一、实现全面建设小康社会目标的客观要求

产业经济发展与整个国民经济发展一样，是经济数量扩张与经济质量提高的统一体。但在不同历史阶段，这个统一体的主导方面和主要方面是有差别的。在短缺经济条件下，数量扩张是统一体的主导方面和主要方面；在买方市场基本形成的条件下，质量的提高就成为统一体的主导方面和主要方面了。

现阶段我国的基本情况是，买方市场已基本形成。据权威部门统计调查，600种商品的70%已供过于求，只有14.5%的商品处于供求平衡状态。2002年我国恩格尔系数是：城镇居民家庭为37.7%，农村居民家庭为46.2%。这说明我国已经基本解决了温饱问题，走入了小康生活。此时虽然还基本上属于刚刚“入围”小康标准，但对绝大多数人民来说，其日益增长的物质和文化生活需求的主导方面和主要方面，已经开始由量的扩张转变为质的提高方面。

产业结构优化升级和合理化本身正是产业经济质的规定性，是产业经济质的提高。这正好能满足我国人民对质的提高的要求。实践反复证明，只有通过产业结构优化升级和合理化，不断提高经济效益，才能有力地扩大内需，从而才能有力地推动产业经济和整个国民经济的持续、快速、健康向前推进，也才能为尽早地实现全面建设小康社会目标作出更大的贡献。

二、产业结构优化升级方向

纵观世界发达国家的产业经济发展历史，总结我国产业经济发展的经验教训，我们认为，产业结构优化升级方向就是协调化与高度化的统一。产业结构优化升级的过程，就是伴随着技术进步和生产社会化程度的提高，不断淘汰衰退产业，加强传统产业的技术改造，实现主导产业的合理转换，扶持和引导新兴战略产业，提高产业结构作为资源转换器的效能和效益的过程。而实现这一过程，就必须在协调化基础上推进高度化。因此，产业结构优化升级的方向是产业结构趋于协调，然后在协调的基础上通过制度创新和技术创新推动产业升级，实现协调化和高度化的统一。一方面，要使在协调化的过程中具有自我上升和转换的功能，协调化过程必须反映高度化的要求；另一方面，在高度化的过程中具有自我协调的功能，高度化的目标要以产业结构关系相对协调为基础，高度化过程必须反映协调化的要求。

（一）协调化

实现协调化，不仅要通过制度创新，进一步完善市场机制，提高产业政策的科学性，

---

① 李悦．论中国产业结构优化升级方向与合理化标准［J］．中国经济评论，2003（7）：84-92.

增强产业间的有机联系，形成科学的产业序列，加快产业向符合演进规律的方向发展，还应达到结构效益最大化，即在投入品与中间产品之间、中间需求品与最终产品之间、最终产品与用户消费之间，保持一种动态和谐的比例关系，使产业结构在协调化的同时具有向高度化转换的功能。协调化主要有下列七点要求：①劳动、资源、资本、技术密集型多层次产业协调发展，特别是农轻重、吃穿用协调发展；城乡经济协调发展。②产业间相对地位协调化。③产业间关联关系协调化。④各产业增长速度协调化。⑤产业阶段交替协调化。⑥产业间及各产业部门间素质协调化。⑦巨型、大型企业与中小企业并举。

（二）高度化

高度化过程必须反映协调化的要求。高度化要达到高加工度、高附加值、高技术含量的要求，就要通过技术创新、技术引进和传统产业技术改造等方式促进产业结构优化升级。高度化是指产业结构从较低水平状态向较高水平状态发展的动态过程，包括以下要求：①知识产业化和国民经济知识化。②由第一产业占优势比重向第二、三产业占优势比重的方向演进。③由劳动密集型产业占优势比重向资本密集型、技术密集型产业占优势比重的方向演进。如以信息技术和生物技术产业为核心的新一代产业群形成。④由低附加值产业占优势比重向高附加值产业占优势比重的方向演进。⑤由低加工度产业占优势比重向高加工度产业占优势比重的方向演进。⑥由制造初级产品的产业占优势比重向制造中间产品、最终产品的产业占优势比重的方向演进。

三、产业结构合理化标准

我国经济界对于产业结构合理化标准的认识，尚在探讨之中，说法并不完全一致。关于产业的合理结构，比较流行的说法有三种：轻型结构、舒展型结构、高效型结构，另外，还有三种说法，即开放型结构、自我调节型结构、可变性强结构。以上六种表述，都有其一定的道理，都是针对某种倾向而提出的。比如，轻型结构是为纠正过去那种重工业过重的重型结构提出来的；开放型结构是为了纠正过去那种闭关锁国的封闭型结构而提出来的；自我调节型结构是为纠正过去那种适应性差的结构而提出来的；其余以此类推。但是，如果我们把这些说法进行一番综合分析，感到都不够全面。它们都没有提出判定合理与否的最终标志，以及表示这种最终标志的基本方面。轻与重、高与低、封闭与开放、可变性强与弱，都是相对而言的，重型结构不合理，轻型结构也很难说就一定合理，轻也有个轻到什么程度才合理的问题，开放程度与可变性也同样有个适度的问题。

我们认为，产业结构合理化的标准，可以概括为“三个相适应”和“三个有利于”。前者是：与我国仍处在社会主义初级阶段和社会主义市场经济相适应；与新技术革命相适应；与改革开放相适应。后者是：有利于发展社会主义社会生产力；有利于提高社会主义国家的综合国力；有利于人民的富裕幸福。符合这“三个相适应”和“三个有利于”的产业结构的具体要点和特征如下：

（一）符合国情，发挥优势

产业结构合理化和整个社会主义现代化建设一样，立足点只能是按国情办事。产业结构只有符合我国的国情，才能充分发挥我们自己的优势，做到扬长避短、取长补短。那种脱离我国国情的产业结构，就不是合理化的结构。因为马克思主义活的灵魂是具体问题具体分析，一切以时间、地点、条件为转移。各个国家的情况不同，产业结构的合理化标准也就不可能完全一样。有中国特色的产业结构合理化标准，就是符合我国的国情。我国生产力还很落后，正处在社会主义初级阶段，这是最根本的国情。

具体来说，我国的国情包括多方面的内容：有政治的，有经济的，有技术的和文化的；有自然条件的，有社会条件的；有历史的，有现实的；有供给的，有需求的；有社会生产力方面的，还有生产关系和上层建筑等方面的。下面着重对我国现有的技术、经济和中国社会生产力的状况进行一些具体分析：

（1）我们有一个相当水平的物质技术基础。这主要是指我国现有的工程技术人员、管理干部和职工队伍，现有的独立完整、门类齐全、布局趋向合理的工业和整个国民经济体系。

（2）我国的生产力水平还很低。我们虽然有了一个相当水平的物质技术基础，但是就全国总的情况看来，生产力水平落后20年左右，尤其是机电工业差距更大；工艺装备落后，重点企业关键设备达到或接近国际水平的仅占15%，2/3的设备属于中下水平，而且发展很不平衡。我们搞建设，改善人民生活，都只能在生产发展的基础上，在国家财力、物力可能的范围内做文章；超过客观允许的条件去办事情，实际上是达不到的，勉强为之，其结果必然是欲速则不达，造成新的损失。所以真正从生产力方面认清国情乃是产业结构合理化最根本的立足点之一。在这方面的基本国情是：资源总量丰富，但人均资源少；地下资源“西富东贫”，智力资源“西贫东富”；人口众多，人力资源丰富，但文化、技术素质低；科学技术和劳动生产率低。

（3）人口多，劳动力多，就业问题严重，人民生活水平低。近13亿人口，9亿农民，农业劳动力占60%~70%。预计到2010年，我国农村有近2亿富余劳动力，国有企业有富余职工近3 000万。我国现有劳动力7.4亿，而欧美所有发达国家的劳动力只有4.3亿。这是我国的最大国情。

（4）我国正处在社会主义初级阶段，产业结构正处在工业化和现代化的中期阶段。正确认识我国社会现在所处的历史阶段和我国产业结构所处的发展阶段，是产业结构合理化标准的根本要点和基本依据。

还必须着重指出，从我们的起点上看，我们是在生产力水平比较低的条件下来实现产业结构合理化的，这就更需要坚持既积极又慎重的方针，量力而行。我们不应当盲目地冒进，要求马上就把我们目前的产业结构的水平提高到工业发达国家的水平，合理的产业结构是不能与生产力水平相脱节的，不能从主观愿望出发，不能不顾客观可能性。只有主观和客观相符合的时候，通过努力，主观愿望才能变为客观现实；否则，只不过是空想。所以，我们实现产业结构合理化，必须从实际出发，循序渐进。

只要我们认真地贯彻执行既积极又慎重的方针，坚持量力而行的指导思想，在党中央的正确领导下，充分发挥社会主义制度的优越性，我们就一定能够把产业结构合理化的工作做得更好。

（二）按比例协调发展，增长速度适度

在任何社会里，凡是社会化大生产，在客观上都要求按比例分配社会劳动。整个国民经济是一个复杂的有机体，各个部分相互之间存在极为密切的联系，并保持着一定的比例。我们要使社会主义经济持续、快速、健康发展，就必须严格地按照有计划按比例规律的客观要求办事，在再生产的过程中，经常注意保持各部门、各环节之间的内在联系和比例关系。这种内在联系和数量的比例关系是多方面的，它存在于各个不同的部门和行业之间、每个部门和行业之间，以及同类产品生产的各企业和每个企业内部各道工艺和工序之间；还存在于一个企业内的几种不同产品的生产之间。合理的产业结构，可以使各企业、各行业、各部门和整个生产更有计划性和组织性，它是完全符合有计划按比例地发展生产的客观要求的。

只有合理的产业结构，才能保证各产业按比例协调发展。这种按比例的协调发展，正是争取一定增长速度的前提条件，没有协调发展就没有发展速度。但是按比例发展本身还不完全等于有一定的增长速度，因为不同的增长速度有不同的比例，或者说不同的比例条件下有不同的增长速度，发展速度的要求又为协调发展规定了目标。所以，我们把各部门协调发展，保持一定的增长速度，作为一个统一的产业结构合理化标准，无疑是正确的。我们要的是有一定增长速度的协调发展、按比例协调发展的增长速度。

就产业结构合理化的标准来说，这种能保持一定增长速度的协调发展的基本要求如下：

作为第二产业主体的工业的发展要与第一产业和第三产业的发展相适应，因为三次产业之间存在供求关系和一系列数量比例关系。工业和国民经济的发展，要坚持以农轻重为序和以农业为基础、以工业为主导的方针。重工业要调整服务方向，扩大服务领域，要为农业、消费品工业、国民经济技术改造、出口和国防现代化服务。整个甲类工业的发展要与积累规模和积累结构相适应，要把消费品生产放在重要的地位上，多发展劳动密集型工业，要根据社会需要生产，当前应着重在增加花色品种、提高质量方面下功夫。整个乙类工业的发展要与消费水平和消费结构相适应。要建立一个既不是重型结构，也不是轻型结构，而是轻重结合、协调发展的产业结构。

在工业内部，还要坚持以采掘工业、原材料工业、制造工业为序，保证采掘工业先行于制造工业。这种先行，不宜于用发展速度表示，因为两个相关部门的发展速度高低，受原有基数的影响较大，所以发展速度的高低不能全面地反映出应先行的部门是否已经先行，而应当以两个相关部门的生产能力相互适应的程度来表示。也就是说，先行部门的生产能力应略高于相关部门的生产能力，只有这样，才能真正保证应当先行的部门先行。

（三）建立和完善“两个体系”

产业结构要符合建立和完善工业体系和国民经济体系的要求，这对于我们这样一个社会主义大国来说，是非常重要和必须坚持的。我们必须在全国建立独立完整、门类齐全、布局趋向合理的工业体系和国民经济体系，并在全国一盘棋、兼顾地方利益的原则下，在各地区建立起各有特点的、有主有从的工业体系，或工业中心，或工业基地。我们不能只发展某些产业，更不能像有些国家那样突出发展某些能获得更大利润的产业，如只发展石油工业，或只发展农业和畜牧业，或只发展加工工业等。我们必须建立并不断地完善和全面发展我们的工业体系和国民经济体系。这是由我们的以社会主义公有制为主体、多种所有制经济共同发展的基本经济制度的本质所决定的，是由我们的社会主义革命和社会主义建设的总任务所决定的。

在运用这条标准时，应当注意正确地处理局部利益与全局利益。在兼顾地方利益的同时，更应当强调全国一盘棋的思想，要小局服从大局。那种把本地区、本部门、本企业的利益放在第一位，不顾全国的总体系，只强调要自成体系等的想法和做法，都是错误的，是绝对不能允许的。

（四）发展高新技术产业，促进技术进步

不断地建立和发展高新技术产业，对于产业结构的合理化是不可缺少的。因为高新技术产业是最新科学技术成果在产业结构上的应用，在很大程度上反映了产业结构的先进水平，因而也是产业结构合理化标准中不能忽视的一个重要方面。它是产业结构总格局中的先导部门。

为了保持产业结构的先进性，在当前，我们应当在充分发挥传统产业这个主体作用的基础上，有计划、有步骤、有重点地建立能代表新生产力发展方向的电子产业、信息产业、新型材料产业、新能源产业和生物工程等。电子产业是实现传统产业现代化的先导产业，离开了微电子技术和通信技术，就根本谈不上信息时代。

为了保持产业结构的先进性，我们还应当在发展劳动密集型产业和资本密集型产业的同时，有重点地建立技术密集型产业。

（五）增强自我调节能力和应变能力

在产业发展过程中，各部门之间和每个部门的供给与需求之间，由于技术的不断进步和生产要素的变化，会经常出现各种不平衡现象和失调的情况。比如，有些家用电器等耐用消费品，因为不是生活必需品，需求弹性大，需求品种变化快，需求数量增长也有阶段性，而我们对这种变化的预测又是不够精确的，为了能够经常地保持协调发展，就需要随时进行适当的自我调节。

各部门应拥有的自我调节能力主要有下列四类：（1）满足某种社会需求的扩大或收缩能力；（2）对部分生产要素从一个部门转移到另一个部门的能力；（3）在经济用途相近产品之间的相互替代能力；（4）部门内部在产品的质与量方面相互转换的能力等。

为了适应对外开放的要求，更好地利用国际分工，我们的产业结构应增强下列几个方面的应变能力：（1）应有能力使本国生产的某种主要工业产品在该种产品的世界生产总量和世界出口总额中占有重要的比重；（2）应有能力支付和消费国际市场上出现的廉价的、国内资源又有限的原材料和半成品，而后对其进行多次加工，再以成品出口；（3）应能够及时地以最低代价吸收世界上出现的先进技术、先进工艺和先进设备；（4）有能力抵御外部市场有损于内部利益的倾销等。

（六）以提高经济效益为核心，以满足人民需要为目的

社会主义市场经济和社会主义基本经济规律，都为我们的产业结构规定了提高经济效益、满足人民需要的目的性。产业结构不仅要服从这个目的，而且要用这个目的去检验。只有符合提高经济效益、满足人民需要的结构，才是合理的结构。自然也只有符合这种目的性的结构，才是真正符合国情的结构、各部门协调发展的结构。

消费是社会再生产过程中一个重要的环节。不论社会再生产过程的社会性质如何，都必须周而复始地经过生产（直接的生产）、分配、交换、消费四个环节。其中生产处于首要地位，但消费有反作用，它反过来影响生产，延缓或促进生产的发展。它是生产的动力、目的和归宿。马克思说："产品在消费中才得到最后完成。""消费创造出新的生产的需要。""消费创造出生产的动力。""没有生产，就没有消费；但是，没有消费，也就没有

生产，因为如果没有消费，生产就没有目的。”①

生产为了消费，这是一切社会生产的共同目的。不同的是，在存在剥削制度的社会里，这个目的不是直接实现的。例如，在资本主义社会，生产的直接目的是获得利润，但是资本家也不能离开社会消费去追求利润。社会主义生产的目的是满足社会全体成员不断增长的物质文化的需要，也就是满足人民消费的需要。当然，社会主义企业要完成盈利计划，但不能只顾盈利，还要对国家、人民全面负责。这也是社会主义企业同资本主义企业的根本区别之一。因此，我们在讨论产业结构合理化标准时，必须坚持以满足人民需要为目的、为人民需要而生产的根本原则。

在经济发展过程中，我们对人民的消费水平也必须进行适当的控制，其增长水平不能超过商品可供量。“一五”计划时期，职工工资每年增长5%，当前和今后一个时期内，应保证职工的工资每年都有所增加。“八五”计划时期，扣除物价因素，城镇居民人均生活费收入年均增长7.7%，农村居民人均纯收入增长4.5%。“九五”计划时期，城镇居民人均生活费收入实际年均增长5%，农村居民人均纯收入实际年均增长4%。第十个五年计划规定城镇居民人均可支配收入和农村居民人均纯收入年均增长5%左右。那种使职工工资增长超过国力和不能保证每年都有所增长的产业结构，不能被称为合理化的结构。

四、坚持辩证法，防止片面性

以上六条是结构合理化标准的要点，它们在整个合理化过程中，一方面各有不同的地位和作用，另一方面彼此联系和相互制约。所以，对这六个要点应当综合全面考虑。

以上六个要点的总方向是一致的，但在现实生活中我们对这六个要点的主观要求往往是有矛盾的。这种主观要求上的矛盾主要表现为对需要与可能的要求有矛盾，对速度与比例的要求有矛盾，对速度与效益的要求有矛盾。我们实现产业结构合理化的过程，也就是正确处理这些矛盾的过程。为了正确处理这些矛盾，实现这些要点，在结构的合理化过程中运用合理化标准时，在方法论上应坚持辩证法，防止片面性。举其要者有下列八条：

（一）供求结合

只考虑供给或只考虑需求的产业结构都不是合理化的结构，结构合理化只能是走供求结合之路。我们应当在努力扩大供给的前提下去适应不断提高的需求，但是缺乏必不可少的供给的需求也是不能实现的。

决定一个方案的取舍，特别要注意对不同方案所提供的在满足社会需要方面的差别的评价。这一点对我们社会主义国家具有更重要的意义。因为在我们这里，最大限度地满足社会需要，才是最大的经济效益。但是，这种评价是很复杂的，为此必须加强综合评价。

同时，还要考虑供给的可能性，不能只根据需要决定问题。不管你的方案如何经济合理，如何满足需要，如果此方案的实现根本没有可能的条件，那么也将被否定。比如，某方案的实施需要相当数量的投资，虽然投资回收期并不长，但国家一时拿不出这笔资金来，这样，此方案也不得不被否定，等待条件具备时再采用。

在需求这两个方面都具备条件的基础上来选择和评价方案时，因素也还是相当复杂的。比如，还有个原有基础的问题，也要处理得当，绝不应简单行事；否则，就会事倍功

① 马克思，恩格斯．马克思恩格斯全集（第2卷）［M］．中共中央马克思恩格斯列宁斯大林著作编译局，译．2版．北京：人民出版社，1995：9．

半，欲速不达。

（二）中外结合

邓小平同志指出：“无论是革命还是建设，都要注意学习和借鉴外国经验。但是，照抄照搬别国经验、别国模式，从来不能得到成功。这方面我们有过不少教训。把马克思主义的普遍真理同我国的具体实际结合起来，走自己的道路，建设有中国特色的社会主义，这就是我们总结长期历史经验得出的基本结论。”

实行对外开放，按照平等互利的原则扩大对外经济技术交流，是我国坚定不移的战略方针，是对那种闭关锁国方针的否定。但是，我们进行社会主义现代化建设，必须立足于自力更生，主要靠自己艰苦奋斗，这也是绝对不能动摇的。扩大对外经济技术交流，利用国际分工，打入国际市场，目的是增强自力更生的能力，促进民族经济的发展，而绝不能损害民族经济。

应特别指出的是，在内外结合中，必须高度重视正确处理两个资源和两个市场的关系的问题。我们应当采取进口、出口并举，以出养进、限制进口、扩大出口、建立出口产业群，正确引导外资的投向，进一步提高出口加工度，尽快改变出口初级产品比重居高不下的格局等对策。只有这样，才能提高出口产品的创汇率，增强在国际市场上的竞争力；才能保护民族产业的发展，增强我们自力更生的能力。

历史经验告诉我们，在两种资源和两个市场的关系上，从总体上讲，我们必须把握住这样两个要点：第一，只利用国内资源、只开拓国内市场，是不行的，因为那样又会回到闭关锁国的老路上去。单靠利用国外资源、单靠开拓国外市场，更是行不通的，因为那样就有可能被外国人牵着鼻子走路，因而丧失自主权。第二，这两种资源和两个市场也不是对半开的关系，而应该是有主辅的。我们必须把立足点放在充分利用国内资源、充分开拓国内市场的基础之上，同时再去尽可能地利用国外资源和开拓国外市场。

在这组对策中，在当前我们应当把重点放在如何提高出口产品的加工度、大力提高出口制成品的比重，以及如何正确引导外资投向和限制进口这几个方面。

（三）内外结合

增加追加投资，新建一些企业和产业部门，是外延型产业结构合理化途径；对原有各产业部门之间生产要素的调整和适度转移，以及对各部门的产品价格、留利、税收、运费、贷款利息的调整，是内涵型产业结构合理化途径。过去，我们比较重视运用外延型途径，而对内涵型途径重视不够。随着现在基础的加强和生产建设规模的扩大，在这两条途径中，内涵型途径将发挥越来越大的作用。我们应当坚决走内外结合之路，而且今后应走以内涵型为主之路。

（四）军民结合

军用产业和民用产业的具体服务对象和产品的用途虽不相同，但是两种产业的技术装备、生产工艺和经营管理工作有很多相同之处。军用产业具有生产民品的能力，民用产业也存在生产军品的可能，特别是在没有发生世界大战的和平建设时期，军工的生产能力总是要闲置相当一部分，这时军工生产民品就尤为迫切。把军工和民用这两种产业密切结合起来，统筹安排，打破过去那种军工与民用分割的两个封闭体系，建立统一、开放的产业体系，对于实现产业结构合理化来说也是十分重要的。没有军民结合的产业结构，也不是合理化的产业结构。

经过30多年的建设，我们不但已经有了强大的国防力量，而且已经建立起一个门类齐全、具有相当技术水平和生产能力的国防科研、产业体系。与民用产业相比，我们的军用产业在设备和技术力量等方面都有更大的优势。军用产业乃是产业结构合理化的一支生力军。[①]根据国际形势，这支生力军还得进一步加强。

（五）存量调整与增量调整相结合

采取两者并举，以存量调整为主，在存量调整的基础上进行增量调整的对策；在增量调整中，采取基建与技改并举，以技改为主，在技改基础上进行基建的对策。

存量调整和增量调整都是不可缺少的，增量调整有利于建立新兴的产业部门，对从根本上改变落后低级的产业格局有重大作用，但是它要求有大量的资金和技术的投入。存量调整与增量调整相比，虽然不能新建起没有的新兴产业部门，只是对原有的产业部门进行合理组合，但它可以在不增加新的投资、新的资产量的条件下，实现扩大投资的目的，既有利于扩大规模经济效益，使企业集团内部原有的生产诸要素实现新的合理组合，也可以使被兼并企业的劣质产品被淘汰，其厂房、设备等生产要素向优质产品集中，既促进产品结构的优化，消除产品销售市场疲软，又不会加剧通货膨胀。

总结过去多次经济调整的经验，我们都偏重增量调整，而对存量调整重视不够。长期以来，不管企业经营好坏，企业产权长期固定不变，生产要素不能转移，致使大量国有资产的潜力和活力没有充分发挥出来。大批经营效益好的企业因受资金、设备和人才等要素占有的质与量的制约，得不到应有的扩大发展；相反，不少经营不善、长期亏损的企业却长期占有国有资产，从而使以往的多次产业结构的调整工作收效很不理想。而在改革中产生和发展起来的企业产权转让，事实证明它确实是一种合理调整资产存量、使生产要素合理流动、进行优化组合的有效机制。经营好的企业可以通过承包、企业兼并和组织企业集团等形式，去挽救和帮助那些经营不好的企业，使它们获得新生。这样先进企业可以充分地去施展其才能，落后的企业也可得到应有的发展。真可谓两全其美，不仅有利于产业结构的优化，而且能够保证国有资产的增值。更何况全国国有资产有1/3被闲置，2/3的利用率也较低，可见存量调整的潜力是何等巨大。就是在资金比较富裕的情况下，调整重点也应当放在存量的调整方面。同时，要知道投入在任何时期总是有限的，在事物的发展全过程中，不平衡又是绝对的，平衡是相对的，所以存量调整对增量调整来说，总是大量、经常存在的。

进行产业结构的增量调整，一般可有这样两种做法：一是增加基本建设投资；二是加强技术改造。在当前的情况下，要解决基础产业严重滞后、加工产业能力闲置的矛盾，还有另外两种办法可供选择：一是增加对基础产业的基本建设投资，以增强其生产能力；二是加强对加工产业的技术改造，使加工产业降低材料和能源的消耗，从而相对地增加基础产业、绝对地减少加工产业对基础产业的需求，以此来达到对基础产业与加工产业调整的目的。根据目前我国经济建设所处的历史阶段，我们认为，在以上基建与技改的关系上，我们应采取两者并举、以技改为主的对策。众所周知，我国能源消耗总量与日本相差不多，可是我国的工业总产值只有日本的1/4。换句话说，因为我们耗能的加工产业技术落后，我国的能耗高于日本的3倍多。如果使我国能耗达到日本现有水平，我国的工业总产

① 中国国防经济学研究会筹备组. 国防经济学论文集［C］. 北京：解放军出版社，1986：27-28.

值再增长3倍，我国的现有能源仍然能够满足需要。更有甚者，我国每单位国民生产总值的能耗，相当于日本的6.1倍之多。这些例子充分说明，在解决能源短缺问题上，对耗能加工产业部门的技术改造是何等重要。

（六）计划与市场结合

为了适应社会主义市场经济发展的客观要求，产业结构合理化也同整个国民经济计划一样，从总体来说只能是粗线条的和有弹性的，不能全通过国家的指令性计划，还必须在国家计划和政策的指导下，利用价格、利息、利率等经济杠杆，通过市场加以调节，并使市场调节发挥基础作用。

为了适应市场经济和经济体制改革的要求，无论是通过追加投资的途径，还是通过原有诸生产要素在各部门之间转移的途径，实现产业结构合理化，都需要由国家和企业分层次作出决策，特别是要充分发挥企业在转移生产要素和开展横向经济联合方面的自主权。

（七）质与量的统一

对产业结构合理化来说，各部门之间的数量比例关系是否合理固然重要，不应忽视，但更为重要的是这个产业结构是由什么水平的部门所组成的，这才是质的方面。也就是说，我们更应注意提高产业结构的高度化程度。一个产业结构的高度化程度越高，也就是指在产业结构组成之中，新兴产业部门越多，则产品附加价值高的产业部门越多，不仅有先导部门，而且有先行部门、支柱部门和战略重点部门。尤其重要的是，能够根据不同时期的客观情况及时进行战略重点部门的转移。

发达国家、新兴工业国和地区及发展中国家，不仅在产业结构的数量比例关系上有差别，而且在产业结构的质的方面，即高度化程度方面，也存在很大的差距。

发达国家的产业结构的特点是：在物质生产部门中，制造业占主要地位；在制造业中，新兴产业部门占相当比重；在三次产业结构中，第三产业十分发达；基础设施健全、配套；部门种类相对齐全。而发展中国家的产业结构的特点是：农业或其他初级产品生产部门占的比重较大，制造业是单一的资源加工工业；制造业基本没有或很少有新兴产业部门；第三产业极不发达；基础设施十分落后且残缺不全；整个结构形成了传统与现代两部分并存的二元结构。

新加坡、韩国、中国台湾和中国香港等本是发展中国家和地区，因为其经济发展速度超过了发达国家和地区和其他发展中国家和地区，故可算其为“新兴工业国和地区”。这些国家和地区的产业结构的特点是：实现了以制造业为主的结构多样化；生产主要面向世界市场，属于出口导向的类型；出口加工产业部门技术构成接近发达国家和地区，劳动生产率较高，产品竞争力强；最终产品占的比重较大；就业率高于其他发展中国家和地区；虽然仍以传统的基础工业和纺织工业为主，但近年来新兴产业部门上升势头很猛；对国内外市场有较强的适应性。这些国家和地区的产业结构随着新技术革命的步伐逐步升级，在世界市场上与发达国家和地区竞争的范围也逐步扩大。20世纪60年代，这些国家和地区把大量纺织、皮革等劳动密集型产品推向发达国家和地区市场；70年代中期，竞争范围又延伸到钢铁、汽车等资本密集型产业；70年代末期，一些国家和地区又努力发展电子、精密仪器等高技术产业，进入了新的竞争领域。

新兴工业国和地区的结构高度化程度之所以能够逐步提高，而且效果比较好，主要是因为它们利用了发达国家转移“过时”产业部门的时机，加上它们本国和地区的廉价的劳动力资源和教育水平较高等有利条件，并加强了国内的积累，大力开发和利用了两种资源和两个市场，比较正确地安排了它们各自的劳动密集型、资本密集型与技术密集型三类产业的比例关系。鉴于发达国家和地区特别是新兴工业国和地区的经验，我们必须十分重视逐步提高我国产业结构高度化的程度。

（八）效益与速度的统一

总结历史经验，在实现产业结构合理化的过程中，正确处理速度与效益的要求之间的矛盾，始终都是一个最重要的问题。因为从一定意义上讲，产业结构合理化过程也是调整各产业的发展速度的过程，是取得良好经济效益的过程。一句话，这是速度与效益的统一过程。

经济增长速度，是社会主义制度最终战胜资本主义制度，后起的国家赶上并超过工业发达国家的重要条件；我们要实现全面建设小康社会的目标，经济发展没有符合国情和国力的增长速度是不行的，即使是在国民经济调整时期，也必须保持一定的增长速度。而提高经济效益，乃是整个经济工作的出发点和归宿；经济效益的好坏，是检验一切经济工作的最终标志和尺度。

提高经济效益，保持一定增长速度的主要出路是什么呢？鉴于我国目前的人、财、物力有限，每年基本建设投资不多，所以，我们的主要出路不是增加更多的“投入”，而应把重点放在如何以现有的这种“投入”，争取更多的“产出”；必不可少的外延型扩大再生产必须搞，但是主要应搞内涵型扩大再生产，即集中资金，保证国家的重点建设。总之，就是要以效益求速度。

我国产业结构升级方向研究

——正确处理高级化和协调化的关系[①]

一、结构不协调亟待升级

我国目前的产业结构失衡首先表现为产业结构不协调，这已成为制约产业结构升级的主要障碍。

（一）产业间相对地位不协调

产业间相对地位不协调表现在第一产业的产值占国民收入的比重较低，第二产业比重过大，第三产业发展严重滞后。首先，农业作为第一产业虽然比重较大，但基础还很薄弱，抵御自然灾害的能力还很弱，这已成为当前国民经济中一个带有根本性的结构矛盾；其次，第二产业比重过大，且内部结构不合理，基础工业与加工工业的增长不协调，高附加值、高技术含量的产业和产品比重不高；最后，第三产业明显滞后，与同等收入水平的其他国家相比，我国第三产业无论是就业比重还是收入比重都明显偏低，特别是作为现代

① 李悦，孔令丞．我国产业结构升级方向研究——正确处理高级化和协调化的关系［J］．当代财经，2002（1）：46-51．

经济生活重要组成部分的交通、通信、金融保险和信息咨询服务业等的落后和短缺。

（二）产业间关联关系不协调

产业间及产业各部门间社会化分工不合理，产业关联效应差，尤其是技术关联水平低，专业化协作水平低；工业组织结构比较落后，突出表现在全能性企业多（约占现有工业企业的80%），小企业多，规模经济效益差，这使企业组织没有规模竞争优势，且资源、资金利用率低下，使产业升级没有足够的技术和物质基础；产业同构现象严重，目前中部与东部的结构相似率为93.5%，西部与中部的相似率为97.7%，趋同的经济结构造成地区间相互攀比，追求自成体系，地区间相互合作、相互支持、相互提升结构效益的能力很差，导致了某些产业发展中的分散化、小型化和低效益，并进一步加剧了产业升级的困难。

（三）产业变动速度不协调

产业变动速度的不协调表现在增长速度方面：第一、二产业增长速度的比值持续拉大，由1991年的4：1扩大到1994年的5：1，产业结构变动速度极不协调；产值占国民经济的比重方面，第一产业的比重由1984年的32.0%下降为1994年的21.0%，10年间降低了11个百分点；第二产业的比重由43.3%上升为47.3%，提高了4个百分点。第一产业比重的过快下降和第二产业比重的不合理上升，引起了产业结构变动速度的不协调。此外，传统产业的萧条和衰退现象与新兴产业迅速崛起现象并存。传统产业的生产能力较强，但技术落后、产品性能差、物资消耗高，普遍缺乏依靠自身力量进行产业升级的能力，使传统产业发生了较为严重的萧条和衰退。新兴产业尤其是信息产业迅猛发展，其他新兴产业如家用电器、通信设备、交通运输设备等行业也以相当高的速度增长，使传统产业和新兴产业的增长速度形成强烈的反差。

（四）产业间的投入产出关系不协调

改革开放以来，我国有些部门和地区在经济发展中仍把速度作为唯一追求目标。为了达到高速度，实现高增长率，往往不计成本，靠高投资来维系。据统计，我国投资系数比发达国家高50%，高投入并未带来高效益，1980—1995年，固定资产增长了17倍，而国民生产总值增长不到3倍；我国平均劳动生产率仅为发达国家的1/40；投入产出关系极不协调，产量与效益关系极不对称。技术进步对经济增长的贡献率很低，在各种生产要素对我国经济增长的贡献中，只有28%是靠技术进步取得的。此外，我国人均占有的资源极其有限，且浪费现象严重。我国单位产值的能耗为法国的3.82倍、日本的4.43倍、巴西的3.38倍、印度的1.65倍。工业发达国家能源利用率大都在50%以上，而我国仅为30%。高投入、低产出，造成资金、物资、能源等浪费；浪费又造成资金、物资、能源紧张，形成恶性循环。

（五）产业素质不协调

产业素质不协调主要表现为产业间存在明显的技术断层和劳动生产率的强烈反差。首先，我国产业的技术结构不仅总体水平低，而且存在严重技术断层。一方面，市场有效需求不足，档次低、质量差、消耗大、成本高的产品严重积压过剩；另一方面，许多技术含量高、附加值高的产品要依赖进口，资本密集型产业和技术密集型产业比重不高，高附加值、高技术含量的产品在工业产值中仅占6%左右，同发达国家有很大差距，而且产业技术结构存在的断层也使产业间各部门技术关联薄弱。其次，产业间劳动生产率存在强烈反差。尽管第一产业的比重明显高于其他收入水平大体相同的国家，但农业对国民经济增长的作用仍在逐步下降。近年在国民收入实际增长率中，来自农业增长的贡献均占10%以下。这种现象说明我国农业基础薄弱、农业结构升级缓慢和农业劳动生产率过低。

二、升级是调整的迫切要求

（一）升级是实现技术进步的重要条件

技术进步对经济增长的作用是巨大的，而且技术进步是产业升级的重要动因。产业结构理论表明：产业结构的优化升级，其核心是社会生产技术基础更新所引发的产业结构的改进，即由于新技术的开发、引进、应用、扩散，引起高新技术产业发展和传统产业的更替、改造，这说明产业结构的优化升级是以技术创新为前提的。在产业技术创新过程中，各产业部门技术进步的步伐不是完全一致的，而是某些部门首先产生技术突破，或首先应用高新技术，然后通过前向、后向和旁侧关联，带动一系列相关产业的发展；还可以通过技术扩散、渗透和诱发等方面的作用，推动相关产业的技术变革，从而推进产业升级。因此，技术进步对经济增长的作用是通过产业结构关联实现的，如果产业结构不协调，则结构关联会产生阻滞，严重限制创新技术在各产业间的扩散。

（二）升级是增强产业结构转换能力的重要力量

产业结构转换能力的强弱决定着一国的经济兴衰和国家经济实力的强弱。在社会再生产过程中，产业结构协调化使技术有条件不断更新，促进产品结构不断更新并形成新的组合，增强传统产业向现代产业转换的能力、长线产业向短线产业转换的能力、技术含量较低的产业向技术含量较高的产业转换的能力，引起社会生产力发生质的飞跃，实现产业升级。实践证明，只有建立在产业升级的基础上，才能充分发挥结构的整体效益，加速结构转换，推动国民经济增长；只有建立在产业升级的基础上，才能促进产业良好发育，提高产业整体素质，实现产业结构的合理转换。因此，积极推动产业结构升级，以结构协调求速度、求效益，以产业高度求质量、求产业竞争力，是各国产业发展所追求的主要目标。

（三）升级是提高经济资源配置效率的客观要求

现代经济增长不仅取决于资本、劳动和技术的投入，更重要的，还取决于各种经济资源是否得到了优化配置，产业结构的格局往往是在资源条件容许的情况下形成并加以提升的，产业结构状态和演进在很大程度上决定了资源配置效果。产业结构实质上可以看作资源转换器，通过产业间的高效运转，把社会各种资源不断转化为各种产品和服务，以满足社会总需求。这一资源转换器的运转效率和质量如何，直接关系经济增长的素质。产业结构升级是使这一资源转换器运转的效率和质量不断得到提高的基础，只有产业结构升级才能促进经济资源在各产业间合理流动，才能保证资源转换器高效运转，从而提高资源配置效率。

（四）升级是实现经济增长的重要支撑力量

社会生产力的发展，使社会分工日趋专业化，产业部门日渐增多，部门间的交易日益频繁，交易规模日趋扩大，整个社会的中间产品需求增多，部门间技术经济联系日益密切，产业关联度加大，产业间的依赖程度和制约效应日益增大。在这种情况下，产业结构效益的重要性也日益突出，成为现代经济增长的一个重要支撑点。现代经济增长过程主要取决于产业结构的聚合效益，即产业间和产业内各部门间合理关联和组合，使组合后的整体功能大于单个产业或单个部门的功能之和。这种结构聚合的经济效益，其意义已经大大地超过个别劳动生产率的提高对经济增长的影响。产业升级是增强产业聚合效应的重要手段，支撑经济持续、稳定增长的重要力量，同时经济增长为促进产业升级提供物质基础和技术准备，实现产业升级与经济增长的良性循环。

三、对升级方向的设计

产业升级的过程，就是伴随着技术进步和生产社会化程度的提高，不断淘汰衰退产业，加强传统产业的高新技术改造，实现主导产业的合理转换，扶持和引导支柱产业和新兴战略产业，提高产业结构作为资源转换器的效能和效益的过程。而实现这一过程就必须在产业结构协调化基础上推进高度化。因此，产业结构升级的方向是使产业结构趋于协调，然后在协调的基础上通过制度创新和技术创新推动产业升级，实现产业结构协调化和高度化的统一。一方面，要使产业结构在协调化的过程中具有自我上升和转换的功能，产业结构的协调化过程必须反映产业结构高度化的要求；另一方面，使产业结构在高度化的过程中具有自我调整和协调的功能，产业结构高度化的阶段性目标要以产业结构关系相对协调为基础，产业结构高度化过程必须反映协调化的要求。实现产业结构协调化与高度化是产业结构升级的基本方向。

（一）协调化过程要具有向高度转换的功能

实现产业结构协调化，不仅要通过制度创新，进一步完善市场机制，增强政府产业政策科学性，增强产业间的有机联系，形成科学的产业序列，加快产业向符合演进规律的方向发展，还应达到结构效益最大化，即在投入品与中间产品之间、中间需求品与最终产品之间、最终产品与用户消费之间，保持一种动态和谐的比例关系，使产业结构在协调化的同时具有向高度转换的功能。

1.产业间相对地位协调化

产业间相对地位的协调要求产业结构要有明显的层次性：从横向看，同一级的产业中要有重点和一般的区分。产业中的重点单位具有较大的规模、较先进的技术、较高的比较劳动生产率和较强的市场扩张能力，因而具有较强的市场竞争力、经济实力和抗风险能力；一般单位无论从规模、技术上，还是从劳动生产率和市场竞争力上看，都较弱。产业中的重点单位和一般单位在数量上要符合一定的比例。少数的重点单位和大量的一般单位，在经济上要通过各种专业化协作形式，加强技术经济联系；在技术上重点单位要加强对一般单位的技术指导和技术扩散；在发展速度上重点单位要带动一般单位以较均衡的速度发展，从而保持整个产业在发展速度上的协调，使产业升级过程中实现由重点带一般，先重点后一般，以最少的投入、较快的速度带动整个产业升级。从产业纵向看，有基础产业、主导产业、新兴产业的等级性。产业间的相对地位协调，在产业的纵向层次上要求优先发展基础产业、重点支持主导产业、大力发展新兴产业，使基础产业为主导产业和新兴产业的发展提供发展条件，主导产业为基础产业和新兴产业提供经济支持，新兴产业为主导产业和基础产业提供最新技术，从而带动整个产业升级。

2.产业间关联关系协调化

关联关系协调化是产业间在投入产出联系的基础上相互服务、相互促进，某一产业的发展通过产业关联可以促成其他产业的建立和发展，而不是以削弱其他产业为代价来发展某产业。产业间关联关系协调化，本质上要求相关联的产业间相互提供的产品和服务在数量比例上相对均衡，在质量和技术上符合相关联产业的要求。某些产业规模的扩大、生产能力的增强、技术的进步，会相应地要求与之相关联的产业也扩大规模，增加产出，提高质量，从而有效地促进产业升级。此外，关联关系协调化，必然要求相关联的产业间在人力资源配置状况上相关联。产业间的协调发展，要求各产业间及各产业部门间所配置的人力资源在数量和素质上相对均衡。此外，某些产业人力资源素质的提高，会表现为该产业经营质量的提高、产品功能和服务手段的完善、市场的扩大和产业竞争力的加强，这种变化必然会有效地带动相关联产业在人力资源素质方面相应地提高，以实现与该产业有前向、后向关联的产业在人力资源变化和发展方面的均衡，从而有力地保证产业升级。

3.产业部门增长速度协调化

产业部门增长速度协调化，即产业结构变动过程中，各产业增长速度的差距不能太大；否则，就会造成再生产过程中的结构性滞差。产业部门增长速度分布的协调不仅要使高增长部门、减速增长部门和潜在增长部门的增长速度差距较为合理，而且要使这三类部门的数量较为合理。高增长部门主要是国家重点支持的支柱产业，在国民经济中处于举足轻重的地位，产值结构比重大，在附加值、税收、利润、就业等方面对社会有较大贡献。所以，积极培育和加速发展支柱产业，对于优化我国的产业结构是一条非常重要的途径。高新技术产业既是高增长产业，也是潜在增长产业，具有高附加值和巨大发展潜力，是当今和未来国际竞争的核心，决定一个国家未来的经济实力和产业竞争力。因此，要加快高新技术产业发展。减速增长部门是一些衰退产业，要努力使之有序收缩和转移，减速发展，才能保证产业结构协调化。保持这三类产业部门的数量关系协调，要维持支柱产业数量最大，其次是衰退产业，最后是高新技术产业。就我国而言，高新技术产业虽然是发展速度最快的产业，但绝对数远远低于世界先进水平；对于一些支柱产业来说，其产值较大，因此数量是最大的；衰退产业在不断地退出市场，其绝对数是不断减少的，但因其曾一度是支柱产业和基础产业，目前的产业部门数量还很大，这对我国产业结构升级也造成了一定的阻滞。

4.产业阶段交替协调化

产业阶段交替是以主导产业的转换为特征的。主导产业的变换具有阶段性，经济发达国家工业化进程表明，主导产业的更替顺序依次为：农业→轻纺工业→基础工业→重化工业→耐用消耗品工业→现代服务业→信息产业等高技术产业的产业阶段交替。每一阶段的演进均有自身的产业特点，这种演替对应于技术革命引致的生产要素投入结构的变化逻辑为：资源依赖型→劳动密集型→资本密集型。这种主导产业的演替顺序是随着社会发展和产业技术进步而产生的。一般情况下，在产业技术和产业组织方式没有产生突破性进展时，产业阶段的演替是严格按照这一顺序演进的。在某些特殊条件下，如在引进技术和引进管理适用这一新技术的产业组织方式、重大技术发现和技术突破、重要自然资源的发现和开采等情况下，也可以超越其中的某一阶段，但主导产业在超越过程中不应出现结构性逆转；否则，说明产业在发展过程中出现了技术退步，出现产业严重低度化特征，使产业结构的演变不协调，产业升级受阻。

5.产业间及各产业部门间素质协调化

产业间及产业部门间素质的协调，要求相关产业间不存在技术断层，技术层次处于大致相同的水平。某些产业依照本产业部门的生产技术特点、产品结构特性、生产服务内容等，对所相关产业的产品和服务提出工艺技术、产品生产技术标准、产品和服务质量标准等要求，以保证本产业部门的产品质量和技术性能：本产业部门的技术进步要求与之相关联的产业部门技术有相应的提升。此外，产业间和产业部门间素质协调化还要求相关产业间不存在劳动生产率的强烈反差，某些产业由于技术进步，改善经营管理，提高劳动生产率，使该产业的产出增加，产品质量提高，服务改善，产业竞争力增强；相应地要求与之相关联的产业所提供的产品和服务数量增加，质量提高，否则这种产业间劳动生产率的不协调会使产业间产生较大的摩擦。因此，产业素质协调要求产业的比较劳动生产率数值分布较为集中，且有一定的层次性。

（二）高度化过程必须反映协调化的要求

产业结构高度化要达到高加工度、高附加值、高技术含量的要求，就要通过技术创新、技术引进和传统产业的高新技术改造等方式促进产业升级。

产业结构高度化是指产业结构从较低水平状态向较高水平状态发展的动态过程，包括以下几方面的内容：(1) 产业结构在发展过程中，由第一产业占优势比重向第二、三产业占优势比重的方向顺次演进；(2) 产业结构在发展过程中，由劳动密集型产业占优势比重向资本密集型、技术密集型产业占优势比重的方向顺次演进；(3) 产业结构在发展过程中，由低附加值产业占优势比重向高附加值产业占优势比重的方向顺次演进；(4) 产业结构在发展过程中，由低加工度产业占优势比重向高加工度产业占优势比重的方向顺次演进；(5) 产业结构在发展过程中，由制造初级产品的产业占优势比重向制造中间产品、最终产品的产业占优势比重顺次演进。

1.开展产业技术创新，加强产业技术关联，促进产业升级

产业技术是以一定的主导技术为核心，通过各产业部门间的技术关联使多种生产技术与之匹配，形成具有特定结构的技术体系。产业技术创新是通过各部门的多种生产技术重新组合，使技术体系产生结构性变化的过程。因此，产业技术创新必须在产业间技术关联的基础上才能产生。一系列的产业新技术在其市场化实现之前必须纳入产业技术系统才能够实现其功能，只有加强产业部门间技术关联才能充分实现产业技术功能，促进产业技术升级，因而新技术的应用过程首先是一个新产业技术系统的形成过程，然后才是市场化的过程。建立面向市场的产业技术创新体系，应该有不同的层次，每一层次应有不同的目标，这些目标通过产业技术关联形成有利于产业升级的技术创新体系。第一个层次是代表地区经济、科技发展水平的少数大企业和企业集团，力争使它们的主要经济技术指标达到或接近国内外先进水平，拥有自主知识产权的产品，并通过它们带动地区产业技术创新：第二个层次是对一批技术水平比较高、产品有竞争力的大中型企业，重点给予支持和扶植，努力使它们成为地区产业技术进步和升级的中坚力量，并通过它们带动一大批小企业的技术创新；第三个层次是对量大而广、为数众多的劳动密集型企业，通过与大中型企业的技术经济合作，不断提高生产技术水平。

2.高效引进技术，增强产业结构的转换能力，促进产业升级

高度化过程要反映协调化的要求，就需在技术引进中增强结构的转换能力。首先，引进的技术要能加长该技术应用的产业链，增强引进技术的产业效应，要使上游产业、配套产业和相关产业在技术引进的过程中得到相应发展，从而加强产业转换能力，促进

产业升级；其次，引进技术要注意消化吸收，增强技术能力并进一步发展和深化所引进的技术，这就要求在对技术适应的基础上，通过改进、设计、工程化几个阶段，进入开发和创新的发展阶段，这样才能通过引进技术增强产业的创新能力；最后，不同时期引进技术的产业间和产业部门间不应存在明显的技术断层，这就要求在技术引进的过程中要有内涵扩大的特征，通过引进技术增强产业自身技术能力的积累，加强整个产业的设计开发能力。

3.加强传统产业的高新技术改造，提高产业整体素质，促进产业升级

由于大多数传统产业仍然是我国主要的基础产业，如农业、纺织业、矿业、钢铁业和传统运输工具的运输业，因而，通过对传统产业的高新技术改造，可以大大提高产业整体素质，实现产业升级。传统产业的高新技术改造要对产业关联度大、渗透力强的产业部门实行高技术化，使产业平衡协调发展。一般来说，传统产业的高新技术改造主要体现在以下两个方面：第一，用高新技术改造技术装备和工艺，其目的是通过对传统产业的技术创新与改造，注入高新技术，大幅度降低生产成本，提高产品质量，促进传统产品的升级换代，提高产品的附加价值，增强传统产品的竞争力，促进传统产业技术上的跨越和升级；第二，利用高新技术来升级换代传统产品，促使传统产业的产品朝着多种类、多功能、高档次、高效率、低能耗的方向发展，通过产品升级换代来焕发传统产业的生命力。

四、正确处理“两化”关系，促进产业升级

改革开放以来，我国经济保持了20年的持续高速增长，支撑和维系这种长期高速增长的最重要动力是产业结构的升级。今后，我国国民经济长期发展过程中的一些重大难点问题的解决，如消费市场的启动、就业的增加和农业劳动力向非农产业转移以及实现可持续发展等，都要依赖产业结构向协调化和高度化演进。

改革开放的大量实践表明，产业升级已经成为当前和今后一个时期实现持续增长的关键环节和必要条件，而有效实现产业升级就必须达到产业结构协调化和高度化的统一。产业结构协调化是产业结构高度化的基础，只有先协调化，才能达到高度化，任何脱离协调化的高度化都是一种虚高度化。产业结构协调化是任何国家在任何阶段所追求的产业结构调整目标，而产业结构高度化是在经济发展到一定阶段，产业结构协调化达到一定程度才能成为结构调整的目标。从产业结构发展过程来看，产业结构协调化和高度化是相互渗透、相互作用的。要实现产业结构高度化，必须首先实现产业结构协调化，而且产业结构发展水平越高，其产业结构协调化的要求就越高。产业结构协调化是一个不断调整产业间比例关系和增强产业间关联度的过程，这本身就是一个产业结构高度化的过程。因此，要实现产业结构协调化，就必须在产业结构高度化中进行，高度化和协调化密不可分。正确处理“两化”关系，主要应抓好下列几个环节：

（一）形成合理的产业序列

要正确处理好产业结构协调化和高度化的关系，就要注意处理好基础产业、主导产业、新兴产业和高新技术产业的关系。基础产业为主导产业和新兴产业的成长提供强大的物质基础；主导产业的发展和新兴产业的成熟，又可以为基础产业注入新的技术和装备。新兴产业以科技含量高、市场占有率高和国内外市场竞争力强的产品促进产业序列内部产业良性循环。首先，加强基础产业，要通过财政和信贷等手段支持基础产业，加大对基础

产业的扶植力度，增强基础产业对主导产业和新兴产业的支持能力；其次，正确选择主导产业，要培育收入弹性大、技术进步快、生产率上升快和能有力带动其他产业和国民经济增长，带动整体技术水平提高的产业，并使之发展成为国民经济的支柱产业和新的经济增长点；最后，大力发展高新技术产业，要有重点地扶植和加速高新技术产业的形成与发展，在财税、金融、投资、价格、利率、折旧和进出口等政策上给予高新技术产业以必要的支持，并通过产业优惠政策，把外资、外国先进技术引导到国家急需发展的高新技术产业中去，加快产业升级步伐。

（二）增强产业关联效应

加强产业关联，是产业结构协调化和高度化的客观要求。通过产业间和产业内各部门间的产品和服务关联、技术关联、价格关联、就业关联、投资关联等方式，发展和提升相关联的产业。为此，要按照社会化分工的要求，加强产业间和各产业部门间的专业化协作，增加产业间和产业部门间相互服务的功能；加强产业间技术合作，提高技术创新效率，通过技术关联延长产业链，加速实现高新技术产业化；加强产业间经营管理方式的关联，提高合理组织社会化大生产的总体水平；大力发展关联度大的产业，通过前向、后向及旁侧关联，带动一大批产业发展；加强产业间投资关联，增强投资的产业波及效果。

（三）促使产业增长速度分布的协调

目前，我国三类产业间，传统产业、新兴产业、主导产业间的增速分布不协调，并且产业部门数量比例不合理。为解决传统产业部门严重的萧条和衰退问题，要采取高新技术产业与传统产业的协作、在传统产业内建立高新技术生长点的渗透或两种组合等多种方式，加强传统产业的高新技术改造。此外，对于一些技术严重落后、资源趋于枯竭、市场急剧萎缩的传统产业，也要注意对它们实施有序退让。利用高新技术改造传统产业，既为高新技术产业的发展提供了巨大的市场，也使传统产业发生重要变化，可以适当缩小与主导产业和新兴产业增长速度的差距。为了支持高新技术的开发和产业化，把产业结构的调整和优化建立在科技进步的基础上，发挥高新技术的辐射与牵动作用；为了提高经济运行效益，要扩大对基础产业的投资，尽快消除基础产业对经济快速增长的瓶颈制约，使高增长部门的主导产业、减速增长部门的传统产业和潜在增长部门的高新技术产业之间的增长速度差距及这三类部门的数量比例合理化。

（四）全面提高我国产业整体素质

针对我国目前存在的产业间和产业内总体技术水平低、技术断层严重、三类产业间劳动生产率反差严重的现状，要根据我国产业技术实际状况，采取相应措施，弥补产业技术断层，矫正产业结构扭曲现象，缩小产业间劳动生产率差距，使产业间在加强技术关联的基础上，进一步实现产业结构高度化，从而达到产业升级的目的。

首先，在跟踪世界科技发展前沿的同时，不断提高科技成果转化率，有重点地扶植和加速高新技术产业的形成与发展，使技术进步的贡献相对于资金和劳动力而言占主导地位。为此，要通过国家、企业、社会等多渠道、多层次地加大研究开发的投入；要大力培育技术市场，沟通技术成果的供给和需求，技术开发和推广要全面突破，使新技术、新产品得以迅速扩散；通过对现有科技人员的优化配置、合理组合、有效激励，充分发挥他们的作用，在此基础上做好科技人员的培训与再培训工作，形成近期和远期衔接递进的科技队伍，并积极引进高科技人员；要应用科学技术不断改造现有落后的技术装备，优化工艺流程，创造新材料，提供新能源。

其次，针对三类产业间劳动生产率存在强烈反差的现状，应进一步巩固加强农业的基础地位，按照市场需求，在保证主要农产品产量稳定增长的同时，注重提高产品质量和增加效益，增强农业的综合生产能力，大力加强农业生态环境建设；积极推进农业产业化，实现农副产品多层次增值；支持农业产业化经营，提高农业综合效益，增加农民收入。加快第三产业发展，提高第三产业在国民经济中所占的比例，加强其吸纳就业人口的能力；促进新兴第三产业发展，建立一定规模的现代化的信息、咨询、科技产业。

最后，结构升级的重点是在产业结构协调化基础上全面提升产业素质和国际竞争力。重点发展那些有着广阔的发展前景、较高的技术含量的产业；有利于产业技术装备更新和对传统产业的技术改造的产业；国内具有从研究开发到实现产业化的潜在技术基础，可以填补国内产业和技术空白，有利于形成新的经济增长点的产业；符合可持续发展战略，有利于资源节约以及生态和环境保护的产业；供给能力相对滞后的产业。这些产业的发展，有利于促进产业结构升级，保持国民经济的持续、快速、健康发展。

调整结构　消除通货膨胀

——论产业结构和消费结构的调整①

一、实现经济建设战略目标的客观要求

经济建设实践反复证明，调整结构是缓解总量失衡和消除通货膨胀的重要战略及有效途径，是实现经济建设战略目标，保证国民经济持续、稳定、协调发展的客观要求。而在整个经济结构中，产业结构是个起始结构，只有先生产出来，才可能进行交换、分配和消费；消费结构是个终端结构，生产的目的就是消费。所以，我们在分析经济结构时，首先应当抓住这两个结构及其与总量和通货膨胀的联系的分析。

（一）产业结构与社会总需求和社会总供给的联系

合理的产业结构可以绝对地增加可供满足社会需求的消费品，从而扩大社会总供给；同时，可以相对地减少社会总需求，因为在合理的产业结构下所生产出来的消费品，不仅是社会所需要的，而且是物美价廉的，一个能顶几个用。反之，产业结构失调，社会不需要的产品照样生产，而社会急需的产品生产不足甚至根本没有生产。这种产品积压和短缺并存的现象，就绝对地减少了社会总供给，相对地增加了社会总需求。

从供需对结构的制约来看，也是一样的。社会总供给比较充足，社会总需求比较适度，就能为产业结构的合理化创造良好的社会环境；反之，社会总供给不足，社会总需求过多，就必然加剧产业结构的失调。

① 李悦．调整结构　消除通货膨胀——论产业结构和消费结构的调整［J］．中国人民大学学报，1990（13）：19-25.

（二）消费结构与社会总供给和社会总需求的联系

消费结构和消费水平属于社会总需求的一个组成部分，在需求总量和需求结构不变的情况下，消费结构越合理，就越能绝对地减少社会总需求，相对地增加社会总供给；反过来分析，也是一样。社会总供给与社会总需求基本适应，就能为消费结构合理化提供良好的社会环境。

（三）消费结构和产业结构的失调与通货膨胀的联系

结构失调是导致和加剧通货膨胀的重要原因，可以从供给和需求两个方面进行具体分析。

从供给方面看，产业结构在增量上失调，会拉大产业之间的长短线差距，导致短缺产业投资需求的扩大，进而加大了社会总需求。产业结构在存量上失调，会导致社会真正需要的产品供给不足，而社会不需要的产品过剩，积压在仓库和商店里。地区之间的产业结构趋同化，会导致地区间的重复建设和盲目生产，进而造成投资分散，也必然人为地加大社会总需求。与上述这些加大了的社会总需求并存的，还有因产业结构失调而人为地绝对减少的社会总供给。所有这一切都进一步加剧了社会总需求超过总供给的矛盾，那些供不应求的产品的价格就必然上涨，最终也会导致通货膨胀。

从需求方面看，消费需求增长过快和消费结构不合理，在短缺经济形势下，也会导致消费品价格上涨。为了满足这种消费需求就要求增加投资，导致基本建设规模过大和投资（生产）需求过旺。这些过大和过旺又必然超出国力的承受范围，进而又必然导致生产资料的短缺及价格的上涨，最终又必然导致通货膨胀。

应当指出的是，当前一方面是产品供不应求，另一方面是劳动报酬与劳动成果相联系。这两者并存，在企业自我控制机制尚没有建立和健全的情况下，企业为了自身的利益，必然相互攀比，提高本企业的产品价格。那些在攀比提价过程中提得越快、越高者，其所获得的利益就越多；那些提价越慢、越低的企业，其所获得的利益就越少，越“吃亏”。因此，也可以这样说，上述两个并存是强化攀比提价的根源之一。

反过来分析，通货膨胀越严重，又会进一步加剧产业结构和消费结构的失调。因为消费者怕因物价总水平上涨而吃亏，就可能发生抢购和超前消费与浪费；生产者怕原材料涨价，就会抢购、囤积原材料，为了等着本企业产品涨价，同样可能产生囤积产品的现象等。总而言之，越是产品价格高的产业，人们越是抢着去经营和扩大生产；反之，越是产品价格低的产业，不管社会如何急需，人们也不愿意去经营，更不愿意去扩大生产，结果必然导致产业结构的严重失调。假如产品价格平稳，没有通货膨胀，就能更有条件去优化产业结构和消费结构。

二、产业结构和消费结构的主要问题

（一）产业结构的主要问题

工业与农业比例失调和基础产业与加工产业比例失调，是当前我国产业结构存在的最大问题。

（1）工农业比例失调严重。30多年来，我国工农业增长比例一直在2.8：1左右，这个比例大致接近国际上经济发展比较协调的国家的数字。但在1985—1987年，两者的比例为4.5：1。到1988年，这个比例进一步扩大为6.7：1。工业持续高速度增长大大超过了农业的承受力，工农业比例很不协调。

（2）基础产业与加工产业比例失调也很严重。据有关方面测算，当前我国年缺电量近2 000亿千瓦时，近七八年来，每年因停电一项造成的工农业损失就高达2 000亿元以上。能源和原材料短缺，致使全国工业生产能力约有40%闲置，每年少创4 000亿元产值和500亿元利税。1988年的损失尤为严重，该年因缺电造成的直接损失，仅工业总产值一项至少达6 000亿元，占全年实现工业总产值的1/3。

（3）重工业内部的结构失衡仍在加剧。根据1985年工业普查和1988年《中国统计年鉴》的资料计算，1980—1985年和1986—1987年这两个时期的重工业内部的能源工业、原材料工业和加工工业的发展速度比值，分别为1：1.6：2.4和1：4.1：4.4。[①]这说明上述3个部门的失调状况仍在加剧之中。在全国工业生产中，能源工业所占比重已由1978年的14.1%下降到1988年的9%。投资比重也在下降，一直到1989年上半年，电力工业的基本建设投资比1988年同期下降0.7%，更新改造投资下降0.5%。这说明，重点建设至今仍然得不到保证。

（4）与基础工业相比，加工工业不仅规模过大、发展速度过快、能力闲置，而且向投资类产品和高档耐用消费品倾斜。据统计，1978年我国彩电工业只生产了9 400部彩电，到1988年猛增至1 000多万部，10年增加1 000倍，年平均增长率高达17%。据测算，到1995年国内彩电市场需求为1 000万部，约需彩管1 200万只。可是到目前为止，仅国家已批准建设和列入规划的彩管项目的年生产能力已达1 700万只。而一些地方仍在纷纷争上新的彩管建设项目。相反，农业急需的化肥和农药却欠产，电池、保温瓶和皮革等16种民用轻工业品的生产都有所下降。

（5）作为国民经济基础的农业发展滞后也相当严重。随着我国人口增加，耕地面积却减少，投资比重呈下降趋势，人均产量很低。据统计，1978—1988年，我国人口增加1亿多，耕地面积减少了5 500多万亩，农业投资占国民经济投资总额的比重，已经由“一五”计划时期的7.2%、“二五”计划时期的11.3%、1963—1965年的17.6%、“三五”计划时期的10.7%、“四五”计划时期的9.8%和“五五”计划时期的10.5%，降到“六五”计划时期的5.1%，到1986年竟降到3%。我们基本上还是靠手工工具搞饭吃，农村经济的商品化和社会化程度只有40%上下，粮食商品率不足30%。自1985年以来，我国粮食总产量约为4 000亿千克，人均粮食产量不足400千克，在世界上排在印度之后。据测算，到2000年我国人均粮食产量仍约为400千克。

（二）消费结构的主要问题

（1）吃、穿、用支出比重过大。在城镇居民消费总支出中，90%左右的费用都花在吃、穿、用、烧等方面，而用在教育和医疗等非商品方面支出的比重很小，特别是住房的房租支出仅占整个消费支出的9%。我们房租收入还不够房屋的维修费用，而经济发达国家城镇居民的住房支出要占整个生活消费支出的30%上下。

（2）片面追求高档化。据统计，现在我国城市的彩电普及率为57.6%，冰箱普及率为50%左右。其中，京、津、沪、穗的普及率高达80%以上。总之，在高档消费品普及率上，我们这个低收入的发展中国家，却相当于中等收入国家的水平。据专家的估算，从绝

① 能源工业以折成万吨标准煤计算，原材料和加工工业以净产值计算。

对量来说，我国城市居民拥有“新四大件”已分别达到或者超过日本等发达国家人均国民生产总值1 000美元的水平，而我国目前的人均国民生产总值还不足300美元。我国白酒和啤酒的生产和消费水平也与国情不相适应。以1988年为例，该年进口粮食约1 500万吨，可是当年竟把1 400万吨粮食用作酿酒了，相当于当年我国11亿人口的1个月的口粮，即93%的进口粮被用来酿酒喝了。

（3）社会消费比重过大，而且呈上升趋势。在居民消费和社会消费的构成中，社会消费的比重已由20世纪50年代的8%~9%，上升到80年代的13%。1987年全国各地有账可查的白吃、白拿、买豪华轿车共挥霍的公款消费高达530多亿元，1988年又增加到665亿元。以上仅是纳入正规渠道的数字，如果加上“漏网”部分，公款消费高达1 000亿元，占我国近年来每年财政收入的近一半之多。更令人不安的是，1988年以来，一些省市的非专控商品的集团购买力迅速增长，其突出的表现是集团购买滋补药品、集团吃喝、公车私用和公车乱用、集团购买公用消费品、办公设备日趋高档化等。

（4）在城市居民消费支出中由国家补贴过多，人为地缩小了居民消费支出，加大了对国家财政的压力。1988年全国的价格补贴和企业亏损补贴共计762亿元，1989年预算这两项补贴为931亿元，占财政预算的1/3。1988年北京市平均每人享受的各项补贴为550元。此外，我国食品结构也与农业承受力不相适应。

三、调整产业结构和消费结构的根本对策

鉴于导致结构失调的原因是多方面的，影响因素也很复杂，所以调整结构的对策也必然是多方面的。当前，最根本的对策还是实现和继续实现下列几个转变：

（一）要实现和继续实现由提倡高消费到提倡艰苦创业和适度消费的转变

前一段时期，有些人提倡高消费，实践证明这是一种脱离国情的错误观点。它是导致我国消费需求和消费结构超前、产业结构和投资结构失调的重要思想根源。正是在高消费和急功近利的思想指导下，我国居民消费水平增长，自“五五”和“六五”计划时期以来，一直超过全社会劳动生产率的增长速度。“五五”计划期间，前者比后者超过0.8%，“六五”计划期间，这个数字上升到2.3%。1979—1988年，我国居民消费水平年均增长13.7%，而同期人均国民收入的增长只有12.9%。1988年我国消费品零售总额的增长速度近两倍于国民生产总值的增长速度，彩电和冰箱等高档耐用消费品的发展速度是整个轻工业品平均发展速度的两倍以上。这种消费膨胀也是加剧总量失衡、结构失调和通货膨胀的一个直接原因。这说明，为了保持总量和结构的协调和消除通货膨胀，就必须抛弃高消费，大力提倡艰苦创业和适度消费。所谓适度消费，就是要使消费水平和消费结构与我们的国情相适应，即把消费水平的提高和消费结构的改善，控制在国民收入、劳动生产率和消费品生产的提高和改善的限度之内，不能超越这个界限。其主要论据如下：

（1）与我国所处的消费阶段相适应。国际上通常是按照消费发展的演变顺序，把各国的消费水平和消费结构依次地划分为绝对贫困、勉强度日、小康水平、富裕这4个等级和发展阶段。根据我国现阶段的生产力和整个经济发展总水平，我国的消费等级和阶段正处在勉强度日的“温饱型”，一部分人开始向小康水平过渡，根本没有也不可能有什么“高消费型”。我国的商品经济还很不发达，人均产值位居世界后列。1988年我国人均国民生产总值只有1 260元，在世界150多个国家和地区中处最后1/5内。此外，还可以按国际上

通用的恩格尔系数（指食品支出占全部生活消费支出的比重）来衡量。联合国粮农组织曾提出一个根据恩格尔系数划分贫困和富裕的标准，在这个标准中，把恩格尔系数在59%以上者称为绝对贫困；50%~59%者为勉强度日；40%~50%者为小康水平；30%~40%者为富裕。而我国的恩格尔系数一般都在50%以上。根据典型调查材料，我国城市低收入户的恩格尔系数高达58%，城市高收入户的恩格尔系数也有50%。

（2）符合马克思主义扩大再生产基本原理的要求。正如马克思在《资本论》中所阐明的，第Ⅱ部类的年产品必须大于两大部类的工人和资本家既有的个人消费，以保证有多余的消费资料供两部类扩大再生产追加可变资本或工人之用的原理。显而易见，如果搞高消费，当年的既有的个人消费过多，可供下年度两部类扩大再生产追加可变资本或工人之用的多余的消费资料的数量就会越少，就不能保证扩大再生产的顺利实现。而我们提倡艰苦创业和适度消费，就有助于扩大再生产的顺利实现。

（3）增加建设资金尚有巨大潜力。典型调查材料表明，我国当前确有相当一部分企业把留利的80%都用在福利和奖金的发放上了。在部分高收入户的手中，也确有一些为数可观的可以利用的货币资金。在我们已经基本上解决了11亿人民的温饱的今天，完全有理由通过大力提倡艰苦创业和适度消费，以发展储蓄、发行公债和股票等具体形式，尽可能多地吸收一部分资金，用到生产建设中去。

（4）有助于保持市场稳定、消除持币待购的需要。据有关部门统计分析，1988年年末，社会总供给与社会总需求的差率已由1978年的13.6%扩大到16.2%。社会购买力与商品供应总量的差额达800亿元，结余购买力高达5 500亿元。又据商业部预测，到1989年年底，这种结余购买力将达到6 500亿元。目前银行储蓄存款余额已达4 400亿元，居民手持货币达2 000亿元上下。而目前我国的消费品生产能力和市场供应能力，根本无法满足这样大的社会需求，也没有能力去实现现有的消费基金。这就是我们经济生活中的一大难题，也是一个不安定的社会因素。在这种形势下，只有大力提倡艰苦创业和适度消费，才有助于缓解现有矛盾，有利于逐步消除持币待购和稳定市场。此外，这也有利于克服和防止浪费现象蔓延、消除腐败现象。

（二）实现和继续实现由多重点到把投资重点真正放在基础工业和农业等基础产业上的转变

党的十二大确定的农业、能源和交通这些重点，没有得到保证。原因虽然是多方面的，但重点定得太多，没有能力保证，不能不说就是一个重要原因。因为我们可供投入的资源总是有限的，而需求无论是生产（投资）需求还是消费需求又都是无止境的，所以供需矛盾是客观存在的，只不过不同时期这种矛盾的程度不同罢了。计划工作的任务之一，就是不断地去妥善解决这个矛盾，保证把有限的投入首先用在最需要的方面，即保证重点。实践也反复证明，没有重点就没有政策，要想有所得，就得有所失，特别是在资源投入紧缺的形势下，更是如此。

邓小平同志最近指出：投资方向、资金使用方向等，我赞成加强基础工业和农业。要加强这方面的投资，要坚持10~20年，宁肯欠债，也要加强。我理解这是邓小平同志对我国选择建设重点的经验总结。在这个问题上，我主张在今后10~20年间，把我们投资总额的70%~75%都用在这两个重点部门上。其中，把农业投资占国民经济投资总额的比重，由现在的3%上下提高到10%左右。这个比重，不仅是中华人民共和国成立以来我国经济发展比较协调时期的比重，而且有国际上的依据。因为根据对人均国民生产总值从300美元向1 000美元过渡的世界各国的分析，它们对农业的投资占国家固定资产投资总额的比重都不少于10%。把能源工业和运输邮电的投资比重，由现在的40%提高到50%以上；把冶金工业投资占全部工业投资总额的比重，由现在的15%上下提高到20%左右。在今后10~20年内，把投资重点放到基础工业和农业上来的战略设想是有充分的科学依据的。

（1）与当前我国产业结构所处的发展阶段相适应。国际上通常把各国产业结构所处阶段，按照产业结构的演变顺序，依次划分为工业化或现代化前期、中期和后期这3个发展阶段。美、日等经济发达国家的产业结构正处在工业化后期，主要特征是耐用消费品产业和高技术产业迅速发展，产业结构高加工度化的趋势越来越明显。第二世界国家的产业结构处在中期发展阶段，特征是重点发展基础产业，投资向重化工业倾斜，技术密集型产业的地位十分突出。第三世界国家中的多数，其产业结构尚处在大力发展劳动密集型和资源密集型产业的阶段，农业和轻工业的地位十分突出。用这一尺度来考察我国产业结构，可以明显看出，我国不纯属于工业化或现代化的前、中、后的任何一个阶段，而是处在前期的末尾阶段和中期的起始阶段，或称为中期的前期阶段，概括地讲，是处在“过基础关、补农业课”的阶段。当前我国的基础工业和农业十分薄弱，已成为限制国民经济发展的严重制约因素。

（2）与加工工业相比较，基础工业和农业的发展受自然条件和资源的制约比较大，不可能搞“短平快”，是个“长难慢”的发展项目。它的建设周期长，建设条件高，投资多而回收慢，投入产出的效果低。农业的发展还要受动植物生长规律的制约，不能搞拔苗助长，而且有天灾，在很大程度上还靠天吃饭。一个粮食高产的良种培育，从试验到大面积推广，一般要7~8年，甚至更长的时间。基础工业的发展比农业还困难，许多基础工业要从很深的地下岩石层中开采资源，然后要进行一系列的冶炼、精选和加工。要建设一个大型基础工业企业，一般要用8~10年，花10亿~20亿元投资，投资的回收期也比加工工业长一两倍。对这类部门，如果国家不给予足够重视，则很难得到发展，地方一般都不愿意也没有足够能力去发展基础工业。总而言之，长期以来，我们吃够了基础工业和农业发展不足的苦头，如果我们再不能把投资和建设的重点向这里倾斜，苦头就要继续吃下去。

（3）在经济发展过程中，三次产业结构的排列顺序是有规律的。一般说来，在工业化初期，三次产业结构呈现“一、二、三”的分布格局，即第一产业的产值占整个国民生产总值的60%~70%，居第一位，第二产业的产值居第二位，第三产业的产值居第三位。多数第三世界国家的三次产业结构的格局是这样的。在工业化中期，第二产业代替了第一产业而居第一位，结构呈现“二、一、三”或“二、三、一”的布局，第二世界国家和第三世界部分国家正处于这种三次产业结构的格局。在工业化后期，第三产业迅速发展，超过第二产业而跃居第一位，结构才呈现“三、二、一”的布局，美、日等经济发达国家的三次产业结构正处在这个阶段。而我国尚处在工业化中期的前期阶段，三次产业结构应呈现“二、一、三”的格局，从发展阶段看，目前主要应当大力发展第一产业和第二产业。但是，近年来，由于全民经商风气的泛滥，我们第三产业的发展明显有些过快，1985年，第三产业的产值比重已高达29.9%，1986—1987年也分别达到25.3%和25.5%。如果再考虑到第一产业和第二产业中从事第三产业活动所取得的产值（据有关部门估算，单是全民所有制工业中就有约五六百万人从事第三产业的活动，而这部分产值并没有计算在第三产业的产值中）的情况，则我们第三产业的产值比重确有偏高的现象。应当知道，在第一产业和第二产业没有相当发展的基础上，要想发展第三产业是不会有好效果的。第三产业的发展，必须以第一、二产业的发展为前提条件。因此，我认为，当前应当把我国第三产业的产值比重由现在的25.5%降到20%左右为宜。

（三）要实现和继续实现把经济管理工作的重点真正放到加强综合平衡、搞好宏观调控方面的转变

近几年国家财政连年赤字，10年累积财政赤字570亿元，资金使用过于分散，10年总计约有8万亿元转入预算外，宏观调控能力削弱。据许毅同志推算，10年国民收入超分配规模总计为5 000亿元，近年来在流通领域中流失的国民收入约为6 000亿元，致使国家财政陷入困境。究其原因虽是多方面的，但与有些人在经济上不讲社会主义原则，不搞综合平衡，削弱宏观调控能力是分不开的。产业结构调整是个宏观调控问题，产业政策是经济政策的核心内容，因此我们在调整产业结构时，必须坚持“全国一盘棋”的大原则，要旗帜鲜明地反对地方主义和本位主义倾向，要在顾全大局、服从全局的前提下兼顾局部利益。

我们的产业特别是主导产业，都是分布在全国的，各地方都只拥有其中的一部分，没有某一两个地区能够囊括某些产业的整体。这些主导产业是面向全国、服务于全国的，有的还要出口，面向世界市场。所以，制定和实施产业政策，调整产业结构，只能站在全局的立场上。尤其在宏观调控能力有所削弱的今天，我们就应当更加强调产业政策的权威性和统一性，绝对不允许地方和部门各自为政。

（四）要实现和继续实现由以改革为中心到以建设为中心的转变

前一段时期，在改革与建设的关系上有人强调把改革放在首位，以改革为中心。这种观点的片面性和有害性已经充分显示出来。那些“赤字无害论”“通货膨胀有益论”“市场万能论”和高消费等所谓改革的出笼和所造成的严重恶果，都说明改革本身不是目的，改革的目的是促进建设事业的发展，改革的成败只能以建设成就来衡量和检验。我们所需要的是坚持四项基本原则、能够推动经济建设的改革。可见，那种把改革放在首位、以改革为中心的提法和做法，是不符合客观实际的，也是不妥的和有害的。

调整产业结构保持按比例稳步发展①

产业结构是产业组成及产业之间和产业内部的经济联系和数量比例关系，它是整个经济结构中的一个起始结构。探索产业结构的发展规律，研讨调整产业结构的战略与对策，始终都是宏观经济管理的重要内容，是经济学的重大研究课题。在实行经济对外开放和大力调整产业结构的今天，加强对本课题的研究，对于保持国民经济有计划按比例地稳步增

① 李悦. 调整产业结构保持按比例稳步发展［J］. 教学与研究，1990（5）：7-12.

长，具有更为重要的理论意义和实践意义。

一、提高对调整产业结构的必要性和必然性的认识

自党的十三大特别是五中全会以来，中央和国务院的领导同志一再强调合理调整产业结构和整个经济结构的必要性和迫切性，明确指出：要改变市场销售疲软、保证整个经济的适度稳步增长，根本出路还在于合理调整经济结构，大力提高经济效益。要把治理整顿的重点真正转到调整结构和提高效益上来。我认为，这种调整的必要性和必然性有以下几个方面：

（一）合理调整产业结构是经济持续、稳定、协调发展的根本保证，是有计划按比例发展规律的客观要求

党的十三届五中全会正确地总结了历史经验，再次明确提出，必须牢固树立国民经济持续、稳定、协调发展的指导思想。全会认为："四十年来，我国经济工作取得了伟大成就，但也有失误。最重要的教训，就是往往脱离国情、超越国力、急于求成、大起大落。这种失误，严重挫伤了干部和群众的积极性，造成了巨大损失。"国民经济持续、稳定、协调发展，"说到底，就是要有计划按比例地稳步前进，不断提高经济效益和社会效益"。

要接受历史教训，牢固树立持续、稳定、协调发展的指导思想，就必须正确处理速度、比例、效益的关系，并首先搞好主要比例关系。

在速度、比例、效益的关系上，过去的失误在于片面追求产值速度，忽视按比例、求效益。事实证明，比例失调、效益差的速度有百害而无一利，必须把按比例、求效益作为发展速度的前提条件，只有按比例、求效益的速度，才是最有效的、最可靠的切实可行的速度。

要保持持续、稳定、协调发展就必须保持主要比例关系的协调，在整个经济结构中首先要搞好产业结构特别是主要产业结构的协调发展。我国的几次经济比例失调和几次经济调整，也主要是经济结构的失调和经济结构的调整，其中首先是产业结构的失调和产业结构的调整。在产业结构失调和调整中，又首先是工农业，轻重工业，基础工业与加工工业，第一、二、三产业结构的失调和调整。只要通过调整保持产业结构和整个经济结构特别是重大经济关系按比例协调发展，整个经济就能够稳步前进。

有计划按比例规律是不以人的主观意志为转移的一条社会主义的经济规律，它反映了社会主义经济各方面固有的经济联系和比例关系。社会主义有计划的商品经济的优越性之一，就是能够自觉地调整经常处于发展变化之中的产业结构和整个经济结构，在不平衡中求得新的平衡，在比例失调中求得协调发展。

（二）合理调整产业结构是改变市场疲软的根本出路，是社会主义基本经济规律的客观要求

产品市场销售旺盛是经济稳步增长的重要条件和标志，当前我国经济发展面临的困难之一，就是产品市场销售疲软。这种市场疲软是一种结构性的疲软，即有的产品销售仍然旺盛，有的产品则销售不畅，大量积压。造成这种结构性疲软的原因虽然是多方面的，但从宏观经济角度来看，主要原因还是产业结构不合理。

目前，在我国产业结构的各个层次上，普遍地存在短缺和过剩并存的局面。以钢铁工

业和机电工业为例。就钢铁工业整体来说，是国民经济的短线，产品供不应求。自1985年以来，每年要进口钢材2 000多万吨；但是与此同时，积压的钢材也有2 000万吨上下，1987年9月末钢材库存高达2 962万吨，约占当年钢材产量的50%以上。就机电工业总体来讲，是国民经济的长线，因为缺能源和原材料开工不足，生产能力闲置约1/3，截至1986年年底，积压的机电产品总值达630多亿元；但是与此同时，还进口大量机电产品，1985年一年就进口机电设备162多亿元。上述这种短缺和过剩并存的情况主要是由钢铁工业和机电工业内部结构不合理和整个产业结构不合理造成的。只要我们能够不断地提高钢铁工业和机电工业自身的技术水平，根据可能条件和国内外市场的需要，及时调整好钢铁和机电工业的内部结构和整个产业结构，使各产业部门所提供的各类产品符合用户的要求，产品销售市场疲软的状况就可以根本改观。

社会主义生产的根本目的是最大限度地满足人民日益增长的物质和文化生活的需要，为达到此目的就要把生产建立在先进技术基础之上，采用使生产不断增长和不断完善的各种办法和手段。这是社会主义基本经济规律的客观要求。而调整产业结构，使之保持合理的产业组成及产业之间和产业内部的经济联系和数量比例关系，是使生产建立在高度技术基础之上、保持生产不断增长和不断完善的根本方法和手段之一。我们就是要通过产业结构调整，把那些在国内外市场上需求量不大或根本不需要的产业压下来，而把那些国内外市场上急需的和大量需要的产业保上去。这样做，是完全符合社会主义基本经济规律的客观要求的。

（三）合理调整产业结构是提高经济效益的根本途径，是时间节约规律的客观要求

提高经济效益是一切经济工作的根本出发点和归宿，目前我国经济效益不佳的原因虽然是多方面的，但从宏观经济角度看，最重要的还是产业结构不合理，尤其是基础产业发展严重滞后，与加工工业比例严重失调。据统计，在重工业生产中，原材料工业同加工制造业产值之比，由1978年的1：0.96上升到1988年的1：1.67，10年间加工工业每年平均以高出原材料工业5.7个百分点的速度增长。1988年与1978年比较，采掘工业和原材料工业的产值比重分别下降0.8%和1.66%，而加工工业产值比重上升2.46%。能源工业产值比重，1988年也比1978年减少4个百分点左右，从而造成当前我国年缺电量近2 000亿千瓦时，近七八年来，每年因停电一项造成的工农业损失高达2 000亿元以上。能源和原材料短缺，致使全国工业生产能力约有40%闲置，每年少创4 000亿元产值和500亿元利税。这也就是说，如果我们通过合理调整产业结构，使能源和原材料工业与加工工业按比例协调发展，每年就可以在不增加任何投入的情况下，多创造4 000亿元产值和500亿元利税。更为严重的是，1988年因缺电造成的工业总产值损失一项至少高达6 000亿元，占全年实现工业总产值的1/3。

马克思指出，时间节约以及有计划地分配劳动时间于不同的生产部门，仍然是以集体为基础的社会首要的经济规律。马克思在这里所说的时间节约规律，要求国民经济各部门以最小的劳动消耗来取得最大的经济效益。而调整产业结构的直接效果就是减少劳动消耗、提高经济效益，以等量的或较少的投入，取得更大的或同等的产出。可见，调整产业结构，也确实是时间节约规律的客观要求。

此外，我们还可以从技术进步和诸产业的技术进步不平衡性，以及利用国外资源、开拓国外市场等方面，对调整产业结构的必要性和必然性作进一步的说明和论证。

二、把握产业结构的发展规律，正确判定所处发展阶段

（一）产业结构发展规律是调整产业结构的客观依据

要使调整产业结构取得最佳效果，就必须按产业结构自身的客观规律办事。任何国家和地区的产业结构都不是固定不变的，而是随着科学技术和整个社会生产力的发展及其他主客观条件和环境的变化而不断地发展变化的。这种发展变化又具有其自身的由低到高的依次发展的客观规律，这种规律的主要表现至少有下列四个方面：

第一，在三次产业结构中，存在由“一、二、三”向“三、二、一”转变的过程。三次产业结构是最概括的一种产业结构划分方法，因为它囊括了全部经济活动。所谓三次产业结构，就是把一个国家的全部经济活动，按照其发生和发展的客观序列和内在联系，依次地划分为第一产业、第二产业和第三产业。这样三次产业之间的经济联系和数量比例关系，就称为三次产业结构。世界各国的三次产业的具体划分范围虽然还有所不同，对此结构的研究深度和广度也有所差别，但是产业结构发展变化的历史告诉我们，这三次产业之间有着密切的相互依存关系和由低到高的依次的变化趋势。

考察三次产业结构，通常是用产值、劳动就业和国民收入这三个指标来进行对比分析的。实践证明，随着经济的发展，即人均国民收入水平的提高，劳动力首先由第一产业向第二产业转移，当人均国民收入水平进一步提高时，劳动力便向第三产业转移。劳动力在三次产业间的分布状况是，第一产业是减少的趋势，第二、三产业是提高的趋势。人均国民收入水平越高的国家，第一产业劳动力占全部劳动力的比重相对越小，而第二、三产业劳动力所占比重相对越大；相反，人均国民收入水平越低的国家，其第一产业劳动力所占比重相对越大，而第二、三产业劳动力所占比重相对越小。

综观世界各国产业结构发展历史，一般在工业化初期，由于科学技术和整个生产力水平比较低下，人民收入和生活水平不高，整个经济发展以第一产业为主，所以三次产业产值比重的位次序列呈现出“一、二、三”的格局，即第一产业产值比重最大，居第一位，一般占60%~70%。但是到工业化中期，随着科技和整个生产力水平及人民收入和生活水平的逐步提高，作为第二产业的工业和建筑业上升为主导产业，取代了第一产业的主导地位，三次产业产值比重的位次序列呈现出“二、一、三”和“二、三、一”的格局，即第二产业的产值比重最大，居第一位，一般占40%~50%。到工业化后期，第三产业上升为主导产业，取代了第二产业的主导地位，三次产业的产值比重位次序列呈“三、二、一”格局，即第三产业的产值比重最大，居第一位，一般占60%~70%。

第二，在不同密集度的产业结构中，存在由劳动、资源密集型到资本、技术密集型转变的过程。密集度产业结构是按各产业中哪种生产要素密集度最高划分的产业结构。这种产业结构的划分，对于考察各类产业发展对不同生产要素的依赖程度，衡量产业的技术水平，以及如何根据国家和地区的不同发展阶段所具备的生产要素状况，来合理选择产业结构的模式和水平，具有十分重要的意义。

综观世界各国特别是发达国家的产业发展史，我们清楚地看到，在工业化初期，绝大多数国家和地区是从发展资源、劳动密集型产业开始，农业和轻纺工业在国民经济发展中居主导地位；在工业化中期，多以发展资本密集型的煤炭、钢铁、电力、化工和机械制造等基础工业部门为重点，这些部门是国民经济的主导部门；在工业化后期，多以发展技术

密集型产业为重点，并以其作为国民经济发展的主导部门。据《日本经济新闻》报道，在20世纪90年代之前形成的以加强产业和企业生产活力、提高产品国际竞争力为重点的产业政策，在90年代将向重视国民生活水平的提高、加强国际协调、切实注意环境保护的政策转变。在20世纪90年代，日本产业国际化、信息化、服务化和行业无界限的结构转变，将进一步加快。

第三，在农轻重结构中，存在由农业国向工业国、由以轻工业为主向以重工业为主的转变过程。整个工业化的过程，就是变农业国为工业国的过程，这个过程大致要经历农业国—农业工业国—工业农业国—工业国这四个小阶段。这四个小阶段的划分标准，主要视现代化大工业产值在社会生产总值和工农业总产值中逐步占优势的程度，以及现代化大工业以先进技术装备国民经济各部门的能力而定。这种由农业国向工业国转变的客观必然性，主要是由现代化大工业能够以现代技术装备改造农业，现代化大工业在整个国民经济中的主导地位、作用，以及生产资料生产优先增长规律所决定的，同时是由在科学技术不断进步的基础上，提高农业劳动生产率和人民收入及生活水平的客观要求所决定的。正是从这个意义上，当今世界各国都普遍采取工业立国的国策，对我们这样一个人口多、耕地少、人均国民生产总值低的社会主义大国来说，要保证国强民富，除了工业立国别无他途。

工业化的过程也就是由以轻工业为主向以重工业为主的转变过程。就全世界范围考察，轻重工业比重已由20世纪50年代的四六开发展到七八十年代的三七开。目前发展程度不同的国家的轻重工业比重也有很大差别，一般发展中国家大多是对半开水平，发达国家则多为四六开或三七开。

第四，在工业结构中，存在由以原料工业为中心向以加工制造业为中心的转变过程。一般在工业化初期和中期，大多以原材料工业为中心，只有到工业化后期，随着整个国家的科学技术水平大幅度提高、新型原材料的出现，特别是加工技术的进步和加工程序的改进，单位制成品的原材料消耗大幅度下降，才可能转移到以加工制造为中心上来。也只有这样，才可能在国际竞争中获得更大的经济利益。

（二）产业结构所处发展阶段是调整产业结构的根本出发点

正确认识我国产业结构在整个工业化和现代化总进程中所处的发展阶段，是我们调整产业结构、实现产业结构合理化的起点和基础。只有在这个基础上，才可能制定出真正符合我国国情的调整产业结构的有效对策。

在当代，判断一个国家或地区的产业结构所处的发展阶段，不能只局限于在该国家或该地区的小范围来考察，而必须放在整个世界范围的总体系中，在充分利用国内和国外两种资源，开拓国内和国外两个市场的条件下，来进行全面综合考察，才能得出科学的结论。

从经济发达国家产业结构演变的历史进程看，工业化和现代化大致可以分为前期、中期和后期这三个阶段。在前期，产业结构呈轻型结构，一般是农业和轻纺工业在经济发展中起主导作用，手工劳动和劳动密集型产业占绝对优势；在中期，大机器工业体系日趋完善，产业结构明显地向重化工业倾斜，电力、钢铁和机械制造业等资金密集型产业在经济发展中起着主导作用，基础工业和基础设施是发展重点；在后期，以汽车、家用电器为代表的耐用消费品产业和以微电子技术、信息技术、航天技术、生物工程、新能源和新材料为代表的高技术产业迅速发展，整个产业结构高加工度化趋势越来越明显。目前，美国、日本等经济发达国家的产业结构已处在工业化和现代化的后期。

我国目前情况与发达国家存在很大差别。虽然经过40年的建设，我们已经初步建立起独立的比较完整的工业体系和国民经济体系，但我国的科学技术和整个社会生产力的水平还不高，工农业的劳动生产率相差几十倍。我们基本上还是靠手工工具搞饭吃，农副产品还不能满足人民生活不断提高的需要，农村经济的商品化和社会化程度只有40%上下，粮食商品率不足30%。自1985年以来，我国粮食总产量约为4 000亿千克，人均粮食产量不足400千克，在世界上排在印度之后。据测算，到2000年我国人均粮食产量仍约为400千克。工业也是如此，我国现代化工业只是一部分，大部分还落后于现代化水平。特别是能源、原材料、交通、通信等基础工业和基础设施还有很大缺口，是国民经济的薄弱环节和“瓶颈”，整个产业结构尚处在低层次的不合理阶段。这种阶段的产业结构的跨度大，它不纯属于发达国家经历过的工业化前期、中期、后期的任何一阶段，而是一个“过基础关、补农业课”的特殊阶段。它大体相当于工业化和现代化中期的起始阶段，或者是中期的前期阶段。

三、提高调整产业结构对策的系统性和有效性

当前我国产业结构失调与以往相比具有许多新特点，增加了调整的难度，为此必须进一步提高调整对策的系统性和有效性。概括地讲，这次产业结构失调的特点主要有四个：一是工农业、基础工业与加工工业比例失调；二是现代化大工业与乡镇企业比例失调；三是地区产业结构趋同化严重；四是整个产业结构低层次化导致出口结构低层次化。这次调整的难点是：基础产业是“瓶颈”，投资需要倾斜，但资金缺乏；加工产业是长线，却是地方财政收入的支柱产业，压缩起来阻力很大；淘汰后进企业与多就业发生严重矛盾等。

基于本文对调整产业结构的必要性和必然性、产业结构发展规律和所处发展阶段的分析，以及对当前我国产业结构失调特点和调整难点的概括，我认为，为保证当前的产业结构调整能取得更好的效果，还必须在全面总结历史经验的基础上，在提高调整对策的系统性和有效性方面大做文章。在此，本文谨提出七个对策的要点：

（1）正确处理总量平衡和结构调整的关系，采取两者并举，以结构调整为重点，在结构调整的基础上进行总量平衡的对策。因为两者相比较，调整结构能够取得在不增加投入、不裁减职工、不压缩需求的条件下，就可以增加有效供给的效果。而要进行总量平衡、不增加供给，就得压缩需求，两者必居其一。

（2）正确处理两种资源和两个市场的关系，采取有进有出、以出养进，限制进口、扩大出口，建立一批出口产业群，大力提高出口产品加工度，尽快改变初级品出口居高不下的格局的对策。在国际市场上，初级品的创汇率与制成品比较，一般要低一两倍，而我国初级品占出口总量的比重高达50%，日本、美国等发达国家少则百分之几，多则25%上下，印度也低于我国，只有40%。为了提高出口产品创汇率，增强在国际市场上的竞争力，我们必须进一步挖掘和发挥我国航天、船舶、机电工业等产业部门在生产出口制成品方面的潜力。

（3）正确处理内外资投向的关系，采取把外资投向引导到基础产业上去，以国内投资

去配合和弥补外资投向的偏差，在充分利用国内各层次投资的基础上引进外资的对策。特别要注意确保使那些把资金投向基础产业的所有者能够获得高于投向其他产业的利润；要按照国家的产业政策规定的方向使用预算外资金。这样既有利于增加有效供给，又能多就业。

（4）正确处理存量调整和增量调整的关系，采取两者并举，以存量调整为重点，在存量调整的基础上进行增量调整的对策。两者相比，存量调整能够不增加投入，靠对现有生产要素进行重组的办法，就能减少和消灭亏损企业，既不裁减职工，又能增加有效供给。况且我国存量调整有很大潜力，40年来全国积累的国有资产高达17 000亿元。承包、租赁、联合、企业兼并和组织企业集团等，都是进行存量调整的行之有效的形式。鉴于通过存量调整无法建立新兴产业，所以还必须进行增量调整。

（5）正确处理基建和技改的关系，采取两者并举，以技术改造为重点，在技术改造的基础上进行基本建设的对策。两者相比，技改特别是对加工产业的技术改造，比基建特别是对基础产业的基本建设能收到投入减半、产出倍增的效果。何况我国技术改造的潜力很大，全国现有全部生产技术设备水平，达到国际20世纪七八十年代水平的只有20%，尚有80%只相当于国际20世纪60年代的水平。

（6）正确处理生产和消费的关系，采取限制不正当消费，加强消费引导，提倡适度消费的对策，以便为合理调整产业结构提供正确的消费导向。

（7）正确处理改革和发展的关系，采取两者并举、以发展为中心的对策。我们应大力促进那些能够推动产业结构调整和整个经济发展的各项经济改革政策的出台，特别应重视按照国家的产业政策调整乡镇企业的发展速度和发展方向。在坚持和完善企业经营承包责任制的过程中，把调整产业结构的任务和指标列入企业承包指标体系之中，以便充分发挥企业特别是国营大中型企业在调整产业结构方面的积极作用。试行分税制，提高中央财政收入的比重，调整好各层次的利益关系。

调整和优化产业结构是经济发展的重大战略

——对首都产业结构调整和优化的思考[①]

要实现经济增长方式由粗放型向集约型转变，实施可持续发展战略，更好地实现“九五”计划和2010年宏伟目标，就必须不断地调整和优化产业结构。不断调整和优化产业结构，是当代世界各国特别是发达国家的共同国策，是整个经济发展总体战略中的关键环节。本文仅就1996—2010年北京市产业结构调整和优化问题，谈五点看法。

一、准确认识和把握城市性质、功能及对经济发展的要求

党中央和国务院早在对北京城市总体规划的批复中就明确指出：北京是首都，是全国

① 李悦，孙彤．调整和优化产业结构是经济发展的重大战略——对首都产业结构调整和优化的思考［J］．经济理论与经济管理，1997（1）：22-26.

的政治中心、文化中心，北京经济建设的发展要适合这一特点。之后党中央的同志又曾多次指出，北京经济建设要适合全国的政治中心、文化中心（以下简称“两个中心”）这个特点，特别是发展高新技术产业。

过去一段时期，北京市的经济发展方向和发展模式上的偏差就在于重速度、轻效益，重上规模、轻上水平，以发展重化工业为重点。这种偏差已经带来了严重的不良后果。它削弱了“两个中心”的作用，而且延缓了北京的经济发展，降低了经济效益和社会效益，加大了环境污染，进一步加剧了水资源、能源和交通运输的紧张程度。

北京市的工作重点应当是按照“两个中心”的要求，认真地抓好“四个服务”，即为党、政、军首脑机关正常开展工作服务；为日益扩大的国际交往服务；为国家教育、科技和文化的发展服务；为全体市民工作和生活服务。搞好了这“四个服务”就是北京城市发展的最本质的要求。那种认为只有经济发展才是北京城市发展的本质要求的看法是片面的。因为马克思主义基本原理告诉我们，中心和重点不能太多，过多了也就等于没有中心和重点了；没有重点就没有政策，只有有所不为，才能有所为。那种想在各方面都拿第一的想法和做法，也是不符合实际的空想。这也不是党中央和国务院对北京市的要求。

那么北京的经济要不要发展呢?回答是完全肯定的，问题是我们应遵循什么样的发展方向和发展模式。“两个中心”和“四个服务”所要求的是，在经济增长方式上要走集约型之路，不要求在数量、规模、速度上争居全国第一，而要求在质量、档次、水平、高附加值和高新技术以及高新技术产业方面争拿全国第一。而那种以发展高能耗、高水耗、高污染的重化工业为重点，走粗放型的经济增长方式之路的做法，是不符合“两个中心”和“四个服务”要求的。

1996年5月27日，全国人大常委会环境保护执法检查组郑重地指出：“北京环保虽有成绩，但差距仍然很大。能耗高、水耗高、污染严重的工业比重过大，重工业还在不断扩大；城区大气污染严重，已被世界卫生组织列为世界上空气污染最严重的十个城市之一；水资源供需缺口日益增大，目前水资源实际使用量已超过可用水的极限，水环境污染仍未得到基本改善；噪声扰民，生活垃圾污染问题相当突出。”

问题还如此严重存在，出路何在呢?我们认为出路和办法是多方面的，但首先最关键的还是要解决认识问题，就是要准确地认识和把握北京城市性质、功能及经济发展的要求，从根本上纠正和扭转北京在经济发展方向和发展模式上的偏差。只有这样，北京产业结构调整和优化，才算有了前提条件和思想保障。

二、分析独特优势和关键制约因素

北京的独特优势举其要者有下列四条：①

一是北京是首都，是全国党、政、军首脑机关的所在地，全国性的总公司、行业总会、金融机构总部主要集中在北京，对全国和全世界都有巨大的影响。北京的经济发展和全面工作最便于得到中央的直接指导，得到中央各部门以及全国各地的大力支持和帮助。

二是北京是全国科技和教育事业最发达的地区，高等院校和最高的科研机构高度集中，集聚着全国第一流的人才，科研水平和成果数量居全国领先地位，一些科研成果已达

① 中共北京市委，北京市政府．1996—2010年北京市经济发展战略研究报告［R］．北京：1995.

到和超过世界先进水平。北京还拥有全国最大的技术市场，科技成果转化率高，技术辐射范围广泛。

三是北京是我国国际交往中心，集中了各国使馆、国际组织的驻华代表机构和大量外商机构。我国经济发展的良好前景和拥有12亿人口的广泛市场，对世界各国具有极大的吸引力。外商要进入中国，往往先要进入北京，这是北京经济和社会发展的极其重要的有利条件。

四是北京是世界闻名的古都和历史文化名城，历史文化遗产极其丰富，融合了我国不同历史时期多民族的优秀文化，是中国及东方几千年古老文化的浓缩和典型代表，也是现代文化与古代文化、中国文化与世界文化的交汇处，对海内外都有很大影响，这也是北京经济和社会发展的最独特的优势和战略性的资源。

北京经济和社会发展的关键制约因素可分为改革和发展滞后所造成的不良后果，以及资源短缺和城市基础设施滞后这两个方面。其具体表现有下列三点：

一是经济增长方式转变迟缓，产业结构和生产力布局不合理。产业结构升级迟缓，第二产业内部以原材料为主的重化工业仍居主导地位，是北京市财政收入的主要来源。电子、汽车等加工度和附加值较高的行业，还没有形成足以支撑经济和社会发展的规模和效益，工业竞争能力下降，潜伏着结构性滑坡的危机。从第一、二、三产业结构上看，第三产业在整个国民经济中的比重仍然偏低，发展相对滞后，与世界几个主要大城市相比较，差距更加明显。第三产业内部结构也不够合理，经济效益亟待提高。主要表现是：面向生活的服务体系发展较快，而面向生产的社会服务体系相对落后；传统行业发展较快，而新兴行业发展迟缓；高档消费设施发展较多，而低中档消费设施相对不足。生产力布局不合理，人口和工业过分集中于市区，有限的土地资源得不到合理利用，在很大程度上影响了第三产业的发展。

二是经济体制改革滞后，经济运行还没有步入良性循环。相当一部分国有企业机制不活，处境艰难。一些长期积累下来的价格矛盾相当突出，财政补贴不堪重负。在经济活动中存在地区、行业、部门的条块分割的状况，资源未能得到合理配置和充分利用。首都科技力量的雄厚优势和巨大潜力未能得到充分发展，极大程度地制约了北京整体水平的提高。特别是市政府职能转变和干部的思想观念转变离社会主义市场经济体制的要求还有较大甚至是很大的差距。

三是环境污染和水资源短缺。清洁能源的比重过低，机动车辆快速增长带来了尾气的大量排放，部分工业企业排放有害物质，造成城市生态环境很脆弱，污染相当严重。随着经济和社会的发展，以及城乡建设的不断扩大，用水量持续增加，水资源严重短缺，供需矛盾十分尖锐。此外，城市交通等基础设施仍然是制约经济和社会发展的“瓶颈”。

三、判定所处发展阶段

就全国而言，我国工业化正处在中期阶段，产业结构发展变化正处在“过基础关、补农业课”阶段；就北京而论，用“两个中心”“四个服务”的要求和北京现有基础为依据来判定，工业化和产业结构的发展水平均应高于全国平均水平，特别在高新技术产业发展方面，应该居全国第一，而不是也不应当在经济总量和发展速度上去争全国第一。北京的工业化应从中期向工业化中后期或后期转变，向高加工度化、高附加值化阶段发展；北京的产业结构应从“过基础关、补农业课”阶段向以高新技术产业主导的技术密集型产业为主体和支柱的高级阶段过渡。只有这样，北京才可能在全国的社会主义现代化建设和实现“两个根本转变”方面，充分地发挥其“两个中心”和“四个服务”的作用。因为经济是基础，政治是经济的集中表现。

邓小平同志讲，“科学技术是第一生产力”，而高新技术又是第一生产力中的首要生产力。在世界高新技术产业蓬勃发展的当代，现代国际社会的竞争，说到底是综合国力的竞争，其关键是科学技术的竞争，而高新技术及其产业又是整个竞争的焦点所在。今后衡量国家经济成就和水平的标志，重要的不在于量的增加，而在于经济质量和效益的提高。也就是要看经济增长是否达到投入少、产出大、效益高；主要是看科学技术对国家经济增长的贡献率的高低。因此，我国特别是首都北京必须及时把握住世界高新技术产业迅速发展的历史机遇，大力发展高新技术及产业，不断地提高科技进步在推动经济增长中的作用，用高新技术产业主导全国特别是北京的经济发展战略全局，占领新的世界经济的制高点，增强综合国力。这对于未来的15年我国经济汇入世界经济的洪流，参与全球竞争，努力实现人均GNP由低收入国家进入中等收入国家的历史性飞跃，都是具有全局性的战略意义的。

四、正确选择调整目标和重点产业发展战略

本文上述一、二、三点的分析，即从“两个中心”“四个服务”的要求出发，在分析独特优势和关键制约因素的基础上扬长避短，以及所处发展阶段的判定，这就是我们正确选择北京产业结构调整目标和重点产业发展战略的最根本的论据。

北京产业结构调整目标应当是尽快地从以重化工业为重点和支柱的产业结构格局向高加工化、高附加值化格局转变，实施以高新技术产业主导的技术密集型产业为主体和支柱的产业结构格局转变，把科技进步在经济增长中的贡献率从30%上下提高到50%~60%（发达国家为80%以上），把科技成果的转化率提高到30%~40%（发达国家高达50%~60%）。

北京重点产业发展战略主要有下列几条：

（1）大力优先发展高新技术产业，把高新技术产业的产值在工业总产值中的比重从5%~8%提高到15%~20%（美国1992年为26.6%，日本为30.9%）。

我们要立足国内、国际两个市场，瞄准世界先进水平，尽快从我国现有科技基础着手，在计算机技术、微电子技术、航天技术，通信技术、激光技术、超导技术、以发展农业为对象的现代生物技术、新能源及高效节能技术，以及新材料等高新技术领域开展攻关，先在技术上突破，再逐步形成新的产业增长点。在产业发展序列中，以世界第一大产业——电子信息产业为前导，以对传统产业的改造为基础，以“863计划”和“火炬计划”为依托。在产业政策上实现由区域倾斜转向技术和产业倾斜，加大政府的投入。目前，我国研发费用占GNP的比例约为0.3%，北京应提高到2%~3%（发达国家为3%~5%），还要进一步提高高新技术产业发展的技术集中度和集约化水平。

（2）加快发展第三产业的步伐，把第三产业产值在工业总产值中的比重由现在的40%多提高到60%~70%。

要重点发展金融业、保险业、外贸业、旅游业、邮电通信业、交通运输业和房地产业；要重点发展信息业和各种服务业；要重点发展科技研究、教育文化和社会公共事业

等。因为北京第三产业滞后拖了经济发展的后腿。比如，由于金融业发展滞后，每年从北京流失的资金高达一二百亿元。再比如，北京对外贸易每年不到百亿元，可是每年北京的旅游业收入就有几十亿元之多，如果搞得好，只旅游一项就可以收入一二百亿元。

(3) 加大第二产业的改造和改组步伐，通过“三改一加强”的办法，来调整和提高北京第二产业的水平。

第一，要运用高新技术改造北京的冶金工业、化学工业和机械工业，以及轻工和纺织工业。运用高新技术是改造传统产业的必然选择，我们再不能像过去那样落入边改造、边落后的怪圈了。我国的国有大中型企业多属于传统产业，目前普遍存在经营状况不好、效益下降的情况。怎么办呢?办法不少，但重要的一点是选择在国内居于领先地位的高新技术进行改造，这是使这些传统产业再焕发青春的最重要的出路。也只有这样，这些传统产业的产品才能实现跳跃式更新换代，才能走出一条振兴国有经济的新路子。

第二，推行大公司、大集团和名牌战略，通过联合、兼并、关停转多种方式，对传统产业进行大改组，真正实施国有资产重组，把有限的国有资产配置到能取得良好效益的环节和方面上去。

以上两条国内外都有大量的成功经验，并取得了显著的成效。比如，一旦高新技术广泛渗入传统产业，就能形成高新技术与传统技术的相互融合，如微电子、信息、计算机技术和自动控制技术，在机械工业的产品生产过程中推广使用后，便出现了“机电一体化”的新技术和新产品，这种产品技术水平的附加值就会倍增，如数控机床等。这样，机械工业这个传统产业也就新生了。

(4) 在发展农业上，北京要走一条新路子。我们要运用现代化生物技术在增加农副产品的品种和提高质量上狠下功夫，发展高效农业。同时，应与周边兄弟省区（比如内蒙古、河北等地）联合建立农副生产基地。这样一方面可以保证为首都提供农副产品，同时能带动周边兄弟省区的经济和社会的发展，是一举多得的好办法。

五、实施调整举措

(1) 在资产存量的重组和优化配置上大做文章，并按本文提出的调整目标和重点产业的发展战略来调整增量。通过大公司、大集团和名牌战略重组一批，通过联合、破产和关停转各种方式改组一批。

(2) 加大经济体制和政治体制改革的步伐，特别是应当在深刻总结历史经验教训的基础上，加大人事干部管理制度的改革步伐。要尽快地构建一整套既符合党的干部“四化”方针和德才兼备原则，又符合社会主义市场经济体制要求的干部选拔机制、培育机制、激励机制、约束和监督机制、淘汰机制。加大转变市政府管理经济的职能和建立现代企业制度的步伐。

(3) 进一步加大对外开放的步伐，提高对外开放的水平，特别是提高引进外资的水平，在开放中发展，在竞争中提高。

(4) 要转变观念，特别是转变各级领导同志的观念，把经济工作的重点真正转到以提高经济效益为中心的轨道上来。

(5) 要切实加快实现传统管理向现代管理的转变步伐。判断这个转变过程的快慢和好坏，应主要看下列十个主辅关系的变化和发展方向：

① 要实现由以物为中心的管理向以人为中心的管理转变。

② 要实现由以数量为中心的管理向以质量为中心的管理转变。

③ 要实现由以速度为中心的管理向以效益为中心的管理转变。

④ 要实现由生产型管理向生产经营型管理转变，再向资本运营型管理转变。

⑤ 要实现由以战术为中心管理向以战略为中心管理转变。

⑥ 要实现由以单一经营为限的管理向以一业为主、多种经营管理转变。

⑦ 要实现单个企业经营管理向联合化、集团化经营管理转变。

⑧ 要实现以本地区、本国度为限的封闭型管理向对国内外全方位开放型管理转变。

⑨ 要实现由只有独资经营管理向独资、合资、股份制等多种经营管理方式转变。

⑩ 要实现由只重视投入的管理向既讲投入又讲产出、投入与产出统一的管理转变。

以上这十条中最重要的是第一条。因为以人为中心的管理是管理科学化的首要内容，实现由以物为中心管理向以人为中心管理的转变，这是建立现代企业制度的迫切需要，是现代管理的客观需求。

从管理对象上看，无非对人的管理和对物的管理这两大类。对这两类管理任何时候我们都不可偏废，必须是“两手抓、两手都要硬”。但是两者相比较，首要的还是抓好对人的管理，要想管好物，首先就得把管物的人管好。因为任何物都是由人发现、创造出来的，都是由人来使用和管理的。当今世界上的激烈竞争，说到底还是人才的竞争。也正因如此，关于人是世界上最宝贵的资源，人是生产力诸要素中最活跃的最富有创造性的决定要素的观点，已成为国内外一切有识之士的共识了。

（6）大力提高劳动者的综合素质，特别是各级领导干部的素质。

从总体上讲，我国现有劳动者的技术素质、业务素质、文化素质和管理素质还是比较低的，但数量又是非常可观的，甚至是很庞大的。我国农村现有1.5亿剩余劳动力，预计到2010年可能达到2亿人。城市职工有8 000万人，富余职工有2 000万~3 000万人。我国官与民的比例在中华人民共和国成立初期为1∶600，而现在为1∶34。这么多官和富余人员，如何充分发挥他们的积极性、主动性和创造性呢？出路可有如下几条：第一，发展乡镇企业，发展第三产业，消化一部分；第二，劳务出口；第三，精简机构，变“官”为民。走这三条路都有很多困难，也都要求提高劳动者素质。所以我们提出第四条出路，即改革现有人事干部工作体制，实行“三三制”，就是把劳动者在岗工作与学习和调查研究结合起来，形成一个在岗工作→学习→调研→再上岗工作→再学习→再调研的良性循环。这样做的最大好处是可以解决活少人多的问题。

产业结构调整应确保战略重点产业[①]

日前，中国人民大学教授李悦、南开大学教授方天石撰文提出，总结历史经验，为了实现产业结构调整目标、尽快提升我国经济整体素质和国际竞争力，应确保战略重点产业

① 本文由人民日报社理论部马宏伟提供，于2010年4月22日收录在人民日报社办公厅编的第253期《舆情》中。

发展，促进人、财、物力向这些产业倾斜。

文章认为，在经济工作中，常常出现重点过多，各方面争项目、争投资的现象。争来争去的结果，往往是把有限的人、财、物力分散地配置到各类产业上去，而应当确保的重点战略产业之所需却得不到满足，从而导致战略重点产业对整个经济的主导作用大大降低，延缓了整个国民经济的发展进程。没有重点就没有政策。应在准确把握我国经济发展现状的基础上，找出主导经济发展的最关键的产业群，也就是战略重点产业，对其在投入和政策上给予确保。那些在国内外市场上供过于求的产业，则没有资格列入战略重点产业。

文章列出了我国今后10~15年的战略重点产业群。

一是高新技术产业（包括新兴产业）。这是领军产业，它决定国家的未来。全球金融危机正在催生新的科技革命和产业革命。我国在产业发展方面也必须占领制高点，应像当年搞“两弹一星”那样，去占领国际市场。高新技术产业众多，我们不可能一下子搞全，只能逐步扩大。现阶段可以列入的有电子信息、生物医药、信息网络和物联网、软件和海洋产业等。

二是装备制造业。生产力的发展始于生产工具，所以必须把制造生产工具的装备制造业特别是高端制造业列入战略重点产业。我们所实施的十大产业调整振兴计划是正确的、有效的，但不应全部列入战略重点产业。因为重点过多，就等于没有重点了。

三是新能源和可再生能源产业、新材料和环保产业。这些产业关系着节能减排和控制温室气体排放目标能否实现，关系着经济社会可持续发展。

四是文化产业特别是文化创意产业。随着生活水平的提高，人们对文化的需求越来越高。当今世界，创意产业的发展水平已成为衡量一个国家竞争力高低的重要标志之一。

确保这四类战略重点产业群，是提升经济素质和发展质量、保民生、发展绿色经济和可持续发展的必然要求。

对外经济开放与产业结构调整[①]

对外经济开放与产业结构调整有着非常密切的内在联系。这种内在联系集中表现在这样相互制约的两个方面：一方面，对外经济开放为产业结构调整提出新的战略要求；另一方面，产业结构调整又为对外经济开放所必需的产品、劳务、技术和资金等提供了相适应的物质承担实体和生产结构。

一、世界产业结构的新格局和发展趋势

鉴于在对外经济开放情况下，中国产业结构是世界产业结构的有机组成部分，要正确地调整中国产业结构，就必须从研究世界产业结构的新格局及其发展趋势入手。只有这样，才可能对中国产业结构在世界产业结构总格局中的地位作出正确规定，更能充分发挥

① 李悦．对外经济开放与产业结构调整［M］//方生．走向开放的中国经济：理论·模式·路线．北京：经济日报出版社，1991：198-223.

我国的优势，占领更多的国际市场，推动对外经济开放，促进我国国民经济持续、稳定、协调发展。

与第二次世界大战前相比较，战后世界产业结构出现了新的格局，这种新格局主要有下列三个基本特征：

（一）垂直分工与水平分工并存

在第二次世界大战之前，发展中国家与发达国家的产业和经济分工的基本形式是垂直分工，即发达国家生产和出口工业制成品，发展中国家主要生产和出口农产品及矿产品。因为原料和制成品在国际市场上的价格差别很大，后者常常要比前者高出许多倍，所以在国际市场上进行交换，仍是不等价的交换，发达国家剥削发展中国家。在发展中国家还没有条件生产能出口的制成品，更没有条件在此领域与发达国家竞争的情况下，要改变这种剥削与被剥削的局面也是无能为力的。

但是，第二次世界大战以后情况发生了变化。由于科学的进步，发展中国家的制造业有了进一步发展，特别是跨国公司兴起，交通运输和通信业有巨大进步，世界贸易迅速扩大，世界经济日益国际化。在国际化趋势下，与垂直分工并存的还有水平分工。水平分工是指在发展中国家对发达国家、发展中国家之间和发达国家之间，在生产和出口方面，都有在原材料、初级品和制成品之间的分工。过去那种单一的纯原料、初级品或制成品的生产国和出口国，已经部分地或越来越多地被既生产和出口原料、初级品，又同时生产和出口制成品的国家所取代，只不过是不同国家所生产和出口的比重不同罢了。虽然时至今日，各发展中国家所生产和出口的绝大多数依然是原材料和初级品，各发达国家所生产和出口的绝大多数都是制成品，但是，从全世界总体格局中看，毕竟已经是垂直分工和水平分工并存了。发展中国家制成品的生产和出口正在发展中。

（二）产业结构调整和产业转移并举

为了在国际分工和国际竞争中获取更大的利益，世界各国尤其是各发达国家，正在大力调整其国内的产业结构。发达国家把其大量投资开始转向高技术产业，而把一些劳动密集型和资本密集型产业逐步转向发展中国家。这是因为，纺织和服装等劳动密集型产业，不仅需要大量劳动力，而且生产增长在减缓，有的产业甚至呈现出下降的趋势。钢铁、造船、汽车等资本密集型产业，除其生产增长减缓外，其能源消耗和原材料消耗都很大，而且污染严重。所以，发达国家为了自身的利益，就把自己不愿办的和不愿多办的产业向发展中国家转移，而在国内将大量投资转向电子计算机、航空航天、新材料等高技术产业方面。

（三）国际剥削依然存在

鉴于发展中国家的产业多是生产传统的原材料和初级品，生产制成品的产业特别是高技术产业尚很不发达；发达国家却主要去发展生产制成品产业特别是高技术产业，把生产原材料和初级品的资源和资本密集型产业转到发展中国家。在国际市场，发展中国家以低附加价值的产业的产品与发达国家高附加价值的产业的产品进行交换，这样吃亏的只能是发展中国家，而获利者只能是发达国家。上述两类不同附加价值的产品相交换，是表面上的等价交换，而实际上是不等价交换。因为西方垄断资产阶级运用它们所控制的各种手段，包括政治上的、军事上的高压手段在内，尽量压低原料和初级品的国际市场价格，而且一压再压；相反，尽力去提高它们所经营的制成品和高技术产业产品的价格。西方垄断资产阶级为了维持其世界霸权主义者的地位，它们采取许多新殖民主义手段，对第三世界许多发展中国家进行更加残酷的剥削和掠夺。据有关方面估计，第二次世界大战后发达国家从石油输出国组织成员掠走的石油财富高达2 000亿美元以上；1951—1973年，发展中国家由于与发达国家之间的贸易中“高进低出”所形成的“剪刀差”，就损失1 300亿美元；1950—1973年，美国对发展中国家的直接投资总额为252亿多美元，从中获利达596亿多美元，后者约为前者的237%；发展中国家仅在1981年支付所欠外债的利息就近500亿美元。也正是因为西方垄断资产阶级对发展中国家进行多种剥削和掠夺，以及发达国家和发展中国家在科学技术水平与整个社会生产水平方面存在差距，所以才最终导致这两类国家之间在人均国民生产总值上的巨大差距，以及这种差距继续扩大。据统计，这种差距已由1950年相差22倍，扩大到1980年的39倍。更有甚者，据联合国贸发会议的报告，42个最不发达国家与发达国家的差距竟达50倍之多。

世界产业结构格局处在不断发展变化之中，而且这种发展变化又是有规律的。各国要在国际竞争中获胜，还必须掌握这些规律，按这些规律选择自己的产业结构发展战略。综观世界产业结构的发展历史，产业结构由低到高的发展主要有下列大趋势：

1.在三次产业结构中，存在由“一、二、三”向“三、二、一”转变的趋势

三次产业结构是概括性最强的一种产业结构，因为它囊括了全部经济活动。所谓三次产业结构，就是把一个国家的全部经济活动按照经济活动发生与发展的客观序列和内在联系，划分为第一产业（农、林、牧、渔业）、第二产业（工业和建筑业）和第三产业（除第一、二产业之外的产业），这三次产业之间的组成及它们之间的经济联系和数量比例关系，就是三次产业结构。欧美、日本和联合国普遍采用这种分类法。我国于1985年也首次对我国1984年的第三产业作出了统计分析，当时国务院转发了国家统计局关于建立第三产业统计的报告，在总结国内外经验的基础上，根据我国的具体情况，指出了建立这种三次产业分类法的必要性和我国三次产业的划分方法；特规定在国内进行观察和考核时，包括国家机关、党政机关、社会团体、军队和警察在内的第三产业的第四层次不计入第三产业产值和国民生产总值。

综观世界各国产业结构发展历史，一般在工业化初期，由于科学技术水平和整个社会生产力水平还比较低，人民生活水平也不高，整个国民经济的发展仍以农业为主，所以三次产业结构必然呈现出“一、二、三”的总体格局。但是，随着科学技术的进步和生产力水平及人民生活水平的提高，第二产业上升到了主导产业，三次产业结构转向“二、一、三”和“二、三、一”的格局。到了工业化后期，三次产业结构会呈现出“三、二、一”的格局。

2.在不同密集度的产业结构中，存在由劳动密集型、资源密集型到资本密集型，再到技术密集型的转变趋势

综观世界各国特别是诸发达国家的经济发展史，我们清楚地看到，在工业化和现代化初期，多从发展资源、劳动密集型的轻纺工业开始，农业和轻纺工业在国民经济中居主要地位；在工业化和现代化中期，多以发展资本密集型的煤炭、钢铁、电力、化工和机械等基础工业部门为重点，这些部门是国民经济发展的主导部门；工业化和现代化后期，多以发展知识、技术密集型产业为重点，这类产业上升为主导地位。

上述这种产业转变的趋势，不仅表现为全世界产业及其结构逐步升级的过程，而且表

现为各国产业及其结构不断升级的过程。这个过程在日本和苏联都比较明显。

3.在工农业、轻重工业结构中，存在由农业国向工业国、由以轻工业为主向以重工业为主转变的趋势

（1）在工农业结构中，由农业国向工业国转变。

工农业结构发展趋势的转变阶段，可大致表述为农业国—农业工业国—工业农业国—工业国这4个阶段。这个发展阶段划分的具体标准，主要看它在社会生产总值和工农业总产值中，现代化工业产值逐步占优势的程度，以及现代化大工业以先进技术装备和武装国民经济各部门的能力。

所谓农业国，主要是指现代化大工业还没有发展起来，它在工农业总产值和社会生产总值中处于劣势，还没有能力以先进技术装备国民经济；农业在工农业总产值和社会生产总值中却占绝对优势，这种没有现代技术装备的农业又是以手工劳动为主。

所谓工业国，主要是指现代化大工业有了高度发展，它在工农业总产值和社会生产总值中占有绝对优势。它已用先进技术装备了国民经济的各个部门。

世界上经济发达国家和发展中国家的历史都反复证明，发展中国家要变成发达国家，穷国要变成富国，落后国家要赶超先进国家，都要经历由农业国向工业国转变的过程。这是不以人们主观意志为转移的客观规律，国外是这样，我们中国也不例外。正是从这种意义上讲，在当今世界，各国都应采用工业立国的国策，对我们这样一个从世界范围分析人口多、耕地少、国民生产总值低的社会主义大国来说，除了工业立国别无他途。

这种由农业国向工业国转变的客观必然性，主要是由现代化大工业在国民经济中的主导地位作用和生产资料优先增长的原理，以及在科学技术不断进步的基础上农业劳动生产率的提高、在生产发展的基础上人民收入水平的提高所决定的。也就是说，现代化工业在工农业和整个国民经济中所占比重相对上升，而农业相对下降的这种发展趋势，是与农业的高生产率指向、农产品的优质化和多样化指向同步的。简而言之，也是用现代化工业改造农业，实现“农业工厂化”的表现。

这里我们应当指出的是，作为对农业产品长期短缺的一种补偿，在一段时期内使国家的农业在工农业和整个社会生产总值中处于相对上升的状态，是不可避免的，也是合理的；但是，必须清醒地看到，这种上升状态只是暂时的现象，是一种特殊情况，而不是长期趋势。

（2）在轻重工业结构中，由以轻工业为主向以重工业为主转变。

1955—1976年，轻工业产值在全球制造业产值中的比重由41.2%下降到32.3%，重工业比重由58.8%上升到67.7%；同期，发展中国家的轻工业比重由67.3%下降到48.9%，重工业比重由32.7%上升到51.1%。重工业比重的上升都是以轻工业比重的下降为代价的。早在1955年，发达市场经济国家的重工业产值几乎占制造业产值的2/3，计划经济国家的重工业产值则占制造业产值的1/2。到1976年，发展中国家的重工业比重略微超过了1/2。这种趋势在拉丁美洲最为明显，其重工业产值在制造业产值中所占比重从1960年的43%增长到1976年的58%。总之，重工业是发展中国家的主要增长部门。

无论从制造业的轻重工业结构趋势上看，还是从整个工业中的轻重工业结构趋势上看，都呈现出由以轻工业为主向以重工业为主的转变趋势，大体上由七三开格局转变为三七开格局。

4.在工业结构中，存在由以原料为主向以制造为主转变的趋势

在现代科学技术突飞猛进的今天，在经济发达国家中，原料工业与制造工业“脱节”，已成为产业结构的一大趋势，即呈现出原材料工业比重相对下降而制造工业比重相对上升的趋势。

彼得·德鲁克在美国《外交季刊》撰文指出，原料经济和工业经济的脱节，是世界经济中发生的一个主要结构性变化。根据国际货币基金组织的一份研究报告估计，自从1900年以来，世界对原料的需求每年下降1.25%。这意味着目前一个单位工业产品所需的原料量只有1900年所需的2/5，而且这种下降的速度在加快。日本下降的速度更快，1984年日本每一单位工业产品所消耗的原料，只有1973年生产同样数量产品所消耗原料的60%。

德鲁克在分析原料需求下降的原因时指出，因为工业生产正逐步脱离原料密集型的产品和加工程序，并举例作了说明。比如，一枚半导体微芯片所使用的原料只占整个微芯片生产成本的13%；在一辆汽车中，原料则占生产成本的40%，而在水壶和平底锅中原料占60%。一些较老的工业对原料的需求也下降了，50磅的玻璃纤维电缆所传递的电话信息和1吨铜线传递的一样多。同样，对能源的依赖也在下降，生产100磅玻璃纤维电缆所需的能源只是生产1吨铜线所需能源的5%。塑料在原料方面的成本还不到钢的一半，而塑料正日益取代钢生产汽车车身。所有这些都说明原料经济和工业经济的这种脱节，乃是科学技术进步的必然结果和主要表现。

为了加快我国社会主义现代化的步伐，我们必须从我国实际情况出发，在正确判定我国产业结构所处历史发展阶段的基础上，进一步调整我国原材料工业和制造工业的结构，实现原材料工业与制造工业结构的合理化。

二、我国产业结构失调的特点和所处的发展阶段

（一）我国产业结构失调的特点和调整的难点

鉴于目前我国实际部门和学术界的广大学者，就目前我国产业结构失调的特点和调整的难点，已经发表了许多文章，加上篇幅所限，所以这里只是概述几句，不能多谈。

与以往往几次产业结构失调相比，这次产业结构失调具有以下四个特点：第一是工农业结构、基础与加工结构双失调；第二是现代化产业与跟它争能源和原材料的、低层次的大量乡镇企业比例失调；第三是地区产业结构趋同化严重，既不能充分发挥各地区的各自优势，又不能形成全国的产业优势；第四是整个国家的产业结构低层次化又导致出口结构的低层次化，初级品出口比重居高不下，换汇率低，在国际市场竞争中受到剥削。

农业和基础工业严重滞后，加工工业规模过大，发展速度过快，这就是目前我国产业结构存在的最大问题。

农业是国民经济的基础，它是人类生存之本，衣食之源，是国民经济其他部门的重要资源和市场。可是由于我们对农业的这种基础作用认识不足，政策不能落实，投资比重呈下降趋势。农业投资占国民经济投资总额的比重，已由“一五”计划时期的7.1%、“二五”计划时期的11.3%、1963—1965年的17.6%、“三五”计划时期的10.7%、“四五”计

划时期的9.8%和“五五”计划时期的10.5%，降到“六五”计划时期的5.1%和1986年的3%。再加上耕地的减少和人口增加的趋势，据统计，1978—1988年，我国耕地面积减少了5 500多万亩，人口增加1亿多，致使我国粮食产量自1985年以来约为4 000亿千克，人均粮食产量不足400千克，排在印度之后；据预测，到2000年的人均粮食产量仍然约为400千克。尤其应当引起重视的是，我国现有农业生产力水平很低，而且受自然资源的限制很大。我们基本上还是用手工工具搞饭吃，农副产品还不能满足人民生活水平提高的需要，农村经济的商品化和社会化程度不高，粮食生产的商品率尚不足30%；我国人均耕地、草原、林地、淡水资源和各种矿产资源也大大低于世界人均水平。我国人均耕地只有美国的1/9，只及世界平均水平的1/3，林地和淡水资源分别是世界人均水平的1/9和1/4。这说明我国农业发展的潜力也受到很大的限制。

基础工业滞后的现象更为严重。据有关方面测算，当前我国年缺电量近2 000亿千瓦时，近七八年来每年因停电一项造成的工农业损失高达2 000亿元以上。由于能源和原材料短缺，全国工业生产能力约有40%闲置，每年少创4 000亿元产值和500亿元利税。1988年的损失尤为严重，该年由于缺电造成的直接损失，仅工业总产值一项就至少达6 000亿元，占全年实现工业总产值的1/3。

根据1985年工业普查资料和《中国统计年鉴（1988年）》所提供的材料计算，1980—1985年和1986—1987年的重工业内部能源工业、原材料工业和加工工业的发展速度比值分别为1∶1.6∶2.4和1∶4.1∶4.4。[①]这说明3个部门的失调状况仍在加剧。在全国工业生产中，能源工业所占比重已由1978年的14.1%下降到1988年的9%。一直到1989年上半年，电力工业的基建投资比上年同期还下降0.7%，更新改造投资下降0.5%；运输和邮电的基建投资下降3.1%，更新改造投资下降2.8%。这说明重点建设至今仍然得不到保证。

加工工业不仅规模过大、速度过快、能力闲置，而且投资向投资类产品和高档耐用消费品倾斜。据统计，1978年我国彩电工业生产仅有9 400台，到1988年猛增至1 000多万台，10年增加了1 000多倍，年平均增长率高达17%。1988年彩电和电冰箱等高档耐用消费品的发展速度是轻工业品平均发展速度的两倍以上。据有关方面预测，到1995年国内彩电市场需求为1 000万台，彩管的需要量约为1 200万只，但是到目前为止，国家已批准建设和列入规划的彩管项目的年生产能力已达1 700万只。此外，一些地方仍在纷纷争上新的彩管建设项目。截至今年上半年，市场接近饱和的电冰箱、吸尘器等家用电器仍增长过快、过猛（上半年冰箱销售量比上年同期已下降6.9%）。同期，农业急需的化肥和农药却欠产，电池、保温瓶和皮革等16种民用轻工业品的生产都大幅度下降。

这次调整产业结构的难度也比过去几次大得多。主要的难点有以下几个：一是基础产业是国民经济发展的“瓶颈”，但它的投入产出率低于加工产业，所以地方不愿意兴办，也无力兴办。中央应办，但财力和物力都有所削弱。比如中央财政收入所占比重已降到1988年的47.2%，而一般发达国家的中央财政收入所占比重都为60%~70%。物力也是一样，中央所控制的指令性工业产品已由改革初期的120余种减少到60余种。所以中央兴办基础产业的能力也很不足。二是加工产业是国民经济发展中的长线，但它是各地方的财政

① 能源工业以折成万吨标准煤计算，原材料和加工工业以净产值计算。

支柱产业，压缩起来阻力很大，特别是在财政“分灶吃饭”以后就难上加难。三是技术落后、劳动生产率低下的乡镇企业和因经营不善而长期亏损的企业大量存在，这是导致我国经济效益不佳的重要原因，但要推进技术进步、关闭亏损企业和部分乡镇企业、裁减企业多余人员，又与保持多就业和社会安定团结的大局之间形成了尖锐的对立状况。据预测，2000年我国新增劳动力总数约为2亿人，单是农村剩余劳动力就有1亿人以上。所有这些问题，都是这次产业结构调整的难点。

（二）我国产业结构所处的发展阶段

正确认识我国产业结构在整个工业化和现代化总进程中所处的发展阶段，是我们加快实现产业结构合理化的起点和基础。只有从这个基础出发，才可能制定出真正符合我国国情的产业结构合理化的战略部署和行之有效的对策。

在当代，判断一个国家或地区的产业结构所处的发展阶段，不能只局限于该国家或地区的小范围来考察，而必须在整个世界范围的总体系中，并在充分利用国内和国外两种资源，开拓国内和国外两个市场的条件下进行全面综合考察，才能得出科学的结论。

从经济发达国家产业结构演变的历史进程看，工业化和现代化大致可以分为前期、中期和后期这三个阶段。在工业化和现代化前期，产业结构呈轻型结构，一般是农业和轻纺工业在经济发展中起主导作用，手工劳动和劳动密集型产业占绝对优势；在工业化和现代化中期，大机器工业体系日趋完善，产业结构明显地向重化工业倾斜，电力、钢铁和机械制造业等资金密集型产业在经济发展中起着主导作用，基础工业和基础设施得到很大改善；在工业化和现代化后期，以汽车、家用电器为代表的耐用消费品产业和以微电子技术、信息技术、航天技术、生物工程、新能源和新原材料为代表的新兴产业迅速发展，整个产业结构高加工度化趋势越来越明显。目前，美国、日本等经济发达国家的产业结构已处在工业化和现代化的后期。

我国目前情况与经济发达国家存在很大差别。首先是生产力落后，商品经济不发达，工农业的劳动生产率相差几十倍。其次是我国产业结构的层次低且不合理。我们基本上还是用手工工具搞饭吃，农副产品还不能满足人民生活不断改善的需要。再次，我国现代化工业只是一部分，大部分还落后于现代水平，特别是能源、原材料、交通、通信等基础工业和基础设施还有很大缺口，是国民经济的薄弱环节。当然，也不应忘记，我国工业已经有了一定基础，并已初步建立起独立的比较完整的工业体系和国民经济体系。

基于上述分析，我国产业结构从总体上看，既不属于工业化和现代化的前期，也不属于后期，而是正处于中期的起始阶段；更确切些说，是一个“过基础关、补农业课”的阶段。我国产业结构的跨度很大，前期起主导作用的农业和轻纺工业仍然需要大力发展，前景可观；中期起主导作用的重化工业即基础工业和基础设施严重短缺，急需扶植；后期起主导作用的新兴产业也必须有计划、有步骤、有重点地发展起来。我国国内市场广阔，传统产业存在很大的发展余地；对外开放的不断扩大，又为我们充分利用国外先进技术提供了广泛的可能性。我们应当把这两个方面的有利条件很好地结合起来，以运用先进技术改造和发展我国传统产业为重点，同时注意发展高技术新兴产业，带动整个国民经济向前发展。

三、调整我国产业结构的对策

基于前文的分析，特别是对我国产业结构所处发展阶段的判断，要调整好结构，实现我国产业结构的合理化，最后的关键问题还在于如何进一步提高所采取的调整对策的系统性和有效性。以往所进行的调整工作收效很不理想，分析其原因是多方面的，但与采取的对策比较零碎、不系统、不全面、不具体、不大符合实际、有效率差，是密切相关的。总结我国调整产业结构的正反两个方面的经验，应综合采取下列对策：

（一）正确处理两种资源和两个市场的关系

采取进口出口并举，以出养进、限制进口、扩大出口、建立出口产业群，正确引导外资的投向，进一步提高出口加工度，尽快改变出口初级品比重高居不下的格局等对策。只有这样，才能提高出口产品的创汇率，增强在国际市场上的竞争力，才能保护民族工业的发展，增强我们自力更生的能力。

历史经验告诉我们，在两种资源和两个市场的关系上，从总体上讲，我们必须把握住这样两个要点：第一，只利用国内资源，只开拓国内市场，是不行的，因为那样又会回到闭关锁国的老路上去。单靠利用国外资源，单靠开拓国外市场，更是行不通的，因为那样可能被外国人牵着鼻子走路，因而丧失自主权。第二，这两种资源和两个市场也不是对半开的关系，而应该是有主辅的。我们必须把立足点放在充分利用国内资源、充分开拓国内市场的基础之上，在此基础上再去尽可能地利用国外资源和开拓国外市场。正如毛泽东同志早就概括指出的那样，要坚持以自力更生为主、以争取外援为辅的方针。我国的革命和建设实践都反复证明了这条马列主义原理是完全正确的，是我们应坚决执行的立于不败之地的国策。

在这组对策中，在当前我们应当把重点放在如下方面：

1.大力提高出口制成品的比重，提高出口产品加工度

目前，在我国出口的产品中，初级品比重达50%；日本、美国等发达国家的出口中的初级品，少则只占百分之几，多则也才占到25%上下，印度也只有40%。可是众所周知，在国际市场上创汇率最高的是制成品，一般比初级品的创汇率要高出一两倍之多。所以，我们要打入国际市场、占领国际市场，并在国际市场交换中不吃亏，就必须千方百计地提高出口产品的加工度，大幅度地提高制成品的出口比重。最近的实践证明，我国的航天、船舶、机电等产业部门也确实存在生产出口制成品的潜力，有待我们去进一步挖掘和发挥。

航天业本是一个有巨大潜力的产业部门。美国的研究成果表明，对航天业投入1美元，可相应增加国民收入14美元，即投入产出比为1∶14。我国的研究成果表明，航天业的投入产出比是1∶10。据推算，兴建1 000公里以上的通信线路，数卫星通信费用最低。1984年，我国开通北京至成都、拉萨、兰州、乌鲁木齐的长途通信线，若用传统电缆技术，需要投资10亿元，而采用卫星通信仅用了1亿元。我国商用运载火箭技术已经发展到新水平。自1970年以来的20年间，我国已经成功地发射26颗人造卫星。不仅如此，我国还用长征三号火箭为别的国家成功地发射了卫星。1990年7月16日，我国又成功地发射了长征二号（2-E）大推力运载火箭，为我国1991年和1992年发射两颗澳大利亚通信卫星作了技术准备。有些美国学者也承认，我国的运载火箭不仅种类齐全，而且发射价格低

廉，只有外国发射公司要价的一半。其实，不只是航天业，其他高技术产业也具有一定的制造出口制成品的潜力。比如，过去在高技术产品方面一无所有的云南省，1990年头5个月，就向美国出口800台南天牌B25-GRE微型计算机产品，创汇近百万美元。

我国机电产业潜力更大，因为从总量上看它是长线，因缺能源、少原材料等原因，生产能力尚闲置1/3。但经过近两年的努力，该产业部门在生产出口制成品方面，已取得了可喜的成绩。据海关统计，1989年机电产品出口为83.1亿美元，占全国出口总额比重已由1985年的6.1%上升到15.8%，不仅在缓解基础产业的短缺状况和充分利用闲置的加工能力方面作出了贡献，而且为国家增强了创汇能力。我国是世界上精密自动机床品种齐全、生产实力雄厚的少数国家之一，各种磨床、齿轮机床、电加工机床、自动车床、坐标镗床等都是我国的主要出口产品。目前亚洲和东欧一些国家和地区，已开始向我国订购重型的大型机床。据有关人士分析，欧洲、亚洲、北美将成为我国20世纪90年代机床出口三大主导市场。由于一些国家和地区将逐步减少劳动密集型产品，我国将成为欧洲共同体普通机床、数控机床、铣床、普及型廉价加工中心的主要供货国。我国在亚洲的出口主导产品将是普通机床、精密机床、自动机床以及重型和大型机床。全国许多机床厂在治理整顿期间，在国内市场比较疲软的条件下，把产品主要销售市场由国内转向国外，而且取得了很大成绩。以诸暨机床厂为例，今年该厂与外商签订了220台的合同，还有意向要货100台，销往美国、泰国、智利等地，创汇可达100万美元。此外，外商及有关外贸部门还与该厂签订了专营5年车床的协议书。

我国船舶工业在制造出口制成品方面的潜力也不可忽视。1989年，我国船舶工业造船248艘，出口成交额5.5亿美元，已经摆脱了前3年亏损的局面，开始盈利，1990年又获66亿美元的订单。我国船舶技术性能和建造质量已达到世界先进水平，世界上已有20个国家使用中国船。我国船舶生产能力名列前茅，现在已能建造11.8万吨级油轮、6.5万吨级散装货轮、万吨级以上集装箱船、自升式半潜式钻井平台、核潜艇、导弹驱逐舰、导弹快艇、巡逻艇等各种高级船舶。

2.正确引导外资投资

国外投资者向我国投资，直接的经济目的是从我国获取利润和占领我国的部分市场。我们之所以要他们来投资，就是要利用外资发展我国经济，而且希望把这部分投资用到我们最需要投资的方面去。当前我国的能源等基础产业是经济发展的“瓶颈”产业。为了把外资真正引导到兴办能源基础产业上来，我们就必须公开宣布并切实做到确保资本投向能源基础产业取得的利润要高于投向其他产业，其他优惠条件也要高于投向其他产业。如果做不到这一条，要引导外资投向基础产业也只能是一句空话。我国政府已经把当前的产业投资重点确定为：鼓励投入能源开发，交通及通信建设、钢材、有色金属、各种聚酯、水泥等原材料工业，食品及农业相关的化肥、农药、薄膜工业，出口产品加工工业，以及先进技术企业。鉴于这些基础产业的投资项目，一般都有投资多、回收慢、投资利润率低的特点，所以我国政府还制定了一系列的优惠政策，包括在税收上的优惠，准许综合经营，并可以获准较长的经营期限。比如，那些向发电站、能源、港口、公路、钢铁等产业投资的投资者，按原有的法律规定，其经营期限可以为30年，经允许批准，也可以为50年以上。这样的优惠政策的实施将有利于把外资投入真正引导到基础产业上来。

3.严格限制进口商品

前一段由于工作上的失误，我们确实进口了许多不该进口的东西，因而浪费了一笔可观的外汇。我们已经吃够了苦头，必须下决心进行调整。当前我们必须严格限制一般机电产品、小轿车和耐用消费品的进口，应坚决禁止洋烟、洋酒、化妆品、饮料等消费品的进口。这个把外汇流走的口子，一定要把严。只有这样，才可能确保把有限的外汇真正用在支持基础产业发展上来。

（二）正确处理存量调整与增量调整的关系

采取两者并举，以存量调整为主，在存量调整的基础上进行增量调整的对策；在增量调整中，采取基建与技改并举，以技改为主，在技改基础上进行基建的对策。

存量调整和增量调整都是不可缺少的，增量调整有利于建立新兴的产业部门，对从根本上改变落后低级的产业格局有重大作用，但是它要求有大量的资金和技术的投入。存量调整与增量调整相比，虽然不能兴建起没有的新兴产业部门，只是对原有的产业部门进行合理组合，但它可以在不增加新的投资、新的资产量的条件下，实现扩大投资的目的；既可以有利于扩大规模经济效益，使企业集团内部原有的生产诸要素实现新的合理组合，也可以使被兼并企业的劣质产品被淘汰，其厂房设备等生产要素向优质产品集中，促进产品结构的优化，消除产品销售市场疲软，又不会加剧通货膨胀。

总结过去多次经济调整的经验，我们都偏重于增量的调整，而对存量调整重视不够。长期以来，不管企业经营好坏，企业产权长期固定不变，生产要素不能转移，致使大量国有资产的潜力和活力没有充分发挥出来。大批经营效益好的企业因受资金、设备和人才等要素占有的质与量的制约，得不到应有的扩大发展；相反，不少经营不善、长期亏损的企业却长期占有国有资产，从而使以往的多次产业结构的调整工作收效很不理想。而在10年改革中产生和发展起来的企业产权转让，事实证明它确实是一种合理调整资产存量，使生产要素合理流动，进行优化组合的有效机制。经营好的企业可以通过承包、企业兼并和组织企业集团等形式，去挽救和帮助那些经营不好的企业，使它们获得新生。这样先进企业可以充分地去施展其才能，落后的企业得到应有的发展，真可谓两全其美，不仅有利于产业结构的优化，而且能够保证国有资产的增值。更何况，目前我国国有资产的存量已高达16 000亿元，全国账外国有资产还有3 000亿元以上，全部国有资产有1/3被闲置，2/3的利用率也较低，可见存量调整的潜力是何等巨大。就是在资金比较富裕的情况下，调整重点也应当放在存量调整方面。任何时期投入都是有限的，在事物的发展全过程中，不平衡又是绝对的，平衡又是相对的。所以存量调整对增量调整来说，总是大量地经常存在的。

在当前的情况下，要解决基础产业严重滞后、加工产业能力闲置的矛盾，有两种办法可供选择：一是增加对基础产业的基本建设投资，以增强其生产能力；二是加强对加工产业的技术改造，使加工产业降低材料和能源的消耗，从而达到相对地增加基础产业、绝对地减少加工产业对基础产业的需求，以此来达到对基础产业与加工产业调整的目的。根据目前我国经济建设所处的历史阶段，我们认为，在以上两种基建与技改的关系上，我们应采取两者举并、以技改为主的对策。众所周知，我国能源消耗总量与日本相差不多，可是我国的工业总产值只有日本的1/4。换句话说，因为我们的耗能的加工产业技术落后，我国的能源高于日本的3倍多。如果我国能耗达到日本现有水平，工业总产值再增长3倍，现有能源仍然能够满足需要。更有甚者，我国每单位国民生产总值的能耗，相当于日本的

6.1倍之多。这些例子充分说明，在解决能源短缺的问题中，采取对耗能加工产业部门的技术改造是何等的重要。

（三）实现和继续实现由多重点到把投资重点真正放在基础工业和农业基础产业上的转变

一个时期以来，我们确定的重点过多。党的十二大确定的农业和能源交通这些重点没有得到保证。原因虽然是多方面的，但重点定得太多，没有能力保证，不能不说就是一个重要原因。因为我们可供投入的资源总是有限的，而需求无论是生产（投资）需求还是消费需求大都是无止境的。所以供需矛盾是客观存在的，只不过不同时期这种矛盾的程度不同罢了。我们计划工作的任务之一，就是不断地去妥善解决这个矛盾，保证把有限的投入首先用在最需要的方面，即保证重点。实践也反复证明，没有重点就没有政策，要想有所得，就得有所失，在资源投入紧缺的形势下，更是如此。这些年来，我们一方面总说能源紧缺，而另一方面能源投资比重又在下降的事实，就是一个重点太多就保不了重点的有力证明。

邓小平最近指出：投资方向、资金使用方向等，我赞成加强基础工业和农业。要加强这方面的投资，要坚持10年到20年，宁肯欠债，也要加强。笔者理解这是邓小平同志对我国选择建设重点的经验总结。在这个问题上，笔者主张在今后10年到20年间，把我们投资总额的70%~75%都用在这两个重点部门上。其中，把农业投资占国民经济投资总额的比重，由现在的3%上下提高到10%左右。这个比重不仅是中华人民共和国成立以来经济发展比较协调时期的比重，还有国际上的依据。因为通过对人均国民生产总值从300美元向1 000美元过渡的世界各国的分析，它们对农业的投资占国家固定投资总额的比重都不少于10%。把能源工业和运输邮电的投资比重，由现在的40%提高到50%以上。把冶金工业投资占全部工业投资总额的比重，由现在的15%上下提高到20%左右。在今后10~20年内，把投资重点放在基础工业和农业上来的战略设想，是有充分的科学依据的。

（1）与当前我国产业结构所处的发展阶段相适应。正如前文所分析过的，国际上通常把各国产业结构所处阶段，按照产业结构的演变顺序依次地划分为工业化或现代化前期、中期和后期这三个发展阶段。美、日等经济发达国家的产业结构正处在工业化后期，主要特征是耐用消费品产业和高技术产业迅速发展，产业结构高加工化的趋势越来越明显。第二世界国家的产业结构处在中期发展阶段，特征是重点发展基础产业。投资向重化工业倾斜，技术密集型产业的地位十分突出。第三世界国家中的多数，其产业结构尚处在大力发展劳动密集型和资源密集型产业的阶段，农业和轻工业的地位十分突出。用这一尺度来考察我国产业结构，明显看出，我国不纯属于工业化或现代化的前、中、后期的任何一个阶段，而是处在前期的后期阶段、中期的起始阶段，或称为中期的前期阶段；概括地讲，是处在“过基础关、补农业课”的阶段。当前我国的基础工业和农业十分薄弱，已成为限制国民经济发展的严重制约因素。

（2）与加工工业相比较，基础工业和农业的发展受自然条件和资源的制约比较多，不可能搞“短平快”，是个“长难慢”的发展项目。它的建设周期长，建设条件高，投资多而回收慢，投入产出的效果差。农业的发展还要受动植物生长规律的制约，不能搞揠苗助长，而且有天灾，在很大程度上还靠天吃饭。一个粮食高产的良种培育，从试验到大面积推广，一般要七八年，甚至更长的时间。基础工业的发展比农业还困难。许多基础工业要从很深的地下岩石层中开采资源，然后要进行一系列的冶炼、精选和加工。要建设一个大型基础工业企业，一般要用8~10年，花10亿~20亿元投资，投资的回收期也比加工工业长一两倍。对这类部门，如果国家不给予足够重视，则很难得到发展，地方一般都不愿意也没有很多能力去发展基础工业。总而言之，长期以来，我们吃够了基础工业和农业发展不足的苦头，如果我们再不能把投资和建设的重点向这里倾斜，苦头就要继续吃下去。

（3）在经济发展过程中，三次产业结构的排列顺序是有规律的。正如前文所分析过的，一般说来，在工业化初期，三次产业结构呈现“一、二、三”的格局，即第一产业的产值占整个国民生产总值的60%~70%，居第一位，第二产业的产值居第二位，第三产业的产值居第三位。多数的第三世界国家的三次产业结构的格局是这样的。在工业化中期，第二产业代替了第一产业而居第一位，结构呈现“二、一、三”或“二、三、一”的布局，第二世界国家和第三世界部分国家正处于这种三次产业结构的格局。在工业化后期，第三产业迅速发展，超过第二产业而跃居第一位，结构才呈现“三、二、一”的格局。美、日等经济发达国家的三次产业结构正处在这个阶段。而我国尚处在工业化中期的前期阶段，三次产业结构应呈现“二、一、三”的格局，从发展阶段看，目前主要应当大力发展第一产业和第二产业。但是，近年来，由于全民经商的泛滥，我们的第三产业的发展明显有些过快。1985年，第三产业的产值比重已高达29.9%，1986年和1987年也分别达到25.3%和25.5%。如果再考虑到第一产业和第二产业中从事第三产业活动所取得的产值（据有关部门估算，单是全民所有制工业中，就有五六百万人从事第三产业的活动，而这部分产值没有计算在第三产业的产值中）的情况，则我们的第三产业的产值比重确有偏高的现象。应当知道，在第一产业和第二产业没有相当发展的基础上，要想发展第三产业是不会有好效果的。第三产业的发展，必须以第一、二产业的发展为前提条件。因此，当前应当把我国第三产业的产值比重由现在的25.5%降到20%左右。

（四）要实现和继续实现把经济管理工作的重点真正放到加强综合平衡、搞好宏观调控方面的转变

近几年国家财政连年赤字，10年累积财政赤字570亿元，资金使用过于分散，10年总计约有8万亿元转入预算外，宏观调控能力削弱。据许毅同志推算，10年国民收入超分配规模总计为5 000亿元，近年来在流通领域中流失的国民收入约为6 000亿元，致使国家财政陷入困境。究其原因虽是多方面的，但与有些人在经济上不讲社会主义原则、不搞综合平衡、削弱宏观调控能力是分不开的。产业结构调整是个宏观调控问题，产业政策是经济政策的核心内容，所以，我们在调整产业结构时，必须坚持全国一盘棋的大原则，要旗帜鲜明地反对地方主义和本位主义倾向，要在顾全大局、服从全局的前提下兼顾局部利益。

我们的产业特别是主导产业，都是分布在全国的，各地方都只拥有其中的一部分，没有哪一两个地区能够囊括某些产业的整体。这些主导产业又是面向全国、服务于全国的，有的还要出口，面向世界市场。所以，制定和实施产业政策，调整产业结构，只能站在全局的立场上。尤其是在宏观调控能力有所削弱的今天，我们应当更加强调产业政策的权威性和统一性，绝对不允许地方和部门各自为政。

在加强综合平衡、搞好宏观调控方面，还必须十分重视正确处理总量平衡和结构调整

的关系。我们应当采取两者并举、以结构调整为重点、在结构调整的基础上进行总量平衡的对策。因为两者相比较，调整结构能够取得在不增加投入、不裁减职工、不压缩需求的条件下，就可以增加有效供给的效果。而要进行总量平衡、不增加供给，就得压缩需求，两者必居其一。

（五）要实现和继续实现由提倡高消费到提倡艰苦创业和适度消费的转变，对产业结构加强消费的引导

前一个时期，有些人提倡高消费，实践证明这是一种脱离国情的错误观点。它是导致我国消费需求和消费结构超前、产业结构和投资结构失调的重要思想根源。正是在高消费和急功近利的思想指导下，我国居民消费水平的增长速度自“五五”和“六五”计划期间以来，一直超过全社会劳动生产率的增长速度。“五五”计划期间，前者比后者超过0.8%；“六五”计划期间，这个数字上升到2.3%。从1979年到1988年，我国居民消费水平年均增长13.7%，而同期人均国民收入的增长只有12.9%。1988年我国消费品零售总额的增长速度近两倍于国民生产总值的增长速度，彩电和冰箱等高档耐用消费品的发展速度是整个轻工业品平均发展速度的两倍以上。这种消费膨胀也是加剧总量失衡、结构失调和通货膨胀的一个直接原因。这说明，为了保持总量和结构的协调、消除通货膨胀，就必须抛弃高消费，大力提倡艰苦创业和适度消费。所谓适度消费，就是要使消费水平和消费结构与我们的国情相适应，即把消费水平的提高和消费结构的改善，控制在国民收入、劳动生产率和消费品生产的提高和改善的限度之内，不能超越这个界限。

坚持艰苦创业和适度消费，抛弃高消费，具有充分的科学依据，举其要者有下列几条：

（1）与我国所处的消费阶段相适应。国际上通常是按照消费发展的演变顺序，把各国的消费水平和消费结构依次地划分为：绝对贫困、勉强度日、小康水平、富裕这4个等级和发展阶段。根据我国现阶段的生产力和整个经济发展总水平，我国的消费等级和阶段正处在勉强度日的“温饱型”，一部分人开始向小康水平过渡，根本没有也不可能有任何“高消费型”。我国的商品经济还很不发达，国民生产总值居世界前列，但人均产值位居世界后列。1988年我国人均国民生产总值只有1 260元，在世界150多个国家和地区中的位次，处在世界最后1/5内，只略高于最不发达国家。按国际上通用的恩格尔系数（指食品支出占全部生活消费支出的比重）来衡量，也大体上一样。联合国粮农组织曾提出一个根据恩格尔系数划分贫困和富裕的标准，在这个标准中，把恩格尔系数在59%以上者称为绝对贫困；50%~59%者称为勉强度日；40%~50%者称为小康水平；30%~40%者称为富裕。而我国的恩格尔系数一般都在50%以上。根据典型调查材料，我国城市低收入户的恩格尔系数高达58%，城市高收入户的恩格尔系数也有50%。

（2）符合马克思主义扩大再生产基本原理的要求。在国民收入的使用额中，用于消费的多一份，可用于积累的就只能少一份。不仅如此，马克思在《资本论》中还阐明了，第Ⅱ部类的产品必须大于两大部类的工人和资本家既有的个人消费，以保证有多余的消费资料供两部类扩大再生产追加可变资本或工人之用的原理。显而易见，如果搞高消费，当年既有的个人消费过多，那么可供下年度两部类扩大再生产追加可变资本或工人之用的多余的消费资料的数量会越少，就不能保证扩大再生产的顺利实现。而我们提倡艰苦创业和适度消费，就有助于扩大再生产的顺利实现。

(3) 尚有巨大潜力。典型调查材料表明，我国当前确有相当一部分企业把留利的80%，都用在福利和奖金的发放上了。在部分高收入户的手中，也确有一些为数可观的可以利用的货币资金。在我们已经基本上解决了十多亿人民的温饱的今天，完全有理由通过大力提倡艰苦创业和适度消费，以发展储蓄、发行公债和股票等具体形式，尽可能多地吸收一部分资金，用到生产建设上去。

(4) 是保持市场稳定、消除持币待购的需要。据有关部门统计分析，1988年年末，社会总供给与社会总需求的差率已由1978年的13.6%扩大到16.2%。社会购买力与商品供应总量的差额达800亿元，结余购买力高达5 500亿元。又据商业部预测，到1989年年底，这种结余购买力将达到6 500亿元。目前城乡居民储蓄存款已达7 000亿元，居民手持货币达2 000亿元上下。而目前我国的消费品生产能力和市场供应能力，根本无法满足这样大的社会需求，也没有能力去实现现有的消费基金。这就是我们经济生活中的一大难题。如果在这种形势下，还提倡高消费，只能起火上浇油的作用。我们只有大力提倡艰苦创业和适度消费，才有助于缓解现有矛盾，有利于逐步消除持币待购和稳定市场。此外，这也有利于克服和防止浪费现象蔓延、消除腐败现象。

(六) 要实现和继续实现向以经济建设为中心的转变，充分发挥地方政府和企业在调整产业结构上的作用，适当提高上游产业的产品价格，调节好各层次的利益关系

改革本身不是目的，改革的目的是促进建设事业的发展，改革的成就只能以建设成就来衡量和检验。我们只要那种坚持四项基本原则、能够推动经济建设的改革，而那些否定四项基本原则、不利于经济建设的所谓改革，我们绝对不要，必须彻底抛弃之。当前，我们应大力促进那些能推动产业结构调整和整个经济发展的各项改革措施的出台。这些改革就是要进一步调整好各层次的利益关系。

产业结构失调的原因虽然也是多方面的，但其经济基石还是各层次经济利益的冲突，所以要调整好产业结构，说来说去还必须落实到如何调整好各层次之间的利益关系。造成各层次利益冲突的具体原因也很多，价格不合理就是其中的一个。目前我国基础产业的产品价格偏低，再加上这些上游产业本身的投入大、产出低，这种经济利益的差别，就驱使不少地方和企业为自身的利益不得不把投资投向那些能够多赚钱的加工产业，而不去兴办那些是国民经济发展“瓶颈”的基础产业。这是导致目前基础产业与加工产业失调的经济基石。要改变不合理的产业结构，就应适当提高基础产业的产品价格。只要基础产业的产品价格提高了，目前产业结构就会发生变化，利润结构的变化能够驱动生产要素在产业之间的重新组合，从而达到调整产业结构的目的。

在以往的几次产业结构调整过程中，我们只注意如何充分发挥中央政府特别是综合部门、财政部门的作用，而很少注意研究如何发挥各地方政府以及基层企业在调整产业结构方面的作用。其实各地方政府和企业在调整产业结构方面是大有作为的。因为改革后实行了中央和地方的财政“分灶吃饭”的办法，企业扩大了自主权，所以，地方政府和企业都拥有自有资金，而且可以自选投向。正因如此，为了充分发挥它们在调整产业结构方面的作用，就必须对其自有资金的投向给予引导；应把考核地方政府及其领导人政绩经济指标的重点，由产值、速度真正转到结构优化和提高效益上来；把调整产业结构的目标和效果指标列入企业承包的指标体系之中。这样做对于纠正少数地区和企业为了自身的经济利益，只愿经营和兴办那些价高利大的加工产业的“急功近利”的短期行为，也是种有力的措施。

试行分税制，提高中央财政收入的比重，应把与产值、速度有紧密联系的流转税纳入中央财政，而把与利润、效益有紧密联系的所得税让与地方。这样做，既可以保证中央财政收入的增加，又有利于引导地方政府把投资投向基础产业。总而言之，一句话，改革应着重搞好各层次的经济利益的调节。

工业部门结构合理化初探①

为了有计划按比例地发展我国社会主义经济，改善经济效果，我国经济学界对经济结构合理化问题进行了许多有益的探讨。本文仅就什么是工业部门结构、主要工业部门的不同地位和作用、工业部门结构合理化标准这三个问题，谈点初步看法。

一

工业部门结构是一种产业结构，是经济结构的一个重要组成部分。它是指工业这个国民经济的主导物质生产部门，在再生产过程中，其内部各部门（各产业）之间的生产联系和比例关系。它是社会分工发展和生产社会化的产物和表现，是有计划按比例发展规律在工业生产和建设中的具体表现。它反映着一个国家的工业和国民经济发展的方向、速度和总水平。逐步实现工业部门结构合理化，对于进一步完善我国工业体系和国民经济体系、搞好经济调整、发展生产和逐步改善人民生活，都具有十分重要的意义。

我国是计划经济，在这里宏观经济问题和微观经济问题都必须被重视。但是，宏观经济问题处理得合理与否，对于整个社会主义经济建设事业的影响作用尤为重大而深远。三十多年正反两个方面的经验告诉我们，工业部门结构和整个经济结构合理与否，是一个宏观的经济问题，它在很大程度上决定着工业和国民经济的发展状况。正因为这个问题关系重大，所以各工业发达国家都把制定产业结构（即部门结构）政策当作重大的国策。产业结构学（即部门结构学）也广为建立和发展。在这方面，本来社会主义比资本主义具有更加优越的条件。只要我们能够充分地发挥社会主义制度的优越性，就一定能够逐步实现工业部门结构和整个经济结构的合理化。

工业部门结构包括各主要工业部门结构和各工业部门的内部结构。各主要工业部门结构有：轻、重工业结构；采掘、加工工业结构；原材料、制造工业结构；煤、电、油、气等能源工业结构；钢铁、机械工业结构；民用、国防工业结构；以农产品为原料、以工业产品为原料的工业结构等。各工业部门的内部结构有：煤炭工业的采、掘结构；电力工业的水电、火电结构；石油工业的开采、加工结构，以及储、采结构；轻工业的吃、穿、住、用结构和高、中、低档产品结构；纺织工业的棉、毛、麻、丝、化纤结构，以及纺、织、印染和整理结构；建材工业的钢材、木材、水泥结构；化学工业的基础、加工结构；冶金工业的有色、黑色结构；钢铁工业的矿、铁、钢、轧结构；机械工业的主、辅、配件结构，以及高、精、尖结构；电子工业的整机、元件结构等。总而言之，工业部门结构也

① 李悦．工业部门结构合理化初探［J］．经济理论与经济管理，1981（6）：9-12.

是多层次的结构，我们应当进行更具体、更细致的分门别类的研究，而不能停留在两大部类和农、轻、重关系的研究上。

二

在国民经济发展中，各主要工业部门具有不同的地位和作用，而且这些不同的地位和作用在一定条件下又是不能相互取代的。为了逐步实现工业部门结构合理化，还必须全面而准确地认识它们各自的地位和作用，并在经济发展中尊重其地位和作用。

马克思主义再生产的原理告诉我们，要使整个社会再生产顺利进行，生产资料和消费资料两大部类的生产，必须保持适当的比例。而工业这个主导的物质生产部门，既生产生产资料，也生产消费品，因而把工业生产划分为生产资料的生产和消费资料的生产这两大部类，是完全必要的。我们应当积极创造条件，力争尽早地做到进一步。特别是在调整时期，重工业部门的生产任务不足的现象相当普遍。许多重工业企业都在生产消费品，而且这个数量还在逐步增加。不仅如此，这种同一部门生产不同部类的产品的现象还将长期存在下去，因为多种经营能给企业和国家带来更好的经济效果。

但是，如果在工业生产中，以工业内部的甲、乙两大部类的划分，去否定轻重工业分类法，就不对了。之所以不对，主要是因为轻重工业的划分具有很大的实际意义，这种分类也是实现甲、乙两大部类生产比例的重要手段。

把工业划分为轻重工业两大部门，这是重要的工业部门分类方法。在我国通常把主要生产生产资料的工业部门称为重工业，把主要生产消费品的工业部门称为轻工业。这种按产品的主要经济用途划分的轻重工业部门也是相对的概念。因为在现实生活中，一种工业品的经济用途常常是多种多样的。就一个工业部门所生产的产品来说，既有生产资料，又有消费品；就所生产的同一种产品来说，往往既有用于生产消费的，又有用于生活消费的。但是，不管怎样，就一个工业部门所生产的产品的经济用途而言，总有主导的和主要的用途，而事物的性质，即工业部门的性质，正是由它的产品的主导的和主要的用途所决定的。

轻重工业的分类方法也是实现甲、乙两大部类生产比例的需要。无论是生产资料的生产，还是消费资料的生产，都必须落实到轻重工业的各个具体部门，诸如煤炭工业部、纺织工业部和化学工业部等。而这些工业部门所生产的产品的经济用途又是多样化的，比如作为重工业部门的机械制造业，它除了生产机器设备等生产资料外，还生产一部分消费品。具体地说，在落实消费资料生产时，除了要给轻纺等工业部门规定生产消费品的任务外，还应当为机器工业规定一定的生产消费品的任务。就机械制造工业部门的生产任务来说，既有生产生产资料的任务，又有生产消费品的任务。就一种产品来说，它虽有多种用途，但必定有一种主要的经济用途，因而完全没有必要把一个部门分割成两个部门。如煤炭部门所生产的煤，虽然有的用作生产资料，有的作为烧饭和取暖等生活资料，但完全没有必要把煤炭工业部门分成两个部门。同样的理由，纺织工业所生产的布，虽然有的用作生产上的包装用品，有的用于生活需要，但同样不需要把纺织工业部门再分割成为两个部门。如果那样做，只能是多此一举，自找麻烦，绝不会带来良好的经济效果。也正因如此，那种否定轻重工业分类法的意见很值得商榷。

我们认为，现在的问题不是取消轻重工业分类法，而是只停留在两大部类和轻重工业分类还很不够，还必须对每个部类和轻重工业部门以及每个具体部门作进一步的更细的分类，对各种部门（产业）和每个部门（产业）内部的结构作进一步的探讨。

实践证明，工业部门结构合理化能否实现，在很大程度上取决于人们对各部门的地位、作用的正确认识上。

轻工业在国民经济发展中具有重要的地位和作用：轻工业能直接满足人民日益增长的物质和文化生活的需要；轻工业品在社会零售额中一般占全国消费品零售总额的40%上下；轻工业为国家所提供的利税一般占财政收入的20%左右。发展轻工业生产有利于多就业，而且投资少，收益快而大，投资回收期短。尤其在当前国民经济调整时期，应更加重视轻工业的地位和作用。因为过去长期对轻工业的地位和作用认识不足，没有把轻工业的发展放在应有的重要地位上来，致使轻工业的发展大大落后，造成市场供应紧张。当前轻工业的发展在活跃市场、回笼货币、稳定物价、消灭赤字等方面有着特别重要的地位和作用。所有这些作用都是重工业所无法取代的。

重工业在国民经济发展中也具有轻工业所不具备的地位和作用：重工业是生产劳动手段的物质生产部门，它为农业、轻工业和国民经济其他部门提供机器设备、能源和原材料，为这些部门的技术改造和劳动生产率的提高创造物质技术基础。1980年，轻工业原料的31.5%、国民经济各部门现有技术装备的80%左右，都由国内重工业所提供。这种地位和作用，轻工业也无法取代。这种地位和作用的发挥程度与重工业的发展程度有直接联系。正因如此，“我国的经济建设是以重工业为中心，这一点必须肯定”，毛泽东同志的这个思想是完全符合实际情况的。我们国家的人、财、物力重点投到重工业方面，特别是能源工业和原材料工业方面，这是正确的。问题不在于重点不对，而在于重点过重，重工业发展脱离了农业、轻工业和整个国民经济的发展，形成了重工业自我服务、自我循环的局面。只要我们纠正了重工业过重的问题，“充分注意发展农业和轻工业”，改变轻工业过轻的毛病，把重工业的发展真正转到主要为发展消费品生产、为农业和轻纺工业服务、为整个技术改造服务的轨道上来，这种重工业的发展就一定能够发挥其强有力的推动整个国民经济发展的作用。

三

要逐步实现工业部门结构合理化，在明确了工业部门结构的概念和各主要工业部门的不同地位及作用之后，还必须有一个合理化的标准，这样才有章可循。目前我国经济界对于这个标准尚处在探讨之中，说法并不完全一致。关于工业部门的合理结构，比较流行的说法有三种：轻型结构、舒展型结构、高效型结构。我认为，以上三种表述虽都各自有其一定的理由，但是都没有提出判定合理与否的最终标准。因为轻与重、高与低，都是相对而言的，重型结构不合理，轻型结构也很难说就一定合理，轻也有个轻到什么程度才合理的问题。

我主张把工业部门结构合理化的标准大致表述如下：符合我国国情和国力，各部门协调发展，能够使生产稳步增长、人民生活逐步提高。这种结构的要点有下列三个：

（一）符合我国的国情和国力

10亿人口，8亿农民，农业劳动力占工农业劳动力的85.5%，这是我国的最大国情和国力。按目前的情况，我国农业每年所提供的净商品粮只有15%。这15%的商品粮再加上粮食进出口变化，就是工业部门结构和整个经济结构的合理化的战略性制约线和不能超越的警戒线。如果超越了这个最高线，只能降低现有的吃粮标准和水平。这种降低人民吃粮标准和水平的工业部门结构和整个经济结构，就是不合理的结构。

劳动力多，但劳动力的技术素质不高，劳动就业问题严重，是另一个极大的国情和国力。按目前情况，我国每年要安排近千万人就业，近3年已经安排2 000多万人，今后每年城市净增劳动力300多万。这种就业人数也是工业部门结构和整个经济结构的合理化的战略性制约线和警戒线。不能解决就业的工业部门结构和经济结构，更不是合理化的结构。

我们的社会主义建设取得了伟大成绩，建立了独立的比较完整的工业体系和国民经济体系，拥有近60万个工业企业、3 800亿元资产，但工业的技术、管理和生产力水平还很低；社会主义经济制度已经确立，但经济管理体制和工业组织还不完善；人民生活水平比中华人民共和国成立前有了很大改善和提高，但与先进水平相比，我国人民生活水平还不高，或者说还是相当艰苦的。所有这些也是向协调合理的工业部门结构发展所必须重视的国情和国力。

（二）各工业部门协调发展

协调发展的基本要求如下：

工业和国民经济的发展，要坚持以农、轻、重为序，以农业为基础、以工业为主导的方针。把消费品生产放在重要的地位上来，多发展劳动密集型工业，建立一个既不是重型结构，也不是轻型结构，而是轻重结合协调发展的工业部门结构。

在工业内部，还要坚持以采掘工业、原材料工业、制造工业为序，保证采掘工业先行于原材料工业，原材料工业又先行于制造工业。这种先行，不适合用发展速度表示，因为两个相关部门的发展速度受原有基数的影响较大，不能全面地反映出应先行的部门是否已经先行，而应当以两个相关部门的生产能力相互适应的程度来表示。也就是说，先行部门的生产能力应略高于相关部门的生产能力。只有这样，才能真正保证应当先行的部门先行。在现阶段，应着重解决能源不足和制造工业“吃不饱”的问题。

在能源工业中，坚持煤、电、油、气并举，以煤、水电为主。在原料工业中，坚持农业原料和工业原料并举，逐步提高工业原料比重。在军、民工业中，坚持军民结合。

（三）以提高经济效果、满足人民需要为目的

社会主义公有制、计划经济和社会主义基本经济规律，都为我们的工业部门结构规定了改善经济效果、满足人民需要的目的。工业部门结构不仅要服从这个目的，而且要用这个目的去检验。只有符合改善经济效果、满足人民需要的结构，才是合理的结构。自然也只有符合这种目的的结构，才是真正符合国情和国力、各部门协调发展的结构。

鉴于在调整时期，我国经济发展速度还不快，不少生产和建设的技术经济指标还没能达到我国第一个五年计划时期曾经达到的水平，因而在经济发展过程中，我们对人民消费的水平也必须进行适当的控制，其增长水平不能超过商品可供量。“一五”计划时期，职工工资每年增长5%，在当前和今后一个时期内，职工工资的增长应低于这个水平，应保证职工的工资每年都有所增加。那种使职工工资增长超过国力和不能保证每年都有所增加的工业部门结构，都不能被称为合理化的结构。

总而言之，只要我们能够建立起一个符合国情和国力的，各部门协调发展的，以改善经济效果、满足人民需要为目的的工业部门结构，就会实现合理的工业部门结构。

谈谈钢铁工业的部门结构①

一、钢铁工业的发展趋势

随着科学技术的进步和社会生产力的提高，作为现代化的基础工业部门之一的钢铁工业，一方面有很大发展，另一方面发展很不平衡。不同的历史时期和不同的国家，其发展速度和具体发展趋势都有许多特点。

（一）在钢产量方面

世界钢总产量已经从1950年的19 000万吨增长到1970年的59 700万吨，进而又发展到1980年的71 500万吨。其中，苏联、日本和美国3个国家的钢产量已经超过1亿吨，1980年分别为14 800万吨、11 100万吨和10 400万吨。我国1949年才产钢15.8万吨，居世界第26位；1979年增加到3 448万吨，居世界第5位，仅次于苏联、日本、美国和联邦德国（见表9-2）。由于近几年的经济调整，钢铁工业放慢了速度，1980年和1981年的钢产量分别为3 700万吨和3 560万吨；1982年计划产量为3 400万吨。

表9-2 **世界主要国家钢铁产量** 单位：百万吨

项目	1950年		1970年		1980年	
	钢	铁	钢	铁	钢	铁
世界总产量	192	132	597	434	715	512
经互会国家	36	24	156	110	210	144
其中：苏联	27	19	116	86	148	107
波兰	2.5	1.4	12	7	19	12
捷克斯洛伐克	3	2	11	8	15	10
罗马尼亚	0.6	0.3	7	4	13	9
中国	0.6	1	18	22	37	38
南斯拉夫	0.4	0.2	2	1.3	4	2.4
欧洲共同体国家	48	36	138	98	128	89
其中：联邦德国	14	11	45	34	44	34
意大利	2	0.5	17	8	26	12
法国	9	8	24	19	23	19
比利时	4	4	13	11	12	10
英国	17	10	28	18	11	6
美国	90	59	122	83	104	62
日本	5	2	93	68	111	87
加拿大	3	2	11	8	16	11
澳大利亚	1.3	1	7	6	8	7
发展中国家	3	3	22	18	56	41
其中：巴西	0.8	0.7	5	4	15	12
印度	1.5	2	6	7	9	9
墨西哥		0.2	4	2	7	5

资料来源 联合国和各国中央统计局公布的数据。

① 李悦. 谈谈钢铁工业的部门结构 [J]. 冶金经济分析，1983（5）.

据国际钢铁学会预测，世界钢的总产量到2000年完全可能达到10亿吨。我国党的十二大提出，争取在从1981年到20世纪末的20年内工农业总产值实现翻两番的目标，为此要求钢产量、原煤产量都增长1倍左右，每年平均增长3%多一点，不到4%。

（二）在每人平均钢产量方面

1977年，按世界钢总产量和世界人口计算，平均每人的钢产量为163千克。作为第一世界的苏联和美国，同期钢产量占世界钢总产量的38.6%，平均每人的钢产量超过550千克。第二世界同期钢产量占世界钢总产量的47.3%，平均每人的钢产量近550千克。占世界人口73%的第三世界，仅占世界钢总产量的14%，平均每人的钢产量约为32千克，只有发达国家的1/17。我国与工业发达国家相比，要落后50~100年。1979年，我国平均每人产钢36千克，而美国1882年按人口平均钢产量为34千克，英国1880年按人口平均钢产量为42千克，日本1932年按人口平均钢产量为36千克（见表9-3）。

表9-3 **主要产钢国按人口平均钢产量**

国别	年份	平均每人产钢（千克）	钢总产量（万吨）	人口（亿人）
中国	1979	36	3 448	9.7000
英国	1880	42	131	0.3060
美国	1882	34	177	0.5280
联邦德国	1887	35	169	0.4703
日本	1932	36	240	0.6589
苏联	1933	38	684	1.8000

（三）在钢产量发展趋势方面

国际钢铁学会的研究表明，每个人收入超过一定水平后，钢的消费水平趋于下降，工业化后期的国家的钢消费量趋于下降，主要产钢国的产量也出现下降的趋势。国际钢铁学会的研究表明，在每人平均收入和钢消费量的关系上有这样的规律：在每人300到1 500美元的收入水平上，需要大量消费钢铁，钢铁投资增长的速度很快；在每人1 000到2 500美元的收入水平上，经济增长虽然更为广泛，但每人平均钢的消费量几乎或完全没有增长；在超过每人2 500美元的收入水平上，平均每人钢的消费量则趋于下降。总之，随着工业发达国家的工业化进程，越是到工业化后期，工业化和现代化水平越高，其消费越来越转向钢材耗量较少的高精尖产品。

近10多年来，世界主要产钢国的钢产量虽然不同程度地增长，但是，由于资本主义经济危机的影响，1975年西方的一些主要产钢国普遍降低产量，致使这一年世界的钢产量比1974年减少近10%；1976年虽稍有回升，但1977年再次下降。日本《铁钢新闻》报道，1977年日本和西方主要产钢国的产钢设备利用率如下：日本为61.1%，美国为78.1%，联邦德国为57%，法国为63.6%，英国为66.1%。

据外电引用美国布鲁金斯学会的研究报告和美国同欧洲共同体贸易谈判协议，美国钢铁工业在20世纪80年代仍将处于停滞状态，1981年又削减1 700万吨的生产能力，1982年开工率只占设备能力的43%。欧洲共同体1974年至1980年，粗钢产量下降了21.1%，钢业开工率大约为设备能力的66%。日本1981年粗钢产量为10 100万吨，粗钢生产能力每年可达15 800万吨。世界粗钢产量1981年也将比1980年下降5%~10%。

二、铁钢比

（一）降低铁钢比的经济意义

铁钢比是铁产量与钢产量比例的简称。它是钢铁工业内部的一个很重要的比例关系，它安排得是否合理，对工业的发展和整个国民经济的综合平衡具有极大的影响。合理地降低生铁产量的比重，可以大大地节约人力、物力和财力，并可相应地减少铁矿、煤矿、木材、采掘设备制造和铁道运输等方面的生产和建设任务。

例如，在年产钢1 000万吨的生产水平上，如果能够把生铁产量的比重由1降到0.9，就可以少生产100万吨生铁。经粗略计算，仅因降低要求部分，在生产上的直接消耗就可以节约：焦炭75万吨，或煤焦原煤195万吨；铁矿石350万吨；石灰石15万吨；耐火材料15 000吨；炸药400吨；采煤坑木48 400立方米；发电量85 000度；铁路货运量600万吨。此外，还可以相应地节约大量建设资金、大批劳动力和劳动者所必需的生活资料。

（二）铁钢比的发展趋势

由于科学技术进步和生产力的不断发展，世界各国铁钢比呈现出逐步下降的趋势。早在1900年以前，世界上生铁产量就大于钢产量；到1910年，铁和钢的产量大体相当；1914年，全世界的铁钢比下降到1以下，当年共产生铁6 040万吨，产钢6 070万吨；1979年世界平均铁钢比是0.72，美国是0.68，日本是0.81。

我国的铁钢比高于世界主要工业发达国家。1953年到1963年，我国铁钢比一直在1以上，最高的年份是1958至1960年的“大跃进”时期，铁钢比竟高达1.58和1.46。即使到1978年，我国铁钢比仍为1.1，1979年下降为1.07，加上进口68万吨生铁，仍为1.1。这只相当于主要产钢国家第一次世界大战前的水平。如果按照世界平均铁钢比折算，我国1979年应产钢5 200万吨，比实际多产1 700万吨，可多轧钢材1 300万吨，节约外汇或创汇55亿美元。

（三）影响铁钢比的客观因素

各国的铁钢比和同一个国家不同时期的铁钢比之所以不同，主要原因是影响铁钢比的诸因素在发生变化。因此，要安排好铁钢比，就必须全面地掌握影响铁钢比的诸因素及其发展变化的趋势。

铸造铁产量是铁钢比变化的重要影响因素。世界各国工业发展的历史证明，在工业发展初期，生铁的用途很广泛，因而铸造铁的比重较大。1913年，全世界铸造铁占全部生铁总产量的30%。现在，全世界铸造铁的比重已降到10%以下，日本的铸造铁比重只有1.5%。

我国是一个拥有10亿人口（8亿农民）的大国，钢铁工业发展水平还不高，生产产品和人民生活用具所需用的生铁较多，所以，我国铸造铁的比重高于世界工业发达国家是合理的，但过高也是很大的浪费。“一五”计划时期，我国铸造铁比重年平均为27.5%，“大跃进”时期的1960年上升到31.9%，1979年我国铸造铁产量为1 100万吨，占生铁总产量的30%以上，居世界第一位。我国生铁产量只有日本的2/5，铸造铁却等于日本的10倍以上。钢铁工业能耗3/4用于炼铁以前阶段。铸造铁含硅量最高，焦炭消耗量高。我国钢铁工业能耗1/5以上用于铸造铁，必然增加吨钢能耗。正是因为我国炼铁能耗占钢铁工业总能耗的70%，所以，按我国目前生产水平，铁钢比每降低0.1，就可以节约700万吨标准煤。此外，使用铸造铁时，每吨还要用200千克焦炭化铁。用铸造铁制造的农业机具和民用机械，金属消耗量大，产品笨重，效率也低。总而言之，用钢代铁，压缩铸造铁产量，是各国经济发展的共同趋势，也是我国钢铁工业降低铁钢化、节约能源和金属、提高经济效益的必由之路。

废钢资源及其利用情况，对铁钢比也有极大影响。一般的规律是，在工业化初期，钢铁蓄积量不多，废钢资源少，炼钢主要是用生铁。随着工业的发展，社会上拥有金属量不断增加，用钢铁制造的生产和生活用品也不断被更新，废钢资源也将随之逐步增加，因而，炼钢用料中废钢的比重会逐步增加，相对对生铁的用量就有所降低。

各主要工业发达国家，特别是那些工业发展历史比较长的国家，钢铁生产水平较高，社会上的金属拥有量大，设备更新多，因而可回收的废钢资源也就比较丰富。早在1959年时，几个主要工业发达国家的金属拥有量就已超过1亿吨。各国对废钢的利用都比较重视，在它们的炼钢炉料中，废钢的比重保持在50%~60%。

我国工业发展比较晚，中华人民共和国成立前工业又极为落后，社会上金属拥有量不多，再加上多年来设备更新缓慢，因而，可作为炼钢炉料的废钢很少，炼钢主要还是用生铁。这也是我国目前铁钢比高的重要原因之一。1979年我国重点企业平均吨钢用废钢292千克。而美、英、德等国平均吨钢用废钢400~500千克。党的十二大要求，在第六个五年计划期间，要有重点地开展企业的技术改造，在第七个五年计划期间，要广泛进行企业的技术改造，势必将有一大批现有技术设备更新，所以，我们加强废钢的回收工作，以便降低铁钢比，是有很大潜力的。

平炉、电炉和转炉的钢产量在全部钢产量中所占比重的变化，对铁钢比也有很大影响。因为这3种炉子的耗料不同。传统的每吨转炉钢消耗金属料要比每吨平炉钢或电炉钢多100多千克；如果生产技术掌握得不好，实际消耗会更多。同时，转炉钢的质量和品种，也不如平炉或电炉钢。但是，随着炼钢新技术的发展，在当前炼钢生产中，氧气转炉钢的数量大幅度增长，平炉钢的数量显著下降，电炉钢的数量稳步上升。氧气顶吹转炉于1952首次出现在奥地利。它与平炉相比，具有吨钢投资省、生产效率高、钢质好等优点。至1977年年底，世界已有这种炉子的总生产能力为4.9亿吨。氧气底吹转炉起初是用于托马斯转炉的改造，后来用于新建并且向大型发展，至今世界总能力约为3 400万吨。平炉自氧气转炉出现后则每况愈下，目前世界尚有平炉生产总能力约为2.72亿吨。1975年，各国平炉钢占钢产量的比例以苏联为最高，达到64.7%，美国只有19%，日本则于1977年把平炉全部关闭。电炉的发展虽没有氧气转炉那样引人注目，但产量持续稳步上升，自1960年以来增长了两倍多。1974年，全世界转炉钢产量达到1.3亿吨。电炉炼普通钢有很大发展，有些国家电炉钢产量的60%~80%是碳素钢。

三、矿冶轧比例

（一）保持正常比例的重要性和可能性

矿山、冶炼、轧制结构，是钢铁工业的最基本的部门结构。能否实现此结构的合理化，对钢铁工业健康、稳定、高效益地发展来说至关重要。钢铁工业是一个连续性生产的工业部门，冶炼和轧削之间的连续性就更强。为了使钢铁生产过程顺利而连续地进行，节约能源和冶炼及轧制时间，提高产品质量，取得良好的经济效益，就必须保持每个生产环节的紧密衔接。

一般地说，在正常情况下，在钢铁工业的生产技术水平一定的条件下，矿山、冶炼、轧制这三者之间的比例，是比较容易计算和计划出来的。

我国铁矿资源又很丰富，除鞍山、本溪、冀东、攀枝花、西昌、马鞍山、南京等矿区以外，大部分省、自治区都有铁矿。同时有色金属资源十分丰富，发展钢铁工业在我国具有基本条件。我国实行社会主义计划经济，完全有条件有计划按比例地安排、调整矿山、冶煤、轧制之间的比例，使其更加协调。

（二）比例失调的状况

我国总的状况是矿山落后于冶炼，轧制能力不足。这种内部结构失调的状况是过去长期形成的。虽然党的三中全会以来，我们已经进行了大量调整工作，但“冰冻三尺，非一日之寒”，要根本改变这种失调状况，还需经过一段时间的艰苦努力才行。

矿山是钢铁工业的基础。我国大部分钢铁企业是按照利用国内铁矿，接近铁矿山的原则建设的。目前铁矿能力不能适应炼铁需要。十大钢铁基地只有本钢、首钢、攀钢、马钢矿石基本自给，其余6家不能自给。28个产铁的省、自治区、直辖市，有16个省、自治区、直辖市矿石不够。1979年，我国进口铁矿石700多万吨，辅助原料矿比铁矿更落后，有一半产量靠手工作业的社办小矿点，产品质量差，产量也不稳定。

我国铁矿资源的特点是贫矿、难选矿、多金属共生矿多，富矿少。但是，国内开采可以节约运费和外汇，成本比进口低。目前1吨含铁量62%的澳大利亚铁矿离岸价为16.8美元；我国远洋公司核定每吨运费32.4元；加上外贸管理费，运到宝钢每吨达到80元。鞍山同样品位的精矿粉成本为36元，最近调整的销售价格为58元，加上运费到宝钢才70元。就地消费经济上就更合理些。大力开发我国铁矿资源，使铁矿产量尽量适应炼铁需要是符合经济原则的。

轧钢与矿山一样，长期以来是我国钢铁工业的薄弱环节。首先是初轧机能力不足。为了不积压钢锭，我国曾将东北等地70万吨钢锭调至攀枝花、包头等地开坯。我国开小方坯的能力也不足，利用大型轧机开小坯120多万吨，占用了大型材的能力。其次是成材轧机能力不足。我国轧钢能力与炼钢能力之比为0.67∶1，重点企业只有0.45∶1。再次，调剂品种能力很弱。粉碎“四人帮”以后，为了还清民用建筑欠账，小型型钢和线材的需要量急增。1976—1979年钢材产量增加70%，同期，小型型钢增产1倍，线材增产80%以上，仍不能满足需要，只能从国外大量进口，弥补不足。国外轧钢与炼钢能力之比大体为1∶1，甚至更高些，调剂品种的能力很强，社会上需要什么品种马上可以生产什么品种。最后，我国不少轧机前后不配套，影响轧机能力的发挥，轧机设备落后，大都是20世纪四五十年代的产品，缺乏检测手段，产品质量差，效率低。

（三）比例失调的根本原因

形成上述矿山落后于冶炼，轧钢能力不足的原因虽然是多方面的，但最根本的原因仍然是“左”倾错误所造成的。以铁矿落后于冶炼为例，我国的铁矿资源丰富，名列世界第四位，但铁矿石的生产出现如此大的缺口，最根本的原因就是长期以来钢铁工业内部矿石原料和冶炼加工的综合平衡没有搞好，重钢铁、轻矿山，特别是在钢铁工业的3次冒进中最为明显。第一次是1958—1960年的“大跃进”。在这种从政治的推测和政治的需要提出的“跃进”中，层层高压指标，盲目大上高炉，3年中高炉新增能力1 082万吨，按正常比例铁矿石应增加4 320万吨，但实际上只增加了1 980多万吨，相差2 200多万吨。第二次是1970—1971年。两年中新建高炉312座，新增炼铁能力1 300多万吨，按正常比例应新增铁矿石开采能力5 348万吨，而实际只增加2 822万吨，相差2 526万吨。第三次是1977年和1978年所“组织的新跃进”，不经过任何论证、任何测算，就要求搞“十来个大庆”，要求钢产量8年翻一番，甚至重提1980年基本实现农业机械化等完全不负责的空想口号。两年中新增炼铁能力204万吨，应相应增加铁矿石开采能力816万吨，实际只增加557万吨，相差250万吨。仅以上3次就造成铁矿石缺口5 089万吨。由此我们可以得出结论，要保持按比例发展，就必须彻底地摆脱“左”倾错误思想的束缚，真正实事求是。为了弥补多年的欠账和矿山能力自然消失的部分，今后矿山建设投资应适应比正常的比例略多一点。

（四）采取有效措施

1.加强矿山建设的管理工作

矿山建设的头等大事，就是把地质资源搞清楚，特别是要搞准确。中华人民共和国成立以来，由于矿山的储量、品位、围岩、水文等情况变动，而打乱建设计划的事不少，我们必须严格矿山地质资源工作的审批制度。对我国矿山储量平衡表也必须审定。目前有不少矿山是可望而不可得的，应做到凡是列入储量表的，都必须是经济上合算、采矿和选矿技术上是可以过关的；否则，不准列入。一定要坚持基建程序，应把选矿流程在试验室试验，半工业性试验和工业性试验成功后再建，不能先建起来再定流程。

2.要少买矿、多建矿

应从现有买矿投资中拿出一部分建矿，因为建矿比买矿更经济。根据有关方面计算，资源条件较好的本钢、首钢生产1吨含铁品位65%左右的铁精矿，成本只有30~35元；进口1吨相同品位的铁矿石却要花费130元，相当于国内精矿成本的4倍左右。我国20多年来进口铁矿石4 500万吨，如果用这笔钱建设自己的矿山，按照1978年进口矿石价格扣除国家外贸补贴以后每吨按70元计算，共计为31.5亿元，再按100元建成1吨采选能力计算，可建成3 100万吨采选能力的矿山，达产率按80%计算，一年可生产铁矿石2 400余万吨，相当于600万吨铁的原料。倘若如此，我们铁矿石原料不足的问题就能够解决了。当然，在矿山一时还建设不起来的情况下，购买一些铁矿石也是必要的，但毕竟不是长远之计。

3.要靠挖潜、配套上能力

今后矿山生产建设，首先要走对现有矿山挖潜、配套之路。目前全国铁矿山综合平均达产率只有78%，尚有22%的能力没有发挥出来。如果全国铁矿山平均达产率提高1%，一年就可以多生产100多万吨铁矿石。因此，要大力加强经营管理，搞技术改造，搞好矿山内部主要生产环节的配套，提高矿石回采率、选矿金属回收率。

四、普特比例

（一）特殊钢的地位和作用

普通钢与特殊钢的生产结构，也是钢铁工业内部的部门结构之一。特殊钢是具有特殊性能和用途的钢材。它与普通碳素钢相比，有特殊的使用价值，对于农业、工业、国防和科学技术的现代化具有特殊的作用。因为它具有高强度、耐腐蚀、耐高低温等性能，所以用它来制造机器设备、钢轨、桥梁和某些耐用消费品的某些部件，可以提高产品的生产效率，延长产品的使用寿命，节约资源和能源，节省投资，提高经济效益。因此，提高特殊钢的比重，特别是提高合金钢的比重，是提高钢铁工业和整个国家科学技术水平的客观要求。

从世界主要工业发达国家的技术经济的发展趋势来看，提高特殊钢比重，特别是合金钢比重，是现代化的客观要求。因为随着科学技术和经济的发展，各种机器设备都要向高速、轻量、节能、耐用、美观的方向发展，对钢材质量要求越来越高。随着人民物质文化生活的改善，人们对耐用消费品质量的要求也越来越高。至于现代化的武器和尖端技术的发展，对钢质要求就更高了。

我国的建设实践也一再证明，提高特殊钢比重有重大意义。据铁道部门反映，用中锰钢轨代替碳素钢轨，使用期限可延长26%以上，用耐腐蚀的低合金钢代替普通碳钢制造货车，大修期能延长7年，可以缓和运输紧张的状况。汽车制造厂的5吨载重汽车，使用部分低合金钢，载重量可达到6吨以上，还能节约油。洗衣机用的定时器弹簧，过去一直从国外进口，现在大连钢厂用弹簧带钢直接生产出定时器弹簧，经过疲劳试验，寿命达到进口货的标准，可以为国家节约外汇。

（二）普特比的变化和差距

1949年以前，中国只能生产100多个钢种，绝大部分是普通碳素钢。现在已能冶炼1 000多个钢种，掌握了航空工业用的耐高温合金钢制造加速器用的纯铁以及精密合金钢等。根据资源特点，我国建立了含硅、锰、镍、铬、钨、铜、钒、钛、铌、硼、稀土等金属的合金钢体系，具有良好焊接性能的低合金钢得到很大的发展。我国合金钢从中华人民共和国成立初期年产23千吨，发展到现在，已有250万吨，品种已增加到600多种。

但是，目前我国合金钢比重还比较低。在20世纪四五十年代，外国合金钢比重一般在5%左右，近20年来已达到10%左右，据预测还有继续增长的趋势。我国的合金钢比重，50年代在3%左右，70年代发展到7%左右，1979年是我国合金钢产量最高的一年，合金钢比重也只有7.2%；同年，英国为8.9%，日本为10%，法国为12.3%，美国为14.8%，联邦德国为15.1%，意大利为15.3%。这两年我国合金钢比重有所下降，1980年降为4%。总之，我国与工业发达国家相比，在合金钢比重方面有较大的差距。

（三）大力开拓新市场

当前，我国合金钢存在的主要问题是品种规格不全，部分产品质量差、成本高、服务面还比较窄。所以，要积极发展合金钢生产，今后必须努力提高质量，扩大品种，降低成本，特别是必须大力开拓新市场。

早在20世纪60年代，我国为了反对帝国主义和霸权主义的欺凌，不得不把有限的力量集中为军事工业和国防尖端科学服务，解决有关的问题。当时这样做是对的，而且取得了显著的成绩。但是，由于长期没有在轻工业和人民生活方面打开市场，因而在一定程度上束缚了我国合金钢工业的发展。

自党的三中全会以来，我国合金钢工业取得了可喜的成绩，不仅为经济部门技术改造和产品升级提供了一批新材料，而且开始面向轻工市场，为耐用消费品提供了一批经济适用的合金钢材；还有一批合金钢材进入了国际市场，受到国内外用户的欢迎。例如，武钢一米七轧机用的冷轧辊，过去全部靠进口，现在这种冷轧辊供应已能立足国内了，一年节省外汇几百万美元。驰名中外的“三五”牌座钟所需的弹簧钢带和手表工业用钢，也都能全部自给。像高速工具钢，过去国内产品质量差，每年都要大量进口，去年不仅不再进口，还由机械部门制成5 000多万件刀具、钻具出口。根据有关方面预测，只要开拓新市场，我国的合金钢比重到1985年可达8%左右，到1990年可达到10%以上。

怎样发展好我国的大企业集团①

企业是经济发展的重要主体，大企业集团是一个国家经济发展的脊梁。目前，国外企业集团发展趋势如何?怎样发展好我国的大企业集团?

近年来，国外企业集团发展呈现一些新趋势。一是网络化。传统的企业集团靠资本、人事等结合，而企业网络是靠信息通信网络联合。目前，虽然标准的企业网络尚未形成，但具有企业网络特点的混合型企业集团和分散型企业联合体已经出现。这种企业集团和联合体中没有核心层，集团中的每个企业都是独立的经营实体，统辖集团的中枢是信息交流和协调系统。二是金融资本化。工商企业与金融企业的联合与融合日益加深。三是国际化进一步发展。跨国公司正将触角伸向可能达到的任何地方。四是联合化。企业集团是企业联合的最高形态，而随着竞争的加剧，企业集团之间开始了新的“强强联合”——在开发新产品和新技术、市场销售等方面进行联合。

我国的企业集团大多从计划经济条件下的大型国有企业发展而来，建立健全现代企业制度的任务尚未彻底完成，又面临着国际企业集团发展新趋势带来的挑战，亟须深化改革、加快发展。

进一步推动政企分开，使企业集团成为真正的市场竞争主体。我国不少企业集团质量不高、“集而不团”，其中的一个重要原因就是政企不分。在传统体制仍然产生影响的情况下，许多行政机构对企业发号施令，却不对决策后果负责。所有权的各项权能（使用权、处置权、收益权、高层经理人员任命权等）被不同部门分割，实际上架空了所有权。而每个部门行使的那部分所有者权能由于与其他权能割裂，变成了各个部门自己的权能，服从于本部门的发展目标和利益。

建立健全法人治理结构。公司制企业是现代企业制度的典型组织形态，而科学的治理结构是公司制企业的重要特征和优势所在。因为公司制企业可以使所有者、经营者和劳动者通过建立权力机构、决策机构、执行和管理机构、监督机构，形成各自独立、权责明确、相互协调和制衡的关系，实现决策体制和机制的科学化、民主化。国有大中型企业应按照产权明晰、权责明确、政企分开、管理科学的要求进行公司制改革，严格按照公司法的要求规范运作。

打破条块分割，促进企业集团跨地区、跨部门、跨所有制发展。企业集团跨地区发展，是在更大范围提高资源配置效率的客观要求，也是发展规模经济的必要条件。企业集团跨部门发展，是适应现代市场竞争向全方位竞争发展的要求，更是推动生产要素在部门

① 李悦．怎样发展好我国的大企业集团［N］．人民日报，2011-01-25.

间合理流动、变部门资源优势为企业集团优势的需要，有利于适应市场需求变化，实现多元化经营，形成综合化功能，获得综合经济效益。企业集团跨所有制发展，把多种所有制经济的优势聚集到企业集团中，有利于形成新的生产经营优势，有利于各种经济成分互补互促、共同发展。

理清发展思路，合理确定企业集团发展战略。首先，明确发展的方向和重点。坚持有所为、有所不为的原则，根据自身特点和市场变化，明确一个时期的发展方向和重点，并根据内外部条件的变化及时进行调整。其次，确立正确的发展目标。发展目标应切实可行，不能过高，也不宜过低；同时，注意把量的扩张与质的提高有机结合起来。最后，把握发展的关键因素。企业集团发展除了要有资本优势，还要有市场、技术和人才等优势。企业集团要想在经济全球化的大背景下寻求发展机会和生存空间，就应在发挥自身优势的同时研究制约自身发展的关键因素和条件，并采取相应的对策和措施来创造新优势。

谈谈横向经济联合①

近几年来，随着经济运行机制和管理体制改革的深入，经济联系方式和管理方式正在发生深刻的变革。横向经济联合的诞生和发展，是经济联系方式和管理方式由主要通过行政系统的纵向封闭型向纵横结合、以横向联系为主的开放型转变的过程。这个转变过程也是国内各领域互相开放、破除以条块分割为特征的旧体制的过程，是对已经不能适应生产力发展的那部分生产关系和上层建筑进行改革的过程。

过去旧的经济体制，一个是条条，一个是块块，条条之间、块块之间、条块之间都缺乏横向经济联系，人为地按行政隶属关系把企业约束在条条块块之中。这是违背社会化大生产发展趋势的，是与发展商品经济的要求背道而驰的。

条块分割的工业管理体制必须改革，是因为各方面都从自身的需要和利益出发，各搞一套，自成体系，甚至彼此封锁，导致重复建设、盲目生产，严重阻碍了商品经济的发展。在生产组织方面缺乏应有的分工协作，搞“大而全”“小而全”，进行自成体系的封闭型生产，这是条块分割的旧体制在企业组织结构方面的必然表现。

商品经济要求实行对外开放，也要求国内领域互相开放。为了在竞争中生存和发展，每个商品生产者和经营者都必须充分发挥自己的优势，广泛地实行专业化协作，以便扬长避短、取长补短，实现企业组织结构的合理化。

横向经济联合特别是企业之间的横向经济联合，是企业组织结构合理化的必由之路。横向经济联合能够取得显著的效益，是因为这种联合能够促使各种生产力要素按照合理的方向流动和组合，从而能创造出新的生产力。因为就单个城市和单个企业来说，资金、技术、资源、生产能力、信息和经营管理经验，总是有局限性的，而且都有自己的优势和劣势，这种优势和劣势又往往自相抵消。如果实现了横向经济联合，城市之间和企业之间就

① 李悦．谈谈横向经济联合［N］．人民日报，1986-05-23.

能互相取长补短，把各方面的优势发挥出来，形成最佳的商品生产能力。也正是因为横向经济联合能够增强互补能力，所以能够进一步促进产业结构和地区结构的合理化。

发展横向经济联合是建立社会主义统一市场的客观要求，而建立社会主义统一市场是发展社会主义商品经济的基本条件。

在条块分割的旧体制下，商品市场被束缚在条条和块块的窄小范围内，商品、资金、技术的生产和流通，都只能在分散的小块市场内进行，这样就阻碍了商品经济的发展。实践证明，发展横向经济联合有利于打破市场分割的局面，联合本身就是在商品、资金、技术、人才诸方面实行国内各个领域的互相开放，必然促进商品市场的扩大、资金市场和技术市场的建立和完善，促进劳动力和人才的合理流动，从而为逐步形成城乡统一的、开放的社会主义市场体系和纵横交错的经济网络创造条件。由此可见，横向经济联合的发展过程也是社会主义统一市场的开拓、扩大与完善的过程。

当代的商品经济已经不是过去那种简单商品生产，而是以现代化大生产为基础的社会商品生产。这种高度社会化的商品经济，以现代科学技术和社会分工的发展为基础和条件，同时是进一步推动科学技术进步和社会分工发展的强大动力。

从历史上看，城市的功能是在城市之间和城市与其他地区之间的经济联系中实现的，城市的产生和发展是生产力发展、社会分工和商品交换进一步扩大的必然结果。在城市之间，由于交通电讯业的发展，它们在商品、资金、技术和人才等方面的相互流动和相互吸引力将与日俱增，市场也越来越扩大。在城市彼此联系和交往的过程中，有的城市原有的某些优势可能会丧失，而新的优势又会产生；有的城市原有的某些劣势也可能变为优势，原有的某些优势也可能变为劣势。这种优势与劣势的替代并且形成新的优势，在很大程度上取决于它们各自对科学技术进步和社会分工发展的适应能力。横向经济联合的发展，既是科学技术进步和社会分工发展的必然产物，又是科学技术进步和社会分工进一步发展的强大推动力。

现代科学技术的不断进步为新的独立的城市、部门、行业和企业的建立，以及它们之间的分工协作和联合，创造了条件，提出了要求。许多新技术的应用，也只有在横向经济联合中才有可能收到更好的效果。

试论工业企业的规模结构①

工业企业的规模结构，是指大中小工业企业之间的生产联系和比例关系。生产联系，主要指大中小企业之间的分工协作关系；比例关系，主要指大中小企业各自的生产能力（或产值）在总生产能力（或总产值）中所占比重的大小。揭示企业规模结构的发展趋势，指出存在的问题，明确调整现有结构和建立合理结构的主要原则，这些对于尽快地完成国民经济调整（首先是工业调整）的任务、改善经济效果、加速四个现代化的实现，都

① 李悦，陈胜昌. 试论工业企业的规模结构［J］. 中国社会科学，1981（1）：65-76.

有十分重要的意义。

一

纵观国内外工业企业规模结构的发展历史，我们清楚地看到，生产集中和大中小企业并存都是社会分工发展的结果，是社会化大生产发展的必然趋势。

面对大量中小企业存在和发展的事实，在国外学者中间存在生产发展趋势是集中还是分散的争论。有人提出生产集中正在消失，分散才是必然趋势。多年来，国内也流行着这样一种观点，在我国应该多发展中小企业，“五小”工业①虽然亏损，但能够满足需要。更有人认为生产集中是资本主义所特有的生产发展趋势，而大中小企业并举才是社会主义的创造，如果在我国也强调生产集中，那就是跟大中小企业并举的方针“对着干”。事实证明，这种观点是不正确的。

列宁在考察资本主义生产集中时曾经明确地指出，资本主义最典型的特点之一就是“生产集中于愈来愈大的企业的过程进行得非常迅速”，并且用大企业拥有的工人人数、机器设备数和产值在全部工业中所占比重的不断提高，来说明生产集中化的程度。

在机器大工业出现以前，劳动力的集中是简单协作的起点，也是工场手工业分工在技术上的客观要求。只有以劳动力的集中为前提，才能组织劳动力的分工和协作，才能产生和运用共同使用的劳动资料（如机器体系）。机器大工业出现之后，生产集中进一步发展。现代化大工业是建立在高度技术基础之上的社会化大生产。特别是当代以原子技术、电子技术和航天技术为主要标志的现代科学技术的发展和利用，使工业生产正经历着一场伟大的革命。它要求生产资料的使用、劳动过程本身和产品都更加社会化，要求分工越来越细，协作范围越来越广。

社会化大生产的发展历史表明，工业企业规模的发展趋势是：一方面，大企业产量在该部门总产量中的比重日趋增加，企业平均规模日趋扩大；另一方面，在大企业的周围又有大量的中小企业并存。用大中小企业并存去否定生产集中是错误的，用生产集中去否定大中小企业并存也是错误的。

第一，生产集中和大中小企业并存，不是两种互相排斥的对立趋势。

生产集中是生产越来越集中于大企业的过程，它包括绝对集中和相对集中两种。所谓生产绝对集中，是指企业规模的扩大。这里所说的规模扩大，是指企业的平均规模的扩大，既包括大企业的扩大，又包括中小企业的扩大。所谓生产相对集中，是指大企业产值在整个工业产值中所占比重的提高。这里所讲的提高，是一种发展趋势，并不是说大企业所占比重越大越好，从而也不可能否定中小企业的存在和发展。恰恰相反，生产集中是在专业化基础上的集中，它需要大量的中小企业为其协作配套服务。这就必然推动中小企业的发展。即使是生产联合化的发展，即把不同部门的生产和同一部门的不同生产阶段结合在一个联合企业之中，也离不开中小企业的协作配合。

第二，科学技术的发展，既促进生产集中，又促进大中小企业并存。

在现代化大工业生产条件下，大型化和微型化都是现代化生产技术的发展方向。大家知道，许多现代化工业产品都是由成千上万的零部件所组成的。如此复杂的产品，没有许许多多规模不等的大中小企业的分工协作，只靠少数企业是生产不出来的。勉强为之，也

① “五小”工业一般是指小钢铁、小化肥、小水泥、小煤窑和小水电。

绝对不会有好的经济效果。

第三，大中小企业各有不同的地位和作用，不能相互取代。

现代化的大型企业由于生产集中，社会化水平高，在技术经济上具有很多优点：可以采用各种现代化的高效率的专用设备和装置，广泛应用最新的科学技术成就；便于建立科学研究、中间试验，以及设计、工艺、测试等机构和装备；能够担负各种高级、精密、大型和尖端产品的生产，解决国民经济中的重要任务；有利于开展原料、材料和燃料的节约使用和综合利用；有利于处理“三废”，防止污染，保护环境，变废为宝，变害为利；便于采用专业化协作和联合化等先进的生产组织和劳动组织等。因为大型企业具有上述优点，所以其每个单位设备能力的基本建设投资、占地面积和单位产品所分摊的企业管理费用比较少，主要技术经济指标比较好。

正是由于大型企业具有上述这些优点，所以其成为带动整个工业发展的骨干力量。马克思说：“工业企业规模的扩大，对于更广泛地组织许多人的总体劳动，对于更广泛地发展这种劳动的物质动力，也就是说，对于使分散的、按习惯进行的生产过程不断地变成社会结合的、用科学处理的生产过程来说，到处都成为起点。”就是说，企业规模的扩大为更广泛地组织劳动和应用新的科学技术成就创造了条件，因而它能取得更好的经济效果，在经济建设中发挥更重要的作用。没有这些骨干企业，我国四个现代化的任务很难实现。

当然，大生产的经济效果并不是在任何部门、任何条件下都随着企业规模的增大而不断提高的。列宁说得好：“就是在工业中，关于大生产具有优越性的规律，也并不像人们有时所想象的那样绝对，那样简单；在工业中，也只有当‘其他条件’相同时（这在现实生活中绝不是常有的），才能保证这个规律完全适用。”对于那些品种需要多而生产批量小、变化大的产品，在中小企业里生产更为经济合理；在技术发展的条件下，有些工业部门采用中小型设备和装置，也能具有相当产量规模，并有较好的技术经济效果。在工业发达国家中，以废钢为原料，采用电炉炼钢、连续铸钢、小型轧机来轧制钢材的中小型钢厂，就具有投资少、建设周期短、产品品种和规格多、成本低的优点。所以，对大中小企业要具体分析。大型企业有它的优越性，但也存在一定的缺陷，它受资金、技术、物质资源等条件的限制。建设现代化大型企业，需要大量的基本建设投资，建设周期比较长，投资效果发挥得慢；技术要求高，设备制造比较复杂；必须具备足够的资源条件；工业分布比较集中，原材料与产品运输成本也会增大，等等。所以，我们不能不顾条件地盲目扩大企业规模，片面地追求大企业。

中小企业的优点是：基本建设投资少，建设周期短，能够在较短时期内投产，满足国民经济的急迫需要，投资效果发挥得快；建设所需要的技术装备、技术力量和建筑安装都比较容易解决，有利于调动各方面办工业的积极性，易于做到少花钱、多办事；生产上比较机动灵活，适应性强，可以更多地发展品种规格，能更好地为大型企业协作配套服务，为满足地方的多种多样的需要服务；布点可以分散，能够做到星罗棋布，就地加工，就地销售，节约运输；有利于促进偏远地区和少数民族地区工业的发展，改善工业布局；充分利用分散的小型资源，灵活地使用农村闲散的劳动力和其他非专业的工人，多就业，等等。

正是由于中小企业具有这些优点，所以它们可以承担大型企业不宜承担的生产任务，负担着一般性产品的制造和修理任务，以使大型企业能够集中精力向高大精尖的产品方向发展，与大型企业搞生产协作，为大型企业生产零部件，充分发挥专业化生产的优越性；在新技术、新产品方面取得新成就，如电视机、冷气机、起动马达等技术，在美国最初都是中小企业和独立研究人员发明的；支援农业，为农业服务。总之，中小企业和大型企业的关系是分工协作、互相补充、相互促进的。

所以，大中小企业不能相互取代。凡是中小企业办得好、发展快的国家和地区，其中小企业的专业化程度都是比较高的，大部分都是和大型企业分工协作，为大型企业协作配套，纳入大型企业的统一生产体系之中。这部分中小企业已经成为大型企业的一个有机的组织部分。

二

按照上述观点，我国在企业规模结构方面有没有问题呢?有人认为，我国目前的企业规模结构基本合理，是适合我国国情的。我们认为，在我国目前的企业规模结构中，中小企业所占比重过大，并且专业化协作水平不高，经济效果差。

1978年，我国小型工业的产值竟占工业总产值的56.7%，中小企业的产值占工业总产值的比重高达75%。这样的比重既超过了我国1962年中小企业所占的比重，也超过了工业发达国家的比重。

日本是工业发达国家中办中小企业最多的国家，可是它的中小企业产值在制造业中不过占50%左右，在整个工业部门则低于50%。[①]

美国的工业企业规模日益扩大的趋势也很显著。美国的中小企业在整个工业中所占比重为30%~40%，而且有下降的趋势。1950—1976年，在制造业总资产中，200家最大公司所占比重由48%上升到58%，占制造业企业总数16%的公司，竟控制了整个制造业的75%。

苏联的中小企业所占比重比日本和美国都小得多，而且有下降的趋势。从1960年到1973年，苏联千人以上的大型企业的产值在工业总产值中所占比重，由62%上升到68%，中小企业的产值由38%下降到32%。同期，总产值在10万卢布以下和10万~50万卢布的小企业占企业总数比重分别由12%和26.2%下降到6.6%和14.1%；总产值在50万~500万卢布的中型企业的比重，由50.9%下降到50.5%；总产值在500万~5 000万卢布和5 000万卢布以上的大型和特大型企业的比重，分别由10.1%和0.8%提高到25.6%和3.2%。

以上是就整个工业说的，如果单就我国重工业和化学工业部门来看，其小型企业所占比重，按产量计算，1978年分别为9.7%和14.4%，小化肥的产量竟占全部化肥产量的近60%。小企业占这样大的比重在工业发达国家是很少见的。

我国工业企业基本上还是“大而全”“小而全”的自给自足式生产，专业化协作程度很低。例如汽车制造业，全国有130个工厂，分属于第一机械工业部、交通部、石油工业部等七大系统，但一年只生产15万辆（1978年）。而当年法国雪铁龙汽车公司生产80万辆，日本丰田汽车公司生产284万辆。英国、美国、日本、法国、联邦德国等国汽车生产专业化程度都在95%左右，而我国只有30%。再如自行车行业，上海1957年成立自行车专业公司，将496个小厂合并为27个厂，现在又调整为2个整车厂、8个零部件专业厂、1个材料改制厂，共11个厂，1978年产量为318万辆，占全国总产量的37.2%，比1956年

① 祁忠武. 日本中小企业与“系列化”[J]. 世界经济，1980（1）：51-55.

的23万辆增加了12.8倍。而其他各地办的厂都基本上是“小而全”，亏损面达58%。上海自行车厂的劳动生产率是这些厂平均水平的10倍，成本仅为这些厂的25%~64%。据1976年的统计，第一机械工业部系统县以上企业6 100多个，全能厂约占80%，其中1 400多个主机厂中，有1 100多个是全能厂；4 000多个辅机和配件厂，大多数也是“中而全”“小而全”。江苏省南通市电镀厂点多达36个，电镀厂房总面积达12 100平方米；仪表系统19个企业中就有10个电镀点。由于分散、落后，若干厂点仍然采用旧工艺。

中小企业，特别是“五小”工业所占比重大（小水电除外），加上它们的专业化协作程度不高，也直接影响到经济效果。当然，造成经济效果差的原因是多方面的，有技术水平上的原因，有管理上的原因，但比重过大无论如何也是原因之一。

首先，这类企业亏损多。据统计，自1958年大办“小土群”以来，到1978年为止，仅小钢铁一项就亏损100亿元。1978年，在工业部门亏损的40亿元中，“五小”工业占一半以上，其中，小钢铁亏损9亿元，小有色金属亏损1亿元，小化肥亏损8亿元。这一年亏损金额在800万元以上的企业有186个，其中冶金企业有109个，基本上是小钢铁企业；全国1 400多个小氮肥厂，亏损企业占3/4。仅安徽一个省，由于大办小钢铁，1958—1978年就投资8.6亿元，年产生铁20万~30万吨，每吨生铁成本比大中型厂高1倍以上，历年亏损总额已达5亿元之多。这种长期大量的亏损，非但不能增加国民收入，还要减少国民收入，因而也是财政赤字、影响积累率提高和人民生活改善的重要原因之一。

其次，能源消耗高。以钢铁企业为例，目前我国中小型炼铁厂中很多都是“煤老虎”“电老虎”。单说焦比，1978年重点企业入炉焦比为562千克，加上喷油、喷煤粉，综合焦比为623千克。而中小企业全部用焦炭炼铁，中型钢铁厂焦比平均为763千克，小型炼铁厂焦比平均为950千克。中小钢铁企业生铁产量占全国生铁总产量的28.3%，而用焦占到43.6%。以每吨合成氨消耗能源来说，国内外30万吨大型合成氨设备的消耗标准为1 000万~1 200万大卡，而我国小化肥厂的消耗为2 200万大卡。小型化肥厂的能耗一般要比大型化肥厂高1倍以上。

再次，资源浪费严重。有些小企业不是利用适合中小企业开发的分散的资源，而是与大企业争资源、争原料，造成资源的严重浪费。有的社队企业在大煤矿附近用土法开小煤窑，回采率只有10%，比大煤矿低40%，甚至使大矿在某些区段无法开采。宁夏贺兰山汝箕沟矿区，已探明储量6.7亿吨优质无烟煤。国家投资2亿多元，先后建了2对矿井、1处露天矿。近年来，附近4个县的22个公社和5个大队开挖了65个小煤窑，其资源回收率仅为10%，并破坏了矿区整体布局，威胁了大矿的安全。河南、河北、湖南、黑龙江、内蒙古、新疆也都存在这种情况。又如江南一些省份的社队企业大办缫丝小厂，致使现代化的大厂吃不饱，而这些小厂的缫丝率只有大厂的70%左右。至于各地办的小土焦厂，因为没有治理“三废”和回收化学产品的设施，不仅工人劳动条件差，而且生产焦炭的煤耗高，并直接影响产值的提高。据有关部门计算，1979年全国生产的全部土焦，比生产同样数量的机焦要多消耗炼焦煤500万吨，并减少产值4.1亿元。

最后，“五小”工业在劳动生产率、成本、利润和单位能力的投资等指标上，一般也不如大型企业。据1962年的统计，我国煤炭、黑色金属、纺织等7个部门的平均全员劳动生产率（按职工平均计算的产值数），大型企业比小型企业高35%，中型企业比小型企业高11%。1978年年底，四川化工厂30万吨化肥设备与18万吨的相比，劳动生产率高8倍，利润高9.5倍，每吨合成氨成本低42.5%。据有关设计院的计算，安装一台30万千瓦发电机组，同一台10万千瓦机组相比较，建设所需时间差不了多少，而发电容量可增加2倍，同时可以节省投资和降低燃料消耗，单位千瓦造价低10%~20%，每发1度电可节省煤耗40克左右。如果电站规模由5万千瓦扩大到20万千瓦，则可节约单位生产能力投资50%。再如建设平炉，如果是建270吨平炉与建100吨平炉比较，每吨钢的投资可节约30%~50%，小时产量可提高50%，燃料消耗可降低20%~30%，劳动生产率可提高1倍。

小型工业企业过多，也是加重环境污染的一个重要原因。例如我国的小造纸厂，因为没有回收碱和防止污染的措施，造纸用的烧碱废液不经任何处理就排出厂外，流入江河湖海。这样，不仅严重地污染了水源，而且碱的消耗过高。我国纸的产量占世界纸的总产量的3.3%，可是我们造纸用碱的消耗量占世界造纸用碱总量的25%，从而增加了成本，减少了企业利润。

根据以上的分析，我们认为，要改善经济效果，必须对我国现有企业的规模结构进行适当的调整。

三

总结国内外经验，调整和建立合理的工业企业规模结构，应当遵循下列几条主要原则：

（一）应当把生产能力作为衡量企业规模和结构变化的趋势的主要指标

工业企业规模，是指劳动者、劳动资料、劳动对象和工业产品在工业企业里的集中程度。要衡量工业企业规模的大小和结构的变化趋势，就需要有一定指标。

在部门内各同类企业的技术水平基本相同的条件下，企业固定资产产值和职工人数等指标都能在一定程度上表明企业规模的大小。所以，至今在国内外的统计工作中仍采用这些指标。但是，在工业生产技术突飞猛进的今天，只有以年产量或年产值表示的企业的综合生产能力，才是确切表明企业规模大小的主要指标。这是因为：在部门内各企业的生产技术水平不同的条件下，像职工人数这样的指标并不能确切地表明企业规模的大小。企业的职工虽然很多，但如果基本上靠手工劳动，那么并不能生产很多产品；反之，企业职工人数虽然不多，但采用了先进技术，企业的技术装备水平很高，它就能比前一种企业生产更多的产品。至于固定资产总额这类指标，也只能是间接地表明企业规模的大小。因为企业规模不仅取决于企业拥有的固定资产的数量，更大程度上取决于企业固定资产的结构和利用程度。而企业的综合生产能力不同。由于这种生产能力是指在一切生产条件正常的情况下，企业可能达到的最大年产量或年产值（对于新投入生产的工业企业来说，生产能力就是设计能力）。这种生产能力的数值不是企业自己定的，而是国家以社会平均先进定额为依据给企业规定的，因而企业综合生产能力是企业内的生产力三要素合理结合的体现，把它作为衡量企业规模的主要指标是正确的。世界各国一般也是根据企业综合生产能力并结合其他指标来划分大型、中型和小型企业的。

我国第一个五年计划时期是这样划分大中小企业的：在煤炭工业中，年产90万吨以上的矿井为大型企业，30万吨至90万吨的为中型企业，30万吨以下的为小型企业。在钢铁工业中，年产普通钢100万吨以上的厂为大型企业，30万吨至100万吨的为中型企业，30万吨以下为小型企业。在纺织工业中，10万纱锭以上的为大型企业，5万至10万纱锭的为中型企业，5万纱锭以下的为小型企业。到1962年，国家统计局在整理统计煤炭、黑色金属、有色金属、金属加工、化学、造纸、纺织等7个部门的大中小企业的构成时，在金属加工工业中，是以职工人数或固定资产数作为划分的标准：凡职工人数在3 000人以上的厂，或者固定资产在2 000万元以上的厂，算作大型企业；职工人数在500~3 000人的，或固定资产在300万元到2 000万元的，算作中型企业；其余的算作小型企业。在其他工业部门中，仍然以生产能力作为划分的标准。例如，在钢铁工业中，年产钢50万吨以上的联合企业为大型企业，5万到50万吨的为中型企业，其余的为小型企业。

划分企业规模的标准不是一成不变的。根据我国和各主要工业发达国家的经验，这个标准要随着生产力的发展、科学技术的不断进步以及先进的社会生产组织形式的采用而变化，并有逐步提高的趋势。1978年我国几个主要工业部门划分大中小企业的标准，与第一个五年计划时期和1962年相比都有所提高。过去年产5万吨的化肥厂是大型企业，现在年产30万吨以上才算大型企业。

但是，大中小企业是相对的概念，它们是相比较而存在的。没有大企业，也就无所谓中小企业；反之也是一样，没有中小企业，也就无所谓大企业。随着科学技术和整个生产力的发展，尽管不同历史时期的大中小企业的划分标准和绝对的数量界限是不相同的，但大中小企业这些相对概念将会长期存在。

（二）各工业部门大中小企业的发展应各有侧重

鉴于各工业部门有不同的生产技术特点，其企业规模与技术经济指标的依存关系也不一样，所以它们应有各自的企业规模结构。一般来说，重工业应以大型企业为主，轻工业应以中小企业为主。在重工业中，采掘工业和原材料工业应以大型企业为主，制造业应以中小企业为主。钢铁、有色金属、电力、石油、煤炭、汽车制造和飞机制造等部门，应以大型企业为主，而一般的机械制造部门和轻工、纺织部门，应以中小企业为主。

以中小企业为主的工业部门一般具有以下特点：

（1）产品结构比较复杂，品种规格多。机械工业即属于这一类。以少数大型企业为中心，在搞好专业化协作的基础上，主要发展中小企业，这样经济效果最优。

（2）产品的市场需要变化快，花色品种要求多。织布工业和日用轻工业即属于这一类。采用中小企业生产，机动灵活，适应性强。

（3）产品制造的各个工序及各种零件和部件的加工，不一定都要在一个企业内进行，可以组织企业间协作。例如，纺织工业的纺纱、织布、针织、印染，机械工业的铸造、锻压、金属切削、各种零件和部件的加工，都可以由几个企业或许多企业分工协作生产（当然也可以有少数大型联合企业）。这样以中小企业为主，每个企业只担负一道工序、一种工艺或者只生产几种零部件，不但有利于集中力量改进技术装备，实行产品的标准化、通用化和系列化，而且有利于节省投资，加快生产和建设的速度。

（4）原料分散，成品运输不便。例如，以草类为原料的造纸工业、陶瓷工业、饮料工业等，这些部门以就地生产、就地销售产品的效果为最优，所以应当主要发展中小企业。

以大型企业为主的工业部门，一般具有以下特点：

（1）产品品种比较单一，或者同一种规格的产品需要量大，如一般的金属材料、基本化工原料、糖和新闻纸等。大型企业集中生产，可以节省人力，提高劳动生产率，减少费用，降低成本。

（2）产品制造过程中的各个工序，必须在一个企业内连续进行，或者只有采用大型企业生产才能充分地利用资源。钢铁冶炼、石油化工业等都有这样的特点。

生产技术特点和资源情况对不同工业部门的企业规模也发生直接的影响。采掘工业的企业规模，主要取决于矿物储量和地质条件。林业加工工业的企业规模，主要取决于木材的储备量和采伐单位的分布情况。农产品加工部门的企业规模，主要取决于农产品产量的大小和加工后产品的销售范围。电力工业的企业规模，主要取决于电机机组的大小和其负荷程度。冶金、石油加工部门的企业规模，主要取决于联动机和营造物的大小。机床、电机、无线电等机械制造部门和纺织、皮革等轻工业部门的企业规模，主要取决于机器体系的能力和负荷程度等。

有些工业部门，有的国家以大型为主，有的国家却以中小型为主，除了由于各国的资源条件不同、技术政策和生产组织的方法不同以外，各国原有工业基础强弱、技术水平高低、市场容量大小也在一定程度上影响着工业企业的规模。

单从企业规模和技术经济指标的依存关系上考察，可把各工业部门大体分为三类：

（1）采掘工业，其企业规模首先取决于矿山地质条件。同时这些部门的基本建设投资需要量大，单位投资额和固定资产利用等指标必然随着企业规模的增大而改善。在煤矿、铁矿等部门中，工资在产品成本中占的比重最高。这一费用要素的缩减，只有在提高劳动生产率的基础上才能达到。

（2）黑色冶金、电站和许多化学工业部门，其企业规模的增大是由主导设备的功率和生产率的增长直接决定的。在这些工业部门中，各企业与其说是在同类型设备的数量方面有所差别，还不如说是在机组的功率和生产率方面有所差别。大型和中型的电站或冶金厂的区别，首先是锅炉、透平发电机的功率，高炉、平炉的容积有所不同。因而在这类部门的大型企业中，一般要采用日益完善的、保证设备充分负荷的生产工艺。在这类部门中，存在企业规模越大，建设和生产的一切技术经济指标就越好的依存关系。这类工业基本建设投资消耗虽大，但它的单位生产能力的投资额将随机组的功率和生产率的增加而降低。机组的功率越大，单位产品的原料和燃料的消耗也就越少，从而产品的成本也就越低。某些生产复杂的多零件产品的机械制造部门，如造船业、航空工业和重型机械制造业等，也属于这一类。

（3）纺织、制革、制鞋、缝纫、机床制造和电子工业等机械制造部门，其技术发展表现为采用结构日益完善的自动化的机器设备。这类工业部门的企业规模的扩大，主要不是由设备的效率和生产率的增大所引起的，而是由同种类设备数量来决定的。大型的和中小型的纺织厂或制鞋厂的差别，多半是织机、纱锭、缝纫流水线等同类设备的数量不同。在不同规模的企业里，制造产品的工艺过程一般是相同的。同时，设备的生产定额和原材料消耗定额，也不以企业规模大小为转移。这些部门的原材料消耗量大，产品成本中工资、杂项费用的比重小，因而降低生产成本首先是靠节约原料、材料，而这种节约实际上并不依企业规模的大小为转移。这类企业规模的扩大，不会反映出经营费用的降低。同时，增大企业规模时的单位投资额的减少，也是这些部门的基本建设投资消耗量小的缘故，而不能作为经济效果的主要指标。

由此可见，我们在不同的工业部门中选择企业规模时，从方法上必须充分注意各部门的生产技术经济特点对企业规模的影响。

从国外的情况看，日本的企业规模结构较好。日本的大中小企业在行业划分上各有选择，各有侧重，能够做到扬长避短、各得其所。在日本，凡是设备越大型化、越有利的部门（如重工业、化学工业），资本密集程度较高的行业，几乎由大型企业经营；在那些以多品种、小批量生产为特点的部门（如轻工业、纺织工业和加工工业）、劳动密集程度和技术密集程度较高的行业，则为中小企业的经营范围。据统计，在日本的重工业和化学工业中，中小企业产值占比1960年为42%，1970年下降到35.2%；大型企业产值所占比重则由58%上升到64.8%。在轻工业中，中小企业产值所占比重1960年为64.1%，到1970年上升到71.6%；大型企业产值所占比重却由35.9%下降到28.4%。

从我国上海这个老工业基地的企业规模结构的现状看，不同工业部门的企业规模结构也是不同的。据统计，在上海轻工业、纺织工业、手工业三个行业中，中小企业都占96%以上，其中，小型企业占85%以上。在仪表行业中，基本上是中小企业。在机电行业中，大中小企业相结合，以中小企业为主。其中，大型企业占4.8%，中型企业占15%，小型企业占80.2%。而在冶金和化工部门，中小企业相对较少。

所以我们讲中小企业的作用和优越性，不能只从大中小企业所占的比重出发，还要从决定企业规模的生产技术特点和经济效果方面去考察。上海的中小企业之所以数量多、经济效果好，也主要是由于大中小企业在行业分布上各有侧重。

（三）对现有中小企业应当实行企业改组和技术改造

既然中小企业具有大型企业所没有的优越条件，只要我们积极地进行经济改组和技术改造，把它们办成“小而精”“小而专”的企业，就一定能够收到良好的经济效果。

根据北京、上海、天津、辽宁三市一省的经验，凡是按专业化协作和联合化的原则进行改组搞得好的，对生产的发展都起了良好的促进作用。如北京的缝纫机行业、上海的电视机行业等，只是对原有企业进行了合理的改组，不需增加什么设备、投资、人力，生产能力就提高了20%以上。

中小企业向“小而精”方向发展，还必须有一个技术改造的过程。例如上海活塞环厂，过去是个设备简陋的小厂，改组成为专业化零件厂后，很快把全厂90%的设备改造成了高效率的专用设备；万人的沪东造船厂生产不出来的活塞环，它很快造出来了。可见，过去那种认为小企业技术总是落后于大企业的观点，并不全面。特别是对于那些产品的工艺要求并不复杂的中小企业，只要实行生产专业化，其容易实现机械化、自动化生产，其产品质量、生产效率往往比“大而全”的企业还高。据上海大中小企业齐全的机电一局统计，该局下的专业化程度高、技术改造又搞得好的中小企业，不管在劳动生产率、每人创造利润额和百元产值创造利润额上，都高于大型企业。在上海纺织行业中，许多中小企业已经广泛使用抓棉机、箭杆织机、全自动穿织机、无梭织带机以及生坯冷染等新技术、新工艺。上海羊毛衫九厂首创电子程序控制。上海手套厂120台自动花色尼龙手套机，已由电子计算机集群控制。这说明在经济改组中，首要的是把中小企业的产品方向选择好，并在搞好大中小企业之间分工协作的基础上，搞好挖潜、革新、改造，广泛地采用高效设备，以取得良好的经济效果。

在改组和改造的同时，还必须淘汰一批中小企业，这是改善经济效果、加快建设速度的要求。实践证明，对于那些长期亏损、产品质次价高、能源消耗大、原材料没有保证，而且根本没法改组和改造的中小企业，凡是坚决采取淘汰政策的地区和部门，都收到了明显的效果。

（四）选择最优的企业规模

分析企业规模结构的大量资料表明：扩大最小企业的规模，能够改善经济效果，可是进一步扩大，效果就会不好。根据有关部门的计算，当水力采煤矿井的生产能力从500吨（每班产量）增加到1 000吨时，劳动生产率可提高70%；当增加到1 500吨时，则劳动生产率只提高25%；如果连续按照500吨递增，则劳动生产率的提高相应为15%、5%、4%和1%；当矿井能力增到每班3 000吨以上时，劳动生产率的提高便停止下来。在机械制造业中，2万人以上的特大型企业的劳动生产率和基金产值率，都低于1 000到5 000人的企业，其按单位产品计算的车间的费用和全厂费用，也高于普通的大型企业，有的甚至高于采用新技术的中型企业。在冶金厂、水泥厂、电站及其他企业的设计指标中，也可以看出这种规律。因此，在一定的技术水平下，随着大型企业的增加、企业规模的扩大，出现了所谓的效果——“衰减现象”。这证明工业企业最优规模也是一种客观存在，这种客观存在是我们选择最优规模的客观依据。

由于工业企业规模的发展趋势在不同的工业部门中有不同的特点，所以，应当根据不同工业部门的技术经济特点来选择最优规模。

工业企业最优规模的选择，不能单从企业角度出发，还应当最大限度地考虑利用依靠设备能力和企业规模增大所提供的技术经济优越性，以及其他经济因素。而这些因素是非常复杂的，有的相互之间还有矛盾。例如，需要和可能这两个方面的因素就常是矛盾的。从长远的观点看，需要是无止境的，而可能性在一定时间内总是有限的。在选择企业规模时，对需要和可能这两个方面的因素必须进行多种分析和比较，企图用一个数学公式来计算就得出结论是不可能的。又如，在某个地区建设一个新企业，要确定它的最优规模，就必须考虑它投入生产后，将和哪些原来的企业进行生产协作。有时某个新企业的建立，主要是为了给某些企业配套的。这样，新企业最优规模的选择，必须超出一个企业的范围来考察。因为常有这种情况，新建企业成本虽然高些，可是它能使相关企业的成本降下来，从整体来考察还是有益的。相反，有时一个新企业成本虽然低，可是它引起相关企业成本的提高。这样从整体来考察，就不一定有益了。

从规模和技术经济指标的依存关系出发，我们可以把影响和决定工业企业规模的因素概括为两类：一类是企业内部的因素，即企业所采用的技术、工艺和生产组织的特性；一类是企业外部的因素，即地区的经济、地理条件和企业位置等。这两类因素是相互联系、彼此制约的。例如，随着企业规模的增大而扩大了企业产品的供应范围，这就会导致在降低企业产品的生产费用的同时，提高企业单位产品的运输费用。为了简单起见，我们假定企业的生产技术经济指标（单位投资额、劳动生产率和成本）都依第一类因素而定，而运输费用依第二类因素而定。这样，从第一类因素来考虑，凡是其中能取得最优技术经济指标，特别是取得单位投资额最小或成本最低的企业规模，就可以认为是最适宜的规模。企业最适宜规模的标准，必须考虑企业内部的主要设备的最大负荷及采用现代化工艺过程和先进生产组织形式的可能性。从第二类因素来考虑，则以在该地区的经济地理条件的前提下，保证最低的社会劳动消耗，也就是运输费用最低的企业规模，才是最适宜的规模。

我们选择企业规模，就要把上述这两类因素所产生的矛盾统一起来，满足合理布局工业的要求，保证在生产和流通方面达到最低限度的劳动消耗。也就是说，首先在企业的原料供应和加工以及把成品运输到消费地点等方面达到最低的消耗。

实践是检验真理的唯一标准。我们要合理地确定工业企业规模，并选择出最优规模，除了要加强综合经济分析工作、探索完善的数学计算方法外，还必须注意总结国内外确定工业企业规模的实践经验，对现有的工业企业规模进行周密的调查研究和分析，从实践中找出最优的企业规模。

论企业规模与企业规模结构的调整①

这次中央工作会议再次强调进一步搞好国营大中型企业。我认为，要搞好国营大中型企业，很重要的一点就是要按规模经济的要求，对经济效益差的企业进行调整，促进企业组织结构合理化。这是一项十分重要的战略选择，对于保持国民经济持续、稳定、协调发展，胜利实现十年规划和“八五”计划的主要目标，具有重要的意义。

一、调整和优化企业规模与企业规模结构的意义

提高经济效益，除了靠增加新的投入，在增量上做文章外，最主要的还是靠提高现有生产要素的效率，在优化存量上做文章。以讲究规模经济，推进生产的专业化协作，促进企业的改组、联合和兼并，积极发展企业集团为主要内容的企业组织结构合理化，正是在调整和优化存量上做文章的一项重要内容。

把优化存量作为重点绝非权宜之计，而是一项长期的战略选择。这是因为，任何一个国家和地区，不论在哪个时期，其经济实力的具体表现都是存量而不是增量。存量是全体劳动人民长期劳动成果的结晶。每年国家可用于固定资产投资的几百亿元，对于12 000亿元国有固定资产存量来说，当然是个小数；每年新建投产的部分工业企业，对于现有800万个工业企业存量的总数来说，也是个很小的局部。而事物的本质正是由其主导和主体部分所决定的。

当前，我国企业规模和企业规模结构的不合理状况对效益影响严重。这里所讲的规模，主要是指诸生产要素及产品（或劳务）在企业实体中的集中程度。大量的企业规模达不到合理的经济规模，是我国企业规模不合理的集中表现。据有关方面测算，全国县以上的企业规模，约有65%~70%达不到合理的经济规模。经济效益差的小型企业盲目发展和中小企业产值所占比重过大，是我国企业规模结构不合理的集中表现。根据国家统计局的资料，按现价计算，包括村办工业在内的全国小型工业企业产值占工业总产值的比重，1980年为49.04%，1989年为57.80%。而美国1979年小型企业产值占国民生产总值只有30%，日本1981年中小工业企业产值之和占全国工业总产值也不过53%。

规模经济的主要来源是规模的扩大带来的劳动生产率的提高、物资消耗和成本的降低，以及资金利税率的提高。因此，调整和优化企业规模与企业规模结构，是一项十分重要的战略选择，是提高经济效益的一条重要途径。

① 李悦．论企业规模与企业规模结构的调整［N］．光明日报，1991-10-25.

二、企业规模结构发展的总趋势

为了实现企业规模结构的合理化，应该在实际工作中严格地按企业规模结构发展的客观规律办事。实践证明，集中与分散相结合和大中小企业相结合，是社会化大生产发展的必然趋势，也是企业规模结构发展的总趋势。这种客观必然性和总趋势的理论源泉，就是马克思主义有关生产集中和生产社会化的理论。

（1）生产集中原理是重要的理论源泉。社会化大生产发展的历史告诉我们，在100年前，生产集中实质上主要表现为生产愈来愈集中于大企业的过程进行得非常迅速，大企业产值所占比重越来越大。20世纪八九十年代的今天，生产集中实质上主要表现为企业平均规模的扩大和同类生产的集中。我们把当代生产集中实质上的主要表现，概括为企业平均规模的扩大和同类生产集中，并不是否定生产集中实质上的其他表现形式，只是说明时代和条件不同了，主辅表现形式已经发生了变化。这种主要表现形式的概括和表述，与当代生产集中的几种主要形式也是相符合的。因为无论是生产专业化与协作、经济联合与生产联合化，还是企业群体与企业集团，都主要是同类生产集中和大中小企业并存的形式，至少也是以大型企业为核心的大中小企业相结合的网络。

（2）生产社会化原理是另一个理论源泉。社会化大生产有两个最明显的特点：一是建立在现代科学技术基础之上；二是专业化协作高度发展，社会化水平高。以现代科学技术为基础这种特点，从三个方面推动着企业规模结构发展的总趋势：一是大型化和微型化都是科学技术发展的方向；二是现代化产品不断涌现，且品种与质量不断提高；三是新能源、新材料和新工艺广泛采用，科学技术发展又呈现出多样化。在生产力不断发展的基础上，人类社会生产经历了由个体生产到社会化大生产的转变过程。现代社会化大生产不仅使生产资料的使用更加社会化了、劳动过程本身更加社会化了，而且产品的使用更加社会化了。这种生产社会化水平的提高本身，就是企业规模结构发展总趋势的原动力。

三、企业规模合理化的标准

任何产业的企业规模，都有其合理界限。超越此界限的企业规模，其经济效益必然不好。因此，根据各类产业部门和其主要产品的生产技术特点，以及企业规模与企业经济效益指标的依存关系的不同，科学地制定各产业部门和其主要产品的合理规模标准，是摆在我们面前的一项迫切任务。

纵观企业规模演变的历史，我们清楚地看到，要取得良好的经济效益，一般的趋势是：重工业部门的企业规模应以大型企业为主，轻工业部门应以中小企业为主；在重工业内部，采掘工业和原材料工业应以大型企业为主，制造业应以中小企业为主；钢铁、有色金属、电力、石油、煤炭、汽车和飞机等制造业应以大型企业为主，而一般机械制造和轻纺工业应以中小企业为主。但是，无论任何产业都应既有少数大型企业作为骨干和核心，又有众多中小企业来配合。

按照企业规模变化与企业经济效益依存关系的不同，我们可把全部工业部门划分为如下三大类：第一类为依存性最强的部门，比如采掘工业，其企业规模的大小主要取决于矿山地质条件、储量与品位。这类工业部门的劳动对象的质与量相对稳定，要投入大量的机器设备和劳动力，所以这类产业的企业经济效益将随着企业规模的扩大而不断提高，企业规模的扩大与经济效益的提高表现出同步的趋势。第二类为依存性很强的部门，比如钢铁工业、电站、化学工业、造船业、航空业和重型机械制造业等，其企业规模的大小主要取决于主导设备功率的大小和生产率的高低。所以，其企业规模越大，则企业经济效益指标就越好，企业规模与企业效益成正比。第三类为依存关系弱的部门，比如纺织、制革、制鞋、缝纫、机床制造和电子工业等。这类部门的企业规模大小，主要取决于企业所拥有的同类设备数量，拥有3万~5万纱锭为大型棉纺厂，1万锭以下的为小型棉纺厂。所以这类部门的企业规模大小，与企业经济效益指标的好坏没有直接关系。

应当指出，由于同一产业不同产品的生产技术特点不同，其产品的具体合理规模界限也不一样。所以，制定出主要产品的合理规模界限是一项不可缺少的工作。

向企业规模结构要经济效果

——关于调整大中小企业结构的建议①

通过改善经济效果来争取速度，这是实现四个现代化的一项重大的战略性措施，是我们在制订发展国民经济长期计划时必须搞清楚的一个十分重要的大课题。这对于调整任务尚未完成的今天来说，尤其重要。因为，在近20年来人民生活没有多大改善的情况下，再采用过去那种以压消费来提高积累率的办法去争取速度，不仅是很不合理的，而且是根本办不到的。30年的经济建设实践反复证明，改善生产和建设的经济效果，是争取速度的最根本的途径，而进一步改善包括企业规模结构在内的经济结构，就是其中的一个重要方面。

企业规模结构是整个经济结构的一个组成部分，它是指大中小企业之间的生产联系和比例关系。生产联系主要指生产专业化协作和联合化水平的高低；比例关系主要指大中小企业的产值在总产值中各自所占比重的大小。建立合理的企业规模结构，对于改善经济效果、争取有一个稳定增长的发展速度，有十分重要的意义。

一、历史的演变

经过长期的建设，伴随着科学技术的不断进步，以及工业和整个国民经济的发展，我国工业企业规模结构有了很大改善，已经由1949年以前的那种技术和管理都非常落后的分散经营的小厂占绝对多数的企业规模结构，演变成为现在的以现代化大型企业为骨干的、专业化协作有一定发展的、大中小企业相结合的企业规模结构。现代化的大型企业不断地建立，其产量在工业总产量中所占的比重有了很大增长，整个工业企业的平均规模也在不断扩大。

回顾30年的建设经验，我国的工业企业规模结构经历了一个从不合理到比较合理，再到不尽合理的演变过程。1949年以前的工业企业规模结构是畸形的。“一五”计划时期和国民经济调整时期的工业企业规模结构比较合理，经济效果也比较好。经过调整，我国

---

① 李悦. 向企业规模结构要经济效果——关于调整大中小企业结构的建议［C］//中国人民大学科学研究处. 经济改革体制问题论文集. 北京：中国人民大学出版社，1980：281-309.

工业企业规模结构已经形成了“三三”制的局面。据国家统计局的初步统计，到1962年年末，在煤炭、黑色金属、有色金属、金属加工、化学、造纸、纺织等7个工业部门的总产值中，大中小企业各占1/3左右。

但是，自进入20世纪70年代以来，我国工业企业规模结构又有了新的变化，其变化趋势是：小型企业的产值在工业总产值中所占比重不断提高，到1978年竟占到56.7%；大型企业产值所占比重则不断下降，到1978年降为25%左右。在工业企业总数中，小型企业占98.74%，而大型企业只占0.35%。如果把中型企业和小型企业所占比重相加，那么中小企业的产值在工业总产值中所占比重高达75%，占工业企业总数的99.65%（见表9-4）。

表9-4 **1978年全国大中小企业规模结构**

项目＼规模	总产值所占比重（%）	企业数所占比重（%）
大型企业	25.1	0.35
中型企业	18.1	0.91
小型企业	56.8	98.74
总　计	100.0	100.00

二、存在的问题

多年来，主要是在“大跃进”时期和“文化大革命”年代，由于经济战线上存在“左”的倾向，再加上小生产思想的严重影响，在大中小企业并举方针的阐述、宣传和贯彻执行过程中，存在一定的片面性：过于夸大了“小土群”的作用，大搞一刀切，建设了许多长期亏损的“五小”重工业，中小企业的产值在整个工业总产值中所占比重显得过大；“大而全”“小而全”的企业占绝大多数，专业化协作和联合化水平低。因而整个工业的生产集中水平低，经济效果差。

（一）专业化协作和联合化的水平低

中华人民共和国成立30年来，虽然生产有了很大发展，但在大中小企业的生产联系上，70%~80%的工业企业还是“大而全”“小而全”的。许多工业部门生产专业化协作的水平，仍然停留在“一五”计划时期的水平上，少数还倒退。而工业发达国家的工业生产专业化程度，一般都已达到70%~80%。我国与它们相比，恰好形成了倒三七开。而专业化的企业一般要比“大而全”“小而全”企业在综合生产能力和经济效果方面强几倍甚至十几倍，最低的也要相差百分之几十。

（二）中小企业的比重过大，生产集中水平过低

1978年，我国小型企业的产值竟占工业总产值的56.7%，中小企业的产值占工业总产值的比重高达75%。我国这样的比重既大大地超过了1962年“三三制”的水平，又大大地超过了工业发达国家。

日本是工业发达国家中办中小企业最多的国家，可是它的中小企业产值占全国工业总产值的比重也只有50%上下。例如，在日本的制造业生产总值中，中小企业产值所占比重1955年为53%，1964年下降为49.4%，1966年上升为50.8%，1968年再下降为49.4%，

1970年继续下降为48.9%，1972年又上升为50%。

美国的工业企业规模日益扩大的趋势也很显著。美国的中小企业所占比重比日本还小，一般只占30%~40%，而且比重有下降的趋势。从1950年到1976年，在制造业总资产中，200家最大公司所占比重从48%上升到58%，占制造业企业总数16%的公司，竟控制了整个制造业的75%。

苏联的中小企业所占比重比日本和美国都小得多，而且有下降的趋势。从1960年到1973年，苏联千人以上的大型企业的产值在工业总产值中所占比重，从占62%上升到68%；相对中小企业的产值从38%下降到32%。同期，总产值在10万卢布以下和10万~50万卢布的小企业的百分比分别由12%和26.2%下降到6.6%和14.1%；总产值在50万~500万卢布的中型企业的比重从50.9%下降到50.5%，总产值在500万~5 000万卢布和5 000万卢布以上的大型和特大型企业的比重，分别从10.1%和0.8%提高到25.6%和3.2%。

（三）重工业、化学工业部门的小型企业比重过大

1978年我国的小钢铁产量分别占9.7%和14.4%，小化肥的产量竟占近60%。

日本的中小化工企业，1973年的产值占全部化工企业总产值的48%，其中，在中小企业最多的医药产业中，中小企业产值也只占到50%。而在日本的钢铁工业的总产值中，几乎为大型企业所垄断。1971年，日本以下工业部门中8家大企业控制的比重为：粗钢产量的85.2%、钢产量的100%、汽车工业的99.6%、飞机制造业的100%、煤炭工业的76.3%、石油制品的87%。

美国1968年以下几个工业部门中4家最大的公司控制的比重为：钢铁产值的49%、汽车工业的70%、飞机制造业的67%、有机化学工业的55%。

苏联重工业、化学工业的中小企业很少。在黑色冶金工业中，有94%的企业是大型联合企业，每个这样的大型企业拥有8 000多名工人，年产8 300万卢布的产品。苏联按产量计算的工业企业的平均规模，比美国高将近12倍以上。而苏联机械制造和金属加工部门的平均企业规模差别更大，比美国要高35倍以上，缝纫、皮革、皮鞋和毛皮等工业部门的平均企业规模比美国几乎高20倍以上。

（四）经济效果差

经济效果差是中小企业特别是“五小”工业比重过大、专业化协作和联合化水平低、生产集中水平过低的必然结果。

据统计，自大办小钢铁企业以来，到目前为止，单小钢铁一项就亏损100多亿元。1978年，工业部门亏损40亿元，“五小”工业就亏损20多亿元。其中，小钢铁企业亏损9亿元，小有色金属企业亏损1亿元，小化肥企业亏损8亿元。这一年亏损金额在800万元以上的企业有186个，其中，冶金企业有109个，基本上都是小钢铁企业；全国1 400多个小氮肥厂，亏损企业占3/4。仅安徽一个省，由于大办小钢铁厂，从1958年到1978年就投资了8.6亿元，年产生铁20万~30万吨。每吨铁成本比大中型厂高1倍以上，历年亏损总额达5亿元之多。这些亏损不仅直接表现为经济效果差，而且直接阻碍了我国的经济发展速度。因为长期大量亏损对企业来说，非但不能增加国民收入，还要减少国民收入，因而也是形成财政赤字、影响积累率提高和人民生活改善的重要原因之一。

“五小”工业，特别是小钢铁和小化肥，又都是“煤老虎”“电老虎”，是消耗能源的大户头。在钢铁企业的结构方面，我国中小型炼铁厂比重较大，能源消耗较高。以焦比为

例，1978年重点企业入炉焦比为562千克，加上喷油、喷煤粉，综合焦比为623千克。中小企业全部用焦炭炼铁。中型钢铁厂焦比为763千克；小型炼铁厂用土焦较多，平均焦比为950千克。中小钢铁企业生铁产量占全国的28.3%，炼铁用焦占43.6%。

以每吨合成氨消耗能源来说，国内外30万吨大型合成氨设备的消耗标准为1 000万~1 200万大卡，而我国小化肥厂的消耗为1 200万大卡。总之，小化肥厂的能耗要比大型化肥厂高1~2倍。在其他条件不变的情况下，如果我们都用大中型化肥厂来生产化肥，那么能源消耗能减少一半。这一点对于我们能源紧缺的今天来说，就显得格外重要。因为时至今日，我国现有的工业生产能力还有近1/3因缺乏能源而不能发挥作用。可见，中小企业比重过大，对经济发展速度的影响是何等直接。

不仅如此，中小企业，特别是“五小”工业，在劳动生产率、成本、利润和单位能力的投资等指标上，也不如大型企业。据统计，早在1962年，我国煤炭、黑色金属、纺织等7个部门的平均全员劳动生产率（按职工平均计算的产值数），大型企业比小型企业高35%，中型企业比小型企业高11%。1978年年底，四川化工厂30万吨化肥设备与18万吨的相比，劳动生产率高8倍，利润高9.5倍，每吨合成氨成本低42.5%。据有关设计院的计算，安装一台30万千瓦机组，与一台10万千瓦机组相比较，建设所需时间差不了多少，而发电容量可增加2倍；还可以节省投资和降低燃料消耗，单位千瓦造价低10%~20%，每发1度电可节省煤耗40克左右。电站规模由5万千瓦扩大到20万千瓦，可节省单位生产能力投资50%。制造一台10万千瓦透平发电机的台时数，比制造4台25 000千瓦发电机的台时数要少25%。5 000立方米高炉和2 000立方米高炉相比，劳动生产率可提高60%，单位生产能力投资可降低12%。建270吨平炉与建100吨平炉比较，每吨钢的投资节约30%~50%，小时产量可提高50%，燃料消耗可降低20%~30%，劳动生产率可提高1倍。棉纺织厂规模由15 000锭扩大到54 000锭，可节约单位生产能力投资11.2%；从6万锭扩大到12万锭，可节约单位生产能力投资9.8%，等等。

三、不同的看法

对于我国工业企业规模结构所存在的上述问题，有些同志持有不同的看法。他们认为：我国人口多、劳动就业问题突出，底子薄、资金少，所以我们只能多发展中小企业；“五小”工业的经济效果差，主要是因为技术落后，只要抓好技术改造，中小企业的经济效果就会好；“五小”工业虽然亏损，但能够满足需要，所以还得办下去。我对这些不同的看法有下列几点：

（1）应多发展劳动密集型工业，少搞“五小”工业。我国人口多，劳动就业问题突出，底子薄，资金少，这是事实，我们应当扬长避短，充分发挥自己的优势。问题是怎样才能充分发挥我们的优势。我认为，在目前要发挥优势，就工业部门结构来讲，最主要的是多发展劳动密集部门，即多办些轻工业和手工业，而不能再去大办“五小”的重工业。只有这样，才能做到既有利于多就业，又能更多地积累资金。据了解，每百万元固定资产容纳的劳动力，重工业为94人，轻纺工业为257人，其中工艺美术、服装、日用五金和皮革4个行业平均为800人。同样生产价值万元的产品，重工业要耗煤17吨和耗电5 500度，轻纺工业耗煤3.5吨、耗电1 780度，而工业美术行业只耗煤0.96吨、耗电540度。就各个部门的发展来说，都应当是大中小企业并举。仅就重工业而言，在钢铁、石油、基础化学、电力和汽车制造等部门中，那种大型企业所具有的大机组和大容量设备的高效率、低成本、高利润等优点，是中小企业根本没法具备的。那种硬把有限的人力、物力和财力，用去办很多长期亏损的“五小”工业，而不肯用于兴办少数能够赚钱的大型企业的主张和做法，其结果绝不是扬长避短，而只能是扬短避长，得不偿失。

（2）大中小企业都能进行改组和改造。“五小”工业的经济效果比大中企业差，亏损严重，这是事实，不容否认。至于谈到可以通过技术改造来改善经济效果的问题，也应具体分析。要知道，技术改造能够改善经济效果，这对大中小企业都适用，而且在大中企业中进行技术改造，要比在“五小”工业中更为有利，收效会更大些。鞍钢的技术改造所收到的显著效果就是一个有力的说明。

（3）应选择最优的方式和方法来满足需要。至于说到为了满足需要，亏损也得照常办，这种看法就更加值得研究了。因为满足需要的方式和方法是多方面的，我们不办那么多亏损的“五小”工业，办好少数大型企业同样能够满足需要。例如，最近在经济体制改革中，在东北把大铝厂的产品适当地分配给地方一部分，那些消耗电能极高的小铝厂停办后，中央和地方的需要同样都得到了适当的满足，这就是一个有力的说明。更何况需要还得和可能相结合，那种没有可能实现的需要，就不应勉强去满足。用长期亏损的方法，到头来是绝对满足不了需要的，只能落得个经济效果差、发展速度慢的结果。

（4）工业发达国家不搞“五小”工业是有道理的。大家都知道，在资本主义社会里，资本家的生产目的就是取得最大限度的资本主义利润，这是现代资本主义的基本经济规律。从几百年办工业的历史中，资产阶级得知，办太多的中小企业并不能给他们带来最大的利润，所以，到目前为止，各主要工业发达国家的中小企业所占比重都比我国小得多，而且不办我们那种技术和管理都极为落后的“五小”工业。我们是社会主义国家，生产目的不是追求最大利润，但是我们要多快好省地满足整个社会经常增长的物质和文化生活的需要，也必须讲究经济效果。改善经济效果是我们一切经济工作的出发点和归宿。而大办长期亏损的“五小”工业，是绝对没有什么好的经济效果的。

四、发展的趋势

要建立合理的企业规模结构，重要的问题就在于把握企业规模结构发展的必然趋势。面对大量的中小企业的存在和发展，在国外经济学家之间发生了关于生产发展的趋势是集中还是分散的争论。有的经济学家明确提出，生产集中正在消失，分散才是必然趋势。这种争论在我国经济理论界和经济工作者之间虽不十分明确，但事实上同样是存在的。多年来，主要是“大跃进”以来，流行着一种观点：在我国进行社会主义建设，只能多发展中小企业，大办“小土群”；“五小”工业虽然亏损，但能够满足需要。更有甚者，认为生产集中是资本主义所特有的生产发展趋势，而大中小企业并举才是社会主义的“创造”；假如在我们这里要强调生产集中，那就是跟党的大中小企业并举的方针“对着干”。正是基于这种认识和“压力”，所以1958—1979年，在有关中国工业经济管理教材中，再也看不到专门论述生产集中的章节了。在工业建设的实际工作中，搞了许多长期亏损的小企业。现在看来，上述这种看法是不对的，它是“左”倾思想在工业经济管理上的表现之一。

上述这种观点之所以不正确，因为从实践上看，生产集中和大中小企业并存现象依然存在和发展；从理论上看，持上述观点的人对生产集中的表现以及中小企业存在和发展的原因分析得不够全面、正确。

列宁在考察资本主义生产集中时曾经明确地指出，资本主义最典型的特点之一，就是“生产集中于愈来愈大的企业的过程进行得非常迅速”，并且用大企业拥有的工人人数、机器设备数和产值在全部工业中所占比重的不断提高来说明生产集中化的程度。

在机器大工业出现以前，劳动力的集中是简单协作的起点，也是工场手工业分工在技术上的客观要求。只有以劳动力的集中为前提，才能组织劳动力的分工和协作，才能产生和运用共同使用的劳动资料（如机器体系）。机器大工业出现之后，生产集中才空前发展。这是因为，现代化大工业是建立在高度技术基础之上的社会化大生产，特别是以原子技术、电子技术和航天技术为主要标志的现代科学技术的发展和利用，使工业生产正经历着一场伟大的革命。它要求生产资料的使用、劳动过程本身和产品都更加社会化，要求分工越来越细、协作范围越来越广泛。

社会化大生产的发展历史表明，工业企业规模的发展趋势是：一方面，大企业产量在该部门总产量中的比重日趋增加，企业平均规模日趋扩大；另一方面，大中小企业并存的局面普遍存在。这种发展趋势是科学技术进步和整个社会生产力发展的必然产物，是社会化大生产发展的客观要求，也是大中小企业各具特点、具有不同的地位和作用所决定的。用大中小企业并存去否定生产集中是错误的，用生产集中去否定大中小企业并存同样是错误的。这是因为：

（一）生产集中和大中小企业并存，不是两种绝对相互排斥的对立的趋势

生产集中是生产越来越集中于大企业的过程，它包括绝对集中和相对集中两种，并有三种主要形式。所谓生产绝对集中，就是指企业规模的扩大。这里所说的规模扩大，是指企业的平均规模的扩大，既包括大型企业的扩大，又包括中小企业的扩大。所谓生产相对集中，是指大企业产值在整个工业产值中所占比重的提高。这里所讲的提高，是讲一种发展趋势，并没有讲大企业所占比重越大越好，从而也不可能否定中小企业的存在和发展的必然性。恰恰相反，事实上，生产集中的发展，还将进一步促进中小企业的发展。这一点从生产集中的三种主要形式上看得更加清楚。一是生产专业化的发展。这是一种在结构、工艺上同类产品的生产集中形式。专业化生产本身就是大中小企业并存的；同时，生产专业化的发展进一步推动了中小企业的发展。二是生产联合化的发展。这也是生产集中的一种主要形式。它将把不同部门的生产和同一部门的不同生产阶段，结合在一个企业之中。它本身是个大企业，可是它的存在和发展也离不开中小企业的协作配合。三是组建各种专业公司和联合公司。这是生产集中的更高级的形式。把许多有生产联系的企业组织起来，实行集中统一管理。所以，这本身就是一个大中小企业相结合的综合体。

同样，大中小企业并存不会影响生产集中，反而会促进生产集中的发展。因为大中小企业并存是发展生产专业化协作的重要条件，是组建专业公司和联合公司的前提之一。

（二）大中小企业各有不同的地位和作用，相互不能取代

因为现代化的大型企业生产集中、社会化水平高，所以它在技术经济上具有很多优点：可以采用各种现代化的、高效率的、专用的技术设备和装置，能够广泛应用最新的科学技术成就；便于建立科学研究、中间试验、设计、工艺、测试等机构和装备；能够担负各种高级、精密、大型和尖端产品的生产，解决国民经济中的重要任务；有利于开展原料、材料和燃料的节约使用和综合利用；有利于处理“三废”，防止污染，保护环境，变

废为宝，变害为利；便于采用专业化、协作和联合化等先进的生产组织和劳动组织，等等。正是因为大型企业具有上述这些优点，所以大型企业每个单位设备能力的基本建设投资、占地面积和单位产品所分摊的企业管理费用才比较少，主要技术经济指标才比较好。

正是由于大型企业具有上述这些优点，所以它才成为带动全国工业发展的骨干力量。它不但在设计能力、技术力量、生产准备等方面有力地支援、装备着中小企业，并且以先进的现代化管理经验武装中小企业，带动中小企业沿着现代化道路前进。大型企业的地位和作用正如马克思所评价的："工业企业规模的扩大，对于更广泛地组织许多人的总体劳动，对于更广泛地发展这种劳动的物质动力，也就是说，对于使分散的、按习惯进行的生产过程不断地变成社会结合的、用科学处理的生产过程来说，到处都成为起点。"就是说，企业规模的扩大为更广泛地组织劳动和应用新的科学技术创造了条件，因而它能取得更好的经济效果，在经济建设中发挥重要的作用。没有这些骨干企业，四个现代化的任务也就很难实现。

当然，大生产的经济效果并不是在任何部门、任何条件下都随着企业规模的增大而不断提高的。列宁曾指出："就是在工业中，关于大生产具有优越性的规律，也并不像人们有时所想象的那样绝对，那样简单；在工业中，也只有当'其他条件'相同时（这在现实生活中绝不是常有的），才能保证这个规律完全适用。"列宁这段教导说明，由于条件不同，大型企业的优越性并不一定都能够显示。对于那些品种需要多而生产批量小、变化大的产品，在中小企业里生产更为经济合理；在技术发展的条件下，有些工业部门采用中小型设备和装置，也能具有相当产量规模，并有较好的技术经济效果。在工业发达国家中，以废钢为原料，采用电炉炼钢、连续铸钢、小型轧机来轧制钢材的中小型钢厂，就具有投资少、建设周期短、产品品种和规格多、成本低的优点。所以，对大中小企业要具体分析。大型企业有它的优越性，但也存在一定的缺陷，它受资金、技术、物质资源等条件的限制。建设现代化大型企业，需要大量的基本建设投资，建设周期比较长，投资效果发挥慢；技术要求高，设备制造比较复杂；必须具备足够的资源条件；工业分布比较集中，原材料与产品运输成本也会增大，等等。所以，我们不能不顾条件地盲目扩大企业规模，片面地追求大型企业。

中小企业也有许多优点：基本建设投资少，建设周期短，能够在较短时期内投产，满足国民经济的急迫需要，投资效果发挥快；建设所需要的技术装备、技术力量和建筑安装，都比较容易解决，有利于调动各方面办工业的积极性，易于做到少花钱、多办事；生产上比较机动灵活，适应性强，可以更多地发展品种规格，能更好地为大型企业协作配套服务，为满足地方的多种多样的需要服务；布点可以分散，能够做到星罗棋布，就地加工，就地销售，节约运输，有利于各地区经济综合发展；促进偏远地区和少数民族地区工业的发展，改善工业布局；充分利用分散的小型资源，灵活地使用农村闲散的劳动力和其他非专业的工人，有利于多就业，等等。

正是由于中小企业具有这些优点，所以它们可以承担大企业不宜承担的生产任务，负担一般性产品的制造和修理任务，以使大型企业能够集中精力向高大精尖的产品方向发展；可以与大企业搞生产协作，为大企业生产零部件，充分发挥专业化生产的优越性；能在新技术、新产品方面取得新成就，如电视机、冷气机、起动马达等技术，在美国最初都是由中小企业和独立研究人员发明的；可以支援农业，为农业服务。总之，中小企业和大型企业之间是分工协作、互相补充、相互促进的关系。

也正是由于大中小企业各有特点，相互不能取代，所以中小企业才能存在和发展。凡是中小企业办得好、发展快的国家和地区，其中小型企业的专业化程度都是比较高的，都是和大型企业分工协作，为大型企业协作配套，被纳入大型企业的统一生产体系之中。事实上这样的中小企业已经成为大型企业的一个有机的组织部分。

（三）科学技术的发展，既促进生产集中，又促进大中小企业并存

在现代化大工业生产的条件下，一方面，大型化和微型化都是现代化生产技术的发展方向；另一方面，许多现代化工业产品都是由成千上万的零部件所组成的复杂产品，没有许许多多规模不等的大中小企业的分工协作，只靠少数企业是生产不出来的；勉强为之，也绝对不会有好的经济效果。

（四）生产集中和大中小企业都是相对的概念

生产集中是对分散生产而言的。没有分散，也就无所谓集中；反之，也是一样。大中小企业也是相比较而存在的。没有大企业，也就无所谓中小企业；没有中小企业，也就无所谓大企业。随着科学技术和整个生产力的发展，不同历史时期的生产集中和大中小企业的划分标准及绝对的数量界限，是不会相同的，但大中小企业这些相对概念一万年以后也会存在。

综上所述，我国在企业规模结构问题上的争论焦点和分歧实质究竟是什么？争论焦点不是要不要中小企业，也不是要不要大企业，而是在什么是合理的企业规模结构、我国现有企业规模结构是否合理的问题上存在不同的看法。持不同看法的人认为，我国现有的企业规模结构基本合理，是适合我国国情的，不需要改变。我认为，并非如此。我国现有的企业规模结构同整个经济结构一样，仍不尽合理，中小企业所占比重过大，生产集中水平过低，经济效果差。要改善经济效果，就必须对现有企业规模结构进行适当调整。可见，分歧实质是现有结构要不要进行调整的问题。

五、几点建议

（一）应把生产能力作为衡量企业规模和结构变化的主要指标

工业企业规模是指劳动资料、劳动者、劳动对象和工业产品在工业企业里的集中程度。衡量工业企业规模和结构变化，需要一定指标。

有的同志把大中小企业各自在企业总数中所占的不同比重及其变化，作为说明大中小企业的不同作用和企业规模结构的变化趋势的主要指标，现在看来是不合适的。因为企业的数量虽多，但如果在总生产能力和总产量中不占优势，就不能起主导作用。而只要是在总生产能力和总产量中占优势，企业数量虽然不多，但总能起着主导的、决定的作用。

（二）各部门贯彻执行大中小企业并举方针，应有所侧重，有的应以大型企业为主，有的应以中小企业为主

鉴于各部门的生产技术经济特点不同，其企业规模与技术经济指标的依存关系也不一样，所以它们应有各自的企业规模结构。在贯彻执行大中小企业并举方针时，不能千篇一律。一般的规律是：重工业多以大型企业为主，轻工业多以中小企业为主。在重工业中，采掘工业和原材料工业多以大型企业为主，制造业多以中小企业为主。钢铁、有色金属、电力、石油、煤炭、汽车制造和飞机制造等部门，多以大型企业为主，而一般的机械制造

部门和轻工、纺织部门，多以中小企业为主。当然，有的部门也有特殊的规律。

从国外的情况看，日本的企业规模结构较好。它的大中小企业在行业划分上各有选择、各有侧重，能够做到扬长避短、各得其所。

在日本，凡是设备越是大型化越为有利的行业，如重工业、化工业等资本密集程度较高的工业部门，几乎由大型企业所经营；那些以多品种、小批量生产为特点的行业，如轻工、纺织和加工工业等劳动密集程度和技术密集程度较高的部门，则为中小企业的经营范围。据统计，日本的重工业、化学工业中的中小企业产值在整个轻工业、重工业和化学工业的总产值中所占比重是不断下降的；大型企业产值所占比重则是不断上升的。与此相反，日本的轻工业的中小企业产值所占比重是不断上升的；大型企业产值所占比重却是不断下降的（见表9-5）。

表9-5　**日本大中小企业产值在轻工业、重工业和化学工业总产值中所占比重的变化（%）**

项目 / 年份	轻工业		重工业和化学工业	
	大型企业	中小企业	大型企业	中小企业
1960	35.9	64.1	58.0	42.0
1965	32.0	68.0	66.4	33.6
1970	28.4	71.6	64.8	35.2

（三）对现有中小企业实行改组、改造和淘汰并举的方针

如上所述，中小企业也具有大型企业所没有的优越条件，只要我们积极地进行经济改组和技术改造，把它们办成“小而精”“小而专”的企业，就一定能够收到“小而赚”的经济效果，改变那种“小而亏”的局面。这对我们调整任务尚没有完成、不可能建很多的大型企业的今天，就更为重要。

从国内各地区的中小企业的情况看，上海的中小企业办得较好。据我们到上海调查了解，上海中小企业向“小而精”发展，都有一个技术改造的过程。比较典型的是上海活塞环厂。它过去是个设备简陋的小厂，改组成为专业化零件厂后，又把全厂90%的设备改造成高效率的专用设备。万人的沪东造船厂生产不出来的活塞环，它很快就造出来。可见，过去那种认为小企业技术是绝对落后于大企业的观点，并不全面。有些产品的工艺要求并不复杂，加上生产专业化，中小企业容易组织机械化、自动化生产。产品质量、生产效率往往比“大而全”的企业高。据上海大中小企业齐全的机电一局统计，其下的专业化程度高、技术改造又搞得好的中小企业，不管在劳动生产率、每人创造利润和百元产值创造利润上，都高于大企业。

上海市的中小企业通过技术改造，生产机械化、自动化水平有很大提高。据上海统计局1978年对该市12个工业局2 429个企业的调查，自动化单机共9 085台。上海纺织行业中，许多中小企业已经广泛使用抓棉机、箭杆织机、全自动穿织机、无梭织带机以及生坯冷染等新技术、新工艺。羊毛衫九厂首创电子程序控制。手套厂120台自动花色尼龙手套机，已由电子计算机集群控制。医疗器械、电子仪表工业中的许多中小企业，还向红外、核子、纤维光学等最新技术发展。随着技术基础的提高，中小企业近年来不断创造出一批

高精尖产品。如上海电表厂制造的高精度基准电阻就打破了英国汀斯莱公司的垄断。它所设计的电流比较式电位差计的性能也超过加拿大的王牌货。螺帽五厂制成转速超过日本的高速冷镦机。

日本中小企业分布的范围很广，其中，中小企业比重较大的部门是制造业、建筑业、商业、服务性行业和不动产业，主要是一些生产消费资料的轻工业部门和与个人消费联系比较密切的第三产业（商业、金融保险业、运输业、服务行业等）。据统计，1969年，在日本的全部中小企业中，中小商社和店铺占49.4%，服务性行业的中小企业占21.1%，制造业中小企业占50.9%。仅这3个部门就占80%以上。在制造业中，中小企业较多的行业有食品、纺织、服装、木材加工、家具、印刷、出版、皮革和五金等，其中多半是轻工业部门。在一个行业中，大中小企业所从事的产品也有侧重。如在化学工业这个中小企业比较活跃的部门中，中小企业并不从事石油炼制、制碱和化肥等基础化学工业，而是经营医药、化妆品和界面活性剂等所谓精密化学工业。这是因为，前者要求生产装置大型化，已由大企业所经营；后者由于生产品种繁多，生产装置不宜大型化，但劳动密集和技术密集的程度高，在性质上适合中小企业经营。

综上所述，要使企业规模结构有利于改善经济效果、争取速度，我们在经济改组中，首要的是把中小企业的产品方向选择好，应当选择最适合中小企业经营，而不利于大型企业经营的产品方向；其次是搞好大中小企业之间的分工协作，使中小企业为大型企业提供协作配套服务。在技术改造中，首要的是在中小企业中广泛地采用高效的设备，配备各种具有专门技术的工作人员和管理干部；其次是广泛开展企业之间和行业之间的大协作，坚持改造现有设备与学习、引进国外先进技术相结合，学习、改造、提高和独创相结合的原则。凡是这样做的，都取得了良好的效果。

例如，上海标准件行业按产品的规格和品种分工，组织专业生产，加大生产批量，采用先进工艺和高效设备，结果职工人数减少30%，产量增加10倍，劳动生产率提高19倍，钢材利用率提高45%，成本降低76%，质量也有显著改进。常州市组织了由26个单位参加的手扶拖拉机“一条龙”生产协作，比一般“全能厂”的劳动生产率高50%~60%，成本低30%~40%。

根据北京、上海、天津和辽宁三市一省的改组经验，凡是搞得好的，对生产的发展都起了良好的促进作用。如北京市缝纫机行业、上海市电视机行业等，只是对现有企业进行了合理的改组，不需增加什么设备、投资、人力，生产能力就提高了20%~30%，或者更多。从这里不难看出，按专业化协作的原则合理地组织我国的工业企业，对于解放生产力、加快工业发展的步伐，具有何等重要的意义。

在改组和改造的同时，还必须淘汰一批中小企业，这是改善经济效果、争取速度的要求。实践反复证明，凡是对那些长期亏损、产品质次价高、能源消耗大、原材料没有保证，而且根本没法改组和改造的中小企业，坚决采用淘汰政策的地区和部门，都收到了显著的效果。

据报道，自党的十一届三中全会以来，河北省在地、市、县属的28座小高炉中，把原料不足、消耗过高、生产不正常的18座高炉停了下来，集中力量保另外10座高炉的生产。结果，该省总产量基本上保持了调整前的水平，还使炼1吨铁所消耗的焦炭由过去的1 080千克降到883千克。道理很简单，原料没有保证，“三个人的饭，五个人吃”，只能打消耗仗，不可能有工业发展的高速度。同样，甘肃省本着实事求是的精神，停办了9个资源不足、长期亏损的地方小铁厂，只保留了3个资源有保证、冶炼技术也比较好的小铁厂，从而结束了厂厂亏损、年年亏损的被动局面。

又如，吉林省共有22个地方办的中小氮肥厂，除少数几个较好地完成了主要技术经济指标外，绝大多数都存在消耗大、成本高、亏损严重的问题。1978年全省小氮肥厂亏损2 400多万元。过去的经验证明，不顾资源条件，不讲经济效果，硬要一个县建一个小化肥厂的做法不符合经济规律的要求。所以吉林省决定，停建正在建设中的珲春、安图和双辽3个小氮肥厂，把人、财、物集中用到现有的中小氮肥厂的革新、改造和挖潜上。

鉴于我国对“小钢铁”的调整经验，在对原有总数的30%的小钢铁企业实行关、停、并、转之后，今年第一季度就收到了转亏为盈的可喜成绩。因此，我建议：在国民经济调整时期，为了改善经济效果，我国应当把现有的企业规模结构调整到1962年“三三制”的水平。因为目前我国的生产力水平还比较低，从而在生产集中水平方面，不可能也不必要达到工业发达国家已经达到的水平。但是，随着整个调整任务的完成，在生产力提高的基础上，我国也必须不断地提高生产集中的水平，以适应现代化大生产发展的客观要求。

至于各工业部门内部的企业规模结构，即大中小企业各占多大比重，则应根据每个工业部门的生产技术特点和具体情况而定，应当各有侧重，不能千篇一律，不能再搞一刀切。

（四）选择最优的企业规模

分析企业规模结构的大量资料表明：扩大最小规模的企业时，能够保证最好的效果，可是进一步扩大较大规模的企业时，则效果要差得多。根据水力采煤研究所的计算，水力采煤矿井的生产能力从500吨增长到1 000吨时，劳动生产率提高70%；矿井能力再增加500吨（即每班增长到1 500吨），则劳动生产率可保证提高25%；如果矿井能力连续不断地每班都增大500吨，则劳动生产率的增长相应为15%、5%、4%和1%；当矿井能力增加到每班3 000吨以上时，劳动生产率的增长实际上已停止下来。在机械制造业中，2万人以上的特大型企业，其劳动生产率和基金产值率，低于1 000~5 000人的企业；其按单位产品计算的车间的费用和全厂费用，高于普通的大企业，有的甚至高于采用新技术的专业化的中型企业。在冶金厂、水泥厂、电站及其他企业的设计指标中，也可看出这种规律。因此，在一定的技术水平下，随着大型企业的增加、企业规模的扩大，出现了所谓的效果——“衰减现象”，这就证明工业企业最优规模也是一种客观存在，这种客观存在就是我们选择最优规模的客观依据。

如上所述，工业企业规模的发展趋势在不同的工业部门中具有不同特点，所以应当根据不同工业部门的技术经济特点来选择最优规模。

工业企业最优规模的选择，不能单从企业的角度出发，应最大限度地利用设备能力和企业规模增大所提供的技术经济优越性，还必须综合考虑其他国民经济因素。而这些因素非常复杂，许多因素的变化又相互矛盾，其中许多因素的依存关系只用一种数学计算方法是不可能表示完整的。比如，需要和可能这两个方面因素就常是矛盾的。从长远的观点看，需要总是无止境的，但在一定时期内，可能条件总是有限的。在我们选择工业企业规模时对需要和可能这两个方面的因素必须进行多种分析和比较，企图用一个数学公式计算就得出结论是根本不可能的。有的同志一提到定量分析，就认为靠高等数学算出一个决策方案的想法是不实际的，因为计量方法只是决策工具之一，事实上有许多经济因素的变化，单靠数学公式是不能计算的。计量方法并不能提出假设、说明和建议，这就是它的局限性。在需要和可能不变的情况下，单就经济指标来说，可用数学方法求出最优的企业规模；但是，也必须首先从整个国民经济的范围来考察效果。比如，在某一个时期，要在某个地区建设一个新企业，确定它的最优规模，就必须考虑投入生产后，将和哪些原来企业进行生产协作。有时某个新企业的建立，主要就是为给某些企业配套的。这样新企业最优规模的选择，必须超出一个企业的范围来考虑。因为常有这种情况，新建企业成本虽高些，可是它能使相关企业成本降下来。这样从一个整体来考察还可能有较大的收益。相反，有时一个新企业成本虽低，可是它引起相关企业成本的提高。这样从一个整体来考察，并不一定有收益。

从规模和技术经济指标的依存关系出发，我们可以把影响和决定工业企业规模的因素概括为两类：一类是企业内部的因素，即企业所采用的技术、工艺和生产组织的特性；一类是企业外部的因素，即地区的经济地理条件和企业的位置等。这两类因素之间是相互联系、彼此制约的。例如，随着企业规模的扩大而加大了企业产品的供应范围，这就会导致在降低企业产品的生产费用的同时，提高了企业单位产品的运输费用。为了简单起见，我们就假定：企业的生产技术经济指标（单位投资额、劳动生产率、成本等）都依第一类因素而定，而运输费用依第二类因素而定。

这样，从第一类因素来考虑，凡是能取得最优技术经济指标，特别是取得单位投资额最小或成本最低的企业规模，就可以认为是最适宜的规模。企业最适宜规模的标准，必须考虑企业内部的主要设备的最大负荷及采用现代化工艺过程和先进生产组织形式的可能性。从第二类因素来考虑，则在适当地区的经济地理条件的前提下，保证最低的社会劳动消耗，也就是运输费用最低的企业规模才是最适宜的规模。

我们选择企业规模，就要把上述这两类因素所产生的矛盾统一起来，满足合理布局工业的要求，保证在生产和流通方面的最低限度的劳动消耗。也就是说，首先在企业的原料供应和加工以及把成品运输到消费地点等方面达到最低的消耗。

下面介绍通过计算最低的总费用来求最优规模的方法：

$$F(v)=S(v)+P(v)+T(v)+Z(v)E_H$$

式中：v表示一定方案的最适宜的年产量，可以用实物形式或价值形式计算。F(v)表示取决于v的年产量的总费用。S(v)表示全部原料运到企业的运费。在一些工业部门中，其外购原材料、半成品的批发价格中，包括了它们运到消费者手中的全国平均运费，因而不取决于实际的运输距离，年产量成本应根据这种或那种原材料、半成品计划成本或实际成本（如果它低于计划成本）进行计算。P(v)表示年产量的生产成本。T(v)表示全部成品运到消费者手中的运费。Z(v)表示新建和改扩建企业所必需的直接的和相关的基本建设投资额。E_H表示投资效果系数。

这个公式的全部组成部分取决于产量，而产量本身又受到上级经济组织的指导，要与发展生产集中、专业化协作和联合化结合起来，保持工业布局的合理性和部门的特点。

类似的各种计算，按各种可能的年产量方案进行。最优的产量将是总费用最低的年产量。采用这种办法来计算企业的最优规模，最主要的任务是制定和采用有科学根据的最适当的生产能力构成和企业规模的部门标准。这些标准应当保证各种集中形式的国民经济效果与部门和企业的效果相结合，并随着科学技术的进步不断地修改和完善这些标准。

实践是检验真理的唯一标准，我们要合理地确定工业企业规模，并选择出最优规模，除了要加强综合经济分析工作、探索更完善的数学计算方法外，还必须注意正确地总结国外的确定工业企业规模的实践经验，对现有的工业企业规模进行周密的调查研究和分析，从实践中找出最优的企业规模。

苏联工业的生产集中和企业规模结构①

一、生产集中的实质和经济意义

生产集中是工业的组织形式之一。它具体表现在创建和发展越来越大型的（最优的或最低限度允许的）专业化生产和联合化生产。生产集中的建立，为更有效地使用现代化的、高效率的技术和不断提高社会劳动生产率，创造了多方面的可能性。

必须区别两个互相联系的概念：生产集中和管理集中。

生产集中，是指把具有相同结构、工艺特征的同类型产品和半成品的生产，集中在企业、车间和分车间，或者把使用同一种原料的各种半成品和成品的生产，集中在企业、车间和分车间里。这些生产应当保证最大限度地利用现代化的科学和技术的成果，最大限度地使用劳动组织，以便在物化劳动和活劳动最小耗费的条件下，取得最大的成果。

管理集中，是指建立这样一种体制，在这种体制下，可能最大限度地利用现代化的生产管理方法，保证各种生产组织形式（生产集中、专业化、协作化、联合化）的最优结合。

通常，在实践中研究生产集中问题时，使用的不是一定种类产品的生产规模，而是使用不仅生产该种产品也生产别种产品的企业的规模。

例如，乌拉尔重型机械制造厂组织冶金、起重运输和石油开采等设备的生产。从生产集中的观点来看，这个厂的生产虽然是相互联系的，但是由三项独立的生产构成；从管理集中的观点来看，这个工厂是一个统一的企业，是属于重型、运输制造部门的综合企业。

虽然企业规模不总是能反映一定的生产集中的规模，但是我们在分析生产集中的过程时，也不得不利用按企业统计的数字资料，而不是使用按生产统计的数字资料。这是因为现行统计是按企业进行统计的，而不是按生产进行统计的（见表9-6）。

---

① 佚名．苏联工业的生产集中和企业规模结构［J］．李悦，译．经济研究参考资料，1981（77）：54-64．（本文译自1977年莫斯科大学出版社出版的《社会主义工业经济学》第七章“工业的生产集中”）

表 9-6　　苏联工业企业的分组数据

企业按工人人数分组（人）	占企业数的比例（%）		占总产值的比例（%）		占年平均工人数的比例（%）		占固定基金年平均价值的比例（%）	
	1960	1973	1960	1973	1960	1973	1960	1973
100以下	43.6	35.0	7.0	4.2	5.3	3.3	5.1	2.9
101~200	20.0	19.6	8.0	5.9	7.8	5.4	5.6	4.0
201~500	20.7	22.9	17.3	14.0	17.7	14.2	13.2	11.2
501~1 000	8.6	11.3	14.9	14.4	16.0	15.3	15.2	13.2
1 001~3 000	5.5	8.4	24.0	25.9	24.3	26.8	27.8	25.8
3 001~10 000	1.4	2.5	19.4	24.0	18.8	23.6	20.4	26.5
10 001及以上	0.2	0.3	9.4	11.6	10.1	11.4	12.7	16.4

每个部门的生产集中取决于产品性质及制造工艺：在冶金工业和电力工业中，取决于主要联动机的平均能力；在采矿工业、纺织工业、大批量的机械制造工业——生产工具的综合体、大批量生产和单件生产的机械制造工业、电机工业和无线电工业中，取决于生产工艺和生产组织上的特征，生产的集中是由以价格表现的一个企业的产品产值来衡量的。

从引用的统计表可得出两个结论：

甚至在比较短的时期内，大型企业的比重也大大地增加了（从7.1%增加到11.5%）；1 000个工人以上的大型企业的比重，是按总产量、年平均工人数和固定基金平均价值来表述的，这样的大型企业占到62%~68%。大型企业的劳动装备基金高于工业的平均劳动装备基金。

实现工业生产集中有三种重要形式：第一，专业化生产的集中；第二，联合化生产的集中；第三，扩大万能企业的规模。

第一种集中形式是效果最好的，在这种形式下能够保证同类生产集中于越来越大的企业之中，而这样就可能采用具有高度生产效能的专业化的机器设备、自动化的流水生产线、现代化的生产组织方法。

第二种集中形式是效果较好的，它在联合有相互联系的生产的基础上，采用连续完成工艺过程、综合加工原材料、利用副产物和废料的原则。

第三种形式是效果比较差的，在这种形式下是集中各种不同的生产，这些生产既不是由工艺过程的同类性和顺序相互联系起来的，也不是由综合加工原材料彼此之间相互联系起来的。按第三种集中形式创建的企业将较大型的生产组合在一些（基本的）车间，而把小型的生产组合在另一些（辅助的）车间。有时候也创建万能型的企业，在这种企业中，联合各种各样的独立的和缺少联系的生产，这自然就不能有效地采用现代化的技术和生产组织。

生产集中及其各种形式，是在两个主要因素的综合作用的基础上发展的：一定产品品种需求的增长和生产中的技术进步。所以，在发展的每个阶段，生产集中的程度都必须与生产规模和设备的生产效率相适应。过分的集中与集中不够一样，在经济上是不能容忍的。

工业生产集中以及在此基础上扩大企业的规模，一方面是借助于提高单个的机器和装备的能力及扩大建筑物的规模来实现的，另一方面是借助于增加同类机器和装备的数量来实现的。

许多工业部门由于生产过程的特点，有可能提高主要联动机和建筑物的单位生产能力，由于技术进步这些联动机和建筑保证了生产效率的大幅度提高。在电力工业、黑色和有色冶金工业、水泥工业、化学和其他工业部门中的某些生产，增加单位生产能力的主要因素是生产集中和扩大企业规模。在苏维埃政权的年代里，电力工业、黑色冶金工业、水泥工业和许多别的工业部门的单位生产能力提高了10~15倍。

很多工业部门（机械制造业、轻工业、食品工业和某些别的部门）的工艺特点，排除了使用特别大的生产能力的机器和联动机的可能性。在这里，为了完成各种作业，使用的是生产能力比较小的同类装备，而为了生产集中就必须安装大量的这样的设备。

在这些部门扩大生产和企业的规模，取决于安装的机器和装备的数量，其实质是它们的联合机能。在这里，大型企业与中小企业的区别，不是个别联动机的单位能力，而是机器和装备的数量以及生产和管理的合理组织。

集中在经济上是合理的，它能够改善经济效果，降低产品成本，更充分地利用最新技术。随着技术进步、设备的生产效率和设备能力的提高，这个条件具有更大的意义。

由于企业的扩大，产品生产的增长比设备价值的增长快，比全部固定基金的价值增长得快。因此，单位装置能力的价值（单位投资）随着企业能力的增长而降低了。

大生产也为企业内部更合理的劳动分工创造了条件。这就促使采用具有高度生产效率的设备，采用先进的工艺和生产组织。

大型企业的管理费用要比小型企业少，因为其不是与生产规模同比例增长的。大生产允许企业配置进步的管理技术手段，使计算机械化，采用电子计算机使管理费用显著减少。

大生产可建立为保证技术进步所必需的设计局、实验室、试验装置，这在经济上已被证明是合算的。在巨大生产能力的条件下，用于这些目的的费用，可在较短的时期内由企业经济指标的改善得到补偿。

同时，专门的考察也表明，最大型企业的效果并不总是最好的。每个部门都有自己的最优的生产规模，它保证有高度的技术经济指标。例如，在机械制造业中，平均每一工作者和单位生产性固定基金摊到的产品产量，最高的是职工人数在1 001到5 000人的企业；在更大型的企业中，平均每一工作者摊到的产量大致仍是这样，而平均单位基金摊到的产量甚至在下降。

在其他的部门中，也有相类似的地方。例如，有1 000到2 000台织布机的织布工厂，平均一台织布机摊到的产量和平均一个工作者摊到的产量，比5 000台织布机的工厂要高。同样，纺织业的中型企业的装备和劳动生产率，也比特大型的企业要高。

库兹涅佐夫联合工厂的生产规模比马格尼托哥尔斯克联合工厂约小2倍，马格尼托哥尔斯克联合工厂在金属冶炼消耗方面并不比库兹涅佐夫联合工厂优越。

随同技术进步而来的，一方面是规模的扩大，另一方面是独立的联动机的微型化。因而在每一种具体的情况下，必须计算经济的合理性，因为用狭隘的技术观点看问题，可能作出毫无效果的决策。

在许多工业部门中，生产效果不取决于企业的各个联动机的大小和企业中同型联动机的数量，而取决于技术、工艺和生产组织的最优组合。

扩大企业规模，有时会带来附加费，生产费用可能不是减少，而是增加。列宁写道："就是在工业中，关于大生产具有优越性的规律，也并不像人们有时所想象的那样绝对，那样简单；在工业中，也只有当'其他条件'相同时（这在现实生活中绝不是常有的）才能保证这个规律完全适用。"

同类产品生产的集中也有自己的界限。在生产能力的增长超过这个界限时，就会使经济指标恶化。这已被全苏科学研究院《水力采煤》所作的计算证实了。当水力采煤能力从500吨增加到1 000吨时，班劳动生产率增长70%；当水力采煤能力从1 000吨增加到2 000吨时，班劳动生产率增长5%；当水力采煤能力从2 000吨增加到2 500吨时，班劳动生产率增长4%；当水力采煤能力从2 500吨增加到3 000吨时，班劳动生产率只增长1%；当水力采煤能力增加到3 000吨以上时，班劳动生产率依然停留在1%的水平上。

假如把某个工作部分转移到别的狭窄的专业化生产上去，其中也包括转移到不大的生产上去，就使得合理地组织大型联合公司和企业方便了。要使大型企业摆脱不适合其特点的工作——生产大量应用的半成品的零件、完成修理任务、对需求的直接服务，其就会促进大型生产专业化和促进建立比较不大的但是专业化的生产。

二、最优的生产规模

每个工业部门的企业规模，应根据最优的生产规模来确定。它受技术进步、原材料和成品的运输条件以及与该企业的分布有密切联系的一系列的因素所制约。

现代化技术的生产能力，是给同类生产集中规定个体经济合理的界限的最主要的因素。因此，设备必须与生产该种产品的工艺和生产规模相适应，只有当生产量与整套设备工作满负荷相适应时，才能够达到最好的效果。这样的生产量就叫作最优的生产规模。例如，如果全年生产任务为250万个发动机连杆这样的零件，机械锻压机就能提供最好的效果。生产活塞的自动化工厂是年产1万~120万个活塞最有利。生铁铸件车间的最优规模为年产1万~2万吨铸件（由铸件的分量和名称细目来决定）。

许多大量消费的产品的生产规模，还在最优规模以下，虽然近15年来整个专业化生产的平均规模增加了2~3倍。

由于在具有整套车间的综合企业中，花在新建小型的（低于最优规模）生产能力上的基本建设投资使用效果不好，所以造成很大的损失。例如，各拖拉机厂都有自己的生产发动机外壳的工段。这些工段是用生产效率高的技术装备起来的，但只是部分地被利用，因为给每个工厂的新拖拉机配成全套外壳的量，共计要10万~13万个。最优的生产规模则相当于100万个外壳。显然，这些外壳在拖拉机厂生产，比在专业化企业生产要贵。同时，给一个最优规模的专业化工厂的投资总额，比给各拖拉机厂的8~10个工段的投资额要少。

最优生产规模是确定最优企业规模的依据，它不仅取决于生产内部的因素，而且取决于消费者和供应者的分布、管理情况等。大量生产的最优规模的企业和联合公司，是由一个和更多的最优生产规模所构成的。

在机械制造业中，为了更有效地利用现代化的技术装备，按照联动机、零件和毛坯的生产，成品机器的装配，分别建立狭窄的专业化工厂是合理的。例如，为了组织生产140万~150万辆汽车的生产，建立几个每年生产50万~70万套特定零件的冲压工厂，建立5~6个生产25万~30万套锻件的锻造厂，建立10个左右生产10万~20万套铸件的铸造厂，建立15个以上的生产不同联动机和零件的工厂，以及一些自动装配工厂是比较合理的。

在制鞋工业的中等规模的企业中，缝纫流水作业线具有年产百万双鞋的生产能力。为了保证正常的规格品种，应有3~4个流水作业线。这些就决定了皮鞋企业的最优规模。

对于某些生产，便于产品运输有极大的意义。例如，砖的价格决定于到达消费者的距离（见表9-7）。

表9-7 到达消费者的砖的价格

年产百万块砖 工厂的生产能力	砖的供应半径 （公里）	到达消费者的 砖的价格变化率（%）
14	200	100
38	200	68
38	360	97
38	420	102
38	510	112

在某些部门，成品的运输条件和原料的运输条件都影响企业规模。在这方面的典型例子是肉类加工工业。随着肉类联合加工厂的生产能力的增强，加工1吨成品肉的费用明显降低，但是这样又增加了牲畜的平均输送半径和与此相适应的运输费用。由于运输和加工牲畜（采购密度为2平方公里0.7吨肉）的总费用，在肉类联合加工厂的生产能力增加到1班70吨以上时并不降低，而会增加。在更高的采购密度情况（1平方公里1.5吨肉）下，随着联合加工厂生产能力的增强，运送牲畜的费用增加的强度比较小。

企业规模在经济上的最优化，不只取决于技术的需求，而且取决于原料和燃料来源，消费量、劳动资源的数量和组成、运输费用，以及其他因素。从临时附加费的观点看，效果最好的是这样的企业规模，它保证原料、材料和半成品的支付，燃料和电力的支付、运输，以及其他费用支付的总费用最低。归根到底，就是要保证生产和消费的国民经济效果。

各个部门都有自己的独特因素对其生产和企业的规模产生影响。例如，在采掘工业部门（煤炭、石油、煤气、矿石的开采和其他部门），有决定意义的是有用的矿藏的储量和矿层条件；在加工农业原料的部门，主要因素是密度（在百公顷农业用地上所得到商品原料数量）等。

三、生产集中水平的指标

利用两个指标来确定生产集中水平和生产联合公司及企业的规模：联合公司或企业的规模、大型联合公司及企业的产量在部门总产量中所占的比重。按照工业生产人员的年平均数量、工业生产基金的价值和一年内销售产品的价值，来计算这些指标。

工业生产人员的年平均数量是采用活劳动的数量来表示企业规模。但是技术进步，特别是各企业生产的机械化和自动化，大大地缩减了工业生产人员的数量，同时增加了工业生产基金的价值。

工业生产基金的价值是从采用物化劳动的观点方面表明企业规模的。

每个这样的指标都有自己的优点和缺点，它们能够用于分析生产集中过程的各个方面：第一，活劳动的集中水平；第二，物化劳动的集中水平。

为了研究集中，可以按实物或价值表示的产品产量把企业分组。然而，即使一个部门的企业，常常也要制造各种各样的产品。生产总额和销售总额都不能反映企业的实际规模，因为它们之中计入了物化劳动的消耗（物资和半成品），而它们在不同的企业中是不同的。

目前实际中运用上述三个指标，每个指标都能够说明集中过程的个别方面。

更客观的可能是，假定净产品（Q_y）是由带社会保险附加额的工资（w）、折旧提成（A）和企业资产负债表上的利润（π）所组成的：

$$Q_y=w+\pi+A$$

可是，在计划和核算实践中，现在还没有使用这个指标。

从表9-8上看到，在每个部门按照任何一个指标，都有企业的一定的数值范围。

表9-8 **苏联工业部门的集中水平**

项　目	具有一定数量生产人员的企业所占比重（%）		每个企业的平均占有额		
	千人以上	其中：3 000人以上	工业生产职工人数（人）	总产量（百万卢布）	工业生产固定基金（百万卢布）
黑色冶金工业（生铁、钢、轧钢）	99	94	8 000	83.3	87.2
机械制造工业	89	68	2 200	12.5	6.1
化学工业和橡胶工业	84	62	1 300	14.1	11.3
水泥工业	80	12	1 300	11.6	18.8
轻工业	58	30	600	5.1	0.8
其中：棉纺织工业	89	68	2 000	16.9	4.0
针织工业	60	25	800	5.0	0.9
皮革制鞋工业	63	33	800	6.7	0.9
缝纫工业	38	10	400	2.4	0.2
食品工业	23	6	220	4.0	1.2
其中：肉类工业	40	20	337	7.6	1.5
制糖工业	20	—	600	6.4	5.2
磨粉和碾米工业	2	—	130	3.2	0.8
榨油制酪工业和奶品工业	10	—	120	2.3	0.5

黑色冶金工业有94%的企业是大型联合企业，在每个这样的企业中工作的有8 000多人，年产8 300万卢布以上的产品。在食品工业有另外的企业规模，平均在每个企业工作的有220人，年产量为400万卢布。

企业规模表明生产集中水平和劳动社会化程度。然而高度的集中水平并不总是带来良好的生产经济效果。生产集中指标和其他经济指标之间没有直接的联系。如果企业的特点仅仅是规模大，而其结构和产品产量规模对于该部门不是最优的，集中水平就不能成为生产效果的指标。

按产量计算的工业企业的平均规模，苏联比美国高将近12倍以上。而在机械制造和金属加工部门中，平均企业规模差别甚大，苏联比美国高35倍以上；在缝纫、皮革、皮鞋和毛皮的部门，苏联比美国高20倍以上。

生产集中的经济依据，需要精细地分析对企业产品的需要量的大小，什么样的企业规模才能与此相适应，不仅在内部要把费用和效果对比，而且要考虑到原料和成品的运输，要从部门范围和整个国民经济的范围来考虑经济效果。自然，这并不意味着在拟订发展这种或那种生产计划的每一级，都需要按各个指标计算，这些指标对所有的级，并不总是一样的。

扩大生产规模和集中管理，保证更有效地使用物化劳动和活劳动。

马克思指出："工业企业规模的扩大，对于更广泛地组织许多人的总体劳动，对于更广泛地发展这种劳动的物质动力，也就是说，对于使分散的、按习惯进行的生产过程不断地变成社会结合的、用科学处理的生产过程来说，到处都成为起点。"

同时必须强调指出大中型企业概念的条件性。在谈企业规模时，应注意到它是依赖技术的发展水平和生产专业化性质的。在技术水平、生产的电气化和自动化的发展水平高的条件下，在零件专业化深化的条件下，所谓中型的（按工作人员数）企业，就有大型企业的一切经济优越性。这样的企业按年产量（这样的指标反映了实际的集中水平）应列入大型企业。它们在该工业部门总产量中的比重的增加，就说明了生产集中过程的加强。

生产集中规律的具体表现形式和用它确定的最优的工业企业规模，在空间上是变化着的。因为工业集中的界限及工业企业的最优规模，是随着工业的地理分布、产品消费的区别，以及一系列其他地区条件而变化的。特别是扩大成品（常常是原料和燃料）的运输距离，或者需要从别的地区迁移劳动力，可能限制经济上合理的集中程度，限制了改善工业企业的效果。产品消费的地理分布性质、产品的地区集中程度、原材料来源、劳动资源的地理条件，也就是说，许多地区的地理因素，而不仅仅是纯粹的生产内部因素，其合乎规律地决定着集中的经济合理界限和最优的工业企业规模。

苏共中央委员会和苏联部长会议1973年3月2日通过的《关于进一步改善工业管理的若干措施》指出："必须在完善工业管理的同时提高部门的主要产品种类的生产集中水平，发展科学技术基础，在统一的生产经济综合体中，根据有机结合的原则，实行所谓联合企业的专业化与协作，发展科学研究和设计构造组织，以保证大大地提高劳动生产率，提高产品质量，降低产品成本，改善其他的技术经济指标。"

近年来，苏联在生产集中和改善管理的方面做了大量的工作。其对许多工业部门拟订并批准了管理的总方案，撤销了总管理局，建立了联合公司。在1976年年初，生产联合公司和科技生产联合公司共计2 300个，占工业企业总数的24%。在第十个五年计划时期内打算完成建立联合公司的任务。这将促进同类生产过程的更进一步集中。建立生产联合公司，是管理的首要环节，它对生产集中特别是集中管理有本质影响。显然，与此相联系的，还要改变计算生产规模的方法。在这一章中所引用的数字，是作为范例的数，它们有例证的性质。

建立条块结合的大生产组织结构

——关于改变工业管理条块分割的建议①

在社会化大生产条件下，正确处理条条与块块关系，即部门与地区关系，始终都是经济管理体制的一个十分重要而复杂的问题。纵观中外的经济发展史，单纯靠条条管理，容易产生条条之间的相互分割，妨碍块块的综合发展；单靠块块管理，容易产生块块之间的互相分割，甚至是互相封锁，影响条条在全国范围内的综合平衡。这种互相分割和彼此封锁，已经成为我们搞好经济调整、提高全社会的经济效益的障碍。所以，积极探索并建立一个符合社会化大生产发展要求的条块相结合的大生产组织结构，乃是摆在我们面前的一项光荣而艰巨的历史任务。下面谈几点粗浅的认识。

一、分割严重　危害甚大

近3年来，我们逐步地扩大了地方和企业的自主权，逐级推行经济责任制，“吃大锅饭”的状况有所改善。但是，条条之间、块块之间、条条与块块之间的相互分割情况，仍然没有从根本上加以解决，有时彼此之间的矛盾还更尖锐了。这里的原因是多方面的，有经济指导思想是否端正的问题，有财政上“分灶吃饭”后管理工作没有跟上等问题，但是经济管理体制不够合理，则是一个根本性的原因。

长期以来，我国工业管理体制的主要弊端是什么?我认为，主要弊端就是用小生产的管理方式和管理办法来管理社会化大工业生产。一方面是领导多头，一方面是管理分散，从而人为地分割了社会化大生产本身所固有的内在生产联系，形成纵横分割，致使经济效益很不理想。

以机械工业为例，实行的是多部门、多层次、多体系的管理体制。从部门看，在今年5月国务院部委机构改革之前，全国43个部门都有机械工业，部委机构改革之后，也还有近30个部门有机械工业；从层次看，中央、地方各有一套机械工业，各省（市）、地、县甚至公社层层都有自己的机械工业；从大体系看，又有军工与民用、制造与维修、通用与专用等几套体系。这种多部门、多层次、多体系的纵横分割的管理体制，如果不改革，那么各方面自成体系，搞“大而全”“小而全”，实行封闭式的分割管理，彼此进行经济封锁，盲目生产和重复建设仍然是不可避免的。

所谓经济封锁，是指条条和块块为了局部利益，在经济活动中滥用行政权力来封锁原料、技术和市场。据机械工业部有关方面反映，在党的十一届三中全会以来，各方面对这种经济封锁虽有所限制，国家也有不少规定，但至今并未根除。在一些部门和地区中，有

---

① 李悦. 建立条块结合的大生产组织结构——关于改变工业管理条块分割的建议［J］. 经济科学，1982（4）：19-23，30.

的已经从暗中示意发展到作出明文规定，从原则上要求发展到采取各种强制性措施。有的规定：凡本地区、本部门能够生产的东西，一律不准向外地区、外部门订货。买外地的产品不给投资，银行不予付款；用外地的柴油机不发油票；订购外地的产品要受处分等。有的为了限制向外地区、外部门采购机电产品和其他商品，还专门成立了审批办公室，没有办签发的外购证明，已经签订的外购合同也得作废。

这种经济封锁对我们经济发展的直接作用是什么呢？一句话，就是保护落后，打击先进，是经济上的一种大倒退。因为这种搞法极大地妨碍了技术进步和企业管理水平的提高，分割了国家的统一计划和统一市场，逼着人们去搞盲目生产和重复建设。

这种盲目生产和重复建设，大致有下列四类：

一类是许多地区和许多部门同时都上同一种产品，造成产品积压和亏损。据统计，全国有3 500多家厂、点生产电风扇，其中有2 900多家是近两三年搞起来的社、队企业。广东省就有140多家工厂生产电风扇，仅广州市就40多家。广州市交电批发部所积压的大批杂牌电风扇，近半年因大幅度削价已经亏本300多万元。

一类是在现有生产能力尚未充分发挥的条件下，又新建同类的厂、点，造成生产能力闲置，设备利用率急剧下降。第一机械工业部系统截至1979年年底的统计，千吨以上的水压机有35台，相当于欧洲共同体的拥有量，利用率只有30%；可是，在有些部门和地区又新建了8台，建成后都只能闲置起来。

一类是建设与原有企业争能源、争原料的新厂、点，造成以新挤老，以小挤大，以地方企业挤中央的骨干企业。苏州市的两个大缫丝厂的生产能力有富余，而供应苏州蚕茧的几个县的社办小丝厂都有迅速发展，致使苏州市的大厂停产数月。而这些社办厂，因为设备差、技术水平低、缺少管理干部，每缫一担丝要比市局大厂多消耗14千克茧。

一类是建新厂、关老厂。据有关部门反映，去年关、停、并、转9 000家企业，但同时新建9 000家企业，增减相抵，大体平衡。又如，南京市的热处理厂、点，在调整过程中减少了一些，可是轻工业部又在南京市建立了热处理研究所，并投资扩大生产能力，对外承担生产任务。一方面撤点，一方面又新建点；一方面能力过剩，一方面又新增能力，因而大大地降低了热处理设备的利用率，第一机械工业部系统的利用率也只有23%左右。

总而言之，这种盲目生产和重复建设的危害是相当严重的。它进一步加剧了能源紧缺，拉长了基本建设战线，在人力、财力、物力上造成巨大浪费，已经成为我们进行经济调整、加强计划经济、提高社会经济效益的极大障碍，已经到了非解决不可的地步了。

二、关键是要符合社会化大生产发展的客观要求

领导多头、管理分散的管理体制的要害是什么？归结到一点，就是搞“封建割据”，违背社会化大生产的客观要求。正如刘少奇同志在20世纪60年代初就明确指出的：“我们现在的办法是省、市的厅、局，中央各部都干预经济，这是超经济的办法，不是资本主义的办法，是封建主义的办法。”工业管理体制改革的关键就是要符合社会化大生产发展的客观要求。

社会化大生产本身从哪些方面对工业管理体制的改革提出了要求？简单地可以概括为以下几个方面：

（一）科学技术进步要求改革

社会化大工业生产是建立在高度技术基础之上的生产。现阶段，大工业技术基础发展的主要方向是：工业生产的机械化和自动化、工业生产的电气化、工业生产的化学化，以及以原子能的利用、电子计算机技术和空间技术的发展为主要标志的最新科学技术成就的应用。这种技术进步的客观趋势，是以突破各种“割据”式小生产管理体制为前提的。它要求一系列有关的部门和地区之间，进行细致的分工和密切的协作，要求对整个社会生产进行统一的经营管理。

技术进步对管理体制改革的客观要求，主要来自产品本身的技术水平和制造这些产品所需的技术装备水平的不断提高，以及产品的服务范围的不断扩大。

现代化大工业产品的技术水平比手工产品要高得多，精密、复杂得多。如一台解放牌汽车有11 000多个零件，一套轧钢机有10万个零件，宇航产品有几百万个零件。就连自行车和缝纫机这样的日用工业品，也有上百个零部件。

要生产现代化产品，就要广泛地使用现代化的机器设备，而这些现代化机器设备的使用，就要求有相适应的大生产管理体制。像每小时可生产3.5万件螺钉和螺帽的自动冷镦机、每小时可造330箱砂型的高压造型自动化设备、5 000立方米的大型高炉、120万千瓦涡轮机、600万千瓦的发电站和万吨水压机等现代化的机器设备，在相互分割、彼此封锁的小生产管理体制下，根本不可能充分发挥其应有的作用，在许多情况下是无用武之地的。

说到现代化产品的服务范围，更是非常广泛的。因为这些产品的经济用途是多方面的。这就要求在工业管理体制上打破地区和部门的界限，组建跨企业、跨地区、跨部门的工业管理组织机构。

（二）生产专业化协作要求改革

专业化协作是现代化大工业生产发展的必然趋势。社会化大生产不仅表现在各个企业的生产是以许多人共同劳动为基础的，因而需要搞专业化协作，还表现在整个社会生产已经联结成为一个互相依赖的整体，因而需要一系列的部门和企业有严密的分工协作。每个部门和每个地区的生产都需要别的部门和别的地区协作；就它们所生产出来的产品来说，也是互为市场的，你需要我的产品，我也需要你的产品。

这种分工协作越发展，各部门和各地区之间的分工越细致，协作关系越复杂，因而越要求有严格的大生产管理体制。这是因为，专业化协作的发展过程就是劳动的社会分工过程和生产社会化过程。它一方面使集中生产特定产品或其部件的独立企业和独立部门的数量不断增多；另一方面使这些部门和企业之间的相互依赖性不断加强。我们要按照生产的内在联系结成统一的生产体系，就必须有大生产的管理体制；在割据式的小生产管理体制下，是无法组织这样统一的大生产体系的。

（三）生产联合化要求改革

生产联合化是在技术进步和专业化协作发展基础上产生的一种社会化程度更高的大生产组织形式。列宁曾指出：“把不同的工业部门联合在一个企业中，这些部门或者是依次对原料进行加工（如把矿石炼成生铁，把生铁炼成钢，可能还用钢制造各种成品），或者是对另一些部门起辅助作用（如加工下脚料或副产品，生产包装用品，等等）。”

这种社会化水平更高的社会生产组织形式，更能充分地发挥大生产的优势，更充分地发挥各生产要素的作用；有利于提高生产过程的连续性和自动化水平，有利于扩大人们对各种物质资源的综合利用能力，从而有利于提高社会的经济效益。正因为如此，生产联合化对改革管理体制的要求就更迫切，它更加要求有大生产的组织机构与之相适应。

总之，我们从技术进步、专业化协作和生产联合化的发展中看到，搞割据的那种领导多头、管理分散的管理体制，是与社会化大工业生产发展的客观要求背道而驰的。只有大生产的管理体制和组织结构，才是符合社会化大生产发展要求的。

三、对工业大生产组织结构的设想

要加快经济管理体制改革的步伐，尽快地消除条块分割的各种弊端和不良后果，组建符合社会化大生产客观要求的大工业生产组织结构，需要我们做好多方面的工作。这里最重要的是：端正经济工作的指导思想，彻底摆脱“左”倾思想束缚，真正把提高经济效益作为根本出发点，以满足人民需要为最终目的，在生产资料公有制的基础上实行计划经济，整个经济发展都以国家计划调节为主，同时充分发挥市场调节的辅助作用；以上述两条为出发点，组建一个责、权、利相结合，条块相结合的大生产组织结构。下面着重谈谈对第三条的设想和建议。

（一）条块结合，即集权与分权结合

要消除和防止单纯靠条条管理和单纯靠块块管理所造成的种种弊端和不良后果，就必须坚决实行条块结合，即集权与分权结合的原则，并明确这种结合的合理界限。总结多年的经验，特别是近几年的经验，这种相结合的合理界限，既有质的规定性，又有量的规定性。关于质的规定性，一般讲，宏观经济的决策权应集权，微观经济的决策权应分权。关于量的规定性，一般应以三七开和四六开为限。就是说，就经济总量而言，要保证中央掌握主导部分和主要部分，即中央所掌握的数量要超过一半。这是保证社会主义国民经济效益和人民最高利益实现的需要和客观要求。

（二）要彻底地实行逐级的责、权、利结合的原则

企业的责、权、利相结合是重要的，但更重要的是经济领导部门的责、权、利相结合。一定要防止曾经存在的那种权力越大越没有什么责任、越受不到应有监督的现象的再现。正确的做法应当是，因为权力越大，所造成的后果越严重，对国计民生的影响也越深刻，所以就越发应负有政治上、经济上、法律上的责任。当然，凡是办得好的理应得到更高的奖赏。

（三）国家对各部门实行分级管理的原则

工业部门很多，而且随着经济的发展将越来越多。但是各部门在国民经济和整个工业发展中的地位和作用是不相同的。中央不可能也没有必要对所有的工业部门都实行直接管理。国家越大越没有这种可能性和必要性。考虑到某些工业发达国家的已有经验，我认为，可以考虑按照各工业部门在国民经济中的地位和作用的不同，把全部工业部门分为三大类或两大类。中央只直接管理那些对国计民生最为重要、产品面向全国的一类部，其他工业部门均由地方去管或中央与地方兼管。我认为，制造劳动手段的机械制造、煤、电、油，以及钢铁、化学和国防等部门，都应成为一类部，由中央直接管理。为了做好综合平衡，兼顾各方面的利益，还应实行有主有从的条块相结合的原则。也就是说，凡一类部，都实行以条条为主的条块结合的管理原则；凡是地方管理的部，都实行以块块为主的条块

结合的管理原则。这里所说的为主，主要是指决策权而言；所说的相结合，是指在决策权上除为主方面以外的其他方面没有决策权，只有建议和调整之权。块块对条条有建议权，条条对块块有调整权。实行这样的管理原则，不管是条条还是块块，大家都有专责，谁主管谁负责任。这是对那种找不到主要责任的“双重领导”的否定。

（四）国家对各地区实行分片管理的原则

分片管理原则，对于我们有近10亿人口、960万平方公里国土的大国来说，是十分重要的一条原则。我们国内各地区的经济发展是很不平衡的，可以划分为三类：一类像上海等老工业基地，是国内最发达的地区，就其总水平看，相当于第二世界的国际水平。一类像西藏等边远地区，经济发展还比较落后。还有一类是介于前两类之间的大多数地区。从全国的国土和人口的分布情况看，西部和东部也很不相同。西部包括西北干旱地区和青藏高原地区，面积占内地面积的52%，而人口只有全国的6%；东部是季风地区，面积占内地面积的48%，人口却占全国的94%。正是这些不同的条件的存在才是分片管理原则适用的基础。

那么，究竟应按照什么原则来分片呢?应怎样分呢?我认为，应当认真全面地总结一下过去我们划分几个大经济协作区的经验。过去的协作区并不是一级行政机构，它没有更大的决策权，因而对经济发展的指导作用也有限，而且后来又被撤销了。我想在今天的情况下，在保证宏观经济的决策权集中于中央限度内，适当扩大地方和企业的自主权，可以而且应当把我国内地的29个省（自治区、直辖市）分别组成若干个经济区，并使它们成为一级政府机构，或者把它们办成中央管地方的地区部，统管该地区的经济发展。为了把这些经济区划分得更加科学和合理，至少应当遵循下列几条具体原则：经济发展的内在联系和诸生产要素的平衡衔接关系；每个经济区都应具有自己的优势和主导部门；以大中城市为中心；先进地区和后进地区相搭配；地域上的统一性等。

就党中央和国务院管理整个经济的组织机构来讲，应采取双轨制：一方面是靠一类部和少数部级的大公司；一方面是靠经济区。中央的精力集中用于对一类部、大公司和经济区管理上，而其他方面由这两个方面分别去组建各类工业公司和经济联合体，进行更具体的管理。中央不宜管得太多、太细、太死。

（五）国家对企业实行组织起来、经营管理权下放的管理原则

国家的部和经济区以及其他应当保留的经济行政机构，主要是规定经济发展的主要比例、各时期发展的战略重点、生产力布局、最重要的计划指标，通过编制中长期经济发展计划为企业规定发展方向，调整价格，分配基本建设投资，统一管理进出口等。而把企业的经营管理职权下放给企业性公司。随着这种权力的下放，我们在精简中央部委机构的条件下，还必须大力精简部委以下的各级经济行政管理机构。有的必须及早撤销，有的可改组为经济实体性的企业公司。假如我们部委以下精简机构的任务完成得不好，企业经营管理权下放也很难实现。

党的三中全会以来，在组建企业性公司、走组织之路方面，我们已经做了不少工作，并取得了可喜的成绩。现在的任务是，总结经验教训，进一步提高自觉性，合理地确定组建原则及隶属关系。只要我们坚定不移地办下去，就能取得更大的经济效益。

企业性公司既是经济实体，又是管理企业的经济组织。它可以对所属企业的人、财、物与产、供、销实行统一的管理，因而具有很大的优越性：有利于责、权、利结合；有利

于军品同民品、制造同修理、科研同生产等各个生产环节之间的合理分工协作；有利于消除领导多头、管理分散、体系林立等弊端。总而言之，它是一种以经济组织和经济办法管理经济的重要组织形式。

实践证明，组建企业性工业公司时必须遵循两个原则：一是生产的产品同类性；二是工艺上的统一性。像中国船舶工业总公司这样的部级公司，把原第六机械工业部和原交通部所属的153个单位组织起来，公司组建时间不长就收到了思想统一、工作效率高的改革成果。这对于进一步推动整个经济管理体制改革工作将发挥有力的促进作用。

鉴于所组建的工业公司在整个工业和国民经济发展中的地位和作用不同，数量巨大，应当区分不同情况归属中央部、各经济区、各省（自治区、直辖市）几个层次领导。在这里，特别重要的一条原则就是坚持变多头领导为一个头领导。企业最怕那种多头领导。“婆婆”越多，企业越是难办，经济效益越差。这是我们在长期经济建设过程中所总结出来的经验教训。最近，北京顺义啤酒厂和青岛啤酒厂的建设一快一慢的事实，再一次证明了坚持一个头领导的原则是非常重要的。

最后，还必须强调指出的是，经济效益的好坏，特别是全社会经济效益的好坏，才是我们判断所组建的大生产组织合理与否的根本出发点和最终标准。凡是能取得良好经济效益的生产组织结构和管理体制，都应当肯定它的合理性，应坚持下去；凡是不能带来良好经济效益的生产组织结构和管理体制，都必须进行改革。

专业化和协作是现代化工业发展的必然趋势①

党中央再三指出，要按照专业化和协作的原则改组工业。这对于提高管理水平、促进国民经济的发展、加快实现四个现代化，具有十分重要的意义。本文就这一问题作些探讨和论证，和同志们讨论研究。

一、专业化和协作是社会化大生产的必然产物

现代化工业是高度社会化的大生产，专业化和协作是适应现代化工业发展要求的先进的社会生产组织形式，它是随着社会化大生产的出现而产生和发展起来的。在生产力不断发展的基础上，人类社会生产经历了一个由个体生产到社会化大生产的转变过程。这是人类社会生产的巨大飞跃。社会化大生产不是个体的行动，而是劳动者的共同行动，并结成了一个有机的社会整体。因而它才创造出个体生产所无法达到的强大社会生产力。

专业化和协作是社会化大生产的重要表现，是社会分工发展的直接结果。在人类社会生产发展的历史上，随着剩余产品的出现、交换的进一步发展，虽然早就产生了社会分工，但是在资本主义以前，社会分工和商品经济尚不发达。只有发展到资本主义，特别是大机器工业的出现，社会分工和商品经济才有了高度发展，社会化生产才发达起来，专业化和协作才获得了空前的发展。正如马克思所指出的，机器生产用相对少量的工人所提供

① 李悦，董守才．专业化和协作是现代化工业发展的必然趋势［J］．教学与研究，1979（2）：13-18.

的原料、半成品、工具等的数量日益增加了；与此相适应，对这些原料和半成品的加工就越分越细，因而社会生产部门也就越来越多样化。机器生产同工场手工业相比使社会分工获得无比广阔的发展。

列宁进一步揭示了随着社会分工和社会化大生产的发展，必然引起专业化和协作不断发展的客观趋势。他指出："社会分工是商品经济的基础。加工工业与采掘工业分离开来，它们各自再分为一些细小的部门，各个部门生产商品形成的特种产品，并同其他一切生产部门进行交换。这样，商品经济的发展使各个独立的工业部门的数量增加了；这种发展的趋势是：不仅把每一种产品的生产，甚至把产品的每一部分的生产都变成专门的工业部门；——不仅把产品生产，甚至把产品制成消费品的各个工序都变成专门的工业部门。"所以，不仅要发展产品的专业化和协作，更要注意发展零部件以及工艺的专业化和协作。

所谓工业生产专业化，主要是指工业内部各企业和各部门逐渐分离，日益形成更多的独立企业和独立部门的过程，也是同类产品的分散生产趋于集中生产、变小批量生产为大批量生产的过程。生产专业化的企业和部门，都具有专门的工艺和专用的机器设备，并配备专门化的工人和管理干部。有专业化就有协作。工业生产协作，主要是指工业内部各种专业化企业之间，为了完成同一产品的各个部分或统一生产过程的不同阶段而建立的生产联系。专业化和协作之间是互为条件、彼此制约的对立统一关系。如果说专业化把产品生产的各部分或各道工艺分离为各个独立的生产部门和企业，则协作就是把分离出来的各类专业化生产部门和企业，按照生产联系结成统一的生产体系。专业化是协作的基础，协作是专业化巩固和发展的条件。没有专业分工，就不需要协作，而协作不发展，专业化就不可能巩固和提高。专业化水平越高，必然要求协作发展得越广泛；协作发展得越广泛，就越能促进专业化的加深。

专业化和协作要求有专门技术的工人、工程技术人员和管理干部，使用各种专门化的劳动手段，对特定的劳动对象进行加工和管理，并在分工的基础上，按照客观经济规律的要求，以内在的生产联系为依据，按产品或按行业把各种从事专业化生产的企业组织起来，成立各种工业公司。这样就充分地发挥各企业和各部门的专长和特色，创造出更高的社会生产力。可见，专业化和协作是个合理组织生产力诸要素（劳动者、劳动手段和劳动对象），使它们科学地结合起来、充分发挥作用的问题。

在社会主义社会，专业化和协作是建立在生产资料公有制基础上的各企业和各部门的劳动者之间，为了发展社会主义生产、满足人民的需要，在生产过程中彼此所发生的分工合作的同志关系。在资本主义社会，专业化和协作是建立在生产资料私有制基础上的资本家之间为了取得最大限度的资本主义利润而互相利用、尔虞我诈的关系，是资本家剥削和压迫劳动人民的关系。所以，专业化和协作又是生产关系（主要指生产过程中人与人的关系）的一个体现。从社会性质上看，社会主义公有制更加适应专业化和协作的发展。只要我们充分认识专业化和协作发展的必然趋势，并在实际工作中按照这个必然趋势办事，我们的专业化和协作就一定能够比资本主义国家搞得更好。

二、专业化和协作是现代科学技术发展的直接结果

现代化工业是建立在高度技术基础上的大生产，现代科学技术的不断进步是推动专业

化和协作发展的根本动力。正如列宁所说："技术进步必然引起生产的各部分的专业化、社会化。"这是因为：

第一，现代科学技术的不断进步为新的独立工业部门和独立企业的建立，以及相关企业生产协作范围的扩大提出了要求，也创造了条件。科学技术本身就是生产力，而生产力的发展，首先开始于劳动工具的发展。这种发展必然引起生产各种劳动工具的专门化部门的日益增加，使一些新的劳动工具的生产不断地从原工业部门中分离出来，形成新的专门化生产部门。不仅如此，现代科学进步还表现为新工艺、新技术、新能源、新原材料和新产品的不断涌现，这也为专业化和协作的发展开辟了道路。现代化产品往往是多种新工艺、新技术和新原材料的综合成果，它的结构愈来愈复杂、愈来愈精密。如一台解放牌汽车有11 000多个零件，一套轧钢机有10万个零件，宇航产品竟有几百万个零件。制造这样复杂的产品，一个企业或部门独自生产，是根本不可能的。为此就必须把一系列有生产联系的企业和部门组织起来。随着生产规模的扩大，必然会逐步形成各种专门化的生产部门和企业，促进专业化和协作的发展。例如，自动控制和电子计算机的发明和广泛应用，引起了专门化的电子自动控制和计算机工业部门的形成；半导体材料的出现，使硅、锗的生产和以它们为原料制造电子元件、电子机械的生产部门，都成了崭新的专业化生产部门；原子能的发现和应用，引起专门化的原子能工业部门的形成等。

第二，科学技术的进步引起专业化和协作，还因为许多新技术的应用，只有在专业化和协作的条件下才有可能收到应有的经济效果。生产批量对科学技术成果的应用有重大影响。大批量生产是专业化和协作的一个极为重要的特点。以先进的机械制造设备为例，一台自动冷镦机每小时可生产35 000件螺钉和螺帽；机械加工自动线20世纪70年代节拍最快的已达20秒，年产60万~100万件；一条高压造型自动线每小时最高可造330箱砂型，一年产两三万吨铸件等。像这样高效的专用设备，在小批量生产的非专业化企业中，根本没有用武之地；只有在大批量生产的专业化企业中，才能发挥出应有的作用。由此可见，科学技术越现代化，生产也越社会化，专业化和协作也就越发展。

工业发达国家的专业化和协作的发展历史证明，技术进步推动专业化和协作的发展，而专业化和协作的发展又促进了科学技术的进步。

一些欧美国家早在18世纪工业革命后，随着大机器的广泛使用，分工愈来愈细，专业化和协作就有了一定的发展。到19世纪60年代，随着科学技术的不断进步，生产日益集中，出现了辛迪加、托拉斯等各种垄断组织，又进一步加速了这些国家的专业化和协作的发展进程。美国在20世纪初就完成了产品专业化；第二次世界大战前夕，零部件专业化和工艺专业化基本定型；现在，其专业化和协作的水平都达到了很高的程度，较低的部门为70%左右，最高的部门竟达到80%~90%。

日本组织专业化和协作晚于欧美国家，它在第二次世界大战后的20世纪50年代中期才开始在机械工业中组织。但是，随着生产力的不断提高，其专业化和协作也发展得很快。目前日本的发展水平已经与欧美国家的发展水平不相上下。日本机械工业的零部件专业化和工艺专业化的程度，多数都在70%以上。日本与专业化相适应的协作也发展得很快。如日本最大的汽车厂丰田汽车工业公司，除本身的8个专业厂外，尚有直接协作厂450多家，这些直接协作厂自己还有协作厂。丰田公司的协作厂是以千计的。其他公司和行业也大体如此。日本汽车工业有较高的生产技术水平和生产能力，是与它有较高的专业化和协作水平分不开的。这也是第二次世界大战后日本机械工业迅速发展的重要原因之一。

三、专业化和协作是有计划按比例规律和时间节约规律的客观要求

马克思指出，时间节约以及有计划地分配劳动时间于不同的生产部门，仍然是以集体为基础的社会首要的经济规律。

有计划按比例规律是不以人们的主观意志为转移的社会主义的客观经济规律，它反映着社会主义经济的各方面固有的联系和客观比例关系。在任何社会里，凡是社会化大生产，在客观上都要求按比例分配社会劳动，但是在私有制的条件下，根本不可能在全社会内自觉地有计划地发展生产。只有在社会主义公有制的条件下，才有可能也必须自觉地有计划按比例地发展经济。这是社会主义经济的基本特点。我们要高速度地、稳定地发展社会主义经济，就必须按照有计划按比例规律的要求，保持经济发展中的内在联系和客观比例关系，而专业化和协作对社会主义现代化工业的有计划按比例发展具有重要的促进和保证作用。这种促进和保证作用主要表现在以下三个方面：

第一，专业化和协作有利于促进和保证各种产品的生产在各地区、各行业和全国范围内的合理布局和有计划按比例地发展。不同地区、不同行业的主客观条件不同，但彼此存在各种生产联系。与此相适应的专业化和协作，又是多种多样的：有按行业的、按地区的，也有跨行业、跨地区的。例如我国西北地区农业机械工业公司，就是包括西北五省的跨地区的专业化协作组织机构。该公司对于西北五省的农业机械生产有计划按比例地发展具有重要作用。又如有的国家，全国的内燃机车、内燃机、拖拉机、汽车和坦克上需要的油泵和油嘴，都是由一个油泵油嘴厂生产出来的。这个工厂就是既跨地区又跨行业的。产品由极少数工厂集中生产，既能保质保量又能收到好的经济效果，也能够使这类产品有计划按比例地发展。因此，我们必须根据经济合理的原则，及时地研究和确定哪些产品、行业的生产，适于组织地区性的、行业内的专业化和协作；哪些适于组织跨地区、跨行业的专业化和协作。当前，我们尤其应当注意及早动手规划和组织跨地区、跨行业的专业化和协作项目。这比只在一个地区、行业内组织专业化和协作有更大的经济意义。这项工作已势在必行，已为当务之急。如果等各地区改组工作完成后再抓，就会造成不必要的损失。

第二，专业化和协作有利于促进和保证每种产品的各部分的生产和各道工序之间有计划按比例地发展。这是因为专业化和协作按其内容来划分，不仅有产品的专业化和协作，还有零部件的专业化和协作、工艺的专业化和协作、技术后方的专业化和协作。在技术后方的专业化和协作中，又有维修的专业化和协作、工装模具的专业化和协作、辅助服务的专业化和协作等。这些多种形式的专业化和协作的发展，可以按行业、按产品，从原料、半成品到成品，从零部件到工艺协作配套关系，从生产部门到制造装备部门，梳成“辫子”，形成各种生产系列，使各有关工业部门的比例关系及内部的各部分的比例关系更加具体化。

第三，通过组织专业化和协作，可以及时发现问题，并进行调节，避免大的失调，保持相对平衡，促进工业高速度地、稳定地向前发展。

为了使专业化和协作在促进和保证工业有计划按比例发展上发挥更大作用，还必须正确地选择专业化和协作的形式及水平，并把它和其他先进的社会生产组织形式很好地结合起来。

在选择专业化和协作的形式和水平时，应当注意这样几点：①要以改善经济效果为目的。那种只图空名、不问效果，为搞专业化和协作而搞专业化和协作的做法，必须废止。②与生产力发展水平相适应。那种片面追求过于狭窄的专业化和过大范围的协作，不仅不会取得良好的经济效果，反而会造成远距离运输、生产能力不平衡和过于复杂的协作配套关系等恶果。③要结合各地区和各工业部门的特点，考虑产品品种、社会对该种产品的需要量和生产集中程度，以及同类企业的数目、企业规模、产品的“三化”程度等因素的变化。

机械工业是按专业化和协作原则组织生产的最典型部门，各类专业化和协作均适于发展。由于机械、仪表、电子等部门的产品具有更大的可分性，零部件具有通用性，产品结构相似和生产工艺具有相同性，所以在这些部门中，主要应该发展零部件专业化和协作以及工艺专业化和协作，而且水平最高。一些工业发达国家的专业化和协作水平，都是以机械、仪表工业部门为最高。在冶金、纺织、化工和轻工等行业中，其产品生产的特点是对同一种或少数几种原材料依次进行各种工艺加工，把原材料逐步变成半成品或中间品、成品和各种副产品。在这些部门主要应发展产品专业化和协作、工艺专业化和协作以及辅助服务专业化和协作。由于各工业部门都有相应的技术后方，因此，要十分重视跨行业、跨部门的技术后方专业化和协作的发展。由于各类专业化和协作并不是孤立的，而是互相配合、互相补充的，必须充分重视各工业部门各类专业化和协作的密切结合。如在机械工业中，以装配为主的产品专业化就与零部件专业化密不可分，而零部件专业化又往往与铸造、锻造、冲压、电镀和热处理等工艺专业化密切结合在一起。

特别应当引起注意的是，专业化和协作并不是唯一的先进社会生产组织形式，它只是许多先进社会生产组织形式中的一种。我们不应当只是孤立地搞专业化和协作，还必须把它与合理的企业规模、联合化，以及综合经营和综合利用等形式很好地结合起来。

时间节约规律要求国民经济各部门以最小的劳动消耗取得最好的经济效果，而组织专业化和协作正有利于提高劳动生产率、增加产品品种，能够取得高效、优质、低耗、低成本的综合经济效果。

专业化和协作能改善经济效果，这是因为：专业化企业的同类产品、零部件或工艺集中，生产批量大，有利于采用各种专用的高效率的设备、先进技术和先进工艺，采用各种流水线和自动生产线，减少因产品品种改变而引起的生产停顿和中断的时间，提高生产的连续性。专业化企业有利于发展多品种生产，因为零部件扩散，主机厂只要改进自己担负的专用零部件的设计和调整组装，就能增加新的品种和多种变型产品。专业化企业的工人、技术人员和管理干部的工作都是专门化的，容易提高熟练程度，便于积累工作经验，提高工作效率，改善经营管理，大大地提高各企业的生产能力；还因为生产和协作能更充分地发挥生产力诸要素的作用，从而创造出更高的社会生产力。例如，上海标准件行业，按规格品种分工，组织专业化生产，加大生产批量，采用先进工艺和高效设备，结果职工人数减少30%，产量增加10倍，劳动生产率提高19倍，钢材利用率提高45%，成本降低76%，质量也有显著改进。常州市组织了由26个单位参加的手扶拖拉机“一条龙”生产协作，比一般“全能厂”的劳动生产率高50%~60%，成本低30%~40%。

专业化和协作符合时间节约规律的要求，还表现在能够节约基建投资，加快建厂速度，充分发挥投资效果。按照专业化和协作原则建厂，可以把新建和改扩建更好地结合起来，既可以充分利用现有企业的各种潜力，组织零部件和工艺协作，减少建设项目，又可以因部件和工艺的扩散而压缩建设规模。如果建设“全能厂”，必然规模大、建设周期长、投资效果差。常州市组织手扶拖拉机生产的实践，就是一个很有力的说明。起初他们搞生产轮胎拖拉机的“全能厂”，花了3年时间，用了不少投资，生产能力上得很慢。后来，组织专业化和协作，充分利用原有基础，组织多厂协作，结果只投资248万元，用两年多一点的时间，就达到了年产3 000台手扶拖拉机和6 000台柴油机的生产能力。据设计部门估计，比建设同样规模的“全能厂”节约1/3的投资、1 000个劳动力，还提前投产两三年以上。可见，只要能按照规律办事，实行专业化和协作，就能收到良好的经济效果。

四、专业化和协作是实现四个现代化的迫切需要

四个现代化的建设既包括技术基础的现代化，又包括管理的现代化，采用最先进的社会生产组织形式。按照专业化和协作的原则改组“大而全”“小而全”的生产组织形式，不仅能提高生产力水平，而且必然引起生产关系和上层建筑方面的深刻革命。必须清醒地看到，我们原有的工业组织管理方式远远落后于实现四个现代化的要求，已经严重地阻碍了生产力的发展，如果不尽快改革，就会拖四个现代化的后腿。

我国早在第一个五年计划时期就在机械工业中开始注意组织专业化和协作，尤其是1964—1965年，又进一步推广了专业化和协作，并试办了专业公司，取得了一定成绩，积累了一些经验。但是，由于林彪和“四人帮”的严重干扰和破坏，再加上我们对专业化和协作的必然趋势认识不足，已经搞起来的专业化和协作项目，以及各种专业公司，不仅没能巩固住，而且硬是被拆散了。

工业管理体制上的多头领导、分散经营，这是“全能厂”发展的一个重要原因。这种管理方式的实质，就是不讲生产的内在联系，不讲经济效果，不按经济规律办事，而是按行政区划和行政办法，凭“长官意志”办事。这是一种小生产的落后的管理方式和生产方式，是个体经济关系的残余。它与社会化大生产的要求不相适应，与加快实现四个现代化的要求不相适应。这种不相适应就是生产关系与生产力的发展、上层建筑与经济基础不相适应的具体表现之一，严重地阻碍了生产力的发展。

事实也正是这样，因为没有组织专业化和协作，各行业都从自身的需要出发从事生产和建设，缺乏统一的计划，造成一方面厂点多、批量小、大量重复生产，另一方面不配套，生产能力极不平衡。因为没有组织专业化和协作，企业生产的产品品种杂、机型乱、型号多，造成零部件不能通用，发展新品种困难。因为没有组织专业化和协作，企业的机器设备大多是“万能”设备，专用设备极少，即便有些专用设备，也没法充分利用，造成人力和财物的极大浪费。因为没有组织专业化和协作，甚至人为地制造了企业之间、地区之间和部门之间的互相割据、自成体系，造成产品不能互通有无，资源不能综合利用。所有这一切，必然导致产品质量差、消耗大、成本高、劳动生产率低的恶果。例如，我国汽车工业和以拖拉机为主体的农业机械工业，工厂虽不少，装备能力也不低，但与工业发达国家比较，无论是产量、质量、品种和成本，还是劳动生产率，都远不如人家。其中一个重要的原因就是没有按照专业化和协作的原则改组生产。可见，组织专业化协作是实现“四化”的迫切需要。

要改组工业，发展专业化和协作，就要改革工业管理方式，同时要求人们的思想方式来一个相适应的改革，思想要再解放一点。要解放思想必须首先彻底砸碎精神枷锁，拨乱

反正，正本清源。林彪和“四人帮”出于篡党夺权、复辟资本主义的罪恶目的，硬是把专业化和协作说成是资本主义的东西，把按照专业化和协作原则建立起来的专业公司，诬蔑为“资本主义托拉斯”，攻击为“修正主义”。这不仅极大地破坏了生产力的发展，更为严重的是在人们的思想上造成了极大的混乱，致使有的人至今在组织专业公司时还心有余悸。所以我们必须进一步肃清流毒。事实上，专业化和协作及专业公司是社会化大生产的必然产物，在资本主义社会，为资产阶级服务；在社会主义社会，由于公有制的建立，其能够为无产阶级服务得更好。克服小生产思想，是解放思想的又一个重要方面。这种思想的特点就是按部就班，不讲效率，目光短浅，思想狭隘，故步自封，夜郎自大，样样求全，甚至衣、食、住、行、用都想自给自足，看不到专业化和协作是现代化工业发展的必然趋势及巨大优越性，甚至顾虑重重：怕别人靠不住，怕当配角，怕减少财政收入，怕职权缩小等。因此，要加快改组的步伐，就必须首先丢掉这些思想包袱。只要我们勇于实践，善于总结，并吸取外国的好经验，不是回避问题，而是用积极的态度脚踏实地地解决问题，努力奋斗，专业化和协作水平一定会迅速提高，并能够在新的长征中作出更大的贡献。

论资源综合利用的战略地位①

资源综合利用在经济和社会发展中具有重要的战略地位。其在促进经济增长方式转变和可持续发展、科技进步和环保、乡镇工业和农业的发展，实现工农结合和城乡结合、企业组织合理化和改善工业布局，以及解放思想和培养“多面手”人才等方面，都有重要的战略意义。资源综合利用有利于经济的持续、快速、健康发展，有利于“九五”计划和2010年的宏伟目标的实现。

一、经济增长方式转变的客观要求和迫切需要

实现“九五”计划和2010年的宏伟目标，关键是实现经济体制和经济增长方式这两个具有全局意义的根本转变。经济增长方式由粗放型向集约型转变，就是要从生产力方面根本扭转那种高投入、低产出、低效益的局面。而资源综合利用在经济增长方式转变中占有十分重要的地位。特别是对于我们这样的人均资源低于世界人均水平的国家来讲，资源综合利用的战略地位就尤为突出。

实践证明，我国资源综合利用在降低投入、增加产出、提高效益方面存在巨大的潜力，也取得了可喜的成效。据有关方面的分析，目前我国资源综合利用率还很低，矿产资源总回收率只有30%左右，工业固体废弃物综合利用率也只有43%，近70%的废旧物资还未能得到有效回收利用，严重破坏了生态平衡和人民生产、生活环境。1995年，全国“三废”综合利用产值为203亿元，是1990年的3倍多；再生资源回收总价值为290亿元。预计到20世纪末，全国“三废”综合利用产值和再生资源回收总值将分别提高到290亿元

① 李悦．论资源综合利用的战略地位［N］．光明日报，1996-12-22．

和400亿元以上。

二、可持续发展的客观要求和迫切需要

资源综合利用对于实施可持续发展战略有重要意义，而且贯穿实现现代化的全过程之中。资源综合利用是功在当代、泽及子孙的大事。这对于正处在迅速推进工业化的发展阶段以及人均耕地、水、森林和不少矿产资源都低于世界人均水平的中国来讲，这种战略意义就尤为突出。

实施可持续发展战略，对资源的供应提出了更高的要求。我们要用有限的甚至是相对短缺的资源去满足国民经济持续、快速、健康发展的需要，就必须采取广泛地开展资源综合利用的战略举措。只有这样，才能更好地满足经济发展的需要。因为资源综合利用能够更好地发挥各地方、各部门和各企业以及广大职工群众的积极性、主动性和创造性，扩大原材料来源，进一步挖掘人力、物力和财力的潜力。

资源综合利用有利于对劳动力的合理安排，节约和有效地使用劳动力，使广大群众有更多的发挥自己特长和才干的机会。因为资源综合利用的工作是多样化的，不仅需要能从事各种比较复杂劳动的人，而且需要许多从事比较简单劳动的人，即使是年老体弱的劳动者和广大职工家属，也能安排适当的工作。这无疑有利于多就业，做到“人尽其才”。

资源综合利用能使许多原料、材料和燃料变一用为多用，变小用为大用，使各种废气、废物、废水变成有用之物，甚至那些有害之物通过综合利用，也能变成宝物。这有利于做到“物尽其用”。

资源综合利用有利于充分发挥设备和资金的潜力，便于把那些分散、零星或多余的设备能力和资金集中起来统一使用，使许多设备变一能为多能，消除某些设备闲置的现象，提高设备利用率，便于用最少的钱办更多的事。

三、对科技进步和环保提出了新要求，创造了条件

经济发展依靠科技进步，科技进步要促进经济发展，为经济发展服务。资源综合利用对科技提出了许多新的课题和新的要求，要搞好综合利用和环境保护，就得进行各种科技试验，从而促进了科技进步。资源综合利用所创造出来的物质财富和效益，又为科技进一步发展提供了一定的物质条件。

当前，我国的环境保护任务还很重，以首都北京为例，环保虽有成绩，但差距还很大。北京的能耗高、水耗高、污染严重的工业比重过大，重工业还在不断扩大；城区大气污染严重，已被世界卫生组织列为世界上空气污染最为严重的10个城市之一。首都的这种环境状况与首都这个全国的政治中心、文化中心的地位很不相称。要治理就得大力开展资源综合利用，资源综合利用所提出的许多新课题，都要通过科技进步来解决。

四、促进乡镇工业和农业的发展，有利于实现工农结合和城乡结合

城市企业是城市经济的基本力量，职工家属是城市居民的主要组成部分。城市中的国有企业应该充分发挥其主导作用，一个重要的方面是帮助和带动乡镇工业和农业的发展。

企业开展综合利用能够为乡镇工业发展创造条件，为广大职工家属和农民兄弟开辟更广阔的劳动场所。有条件的乡镇和农村，也可以开展一些资源综合利用，国有大中型企业可以通过卫星厂的组织形式把这些乡镇工业纳入国有经济的统一体之中。随着资源综合利用的发展，对各种废物、副产品的利用范围日益扩大，这就为乡镇工业提供了取之不尽、

用之不竭的原料。城市国有企业在资源综合利用方面的许多生产技术和管理经验，对于乡镇工业的发展，在不少方面也是适用的。可见，开展资源综合利用，既有利于城市国有企业的发展，又能促进乡镇工业和农业的发展，体现了“全民带集体、集体帮全民”的原则。

资源综合利用还能有利于轻工业发展。比如，制糖工业开展综合利用，就可以用甘蔗渣制成纸浆、提取纤维素等，为造纸等工业提供原料。

资源综合利用还可以根据具体情况，通过厂乡挂钩的形式，给农村制造一些农业机械，帮助农村建立农具修配网，加速实现农业机械化。一些农产品加工工厂，可以充分利用农业资源，满足农村的日常需要。总之，所有这些都有利于农村经济的进一步巩固和发展。

五、有利于实现企业组织合理化和改善工业布局

企业开展资源综合利用，就能自给部分原材料和设备，以及部分生活资料，还可以使生产过程中各有关环节更加紧密地结合起来，使有关原材料的生产同加工制造、生产同基本建设、生产资料生产同消费资料生产、生产同消费等各方面，在一个企业内部直接结合起来。这不仅使企业能集中精力组织大批量生产，实现大生产的优越性，还可以大大地简化各部门、各地方和各企业之间的协作关系，能更有效地保证社会化大生产的连续性和计划性，实现企业组织的合理化。

一个地区内的许多企业都开展资源综合利用，就能更有效地、更充分地利用当地的各种自然资源，使生产更加接近原材料产地，消除不合理的远距离运输，进一步改善原有的工业布局。同时，在资源综合利用的基础上，可以逐步建立起新的生产部门，进一步完善地方工业体系。

六、有利于进一步解放思想和培养“多面手”人才

开展资源综合利用，不仅可以为国家创造大批物质财富，还可以进一步解放广大职工群众和各级领导的思想，进一步发扬勇于开拓的精神。开展资源综合利用涉及面较广，无论是在生产、资源还是技术力量诸方面，都要求互相支援、密切协作。这就要求我们具有全局观点。

开展资源综合利用还要求广大职工群众和管理干部去学习自己本来不熟悉的专业技术和专业管理知识。大家都在实际工作中结合工作需要，边干边学，干啥学啥。事实也正是这样，许多人都已成为一专多能的“多面手”人才了。

综上所述，开展资源综合利用，确实有利于经济持续、快速、健康发展，有利于“九五”计划和2010年的宏伟目标的实现。

技术改造与企业的改组和联合①

党的十二大指出，在“六五”计划期间，要进行现有企业的改组和联合，完成企业组

① 李悦. 技术改造与企业的改组和联合［N］. 经济学周报，1982-11-01.

织结构的合理化；要有重点地开展企业的技术改造。为了更好地落实十二大的这项部署，正确地认识和妥善地处理技术改造和企业的改组、联合的关系，使两个方面的工作配套、相互适应，这是十分重要的。

现代化工业是建立在高度技术基础之上的高度专业化的社会化大生产。这种社会化大生产的技术构成和组织结构是相互联系、互为条件、彼此制约的。

进行技术改造，对企业专业化和协作与实行联合、实现企业组织结构合理化，提出了要求，也创造了条件。列宁指出："技术进步必然引起生产的各部分的专业化、社会化。"因为技术本身就是生产力，生产的发展首先是生产力的发展。这种发展必然引起生产各种劳动工具的专门化部门日益增加，形成新的专业化生产部门。这就推动了专业化协作和联合的发展，进一步促进了整个企业组织结构的合理化。

技术进步，还表现为新工艺、新技术、新能源、新原材料和新产品的不断涌现，也为工业改组和联合提供了技术条件。比如，自动控制和电子计算机的发展和广泛应用，就促使电子自动控制和计算机制造成为专门化的工业部门；原子能的发现和应用，也使原子能工业成为专门化的部门。这种专门化的生产部门越多，专业化协作和联合就越发展，整个企业组织结构也将越合理化。

按照专业化协作原则改组工业和实行联合，实现企业组织结构合理化，为进行技术改造、实现技术进步，开辟了广阔的道路。许多新技术的应用，只有在工业改组和联合的条件下才有可能收到应有的经济效益。因为大批量生产是专业化的一个突出特点，而这种大批量生产对技术进步具有极大的影响。比如，高速冲压机每分钟往复500多次，像这样的高效专用设备，在非专业化的小批量生产的企业中，是根本无法发挥其效率的。

正因为技术改造与改组和联合是相互联系、互为条件、彼此制约的，所以我们必须把两个方面的工作紧密结合起来，使之相互适应、协调发展。因为没有专门化的技术设备，要组织专业化的大批量生产是很难奏效的。同样的道理，在进行技术改造的过程中，也要结合着进行改组和联合。只有这样，才能真正符合社会化大生产发展的客观要求。

创新发展中国特色产业经济学①

习近平同志指出，中国特色社会主义进入了新时代，我国经济发展也进入了新时代，基本特征就是我国经济已由高速增长阶段转向高质量发展阶段，推动经济高质量发展，必须调整优化产业结构，建设创新引领、协同发展的产业体系。这为创新发展中国特色产业经济学提出了紧迫要求，提供了历史机遇。产业经济学研究者要适应新时代经济高质量发展要求，以具有主体性、原创性的研究成果推动我国产业发展实践。

中国经济发展实践对创新发展中国特色产业经济学提出了迫切要求。改革开放以来，我国经济发展取得了举世瞩目的伟大成就，不仅经济规模从世界第十一位跃升至世界第二

① 李悦. 创新发展中国特色产业经济学［N］. 人民日报，2018-06-11（16）.

位，而且产业结构持续优化升级、制造业增加值跃居世界第一位，高技术产业和战略性新兴产业比重持续上升。特别是党的十八大以来，我国经济结构出现重大变革。消费贡献率由54.9%提高到58.8%；服务业比重从45.3%上升到51.6%，成为经济增长主动力；高技术制造业年均增长11.7%；粮食生产能力达到6 000亿千克；城镇化率从52.6%提高到58.5%，8 000多万农业转移人口成为城镇居民。但也应看到，我国产业发展总体质量和效益还不够高，核心竞争力还不够强，与世界先进水平相比仍有较大差距，与“建设创新引领、协同发展的产业体系，实现实体经济、科技创新、现代金融、人力资源协同发展”的要求相比尚有较大距离，因此，应系统总结改革开放以来我国产业发展的实践经验，深入研究我国产业发展规律，积极探索我国产业未来发展方向与产业转型升级路径，加快创新发展中国特色产业经济学，为我国转变经济发展方式、建设现代化经济体系、推进产业结构调整与优化升级进而顺利实现高质量发展提供理论支撑。

当前，创新发展中国特色产业经济学具备有利条件。改革开放40年来特别是党的十八大以来，我们党不断总结我国经济建设的丰富实践经验，创造性地提出了许多科学管用的经济改革发展理念、思想、战略等，为创新发展中国特色产业经济学提供了根本指导思想、基本理论框架和重要学科构件。在此基础上，全面系统地总结、提炼改革开放以来我国产业发展的实践经验，研究新时代我国产业经济发展的重大课题，努力概括出我国经济发展新时代的产业发展规律，就能有力推动反映时代特征、体现中国特色、具有世界高度的中国特色产业经济学创新发展，使其与党的理论创新相呼应、与产业发展现实相合拍，实现产业经济理论与产业发展实践良性互动、相得益彰。

创新发展中国特色产业经济学，必须坚持以马克思主义为指导，认真学习贯彻习近平新时代中国特色社会主义经济思想，坚持用历史唯物主义和辩证唯物主义的世界观和方法论探索发展规律、推进理论创新，必须立足我国社会主义经济建设和改革开放伟大实践，认真总结我国产业发展过程中的成功经验与不足，全面客观地总结我国产业发展的历史脉络、产业结构不断优化升级的演进历程，把其中最核心、最实质的内容总结、提炼成为理论，更好地解释实践、指导实践；还应借鉴、吸收西方产业经济学的产业组织理论、产业结构理论等理论成果，以及案例研究、经济计量研究等研究方法和博弈论等分析方法，为中国特色产业经济学创新发展提供有益滋养。

附　录

附录一　李悦：吹响真理号角的经济学家[①]

“我自己认为，最主要的是一篇文章、三部图书。”

——李悦

他曾是一位紧握钢枪并获军功章的解放军小战士；

他曾是一位手执三好学生证书的中国人民大学首届正规研究生；

他曾手握教鞭为共和国经济学教育事业整整奋斗了50年；

他的醒世论文《斯大林对雅罗申柯为生产而生产观点的批评》吹响了真理的号角，掀起了全国思想大讨论……

从《中国社会科学家大辞典》（英文版）和《中华当代文化名人大辞典》等辞典，可以查到的经济学家李悦教授的有关资讯是：李悦，1932年出生于河北省宝坻县[②]，1946年参加革命，1949年加入中国共产党，1950年2月考入中国人民大学工厂管理系本科，1956年研究生毕业，先后在人大、北大、复校后的人大任教，始终从事经济学教学科研工作。现为中国人民大学商学院教授、博士生导师，中国工业经济研究与开发促进会顾问，中国工业经济联合会学术委员会委员，曾任中国生产力学会常务理事、北京市经济学总会副秘书长。

投身革命　热爱讲坛

“我1949年加入中国共产党，至今快要60周年了。如果问这近60年来我最自豪的是什么，我想一个是少小离家，投身革命；另一个就是热爱讲坛，一生忠诚于党的教育事业。这两个方面都和我们国家、民族在革命和建设时期的不同时代任务紧密联系。”李悦对笔者说。

1946年，抗日战争刚结束，国民党政府发动了内战。大敌当前，乌云滚滚，14岁的燕赵少年李悦高小毕业后于7月风轻云淡的一天，和同村一位小伙伴，在华北平原高粱、玉米的青纱帐里穿行了一天，来到解放军冀察热辽军区军工部在河北省迁安县金厂峪[③]的一个军工厂报到，参军入伍。当时河北一带还按抗日战争时期的习惯，称共产党领导的军队为“八路军”，李悦就成了一名小“八路”。

而工作环境的艰苦程度远远超出了这位第一次出远门的农家少年的想象。整个工厂全

① 李玉玲．李悦：吹响真理号角的经济学家［J］．亚洲新闻人物，2007（1）．
② 现为天津市宝坻区。
③ 1947年后，金厂峪属迁西县。

靠手工操作。李悦第一个岗位是制作硫酸。他的工作内容之一就是用勺不断地将稀释的硫酸液舀到一个陶缸里，依靠给这个陶缸加热蒸发出水分，从而得到更高浓度的硫酸。在这个车间工作的战士整个冬天都不敢洗脸，否则脸皮可能被硫酸灼坏。第二个岗位是将几种不同原料配比成炸药。这里的危险来自不恰当的配比可能导致手中的炸药当场爆炸。于是有一些战士开小差回家，但少年李悦天天斗志昂扬，意气风发，工作干得又快又好，还经常琢磨出一些操作技巧和诀窍。解放河北昌黎时，军队就用了他们这里生产的土炸药。1948年，16岁的少年军人李悦因工作成绩优异，光荣获得冀察热辽军区军工部颁发的一枚军功奖章。

但后来工厂的一起事故引发了李悦的深思。由于工厂全体战士最多也只有中学文化水平，大部分是小学文化水平，所以他们在炸药配比中存在一定的盲目性。有一天，一位年轻战友在配比炸药时，不慎引发爆炸，炸瞎了眼睛。

李悦说："我自然产生了强烈的求知欲望。我希望能学到更多的文化，掌握科学规律，生产安全高效。另外，随着革命形势的发展，我也逐渐认识到，靠一些土制炸药打老蒋恐怕是不行的。"李悦开始见缝插针地读报、学习、求教。

转眼迎来了中华人民共和国的建立。这时部队开进了辽宁沈阳，李悦是一位工程师的绘图助理。

中华人民共和国百废待兴。1949年中国人民大学成立，向部队招生。部队推荐了热爱学习的李悦参加考试。"一考就考上了。"1950年2月，18岁的李悦卸下钢枪，脱下戎装，坐着火车来到北京，走进了张自忠路3号中国人民大学的校园，成为中国人民大学工厂管理系的一名本科生。

上大学对只有高小文化水平的李悦来说是个不小的挑战，但是他勤奋刻苦，"笨鸟先飞"。经过一段时期摸索，他在学习中注意劳逸结合。最终，他在学习上是一名"三好学生"，在体育上是一名国家田径二级运动员，学习、体育结合得很好。

"1953年，大学毕业了，成绩也不错。如果参加工作，起点就是科长。但是我越学越觉得自己本事还不够高强，希望继续学习，就主动上了研究生。"3年后研究生毕业，国家部委、政府机构都欢迎当时实在稀缺的高学历人才。李悦说："当时我没选择部委，没选择机关，我提出愿意当老师。为什么呢？当时就想啊，革命的任务已经完成，建设的任务才刚刚开始，中华人民共和国需要大批建设人才，党把我培养成一名研究生，就应该发挥所长，培养中华人民共和国的建设者，应该去当一名人民教师。"

1956年9月，24岁的李悦在中国人民大学举起了教鞭，从此就再也没有离开过讲坛，一干就是50年。

50年献身教育事业，李悦乐在其中。离休以后，李悦不愿休息，返聘继续指导博士研究生。李教授有自己天伦之乐的"多轮理论"："我的天伦之乐的第一轮是我们一家三代九口；第二轮是我所教过的学生，特别是我指导的硕士研究生、博士研究生；第三轮是我的亲朋故旧、同学、同事。所以学生是我天伦之乐的重要源泉。"

天下桃李　等身著作

李悦教授对经济学的发展繁荣作出了突出贡献。他的主要代表作为《中国工业部门结构》、《产业经济学》（研究生教学用书）、《产业经济研究》，以及与蒋映光合作的《斯大林对雅罗申柯为生产而生产观点的批评》论文，其中有的代表作获得胡耀邦和朱镕基的好评。

李悦："50年来教过的人大、北大的学生，绝大多数都是令老师骄傲的芬芳桃李。但你要问我时常牵挂的、倾注了老师更多心血的，则是我培养的25位硕士、39位博士（含7位研修博士）。"

李悦指导的已获学位的研究生中，在政府部门工作的有2位副部长、5位司局长和9位处长等国家栋梁之材；从事教学科研的研究生中，至今已有一位高校副校长、一位民办实验中学校长、4位博士生导师，以及一大批教授、副教授；从事实业的研究生中，也成长起两位大企业董事长、总裁。

50年来，李悦主要教授"中国工业经济""中国工业部门结构""企业组织结构""生产力经济学""工业经济管理""马克思恩格斯原著选读""政治经济学"等课程。

李悦说："我自己认为，最主要的是一篇文章、三部图书。"

一篇文章是指论文《斯大林对雅罗申柯为生产而生产观点的批评》，三本专著是指《中国工业部门结构》、《产业经济学》（研究生教学用书）、《产业经济研究》。其中，发表于1979年改革开放之初的论文《斯大林对雅罗申柯为生产而生产观点的批评》，吹响了真理的号角，受到了胡耀邦同志的重要批示，掀起了浩浩荡荡的全国性生产目的大讨论；出版于1983年的《中国工业部门结构》，作为第一本中国工业结构图书，获得了朱镕基同志的好评；出版于1998年的《产业经济学》（研究生教学用书），先后受到《人民日报》《光明日报》《经济日报》的特别推荐，认为这是一部具有中国特色的产业经济学教材，为创立中国特色产业经济学打下了坚实的基桩；出版于2004年的《产业经济研究》则是李悦50年科研成果的精品荟萃，它与《产业经济学》（研究生教学用书）是姊妹篇。

其实在"一论三书"之外，李悦50年来还以主要作者身份出版了专著、教材13部，参编图书16部，发表论文120多篇。

《斯大林对雅罗申柯为生产而生产观点的批评》一文发表在全国冲破思想理论束缚举步维艰的1979年。李悦当时只是中国人民大学的一名经济学专业讲师，但他在长期的教学和科研工作中，深刻地认识到：长期以来在我国经济工作中存在只顾生产、不问人民生活，只追求产品数量、不管产品质量和品种，只追求发展的高速度、不讲究经济效益等一系列为生产而生产的错误倾向。这种倾向严重地阻碍了我国经济持续、快速、健康发展和人民生活的改善与提高。为借斯大林的权威，引起党和国家领导人及广大经济工作者的关注，尽早地纠正中国当时的为生产而生产的错误倾向，他与当时任《人民日报》理论部副主任的蒋映光同志合作写出了《斯大林对雅罗申柯为生产而生产观点的批评》一文，发表在1979年9月8日《人民日报》编印的内部刊物《理论宣传动态》（第113期）上。时任中央政治局委员、中央宣传部部长的胡耀邦同志对此文非常重视，于第3天即9月10日就对该文作出重要批示："这两位同志提出了一个很重要的问题。"批示要求中央党校《理论动态》杂志，根据蒋映光、李悦两位同志文章提出的思想，精心讨论几次，写出一篇文章，希望在党的四中全会前完成。蒋映光、李悦的文章于1979年10月19日在《工人日报》《财贸战线》上同天公开发表，后在多种刊物转载。1979年10月20日，《理论动态》发表了《要真正弄清楚社会主义生产的目的》的文章，同日，《人民日报》以特约评论员的名义公开发表了该文章。此后，李悦在全国社会主义生产目的讨论会上发言，并在《光明日报》理论版上发表《什么是为生产而生产》（蒋映光、李悦）、《关于生产目的讨论的性质和意义》(李悦)、《社会主义基本经济规律和国民经济的调整》(蒋映光、李悦)等文章。

胡耀邦同志的女儿满妹在其《思念依然无尽——回忆父亲胡耀邦》一书中这样写道:“很快,这个问题得到了经济战线上的同志和广大读者的普遍注意,纷纷来信来稿,参加讨论。北京、上海、天津、辽宁、陕西、山西、四川、河南、河北、广东、黑龙江、内蒙古、甘肃、青海、新疆、吉林、山东、湖南、湖北、江苏等20多个省市同时展开了讨论……认为生产目的的讨论不但是现实经济工作的客观需要,也是人们普遍关心的问题。”这场全国社会主义生产目的大讨论,对于纠正当时为生产而生产的错误倾向,贯彻党的十一届三中全会精神,促进国民经济持续、快速、健康发展起到了历史性的巨大推动作用。

发表这篇醒世时文的李悦,时年47岁。

以《斯大林对雅罗申柯为生产而生产观点的批评》的发表为转折点,李悦迎来了“板凳坐得十年冷”之后科研成果的密集发布期。

在工业经济的教学和科研工作中,李悦深刻地认识到:工业结构是工业经济质的规定性,它对工业经济和整个国民经济发展起主导作用。为了揭示工业部门结构的发展规律,为调整和优化工业部门结构提供理论依据,他立志撰写一本《中国工业部门结构》。此书稿于1983年年初完成。他把书稿和大纲寄时任国家经委副主任的朱镕基同志,请他提出修正意见。朱镕基于1983年6月16日给李悦回了信。他在信中指出:“深感这将是一部开拓性的著作,对研究中国工业经济问题很有裨益。”此书第一版30万字,于1983年由中国人民大学出版社出版;第二版40万字,于1988年出版。《中国工业部门结构》成为我国学者撰写的第一部中国工业部门结构图书。

李悦主编的《产业经济学》(研究生教学用书),有60万字,于1998年由中国人民大学出版社出版,这是中国学者给研究生编写的第一本宽口径、厚基础的产业经济学教材。李悦与李平主编的突出核心内容的窄口径的《产业经济学》,有35万字,于2002年由东北财经大学出版社出版,是我国21世纪高等学校经济类核心课教材之一。

《产业经济学》(研究生教学用书)出版后,著名经济学家方生、宋涛和卫兴华三位教授在他们分别发表的书评中指出:李悦主编的《产业经济学》的特点,首先就是突出了马克思主义的指导地位,在书中比较系统地阐述了马列主义“三论”,即经济增长理论、结构理论和产业组织理论。第二是突破了国外产业经济学只包括产业结构、产业组织和产业政策这“三论”的理论框架,创建了除前言和导论外,共设宏观理论、产业发展规律、产业结构、产业组织和机制条件五篇新体系和新框架。第三是突出全面建设小康社会目标和树立科学发展观。该书第二版在第一版的基础上进一步加强了发展高新技术产业、改造传统产业、改造和振兴东北老工业基地、发展和调整乡镇企业、发展环境保护与环保产业、国防产业与民用产业协调发展等内容。总之,该书是一部具有中国特色的适用于产业经济学研究生教学的好教材。

附录二 中国产业经济发展规律新概括①

——《产业经济学》(第四版) 简评

李悦等编著的《产业经济学》(第四版) 一书，近日由东北财经大学出版社出版。该书在前三版的基础上作了重大修改和补充，从理论与实践相结合的角度，阐述和论证了发展现代产业体系、推动产业结构升级等重大问题。其主要特色可以概括为：两种精神、两个突破、四个突出。

一、两种精神

这是指以爱国主义为核心的民族精神和以改革创新为核心的时代精神。该书立足我国民族经济发展，认真总结、及时反映国内外产业经济学发展新成果，新增第三次工业革命、互联网产业、战略性新兴产业、创意产业、海洋产业和现代交通运输业等六章内容。

二、两个突破

这是指突破了国外产业经济学只包括产业结构、产业组织和产业政策三个板块的理论框架，构建起包括发展理论、产业规律、产业结构、产业组织的中国特色产业经济学体系；突破了国内产业经济学教材体系和内容不确定性较大、与相关学科核心内容重复较多的局面。

三、四个突出

这是指突出马克思主义的指导地位，系统阐述马克思主义经济发展理论、产业结构和产业组织理论；突出设置发展理论篇，为学习产业经济学提供理论基础；突出产业经济学核心内容，系统论述产业发展规律、产业结构和产业组织核心理论；突出马克思主义中国化的最新成果和全面建成小康社会的奋斗目标。

附录三 产业经济学研究的创新成果②

——《产业经济学》(第五版) 简评

李悦等编著的《产业经济学》(第五版) 已由东北财经大学出版社出版。该书在深入总结我国产业经济发展实践经验的基础上，对产业经济学进行了创新性研究。

该书突出马克思主义指导地位，系统阐明了马克思主义经济发展理论、产业结构理论和产业组织理论，着重论述了产业结构、产业组织、产业发展规律等产业经济学的核心内

① 郑新立. 中国产业经济发展规律新概括——《产业经济学》(第四版) 简评 [N]. 人民日报, 2015-03-18 (7).

② 郑新立. 新书评介：产业经济学研究的创新成果 [N]. 人民日报, 2020-02-06 (9).

容；紧扣新时代我国社会主要矛盾转化，对新发展理念、供给侧结构性改革、现代化经济体系、乡村振兴战略等马克思主义政治经济学中国化最新成果进行系统阐述；突破国外产业经济学只包括产业结构、产业组织和产业政策的理论框架，探索构建包括发展理论、产业规律、产业结构、产业组织在内的中国特色产业经济学理论体系。

后　记

此书表达了我对党和祖国的敬意、对母校的感恩以及予以回报之心。因为我的成才梦想完全是在党、人民以及母校的老师们对我的长期教导和呵护下实现的，而且是在中华人民共和国成立后我党所创办的第一所高等学府——中国人民大学实现的。可以毫不夸张地说，党和人民以及母校的老师们，对我恩重如山，我只能涌泉相报。

此时此刻，我也要向我的良师益友郑新立、程天权和高德步等道谢，没有他们的热情鼓励和帮助，此书的出版是不可能的。

在这里我还要特别感谢我的夫人孙彤教授，她是我整个成才过程中的参谋和合作者。我的成才有她的一半功劳。她在我著书立说的过程中，曾提出过许多很有卓见的建议。特别是她在我身边陪伴63年了，在此期间，我也经历了很多挫折，如果没有她的信任、支持和谅解，我要想顺利地战胜这些挫折是不可能的。谨以此书献给她！

同时，我必须提到的是，在此书问世过程中，东北财经大学出版社蔡丽编辑及社领导为此书做了大量的工作，在此一并表示衷心的感谢！

2022年2月